Linux
Administration

Dans la collection Les guides de formation Tsoft

J.-F. B<small>OUCHAUDY</small>. – **Linux Administration.** *Tome 1 : les bases de l'administration système.*
N°12624, 2ᵉ édition, 2009, 270 pages.

J.-F. B<small>OUCHAUDY</small>. – **Linux Administration.** *Tome 3 : sécuriser un serveur Linux.*
N°12245, 2ᵉ édition, 2010, 468 pages.

J.-F. B<small>OUCHAUDY</small>. – **Linux Administration.** *Tome 4 : les services applicatifs Internet (Web, email, FTP).*
N°12248, 2009, 400 pages.

R. B<small>IZOÏ</small>. – **Oracle 11g Administration.**
N°12898, 2011, 880 pages.

R. B<small>IZOÏ</small>. – **Oracle 11g Sauvegarde et restauration.**
N°12899, 2011, 420 pages.

F. J<small>OUCLA</small>, J.-F. R<small>OUQUIÉ</small>. – **Lotus Domino 8.5 Administration** – *Tome 2. Gestion et optimisation.*
N°12791, 2010, 380 pages.

F. J<small>OUCLA</small>, J.-F. R<small>OUQUIÉ</small>. – **Lotus Domino 8.5 Administration** – *Tome 1. Installation et configuration.*
N°12790, 2010, 420 pages.

Autres ouvrages

R. S<small>TALLMAN</small>, S. W<small>ILLIAMS</small>, C. M<small>ASUTTI</small>. – **Richard Stallman et la révolution du logiciel libre.**
N°12609, 2010, 324 pages (Collection Accès libre).

P. H<small>ANSTEEN</small>, adapté par M. D<small>ERCHE</small>. – **Le livre de Packet Filter** (PF).
N°12516, 2009, 194 pages (Cahiers de l'Admin).

J. G<small>ABÈS</small>. – **Nagios 3 pour la supervision et la métrologie.** *Déploiement, configuration et optimisation.*
N°12473, 2009, 482 pages (Cahiers de l'Admin).

L. D<small>RICOT</small>. – **Ubuntu efficace.** *Ubuntu 9.04 « Jaunty Jackalope »*
N°12362, 3ᵉ édition, 2009, 344 pages avec CD-Rom (Collection Accès libre).

R. H<small>ERTZOG</small>, R. M<small>AS</small>. – **Debian Lenny.** *Gnu/Linux.*
N°12443, 2009, 462 pages avec DVD-Rom (Cahiers de l'Admin).

C. B<small>LAESS</small>. – **Shells Linux et Unix par la pratique.**
N°12273, 2008, 262 pages (Collection Blanche).

I. H<small>URBAIN</small>. – **Mémento U<small>NIX</small>/Linux.**
N°11954, 2006, 14 pages.

B. B<small>OUTHERIN</small>, B. D<small>ELAUNAY</small>. – **Sécuriser un réseau Linux.**
N°11960, 3ᵉ édition, 2007, 266 pages (Cahiers de l'Admin).

M. K<small>RAFFT</small>. – **Debian.** *Administration et configuration avancées.*
N°11904, 2006, 674 pages (Collection Blanche).

M. B<small>ÄCK</small> *et al*. – **Monter son serveur de mails sous Linux.**
N°11931, 2006, 360 pages (Collection Accès libre).

Linux
Administration

Tome 2

Administration système avancée

Jean-François Bouchaudy

2e édition

EYROLLES

ÉDITIONS EYROLLES
61, bd Saint-Germain
75240 Paris Cedex 05
www.editions-eyrolles.com

© Tsoft et Groupe Eyrolles, 2011, ISBN : 978-2-212-12882-6

À mon fils Thomas

Remerciements

Je remercie Philippe Moreau, le directeur de cette collection pour son soutien moral. Sans lui, peut-être ce deuxième tome n'aurait-il jamais vu le jour.

Avant-propos

Présentation de l'ouvrage

Aujourd'hui, il n'est plus besoin de présenter Linux, même les non informaticiens le connaissent, et certains l'utilisent à titre personnel. Dans les entreprises et les administrations, il est encore peu présent sur le poste de travail mais il envahit de plus en plus de serveurs… Et les serveurs doivent être administrés.

Ce livre traite de leur administration avancée. Il fait suite au tome 1, du même auteur, qui aborde les tâches élémentaires à accomplir par l'exploitant, sous le titre *Linux Administration : Bases de l'administration système*.

L'administration avancée est associée à la conception (design) et à l'organisation du système d'information. Elle est du ressort de l'administrateur système. Pour arriver à ses fins, ce dernier doit non seulement connaître toutes les possibilités techniques de l'OS (compilation du noyau, gestion des périphériques, démarrage), mais aussi maîtriser les techniques de structuration de l'espace disque (FS, RAID, LVM, sauvegarde et installation). Il doit savoir également améliorer les performances et dépanner son système.

L'informatique et Linux en particulier évoluent vite. Cet ouvrage est aussi l'occasion pour l'administrateur, mais également pour l'utilisateur avancé ou même le développeur, de découvrir les techniques récentes incluses dans Linux : KickStart, Yum, SysFS, Udev, lm_sensors, SMART, ACLs, xattr, FUSE, Ext4, LVM, cgroups, création de live-cd ou de clé USB bootable, etc.

Il existe de nombreux ouvrages sur Linux et son administration, en quoi ce livre est-il original ?

D'abord, il se veut manuel de formation. À ce titre, chaque module est divisé en deux parties : une partie « cours » et une partie « ateliers ». La partie « cours » se divise elle-même en théorie et savoir pratique (commandes, fichiers…). Les ateliers ne sont pas une accumulation d'exercices, mais plutôt une séquence cohérente d'actions que le lecteur doit effectuer. Non seulement ils illustrent le cours mais ils représentent un savoir concret, en ce sens que la plupart des ateliers peuvent être considérés comme des « recettes pratiques d'administration ». Les ateliers sont regroupés en « tâches ». On n'est pas obligé de les réaliser toutes. Il faut privilégier celles qui correspondent à des concepts fondateurs ou à des sujets qui répondent à un besoin immédiat.

Contrairement au premier tome, ce livre développe beaucoup plus l'aspect théorique. C'est logique si l'on désire acquérir de solides bases conceptuelles. Il n'empêche que cet ouvrage reste très synthétique et très opérationnel.

Volontairement, ce livre privilégie le mode commande. Le système Windows a habitué l'utilisateur et l'administrateur à tout résoudre par des clics dans un environnement graphique. Ce mode existe sous Linux, mais n'est pas celui utilisé par l'expert. Le mode commande en mode texte est plébiscité par l'ensemble des administrateurs Linux. Pourquoi ? Tout simplement parce qu'il est plus puissant, intemporel et même, à l'usage, plus simple. Ce mode permet l'administration complète d'un système Linux à distance avec une liaison inférieure à 9 600 bauds (débit accepté par un téléphone portable) ! Le mode commande est primordial dans l'approche automatisée de l'administration grâce à l'écriture de scripts shell. Il permet également une administration indépendante des distributions.

Ce livre ne se limite pas à une distribution particulière. Certes, pour les ateliers, il a bien fallu en choisir une. Nous avons opté pour la distribution RedHat, la plus utilisée dans les entreprises. Dans les parties « cours », la rubrique *Les particularités des distributions* indique les commandes, les fichiers ou les aspects propres à une distribution particulière. Il a fallu faire un choix : seules les distributions RedHat, Debian, Ubuntu et SUSE sont mentionnées.

Ce livre se veut le plus intemporel possible. Si de nouvelles commandes apparaissent avant une prochaine édition de cet ouvrage, le lecteur trouvera sur le site www.tsoft.fr (cf. plus loin) de nouvelles rubriques sur ces sujets.

Public

Le public visé par ce livre est d'abord les administrateurs de serveurs Linux. Du fait que les ateliers forment une sorte de recueil de « recettes pratiques d'administration », il peut être lu avec profit par tout administrateur, développeur ou utilisateur d'un système Linux.

Support de formation

Ce support convient à des formations sur l'administration avancée d'un système Linux d'une durée comprise entre deux et six jours. L'idéal est de cinq jours. La durée peut être écourtée ou allongée en fonction des modules et ateliers traités ainsi qu'en fonction du niveau des participants.

L'éditeur Tsoft (www.tsoft.fr) peut fournir aux organismes de formation et aux formateurs des « diapositives instructeurs » complémentaires destinés à aider le personnel enseignant.

Guide d'autoformation

Ce livre peut être également utilisé en tant que support d'autoformation. L'élève doit disposer d'un ordinateur qui sera dédié à Linux (on le reformate complètement). Les modules installation et sauvegarde nécessitent de disposer d'un poste configuré en serveur pour accomplir l'ensemble des ateliers.

Certifications

La certification LPI (Linux Professional Institute), indépendante des distributions, est soutenue, parmi d'autres, par Suse et IBM. L'ouvrage est une bonne préparation aux deux premiers niveaux du programme LPIC. Nous invitons les lecteurs à se renseigner auprès du LPI : http://www.lpi.org.

Un livre avec des compléments sur Internet

Le site www.editions-eyrolles.com propose sur la page de présentation de l'ouvrage des liens dédiés à des compléments, par exemple le programme Breaksys qui sert à l'atelier de dépannage.

Pour accéder à cette page, rendez-vous sur le site www.editions-eyrolles.com, dans la zone <Recherche> saisissez **G12882** et validez par <Entrée>.

Table des matières

@ l'annexe C est à télécharger, rendez-vous sur le site www.editions-eyrolles.com, tapez **G12882** dans la zone <Recherche> et validez par <Entrée>.

Progression pédagogique

Administration Linux professionnelle

Ce chapitre donne des conseils pour administrer au mieux son système. De manière concrète, le lecteur apprend à utiliser le système de gestion de version RCS. Il apprend également à créer une page de manuel et des comptes utilisateur possédant des prérogatives d'administration grâce à la commande sudo.

L'installation

Après l'étude du chapitre, le lecteur sait automatiser l'installation de son système Linux. Il sait également créer un serveur d'installation ainsi qu'un serveur de dépôt de logiciel. Enfin il apprend à créer des paquetages.

Le noyau

Dans ce module, le lecteur apprend à compiler le noyau. Il étudie également son paramétrage à chaud. D'abord en apprenant la gestion de ses modules et ensuite en sachant modifier ses paramètres. Enfin, le lecteur améliore sa connaissance du noyau en étudiant les IPC et le FS /proc.

La gestion des périphériques

Dans ce module, le lecteur découvre comment sont gérés les périphériques sous Linux. En pratique, il apprend à recueillir des informations concernant le matériel à partir de plusieurs sources dont le FS Sysfs. Il apprend également à utiliser les technologies Udev, lm_sensors et SMART.

Les systèmes de fichiers

Après ce module, le lecteur maîtrise la gestion du système de fichier Ext3. Il a appris aussi à gérer les autres FS Linux : XFS, ReiserFS et NFS. Il sait comment le noyau gère les fichiers. Il sait également utiliser quelques FS exotiques comme tmpfs ou Unionfs. Enfin, il a étudié les techniques de montage à la volée des FS.

Compléments sur les disques et les FS

Ce module complète le précédent. On y apprend la gestion des quotas disques, des attributs et des ACL. La gestion de l'espace de Swap est étudiée également.

Le RAID

Dans ce module, le lecteur apprend le vocabulaire associé à la technique des disques RAID. Il découvre l'éventail des possibilités de gestion RAID. Il apprend à gérer le RAID logiciel inclus dans le système Linux.

Le LVM

Après l'étude du module, le lecteur sait gérer son espace disque de manière souple grâce à la technique LVM. Grâce à elle, il sait augmenter l'espace disque dédié à une application de manière dynamique. Il apprend aussi les techniques avancées du LVM (Snapshot, sauvegarde, déplacement des données, exportation...).

La sauvegarde

Ce module montre au lecteur les principales techniques de sauvegarde système et en premier lieu la sauvegarde incrémentale. Il étudie aussi les techniques de sauvegarde complète du système (bare metal). Enfin il apprend à gérer les lecteurs de cartouche.

Le démarrage

Après l'étude du chapitre, le lecteur comprend comment un système Linux démarre. Concrètement il sait paramétrer les principaux chargeurs (Grub, Lilo, Syslinux). Il sait également paramétrer la première application (init). Il a appris également à créer des live-cd ou des clés USB bootables.

La gestion des performances

Après l'étude du chapitre, le lecteur sait maintenir voire améliorer les performances de son système. Il a appris à surveiller l'usage des ressources par le biais de quantités de commandes, mais il a appris également à réagir à une baisse de performances.

Le dépannage

Après l'étude du chapitre, le lecteur connaît la méthodologie générale du dépannage. Il connaît également le fonctionnement de plusieurs commandes de diagnostic. Enfin, Il a pris connaissance de plusieurs conseils et heuristiques.

Compléments

Ce module traite de plusieurs sujets qui ne peuvent pas faire l'objet par eux-mêmes d'un chapitre, mais qui sont pourtant importants dans la maîtrise de l'administration d'un serveur. Ainsi, le lecteur apprend à régler les problèmes de localisation, de gestion de l'heure et les problèmes de clavier. Il apprend également les techniques de gestion périodiques complémentaires aux crontabs. Enfin il complète sa culture en apprenant les techniques de gestion de la liaison série et des terminaux sous Linux.

Quelques conventions de notation

Dans les parties théoriques

Dans les pages de ce livre, les commandes du système et les fichiers de paramètres sont expliqués en détail avec le contexte de leur utilisation.

Les noms des commandes sont imprimés en police Courier, par exemple :

```
grub-install            Installe le chargeur Grub.
```

Les noms des fichiers sont imprimés en police Arial, par exemple :

/boot/grub/grub.conf   Le fichier de configuration de Grub.

Dans les ateliers

Ce livre fait une très large part aux ateliers pratiques à réaliser par le lecteur. Les commandes à passer et les résultats obtenus sont imprimés en police Courier sur un arrière-plan grisé. Les commandes mises en gras sont celles que vous devez taper au clavier, les autres informations sont celles qui sont affichées par le système.

```
[root@linux1 ~]# mount -t tmpfs tmpfs /mnt/disk
[root@linux1 ~]# free
                total      used      free    shared   buffers    cached
Mem:           449152    200580    248572         0     25832    144988
-/+ buffers/cache:        29760    419392
Swap:          522104         0    522104
[root@linux1 ~]# df -Th /mnt/disk
Filesystem    Type   Size  Used Avail Use% Mounted on
tmpfs        tmpfs   220M     0  220M   0% /mnt/disk
```

Dans certains exercices des lignes sont mises en italique, ce sont des lignes qu'il vous aura été demandé d'ajouter ou de modifier dans certains fichiers au cours des ateliers.

```
 [root@linux1 grub]# vi grub.conf
default=1
#timeout=5
title New Kernel (2.6.17)
        root (hd0,0)
        kernel /linux-2.6.17 ro root=LABEL=/1 rhgb
        initrd /initrd-2.6.17.img
title CentOS-4 i386 single
        root (hd0,0)
        kernel /vmlinuz-2.6.9-42.EL ro root=LABEL=/1 rhgb single
        initrd /initrd-2.6.9-42.EL.img
[root@linux1 grub]# cd
[root@linux1 ~]#
```

L'auteur a travaillé dans une version Linux RedHat avec la langue paramétrée pour le mode graphique (choix par défaut). Les caractères accentués sont alors mal restitués dans les sorties à l'écran en mode caractère, par exemple :

```
ArrÃªt de ntpd :        [ÃCHOUÃ]
```

Nous avons conservé ces sorties telles qu'elles sont, car c'est ce que verra le lecteur sur son système s'il se connecte de manière distante. Le module 13 donne toutes les explications et solutions.

Si vous travaillez en anglais (ce qui est conseillé dans le chapitre *Installation*), vous n'aurez pas d'accent et donc pas de problème ! (L'anglais est ISO, les administrateurs Unix et Windows, expérimentés travaillent généralement en anglais !)

1

- */etc/motd, wall*

- *script, diff, patch*

- *RCS, ci, co, ci -l*

- *groff, nroff, troff*

- */etc/sudoers, sudo*

Administration Linux professionnelle

Objectifs

Ce chapitre présente l'approche professionnelle de l'administration. Il donne des conseils pour administrer au mieux son système. De manière plus concrète, le lecteur apprend à utiliser le système de gestion de version RCS. Il apprend à créer une page de manuel. Il apprend à créer des comptes utilisateur possédant des prérogatives d'administration grâce à la commande sudo.

Contenu

Philosophie de l'administration système

Automatiser les procédures

Journaliser les changements et agir de manière réversible

Documenter son système

Communiquer

Segmenter l'administration

Ateliers

Philosophie de l'administration système

La théorie

La philosophie de l'administration système en 10 points :

1. Votre exploitation doit répondre à un cahier des charges et à un budget.

2. Il faut faire en sorte que son système soit tolérant aux pannes.

3. Il faut automatiser les procédures.

4. Il faut journaliser les changements et agir de manière réversible.

5. Il faut documenter son système.

6. Il faut anticiper les problèmes.

7. Il faut communiquer.

8. Il faut connaître ses limites.

9. Il faut se documenter.

10. Il faut segmenter l'administration.

1. Votre exploitation doit répondre à un cahier des charges et à un budget.

On demande à l'administrateur que son système soit :

- Tolérant aux pannes.

- Performant.

- Sécurisé.

- Évolutif.

- Conforme aux standards.

On demande aussi directement à l'administrateur :

- Qu'il sache résoudre les problèmes qui surviennent.

- Qu'il soit réactif.

Enfin, l'administration n'est pas une fin en soi. Votre système sous-tend une application. Son bon fonctionnement est votre but principal.

L'ensemble de toutes ces doléances doit faire l'objet d'un cahier des charges qui indique clairement les priorités. D'autre part, ce cahier des charges doit être associé à un budget précis en temps/argent et personnel.

2. Il faut faire en sorte que son système soit tolérant aux pannes.

L'objectif minimaliste de l'administration système reste la tolérance aux pannes (« *The show must go on* »). Votre système est fragile. Un logiciel peut être bogué, votre matériel peut tomber en panne, vous pouvez faire des erreurs d'exploitation. À tout moment, il faut être capable de réinstaller son système. Votre première mission doit être la continuité de l'exploitation. Selon le temps d'indisponibilité défini au niveau du cahier des charges, vous devez avoir soit une machine de remplacement directement utilisable et/ou être capable de réinstaller le système tel qu'il était avant le problème. Les solutions de type « cluster » ou de type « machine virtuelle » doivent être également envisagées.

3. Il faut automatiser les procédures (cf. section suivante).

4. Il faut journaliser les changements et agir de manière réversible (cf. section suivante).

5. Il faut documenter son système (cf. section suivante).

6. Il faut anticiper les problèmes.

Gouverner, c'est prévoir. Il faut imaginer les événements qui peuvent survenir et qui peuvent affecter l'exploitation. Il faut mesurer leur gravité et leur probabilité d'occurrence. Voici quelques exemples d'événements à prévoir :

- Vous pouvez tomber malade, l'exploitation doit continuer.

- Votre machine ne démarre plus, que faire ?

- Une nouvelle version majeure de votre système est imminente, remet-elle en cause les procédures actuelles ?

- Le local technique brûle, comment redémarrer l'exploitation au plus tôt ?

7. Il faut communiquer (cf. section suivante).

8. Il faut connaître ses limites.

Un administrateur ne sait pas tout et ne sait pas tout faire. Il doit connaître ses limites. Il doit éventuellement sous-traiter en partie l'administration et l'exploitation de son système. En cas de problème il doit s'adresser au support (hot-line…). Il doit donc avoir les contrats correspondants.

9. Il faut se documenter.

L'administration de système informatique est malheureusement une activité qui nécessite des connaissances en perpétuelle évolution. L'administrateur doit consacrer un temps non négligeable à se tenir informé de ces évolutions.

Les *mailing lists* constituent un élément de choix pour se tenir au fait des nouveautés.

10. Il faut segmenter l'administration (cf. section suivante).

Pour en savoir plus

Internet

Red Hat Enterprise Linux 4. Introduction à l'administration système, chapitre *Philosophie de l'administration système*
http://www.redhat.com/docs/manuals/enterprise/RHEL-4-Manual/fr/pdf/rhel-isa-fr.pdf

Les mailing lists respectivement des systèmes RedHat, SuSE, Debian et Ubuntu.
http://www.redhat.com/mailman/listinfo
http://lists.suse.com/archive/
http://www.debian.org/MailingLists/subscribe
https://lists.ubuntu.com/

The USENIX Special Interest group for Sysadmins
http://www.sage.org

Annuaires de Mailing List
http://tile.net/lists/
http://lists.topica.com

Automatiser les procédures

La théorie

L'automatisation de l'exploitation permet de gagner un temps précieux et de rendre plus fiables les procédures. Toutes les tâches répétitives doivent être automatisées.

Le savoir concret

Les langages de script :

bash	Le shell est l'outil minimaliste d'automatisation des procédures.
awk	Le langage de création de rapport.
perl	Le langage le plus puissant de l'exploitation.
python	Un langage objet très clair et très puissant.

Les outils complémentaires d'automatisation.

crontab	La commande crontab permet d'activer périodiquement des tâches.
make	La commande make automatise la création de fichiers en fonction de règles de production.
m4	Préprocésseur généraliste.
expect	Automatise des traitements interactifs (du genre : question/réponse).

Pour en savoir plus

Les pages de manuel

awk(1), perl(1), python(1), crontab(1), make(1), m4(1), expect(1)

Internet

Le langage Shell (Bash)
http://www.gnu.org/software/bash/manual/bash.html

Bash Guide for beginners
http://www.tldp.org/LDP/Bash-Beginners-Guide/html/

Le langage Perl
http://www.perl.org

Le langage Python
http://www.python.org

Livres

Unix Shell, par A. Berlat & all, chez Eyrolles. Ce livre traite du shell (bash, ksh) et de l'outil AWK (2002).

Introduction à Perl de Randal Schwartz, Tom Phoenix, Brian-D Foy, et Hervé Soulard chez O'Reilly (2006).

Apprendre à programmer avec Python, par Gérard Swinnen, chez O'Reilly (2005).

Programmer avec les outils GNU, par M. Loukides & Andy Oram, chez O'Reilly. Ce livre traite notamment des commandes make, RCS... (1997)

Journaliser les changements et agir de manière réversible

La théorie

Lorsque l'on fait du dépannage, la question récurrente est : quelles sont les modifications récentes qui ont été apportées au système ? Il est important de les consigner dans un journal de bord.

Non seulement il faut consigner les changements, mais il faut (autant que faire se peut) agir de manière réversible. Les sauvegardes, notamment des configurations, sont dans cette optique, primordiales.

Le savoir concret

Les commandes

script	Enregistre une session shell.
logger	Envoie un message au système de journalisation (syslogd).
RCS	Ensemble de commandes permettant un suivi de fichiers texte.
diff	Affiche ou enregistre les modifications d'un ou plusieurs fichiers.
patch	Apporte une modification à un ou plusieurs fichiers.

Les commandes RCS

ci	Enregistre les modifications d'un fichier dans une archive, supprime l'original.
ci -l	Idem, mais on est immédiatement prêt pour faire évoluer le fichier.
ci -u	Idem, mais le fichier récupéré n'est pas verrouillé (il est en lecture seule).
co	Récupère une version d'un fichier, par défaut, la dernière.
co -l	Récupère une version d'un fichier pour la faire évoluer.
rcs	Change les caractéristiques d'un fichier.
rcs -u	Supprime le verrou de la version courante.
rcs -l	Verrouille la version courante.
rlog	Liste l'historique des versions.
ident	Affiche les commentaires RCS.

Focus : Le cycle de vie avec RCS

1) On crée un répertoire RCS.

2) On archive une version avec ci –l.

3) On utilise le fichier ou on le modifie.

4) On boucle sur les opérations 2 et 3.

Focus : Les commentaires RCS

Les commentaires RCS sont mis à jour automatiquement lors de l'extraction d'une version par la commande `co`.

`$Header$ ou $Id$`   Chemin du source, version, date.

`$Author$, $Date$, $Revision$...`

Alternatives aux systèmes de gestion de révisions

Solutions plus simple

Les systèmes de gestion de révision tels que RCS, CVS ou Subversion sont adaptés à gérer l'historique des modifications d'un fichier ainsi qu'à leur sauvegarde. À défaut de les utiliser, il faut au minimum garder une trace des modifications en copiant les fichiers d'administration avant de les modifier. Une solution simple est d'ajouter un suffixe à chaque copie qui indique un numéro d'ordre où l'époque de la copie :

```
# cp   fichier    fichier.001 ;  vi fichier
# cp   fichier    fichier.002 ;  vi fichier
```

etc...

```
# cp   fichier    fichier.`date '+%m%d%H%M'`    ; vi fichier
```

Gestion de révisions manuelles

Une autre possibilité est de périodiquement enregistrer les modifications effectuées sur un fichier ou sur une arborescence de fichiers par la commande `diff`. Il faut par contre conserver l'ancienne version des fichiers pour construire ces différences. Ensuite il est possible, avec la commande `patch` de reconstituer les fichiers à partir des fichiers d'origine.

On peut aussi conserver des sauvegardes différentielles de la configuration (/etc...). La sauvegarde de référence étant réalisée après l'installation complète.

Cfengine

Le logiciel libre Cfengine est un outil de configuration de parc de machines Unix/Linx en client/serveur. Cfengine utilise un langage spécifique qui décrit les stratégies de mises à jour (on peut répartir les machines en classes). Les stratégies sont stockées sur un serveur, mais ce sont les clients qui réalisent les opérations. Les fichiers modifiés sont sauvegardés et le logiciel tient à jour un journal spécifique.

Pour en savoir plus

Man

logger(1), script(1), rcsintro(1), ci(1), co(1), rcs(1), rlog(1), ident(1), cvs(1), diff(1), patch(1)

Internet

Cfengine
http://www.cfengine.org

Livres

Programmer avec les outils GNU, par M. Loukides & Andy Oram, chez O'Reilly. Ce livre traite notamment des commandes make, RCS... (1997)

Documenter son système

La théorie

Il faut conserver la documentation écrite. Il faut savoir accéder à la documentation électronique. Il faut au besoin écrire cette documentation, par exemple sous forme de page de manuel.

Une page de manuel est un fichier texte compressé qui contient des macros `troff`. `troff` est un langage de traitement de texte qui génère des commandes pour un affichage graphique (PostScript...). La commande `nroff` génère une vision texte d'un fichier contenant des macros `troff`.

Le savoir concret

Les macros troff d'en-tête d'une page de manuel

.Dd Month day, year

.Os [OPERATING_SYSTEM] [version/release]

.Dt DOCUMENT_TITLE [section number] [architecture/volume]

Les macros troff associées aux différentes sections d'une page de manuel

.Sh NAME

.Sh SYNOPSIS

.Sh DESCRIPTION

.Sh RETURN VALUES

.Sh ENVIRONMENT

.Sh FILES

.Sh EXAMPLES

.Sh COMPATIBILITY

.Sh ERRORS

.Sh SEE ALSO

.Sh STANDARDS

Les commandes

`troff`	Génère un fichier graphique (PS...) à partir d'une source troff.
`nroff`	Génère un fichier texte à partir d'un source nroff.
`groff`	La commande GNU qui émule les commandes nroff/troff.
`zcat`	Affiche le contenu d'un fichier texte compressé.

La commande groff (Gnu-roff)

`groff -Tascii -man fichier`	Génère un fichier texte.
`groff -Tps -man fichier`	Génère un fichier PostScript.

Fichier : un fichier contenant des macros nroff/troff

Focus : imprimer une page de manuel

```
# man cal | col -b | lp
```

Pour en savoir plus.

Man

man(1), man(7), mdoc(7), man2html(1), col(1), zcat(1)

La page la plus importante (décrit les macros troff associées au manuel): mdoc.samples(7),

Internet

Docbook : système basé sur XML qui permet de générer une documentation dans le format de son choix (texte, PS, html, man…)
http://www.docbook.org/

Communiquer

La théorie

L'administrateur est au centre d'un réseau humain : sa hiérarchie qui désire que l'exploitation fonctionne correctement au moindre coût ; les responsables d'application qui vous demandent un maximum de ressources ; et enfin les utilisateurs dont vous êtes le premier interlocuteur. Il faut que vous communiquiez avec tous pour travailler le plus en harmonie. Vous devez faire connaître à tous vos contraintes et leur faire savoir les mesures que vous mettez en œuvre pour atteindre vos objectifs.

Le savoir concret

Les commandes

mail	Cette commande envoie un courrier.
write	Cette commande permet un dialogue avec un autre utilisateur.
talk	Cette commande permet un dialogue avec un utilisateur distant.
wall	Cette commande affiche un message sur l'ensemble des terminaux.
pidgin	Outil de messagerie instantanée (chat) sur Intranet/Internet.

Remarque : les systèmes Unix disposent de la commande news qui affiche les fichiers contenus dans le répertoire /var/news. La commande n'affiche que les fichiers que l'on n'a pas encore consultés.

Les fichiers

/etc/issue	Le contenu de ce fichier apparaît avant la connexion.
/etc/motd	Le contenu de ce fichier apparaît en début de connexion.
/etc/nologin	Le contenu de ce fichier apparaît si les connexions sont interdites.
/etc/aliases	Ce fichier permet de définir de petites listes de diffusion. Après avoir modifié ce fichier, il faut activer la commande newaliases.

Pour en savoir plus

Les pages de manuel

mail(1), write(1), talk(1), wall(1), ircii(1), issue(5), motd(5), nologin(8), aliases(5), newaliases(1)

Segmenter l'administration

La théorie

Dans une petite exploitation, l'administrateur fait tout : il administre le système, les applications et passe le balai dans la salle où est enfermé le serveur.

Quand l'administration se complique, l'administration doit être répartie sur plusieurs têtes. Alors il faut bien sûr garder un responsable en chef.

L'outil `webmin` permet de définir des comptes d'administration spécialisés dans une tâche précise : l'impression, les sauvegardes... La commande `sudo` permet en final la même chose : telle commande nécessitant a priori les prérogatives de root peut être exécutée par un compte ordinaire.

Le savoir concret

La commande sudo

La commande `sudo` permet à un utilisateur d'exécuter des commandes qui nécessitent une identité différente de l'utilisateur, par exemple celle de root. Exemple :

```
pierre$ sudo useradd   paul
```

Le fichier /etc/sudoers

Ce fichier décrit qui peut activer une commande avec `sudo` et sous quelle identité.

Syntaxe d'une ligne d'endossement de privilèges

Qui   hôte = (identité) commande [, ...]

Exemple :

```
pierre  ALL = (root) /usr/bin/useradd, /usr/bin/usermod
```

L'utilisateur Pierre peut activer les commandes `useradd` et `usermod` avec les droits de root.

Les alias

Pour simplifier l'écriture du fichier, on définit des alias (il faut spécifier la catégorie de l'alias en 1re colonne). Exemple :

```
User_Alias        ADM_USERS = pierre, paul
Runas_Alias   OPERATOR = root
Cmd_Alias     USER_CMDS = /usr/bin/useradd, /usr/bin/usermod
ADM_USERS  ALL = (OPERATOR) USER_CMDS
```

Mot de passe

Par défaut, la commande `sudo` demande le mot de passe de l'utilisateur. Le mot-clé NOPASSWD peut précéder les commandes. Dans ce cas, le mot de passe n'est pas demandé.

Exemple :

```
%admins ALL = (root) NOPASSWD:  USER_CMDS
```

Remarque : un groupe est précédé du caractère %.

Pour en savoir plus

Man

sudo(8), sudoers(5), visudo(8)

ATELIERS

(À faire après l'installation)

Tâche 1 :
Exemple d'automatisation d'exploitation

Créer un script qui envoie un mail à l'administrateur quand un des disques est plein (rempli à plus de x %). Automatiser son exécution par un crontab.

1. Créer une commande qui surveille le taux de remplissage des disques.

```
# vi /usr/local/sbin/disk_full
#!/bin/sh
# disk_full - teste si les disques sont plein
export LANG=C
:    ${SEUIL:=80}
message=/tmp/bidon$$

df -P | grep -v '^Filesystem' | sed 's/%//' |
        while read fs total used avail capacity mount
do
        if [ "$capacity" -gt $SEUIL ];then
                printf "%-20s %5d%%\n" $mount $capacity >> $message
        fi
done
if [ -r $message ];then
        mail -s "LES DISQUES SONT PLEINS" root < $message
        rm -f $message
fi
# chmod +x /usr/local/sbin/disk_full
```

2. Tester la commande.

Remarque : adapter le seuil de telle sorte que le script déclenche une alerte.

```
# SEUIL=20 sh  disk_full
# mail
Heirloom Mail version 12.4 7/29/08.  Type ? for help.
"/var/spool/mail/root": 1 message 1 new
>N  1 root                 Fri Jul  9 11:01  18/606   "LES DISQUES SONT PLEI"
& 1
Message  1:
From root@linux01.pinguins  Fri Jul  9 11:01:50 2010
Return-Path: <root@linux01.pinguins>
X-Original-To: root
```

```
Delivered-To: root@linux01.pinguins
Date: Fri, 09 Jul 2010 11:01:49 +0200
To: root@linux01.pinguins
Subject: LES DISQUES SONT PLEINS
User-Agent: Heirloom mailx 12.4 7/29/08
Content-Type: text/plain; charset=us-ascii
From: root@linux01.pinguins (root)
Status: R


/                         26%


& q
Held 1 message in /var/spool/mail/root
```

3. Créer un crontab pour automatiser la surveillance.

```
# crontab -e
0 12 * * * /usr/local/sbin/disk_full
```

Remarque : sur les systèmes RedHat, en standard, vous avez un `crontab` journalier qui active la commande `logwatch` et qui notamment affiche le taux d'utilisation des disques (cf. logwatch(8)).

Tâche 2 :
Exemple d'utilisation des commandes expect et m4

1. Créer un script expect et on le teste. Installer expect au préalable.

```
# yum -y -q install expect
# vi connexion.expect
#!/usr/bin/expect -f
set timeout 3
spawn ssh -l guest localhost
match_max 100000
expect -nocase "password: "
send -- "wwii1945\n"
expect "$ "
send -- "date > /tmp/date.log\r"
sleep 1
send -- "exit\r"
expect eof
# chmod +x connexion.expect
# ./connexion.expect
# cat /tmp/date.log
ven. juil.  9 11:16:10 CEST 2010
```

Remarque : dans l'exemple, on suppose que l'on se soit déjà connecté au serveur par SSH.

2. Créer un fichier utilisant le préprocésseur M4.

```
# vi source.m4
dnl Ceci est un commentaire
dnl =====================
define(VER,`3.14')dnl
define(`fct1',`bonjour Mr $1')dnl
include(`date.txt')dnl
Version: VER
fct1(Dupont)
Goodbye
```

```
# date > date.txt
# m4 source.m4
ven. juil.  9 11:19:28 CEST 2010
Version: 3.14
bonjour Mr Dupont
Goodbye
```

Tâche 3 :
Journaliser avec script, logger, communiquer avec motd et wall

1. Enregistrer ses actions avec la commande script.

```
# script -a
Script started, file is typescript
# date
Sun Dec 31 23:33:33 CET 2006
# id
uid=0(root) gid=0(root)
groups=0(root),1(bin),2(daemon),3(sys),4(adm),6(disk),10(wheel)
# uname -a
Linux linux1.pinguins 2.6.9-11.ELsmp #1 SMP Fri May 20 18:26:27 EDT 2005 i686
athlon i386 GNU/Linux
# uptime
 23:33:51 up 2 days, 10:55,  1 user,  load average: 0.00, 0.00, 0.17
# exit
exit
Script done, file is typescript
# cat typescript
Script started on Sun 31 Dec 2006 11:33:28 PM CET
# date
Sun Dec 31 23:33:33 CET 2006
# id
uid=0(root) gid=0(root)
groups=0(root),1(bin),2(daemon),3(sys),4(adm),6(disk),10(wheel)
# uname -a
Linux linux1.pinguins 2.6.9-11.ELsmp #1 SMP Fri May 20 18:26:27 EDT 2005 i686
athlon i386 GNU/Linux
# uptime
 23:33:51 up 2 days, 10:55,  1 user,  load average: 0.00, 0.00, 0.17
# exit
exit

Script done on Sun 31 Dec 2006 11:33:56 PM CET
```

Remarques :

1) L'option –a permet d'ajouter l'historique à la fin du fichier, par défaut ce dernier est écrasé.

2) La commande `script` peut être mise dans le fichier `~/.bash_profile` de l'administrateur. Ainsi, elle est déclenchée automatiquement.

2. Journaliser les actions de l'administrateur avec syslog.

```
# echo "local1.*        /var/log/journal_de_bord.log" >> /etc/rsyslog.conf
# service rsyslog restart
# logger -p local1.info "aujourd'jui j'installe Oracle"
# logger -p local1.warn "disques pleins, je fais du menage"
# tail /var/log/journal_de_bord.log
Jul  9 11:30:34 instru root: aujourd'jui j'installe Oracle
```

```
Jul  9 11:30:55 instru root: disques pleins, je fais du menage
#
```

3. Prévenir les utilisateurs en utilisant le fichier motd.

```
# vi /etc/motd
===========================

   Aujourd'hui, on arrete
   le systeme vers 16h
   pour installer la
   derniere version d'Oracle

===========================
# ssh -l guest localhost
guest@localhost's password: wwii1945
Last login: Sat Dec 30 14:38:52 2006 from linux1.pinguins
===========================

   Aujourd'hui, on arrete
   le systeme vers 16h
   pour installer la
   derniere version d'Oracle


===========================

$ exit
Connection to localhost closed.
# > /etc/motd
```

4. Prévenir immédiatement les utilisateurs avec wall.

```
# echo "URGENT: les applications accedant au CDROM vont etre tuees" |wall

Broadcast message from root (Sun Dec 31 23:46:15 2006):

URGENT: les applications accedant au CDROM vont etre tuees
```

Tâche 4 :
Tracer les modifications d'un fichier de configuration avec RCS

1. Créer un répertoire RCS qui contiendra l'historique des modifications.

Remarque : on suppose que l'on utilise le serveur CUPS.

```
# yum -q -y install cups
# service cups start
# yum -y -q install rcs
# rpm -q rcs
rcs-5.7-36.el6.i686
# cd /etc/cups
# mkdir RCS
```

2. Créer le fichier RCS.

Le fichier RCS cupsd.conf,v contiendra l'historique des modifications du fichier cupsd.conf. La création de ce fichier entraîne la destruction du fichier de référence (cupsd.conf) si l'on n'utilise pas l'option −u ou −l. Avec l'option −l, le fichier peut être modifié de suite.

```
# ci -l cupsd.conf
RCS/cupsd.conf,v  <--  cupsd.conf
```

```
enter description, terminated with single '.' or end of file:
NOTE: This is NOT the log message!
>> The original of cupsd.conf file
>> .
initial revision: 1.1
done
# ls RCS
cupsd.conf,v
# ls -l cupsd.conf*
-rw-r-----  1 root root 22153 jan 30 15:30 cupsd.conf
-rw-r--r--  1 root root 21943 jan 20 10:21 cupsd.conf.default
```

3. Mettre à jour le fichier.

En l'occurrence, on veut modifier la configuration de CUPS. La modification concerne l'ouverture du port 631 de la carte réseau Ethernet. On pourra ainsi administrer à distance CUPS. On rajoute le commentaire RCS en tête du fichier (il y en a déjà un, mais on l'ignore). La ligne Listen est rajoutée après les commentaires concernant cette directive.

```
# netstat -an | grep 631
tcp       0      0 127.0.0.1:631            0.0.0.0:*
LISTEN
udp       0      0 0.0.0.0:631              0.0.0.0:*
# vi cupsd.conf
# $Id$
...
Listen localhost:631
Listen 192.168.0.1:631
...
```

4. Archiver la dernière version et on relance le service.

```
# ci -l cupsd.conf
RCS/cupsd.conf,v  <-- cupsd.conf
new revision: 1.2; previous revision: 1.1
enter log message, terminated with single '.' or end of file:
>> We open the port
>> .
done
# /etc/init.d/cups restart
Stopping cups:                                          [ OK  ]
Starting cups:                                          [ OK  ]
# netstat -an |grep 631
tcp       0      0 127.0.0.1:631            0.0.0.0:*               LISTEN
tcp       0      0 192.168.0.1:631          0.0.0.0:*               LISTEN
udp       0      0 0.0.0.0:631              0.0.0.0:*
```

5. Visualiser les commentaires RCS.

```
# ident cupsd.conf
cupsd.conf:
     $Id: cupsd.conf,v 1.2 2006/12/31 21:38:22 root Exp $
```

6. Visualiser l'historique des modifications.

```
# rlog cupsd.conf

RCS file: RCS/cupsd.conf,v
Working file: cupsd.conf
head: 1.2
branch:
```

```
locks: strict
access list:
symbolic names:
keyword substitution: kv
total revisions: 2;     selected revisions: 2
description:
The original of cupsd.conf file
----------------------------
revision 1.2
date: 2006/12/31 21:38:22;  author: root;  state: Exp;  lines: +6 -6
We open the port
----------------------------
revision 1.1
date: 2006/12/31 21:27:40;  author: root;  state: Exp;
Initial revision
============================================================================
# cd
```

Tâche 5 :
Écrire une page de manuel

1. Écrire la commande news.

```
# vi /usr/local/bin/news
#!/bin/sh
# news
option=$1

if [ -e ~/.news_time ];then
        FILES=`find /var/news -type f -newer ~/.news_time `
        if [ "$FILES" != "" ];then
                more $FILES
        fi
fi
if [ ! -e ~/.news_time -o N$option = "N-a" ];then
        more /var/news/*
fi
touch ~/.news_time

# chmod 555 /usr/local/bin/news
```

2. Écrire une page de manuel pour cette commande.

```
# mkdir -p /usr/local/man/man1
# vi /usr/local/man/man1/news.1
.Dd August 1, 2006
.Dt NEWS 1
.Sh NAME
news \- print news items
.Sh SYNOPSIS
news [-a]
.Sh DESCRIPTION
news is used to keep the user informed of current events. By convention, these
events are described by files in the directory /var/news.
.Pp
When invoked without arguments, news prints the contents of all current files in
/var/news. news stores the ``currency'' time as the modification date of a file
```

```
named .news_time in the user's home directory; only files more recent than this
currency time are considered ``current.''
.Sh OPTIONS
-a
Print all items, regardless of currency.
.Sh FILES
.nf
/var/news/*
$HOME/.news_time
```

3. Tester si la page s'affiche correctement.

```
# groff -Tascii -man /usr/local/man/man1/news.1
NEWS(1)                    BSD General Commands Manual                    NEWS(1)


NAME
     news - print news items

SYNOPSIS
     news [-a]

DESCRIPTION
     news is used to keep the user informed of current events. By convention,
     these events are described by files in the directory /var/news.

     When invoked without arguments, news prints the contents of all current
     files in /var/news. news stores the ``currency'' time as the modification
     date of a file named .news_time in the user's home directory; only files
     more recent than this currency time are considered ``current.''


OPTIONS
     -a Print all items, regardless of currency.


FILES
     /var/news/*
     $HOME/.news_time




BSD                            August 1, 2006                             BSD4.
```

4. On la compresse.

```
# gzip /usr/local/man/man1/news.1
# ls -l /usr/local/man/man1/new*
-rw-r--r--  1 root root 402 Dec 30 11:26 /usr/local/man/man1/news.1.gz
```

5. Tester son accès avec la commande man.

```
# man news
No manual entry for news
# MANPATH=/usr/share/man:/usr/local/man
# export MANPATH
# man news
NEWS(1)                    BSD General Commands Manual                    NEWS(1)


NAME
     news - print news items
```

```
SYNOPSIS
     news [-a]


DESCRIPTION
....
```

6. Incorporer la commande dans l'index des commandes.

```
# makewhatis /usr/local/man
# man -k news
news                   (1)  - print news items
# more /var/cache/man/whatis
...
```

Remarque : le fichier whatis contient l'index des commandes. La commande `makewhatis` reconstruit ce fichier. Sans argument, la commande explore les différents répertoires contenant le manuel. Pour accélérer son exécution, on peut se limiter à une seule arborescence.

7. Visualiser le texte source d'une page de manuel.

```
# zcat /usr/share/man/man8/init.8.gz  | more
.\"{{{}}}
.\"{{{  Title
.TH INIT 8 "18 April 2003" "" "Linux System Administrator's Manual"
.\"}}}
.\"{{{  Name
.SH NAME
init, telinit \- process control initialization
.\"}}}
.\"{{{  Synopsis
.SH SYNOPSIS
...
```

8. Tester la commande news.

```
# mkdir /var/news
# echo "Oracle V9 est obsolete" > /var/news/msg1
# echo "Oracle V10 va etre installee" > /var/news/msg2
# su - guest
$ news
:::::::::::::::
/var/news/msg2
:::::::::::::::
Oracle V10 va etre installee
:::::::::::::::
/var/news/msg1
:::::::::::::::
Oracle V9 est obsolete
$ exit
# echo "le systeme sera arrete Lundi" > /var/news/msg3
# su - guest
$ news      # on ne voit que les fichiers récents !
le systeme sera arrete Lundi
$ news -a
:::::::::::::::
/var/news/msg1
:::::::::::::::
Oracle V9 est obsolete
:::::::::::::::
```

```
/var/news/msg2
:::::::::::::::
...
```

Tâche 6 :
Utiliser la commande sudo

1. Créer un compte.

```
# useradd -m pierre
# echo pierre | passwd --stdin pierre
Changing password for user pierre.
passwd: all authentication tokens updated successfully.
```

2. Modifier la configuration : Pierre peut créer des comptes utilisateur.

```
# cp /etc/sudoers /etc/sudoers.000
# visudo
...
pierre  linux01.pinguins = (root) /usr/sbin/useradd
```

3. Se connecter sous le compte pierre et créer un utilisateur.

```
# ssh -l pierre localhost
pierre@localhost's password: pierre
Last login: Sat Dec 30 10:33:02 2006 from raichu.pokemon
$ sudo /usr/sbin/useradd -m titeuf

We trust you have received the usual lecture from the local System
Administrator. It usually boils down to these two things:

        #1) Respect the privacy of others.
        #2) Think before you type.
        #3) With great power comes great responsability
[sudo] Password: pierre
$ id titeuf
uid=502(titeuf) gid=502(titeuf) groupes=502(titeuf)
$ exit
```

4. Créer une configuration plus réaliste.

```
# cp /etc/sudoers /etc/sudoers.$(date '+%m%d%H%M')
# ls -l /etc/sudoers*
-r--r-----  1 root root 621 Dec 30 10:30 /etc/sudoers
-r--r-----  1 root root 580 Dec 30 10:14 /etc/sudoers.000
-r--r-----  1 root root 621 Dec 30 10:39 /etc/sudoers.12301039
# visudo
...
#pierre linux1 = (root) /usr/sbin/useradd

Cmnd_Alias CMDS_USER  =  /usr/sbin/useradd, \
                         /usr/sbin/userdel, \
                         /usr/sbin/usermod, \
                         /usr/sbin/groupadd, \
                         /usr/bin/passwd [A-z]*, ! /usr/bin/passwd root
%admins ALL = (root) NOPASSWD: CMDS_USER
```

5. Créer des administrateurs.

```
# groupadd admins
# useradd -m -g admins cathy
```

```
# echo cathy | passwd --stdin cathy
Changing password for user cathy.
passwd: all authentication tokens updated successfully.
```

6. Tester.

```
# su - cathy
$ sudo -l
...
User cathy may run the following commands on this host:
    (root) NOPASSWD: /usr/sbin/useradd, /usr/sbin/userdel, /usr/sbin/usermod,
/usr/sbin/groupadd, /usr/bin/passwd [A-z]*, !/usr/bin/passwd root
$ PATH=$PATH:/usr/sbin
$ sudo useradd -m vomito
$ id vomito
uid=506(vomito) gid=506(vomito) groups=506(vomito)
$ exit
```

7. Donner tous les droits aux membres du groupe admins (stratégie d'Ubuntu).

```
# visudo
#%admins ALL = (root) NOPASSWD: CMDS_USER
%admins ALL=(ALL) ALL
# su - cathy
$ sudo tail -1 /etc/shadow
[sudo] password for cathy: cathy
vomito:!!:14799:0:99999:7:::
$ exit
```

Tâche 7 :
Les commandes diff et patch

On suppose que l'atelier sur RCS a été accompli.

```
# cd /etc/cups
# diff -c cupsd.conf cupsd.conf.default > patch.txt
# head patch.txt
*** cupsd.conf  2007-01-30 15:30:22.000000000 +0100
--- cupsd.conf.default      2007-01-20 10:21:52.000000000 +0100
***************
*** 1,6 ****
  #
! # $Id: cupsd.conf,v 1.2 2007/01/30 14:30:10 root Exp root $
! # "$Id: cupsd.conf,v 1.2 2007/01/30 14:30:10 root Exp root $"
...
# cp cupsd.conf.default cupsd.conf.000
# cp cupsd.conf.default cupsd.conf.001
# yum -q -y install patch
# patch -p0 cupsd.conf.001 < patch.txt
patching file cupsd.conf.001
Reversed (or previously applied) patch detected!  Assume -R? [n] y
# diff cupsd.conf cupsd.conf.001
# cd
```

La commande diff signale les différences entre deux fichiers. Si l'on utilise l'option –c et si l'on mémorise ces différences avec une redirection, on peut reconstituer le fichier à partir du fichier d'origine et du fichier diff (appelé ici patch.txt).

Remarque :

Les commandes `diff` et `patch` peuvent agir sur des arborescences (le répertoire courant correspond à l'arborescence avant les modifications et, a_jour, celui ayant subi les modifications) :

```
# diff   -u  -r  .   ../a_jour  | gzip > patch.gz
# gunzip -c patch.gz  |  patch -p0
```

- *KickStart, AutoYaST*

- *repository*

- *Yum, Apt-get*

- *repodata,Packages.gz*

- *Spec, rpmbuild*

2

L'installation

Objectifs

Ce chapitre traite de l'installation du système. L'objectif principal est de savoir créer un serveur local d'installation et de mise à jour. On apprend également à créer des paquetages.

Contenu

Installer et organiser les données

L'installation automatique

L'installation KickStart (RedHat)

Créer un serveur de dépôt

Créer un dépôt Debian

Créer un dépôt Yum, configurer le client

Créer un paquetage RPM

Créer un paquetage Debian

Ateliers

Installer et organiser les données

La théorie

Objectifs

Quand on installe un système, on veut simplifier l'exploitation. En clair on veut :

- Réinstaller le système facilement.

- Faciliter la réinstallation partielle du système, par exemple la réinstallation uniquement du système ou de l'application principale.

- Faciliter les mises à jour du système.

- On veut un système fiable, par exemple disposer du système sur un miroir.

- Avoir de bonnes performances, par exemple en mettant les données sur un RAID-5.

Stratégies

Stratégies globales

On structure l'espace disque, on sépare les éléments suivants :

- Le démarrage du système, le reste des fichiers et le swap (/boot, / et swap).

- Système et application (/, /usr, /var et /home, /usr/local/apache).

- Fichiers stables et fichiers fréquemment modifiés (/, /usr et /var, /tmp).

- Pour une application, les programmes, la configuration, les journaux, les données... (./bin, ./etc, ./log, ./data...)

Les éléments structurants

- Les arborescences de fichiers (/, /usr, /home...).

- Les systèmes de fichiers (FS), chacun abritant une arborescence de fichiers.

- Les groupes de volumes (VG). Le VG système, le VG de l'application principale, le VG des autres applications. Un VG regroupant un ou plusieurs FS.

- Les disques internes ou externes. Les disques seront partitionnés et chaque partition abritera un FS, du swap ou un PV d'un VG. Les disques peuvent aussi être vus uniquement en tant que PV. Les disques d'un serveur sont gérés en RAID.

- Les baies de disques et la virtualisation des serveurs.

Exemples de stratégies

Remarque : on prend Apache comme exemple d'application.

Système monodisque :

- Partitionnement physique : /boot, /, swap, /usr/local/apache.

- Mixte (partitionnement physique et VG) : /boot, /, /usr, /var, /tmp et un PV associé à un VG apache lequel abritant les FS d'apache (./log, ./htdocs...).

- VG : /boot (obligatoire) et le reste sous forme d'un PV associé à un VG divisé en LV (/, /usr/local/apache, swap...). C'est la solution par défaut à l'installation.

Système possédant plusieurs disques :

Un disque système en miroir et les disques externes (RAID) répartis dans un ou plusieurs VG applicatif.

L'installation automatique

La théorie

L'installation, la réinstallation et la mise à jour des systèmes peuvent devenir répétitives. Dans ce cas il faut les simplifier, voire les automatiser.

L'idée générale est de créer un serveur d'installation qui contient les logiciels systèmes et les applications ainsi que les mises à jour. Le poste à installer accède au serveur via le réseau. Grâce au protocole DHCP il obtient sa configuration réseau et via FTP, HTTP ou NFS il accède au dépôt des logiciels à installer.

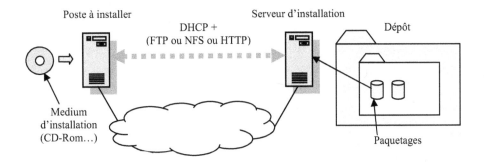

Fig. Installation réseau

Il faut activer l'installation à partir des postes à installer. Il faut que ceux-ci possèdent un système Linux en mémoire et qu'ils déclenchent la procédure d'installation. Pour cela, on démarre les postes à partir du premier CD-Rom d'installation et on spécifie au chargeur les paramètres permettant l'installation automatique. Il est également possible d'utiliser PXE. Dans ce cas, quand le poste démarre, il recherche un serveur DHCP compatible PXE et après avoir chargé un minisystème grâce au protocole TFTP, l'installation commence. Dans ce cas, la procédure d'installation peut être entièrement automatique. Il est même possible que le démarrage des postes à installer soit piloté à distance.

Remarque : en théorie l'installation automatique n'est pas forcement réalisée en réseau. Mais son intérêt et la facilité de mise en œuvre l'impliquent presque obligatoirement.

Particularités des distributions

RedHat, Fedora, CentOS

L'installation automatique d'un système RedHat utilise la technologie KickStart.

SUSE

L'installation automatique d'un système SUSE utilise la technologie AutoYaST.

Debian

L'installation automatique d'un système Debian utilise le logiciel debian-installer.

L'installation automatique d'un système Debian peut également utiliser le logiciel libre FAI (Fully Automatic Installation). Il est beaucoup plus sophistiqué (mais plus complexe) que le logiciel standard. Il avait été créé pour réaliser l'installation de clusters de calculs.

Ubuntu

L'installation finale repose sur le logiciel debian-installer mais il est possible d'utiliser KictStart comme frontal.

Le savoir concret

Le logiciel debian-installer (Debian)

Principe

Au lieu de répondre aux questions du logiciel standard d'installation (debian-installer), on peut lui fournir un fichier qui contient les paramètres d'installation.

Création du fichier de préconfiguration (preseed.cfg)

La manière la plus simple pour créer le fichier de préconfiguration est d'abord d'installer le système et de générer le fichier qui correspond à l'installation réalisée :

```
# debconf-get-selections --installer  > preseed.cfg
# debconf-get-selections   >> preseed.cfg
```

Éventuellement on édite ensuite le fichier.

Démarrer l'installation

Lors du démarrage à partir du medium d'installation (CD-Rom par exemple), on ajoute en paramètre du noyau l'emplacement du fichier. Par exemple :

```
boot:  linux  preseed/url=http://serveur/pub/preseed.cfg
```

Le logiciel AutoYaST (SUSE)

Rappels sur l'installation d'un système SUSE

L'installation d'un système SUSE se déroule en trois phases :

- La préparation : le logiciel d'installation recueille les paramètres d'installation.

- L'installation : YaST partitionne, crée les FS, installe les paquetages et le chargeur.

- La configuration : des scripts de post-installation configurent le matériel, le réseau…

Principe

Au lieu de répondre aux questions lors de la première phase, on crée un fichier qui contient les paramètres d'installation.

Création du fichier de contrôle (autoyast.xml)

La manière la plus simple pour créer le fichier de préconfiguration est d'abord d'installer le système et de générer le fichier qui correspond à l'installation réalisée.

Pour ce faire, on active l'Auto-installation du menu Misc de Yast. Ensuite, éventuellement on édite le fichier XML généré. On peut vérifier sa syntaxe :

```
# xmllint  autoyast.xml
```

Création du serveur d'installation

On recopie les CD-Rom d'installation dans un répertoire d'un serveur HTTP ou NFS.

Démarrer l'installation

Lors du démarrage à partir du medium d'installation (CD-Rom par exemple), on ajoute en paramètre du noyau l'emplacement du fichier. Par exemple :

a) Le fichier est sur une disquette :

```
autoyast=floppy://autoyast.xml
```

b) Le fichier est sur un serveur http :

```
autoyast=http://serveur/pub/suse/autoyast.xml
```

Pour en savoir plus

Howto

Network-installation-HOWTO (SUSE, RedHat et Debian)

Internet – Installation automatique d'une distribution Debian

L'installation automatique
http://www.debian.org/releases/stable/i386/ch04s07.html.fr

Un exemple de fichier preseed.cfg
http://www.debian.org/releases/lenny/example-preseed.txt

Le manuel d'installation
http://www.debian.org/releases/stable/i386/index.html

Le logiciel FAI – Home Page
http://www.informatik.uni-koeln.de/fai/

Annexe B. Automatisation de l'installation et préconfiguration d'un système Debian
http://d-i.alioth.debian.org/manual/fr.i386/apbs01.html

Internet – Installation automatique d'une distribution SUSE

AutoYast – la documentation officielle
http://forgeftp.novell.com/yast/doc/SL10.0/autoinstall/

Supinfo - Un exemple complet d'utilisation d'AutoYaST
http://www.supinfo-projects.com/fr/2005/autoinstall_linux_en/3/

Internet – Installation automatique d'une distribution Ubuntu

Automatic installation
https://help.ubuntu.com/10.04/installation-guide/i386/automatic-install.html

L'installation KickStart (RedHat)

La théorie

Les distributions RedHat, Fedora et CentOS utilisent le logiciel Anaconda pour leur installation. Il est possible de créer un fichier KickStart qui contient toutes les réponses aux questions posées lors de l'installation. Ce fichier permet une installation automatique. Ce fichier peut être présent sur une disquette ou un serveur d'installation. Le système à installer, lui, peut être présent sur un DVD ou un serveur d'installation.

Le savoir concret

Les commandes

```
system-config-kickstart
```
> Cette commande graphique génère de toutes pièces un fichier kickstart.

```
system-config-kickstart --generate fichier
```
> Cette commande en mode texte génère un fichier kickstart qui reprend la liste des paquetages installés sur le système.

Les fichiers

/root/anaconda-ks.cfg
> Ce fichier kickstart est créé automatiquement lors de l'installation. Ce qui concerne le partitionnement est en commentaire.

Focus : Format d'un fichier KickStart

Les options générales

Le type d'installation (cf. plus bas), le langage (lang), le clavier (keyboard), la configuration réseau (network), la sécurité (authconfig, firewall, selinux), la zone géographique (timezone), le mot de passe de root (rootpw), le partitionnement (par), le chargeur (bootloader), etc.

Remarque : contrairement aux autres sections, celle-ci n'est pas introduite par un entête.

%packages

Cette ligne est suivie des paquetages à installer. Ce sont soit des paquetages individuels, soit des groupes de paquetages. Dans ce dernier cas, leur nom est précédé de « @ ».

%pre

Cette ligne est suivie des commandes à exécuter avant l'installation.

%post

Cette ligne est suivie des commandes à exécuter après l'installation.

Focus : Le type d'installation

Installation à partir du CD-Rom
```
install
cdrom
```

Installation réseau

a) En NFS
```
install
nfs --server=venus --dir=/var/ftp/pub
```

b) En FTP ou HTTP (on spécifie une URL)

```
install
url --url http://server/pub
```

Remarque : dans les différents exemples, le répertoire indiqué contient l'arborescence RedHat. On peut créer celle-ci en recopiant l'arborescence RedHat des CD-Rom d'installation.

Focus : Démarrer l'installation

À l'invite du chargeur (boot:) on entre une des lignes suivantes :

a) Si on utilise un CD-Rom (ou un DVD-Rom) et une disquette qui contient le fichier kickstart :

```
linux ks=floppy:/ks.cfg
```

b) Si on utilise un serveur réseau NFS, HTTP ou FTP :

```
linux ks=nfs:server:/pub/ks.cfg
linux ks=http://server/pub/ks.cfg
linux ks=ftp://server/pub/ks.cfg
```

c) Si on utilise un fichier initrd :

```
linux ks=file:/<file>
```

Pour en savoir plus

Fichiers

La documentation du paquetage /usr/share/doc/system-config-kickstart-*/.

Internet

Redhat – Kickstart Installation
http://www.redhat.com/docs/en-US/Red_Hat_Enterprise_Linux/5.5/html/Installation_Guide/ch-kickstart2.html
http://www.redhat.com/docs/en-US/Red_Hat_Enterprise_Linux/6-Beta/html/Installation_Guide/ch-kickstart2.html

Chapter 31. PXE Network Installations
http://www.centos.org/docs/5/html/Installation_Guide-en-US/ch-pxe.html

KickStart Configurations & CFEngine
http://sial.org/howto/kickstart/
http://www.cfengine.org/manuals/cf3-solutions.html

Livre

Managing RPM-Based Systems with KickStart and Yum, par Ethan McCallum, chez O'Reilly (2007).

Créer un serveur de dépôt

La théorie

Pourquoi utiliser un serveur de dépôt

L'installation et la mise à jour des paquetages sont simplifiées si l'administrateur utilise des logiciels évolués comme Yum ou Apt-get qui gèrent les dépendances de paquetages et qui automatiquement téléchargent ces paquetages à partir de dépôts et enfin les installent. L'administrateur peut configurer ces logiciels pour qu'ils accèdent à des dépôts officiels présents sur Internet ou configurer son propre serveur de dépôt.

L'administrateur tire plusieurs avantages de gérer son propre serveur de dépôt :

- Son serveur d'installation peut jouer le rôle de serveur de dépôt. Il réalise ainsi une centralisation de l'installation et une bonne utilisation des ressources.

- Il contrôle de manière absolue les mises à jour. Il peut par exemple ne mettre à disposition qu'une partie d'entre elles, celles qui ont été pleinement testées et qui sont donc sans risque.

- Il utilise son réseau interne qui est plus sûr et plus performant.

Remarque : l'administrateur peut décider de transformer son serveur de dépôt en véritable miroir des serveurs officiels de sa distribution. Dans ce cas, son serveur est automatiquement à jour mais l'administrateur perd alors le contrôle des paquetages qu'il peut mettre ou non à disposition. Il peut tout au moins adopter cette attitude pour les mises à jour de sécurité.

La création d'un serveur de dépôt

La création d'un serveur de dépôt suppose plusieurs étapes :

- Il faut créer un dépôt correspondant aux paquetages de base de la distribution. Ce sont les même utilisés pour l'installation du système. On peut les obtenir en les téléchargeant à partir d'Internet ou en les recopiant à partir des CD-Rom d'installation.

- Il faut créer un dépôt correspondant aux mises à jour du système. Il faut une procédure pour récupérer ces mises à jour à partir d'Internet.

- Il faut installer et configurer un service pour mettre à disposition les dépôts. Selon le cas, on utilise HTTP, FTP, RSYNC, ou NFS.

- Pour chaque dépôt il faut créer les métadonnées qui mémorisent entre autre les relations de dépendances entre paquetages. Chaque outil utilise des métadonnées de nature différente. Éventuellement on peut créer plusieurs métadonnées. Ainsi le même dépôt pourrait être accessible aussi bien par Yum que par Apt-get.

Particularités des distributions

RedHat, Fedora, CentOS

Les distributions RedHat, Fedora et CentOS utilisent en standard l'outil Yum pour l'installation et la mise à jour des paquetages. Par défaut la configuration inclut le référencement de serveurs de dépôt présents sur Internet.

Red Hat Network (RHN) Satellite est un système qui permet de gérer de manière centralisée le déploiement d'un ensemble de serveurs et stations RedHat.

Debian, Ubuntu

La distribution Debian et ses dérivés utilisent en standard l'outil **aptitude** pour l'installation et la mise à jour des packages. Le logiciel **debmirror** permet de créer un miroir au dépôt.

SUSE

Le cas de SUSE est assez complexe. Les versions récentes utilisent l'outil `rug` pour l'installation et la mise à jour des paquetages. Cet outil accepte de dialoguer avec plusieurs types de dépôts, des dépôts au format spécifiquement SuSE (YaST ou ZENWorks) ou même des dépôts Yum. On peut aussi directement utiliser Yum pour accéder aux dépôts officiels.

Le savoir concret

SUSE

La configuration du client

Dans la terminologie SUSE, un dépôt est appelé « service ».

1) On ajoute un dépôt (un service).

```
# rug sa --type=yum http://serveur/pub  racine
```

Syntaxe : rug sa --type=<TYPE> URL nom_du_depot

La valeur TYPE précise le type de dépôt : yum, zypp (YaST repository), nu, rce, zenworks.

2) On y souscrit.

```
# rug  sub  racine
```

On peut ensuite l'utiliser (lister son contenu, télécharger des packages, …).

Créer un dépôt SUSE

On peut tout simplement créer un dépôt Yum. La création d'un dépôt de type Zypp (YaST repository) est assez complexe (cf. « Creating YaST Installation Sources » donné en référence).

La mise à jour du miroir

Panorama des techniques

Techniques de bas niveau

rsync   Protocole adapté au miroir de site.

lftp   Outil de transfert de fichiers supportant les protocoles HTTP et FTP.

Techniques de haut niveau

Yum-pull et mrepo (anciennement yam) sont des outils qui permettent de créer des miroirs aux dépôts yum, apt ou up2date.

Remarque : ces outils transfèrent un dépôt intégralement à la première utilisation. Ensuite, ils ne transfèrent que les nouveaux fichiers.

lftp – exemple

```
# cat script.lft
set  ftp:list-options -a
open serveur/pub/racine
lcd  /var/ftp/pub/racine
mirror --delete --exclude *.src.rpm  --verbose
quit
# lftp  -f  script.lftp
```

On transfère l'arborescence pub/racine présente sur le serveur **serveur** dans le répertoire local /var/ftp/pub/racine. L'option `--delete` supprime en local les fichiers qui ne sont plus présents sur le site distant. On ne transfère pas les fichiers ayant l'extension `src.rpm`.

rsync – exemple

```
# rsync serveur::        # lister les domaines d'un serveur rsync
ftp           ftp area
# rsync -av --exclude *.src.rpm serveur::ftp/pub/racine /var/ftp/pub
```

On transfère l'arborescence pub/racine du domaine ftp du serveur **serveur** dans le répertoire local /var/ftp/pub/racine. On ne transfère pas les fichiers ayant l'extension src.rpm.

Voici la configuration du serveur rsync correspondante :

```
serveur# cat /etc/rsyncd.conf
use chroot = yes
[ftp]
        path = /var/ftp/
        comment = ftp area
serveur# chkconfig rsync on
serveur# ls -F /var/ftp/pub/
racine/
```

Pour en savoir plus

Les pages de manuel

rsync(1), lftp(1), debmirror(1)

Internet

Yum-pull
http://www.stearns.org/mirror/

Mrepo (yam)
http://dag.wieers.com/home-made/mrepo/

Creating YaST Installation Sources - openSUSE
http://fr.opensuse.org/Creating_YaST_Installation_Sources

Red Hat Network Satellite
http://www.redhat.com/red_hat_network/

Spacewalk (logiciel sur lequel est basé la technologie Satellite de RedHat)
http://wiki.centos.org/HowTos/PackageManagement/Spacewalk

Cobbler: How to set up a network boot server in 10 minutes
http://magazine.redhat.com/2007/08/10/cobbler-how-to-set-up-a-network-boot-server-in-10-minutes/

Livre

Linux Patch Management : Keeping Linux System Up to date, par Michael Jang, chez Prentice Hall (2006)

Créer un dépôt Debian

Le savoir concret

La structure d'un dépôt Debian

Un dépôt Debian est constitué d'au moins un répertoire et de fichiers particuliers :

- Packages.gz Catalogue des paquetages binaires.
- Sources.gz Catalogue des paquetages sources.
- Release Fichier associé au dépôt lui-même (fichier optionnel).

Il y a deux sortes de dépôts Debian :

- Dépôt trivial Sa structure est très simple.
- Dépôt auto Il est compatible avec la structure des dépôts officiels Debian.

Dépôt trivial

Il est composé de deux répertoires, l'un pour les paquetages binaires, l'autre pour les paquetages sources :

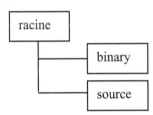

Fig. Dépôt trivial

Dépôt auto

Un dépôt auto reproduit la structure d'un dépôt officiel.

Chaque répertoire binary-* (un par type de plate-forme matériel) contient un fichier Packages.gz et éventuellement un fichier Releases.

Chaque répertoire source contient un fichier Sources.gz et éventuellement un fichier Releases.

Remarques :

1) Les paquetages n'ont pas besoin d'être dans le même répertoire que les catalogues, car le chemin de chaque paquetage est contenu dans les catalogues. Ceci permet la création de « pool ». Un pool est une arborescence de paquetages regroupés selon des critères différents des catalogues.

2) On peut créer autant de distributions ou de composants que l'on veut et on peut les nommer comme on veut.

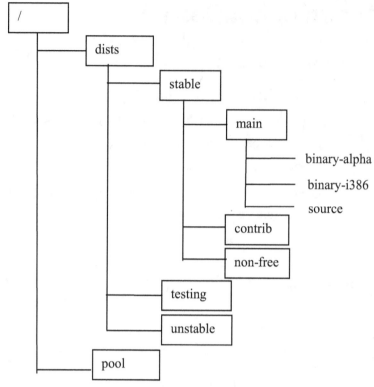

Fig. Dépôt auto.

Les commandes de gestion d'un dépôt

`dpkg-scanpackages`	Génère le fichier Packages.
`dpkg-scansources`	Génère le fichier Sources.
`apt-ftparchive`	Génère les catalogues (fait appel aux commandes de bas niveau dpkg-scanpackages et dpgk-scansources).
`apt-mirror`	Permet de créer un miroir au Dépôt Debian en partie ou en totalité.
`debmirror`	Permet de créer un miroir au Dépôt Debian en partie ou en totalité.

Exemple - création du catalogue d'un dépôt trivial

```
# cd  pub
# dpkg-scanpackages binary /dev/null | gzip -9c > binary/Packages.gz
```

La configuration du poste client

C'est le fichier /etc/apt/sources.list qui contient la liste des dépôts où sont recherchés les paquetages à installer.

Chaque ligne a la structure suivante :

```
(deb| deb-src) <URL> <distribution> {<composant>}
```

La ligne commence par `deb` pour un dépôt de paquetages binaires et par `deb-src` pour un dépôt de paquetages source. La distribution spécifie la stabilité des paquetages (stable, testing, unstable ou frozen). Enfin sont indiqués le ou les composants que l'on peut trouver sur le dépôt (main, conrtib, non-free, non-US/main, non-US/contrib).

Si on a un dépôt non-Debian (trivial), distribution et composants sont remplacés par le sous-répertoire contenant les paquetages.

Exemple – Un fichier /etc/apt/sources.list :

```
deb ftp://ftp.debian.org/debian stable contrib
deb http://nonus.debian.org/debian-non-US stable/non-US main contrib
deb ftp://serveur/pub     binary    /
```

Pour en savoir plus

Les pages de manuel

apt-get(1), sources.list(5), apt-mirror(1), debmirror(1)

Internet

Debian Repository HOWTO
http://www.debian.org/doc/manuals/repository-howto/repository-howto

APT HOWTO
http://www.debian.org/doc/manuals/apt-howto/index.fr.html

How To Create A local Debian/Ubuntu Mirror with apt-mirror
http://www.howtoforge.com/local_debian_ubuntu_mirror

Ubuntu – Debmirror
https://help.ubuntu.com/community/Debmirror

Ubuntu – Rsyncmirror (utilisation de rsync)
https://help.ubuntu.com/community/Rsyncmirror

Créer un dépôt Yum, configurer le client

Le savoir concret

Créer un dépôt Yum

Les étapes

1. On installe les RPM dans une arborescence de fichiers.

2. On crée les métadonnées avec la commande `createrepo`.

3. On installe un service HTTP, FTP ou RSYNC pour mettre à disposition le dépôt.

Remarques :

1) L'arborescence où l'on installe les paquetages peut se résumer à un seul répertoire (RPMS) ou être très complexe. Par exemple, un répertoire pour les binaires fonctionnant sur les systèmes i386, un autre contenant des scripts (no-arch), etc.

2) L'option –g de `createrepo` permet de mettre à disposition des groupes de paquetages. Il faut fournir un fichier XML qui les décrit (comps.xml).

Les métadata

Les métadata, créés par la commande `createrepo`, sont formés de fichiers XML présents dans le répertoire repodata qui est dans le répertoire contenant les paquetages.

La configuration du client

Structure de la configuration

La configuration se divise en sections :

- `[main]` La section principale.

- `[<un_depot>]` Une section par dépôt, par exemple [base], [updates]…

Les fichiers de configuration

/etc/yum.conf Le fichier principal de configuration.

/etc/yum.repos.d/, /etc/yum/repos.d/
  Les répertoires où sont stockés les fichiers de description des dépôts.

*.repo Les fichiers décrivant les dépôts (un par dépôt).

Remarque : on peut utiliser uniquement yum.conf et y décrire tous les dépôts. On peut également utiliser des noms de répertoires différents de ceux mentionnés en paramétrant l'option `reposdir` de la section `[main]`.

Les principales options de la section [main]

`reposdir=` La liste des répertoires qui contiennent la description des dépôts. Par défaut `/etc/yum.repos.d/` et `/etc/yum/repos.d/`.

`errorlevel=` Le niveau d'erreur de 0 à 10.

`logfile=` Le fichier journal.

Les principales options d'une section décrivant un dépôt

`name=` Une description du dépôt.

`baseurl=` Une ou plusieurs URL qui indiquent comment accéder au dépôt. (http://serveur/chemin/, ftp://serveur/chemin, file:///chemin)

enabled=	Le dépôt doit être pris en compte (1) ou non (0).

Remarque : quand on active Yum, on peut activer ou désactiver des dépôts :

```
# yum --enablerepo=extra --disablerepo=base  install un_logiciel
```

Les principales options communes aux différentes sections

gpgcheck=   Vérification des signatures (1) ou non (0) des paquetages.

exclude=   Liste des paquetages interdits d'installation ou de mise à jour.

proxy=   L'URL d'un proxy.

Le démon yum-updatesd

Le démon yum-updatesd fournit des notifications de mises à jour. Ces notifications peuvent être transmises par Syslog, par courrier electronique et via le système D-Bus (pour les logiciels graphiques notamment). Il est configuré par le fichier /etc/yum/yum-updatesd.conf.

reposync

Le logiciel reposync synchronise un répertoire local et un dépôt Yum en utilisant la commande yum.

Pour en savoir plus

Les pages de manuel

yum(8), yum.conf(5), createrepo(8), reposync(1)

Internet

Yum – Le site officiel
http://linux.duke.edu/projects/yum/

Fedora – Software Management with Yum
http://fedora.redhat.com/docs/yum

Creating Local Mirrors for Updates or Installs
http://wiki.centos.org/HowTos/CreateLocalMirror

Creating A Local Yum Repository (CentOS)
http://www.howtoforge.com/creating_a_local_yum_repository_centos

Créer un paquetage RPM

La théorie

La création d'un RPM peut faciliter grandement le déploiement de logiciels maison ou de logiciels open-source.

La démarche

1) Obtenir le code source.
2) Obtenir (éventuellement) les patchs.
3) Créer le fichier Spec.
4) Placer les fichiers au bon endroit.
5) Construire le RPM (en fait il construit le RPM binaire et le RPM source).

Le savoir concret

Le fichier Spec

Le fichier Spec décrit le logiciel et renferme les instructions pour le construire. Il liste également les binaires qui seront installés.

Nom d'un fichier Spec

Syntaxe :

nom_du_logiciel-version-release.spec

Exemple :

example-2.0.2-1.spec

Remarque : la *release* spécifie la version du package.

La structure d'un fichier Spec

La section principale	Elle décrit le logiciel, sa version et donne l'emplacement du source et des patchs.
%description	Description du logiciel.
%prep	
%setup	Ces deux sections ont pour objectif de tout préparer avant la compilation.
%patch	Mise à jour des sources via des fichiers « patch ».
%build	Les commandes qui créent le binaire, habituellement `make`.
%install	Les commandes qui installent le logiciel, habituellement `make install`.
%clean	Les commandes réalisées après l'installation. Généralement on détruit l'arborescence où a été décompressé et compilé le logiciel.
%files	Liste les fichiers qui sont installés.
%changelog	L'historique des modifications du paquetage.

Remarques :

1) On peut avoir d'autres sections, notamment associées à l'exécution de scripts de pré-installation (%pre), de postinstallation (%post), de prédésinstallation (%preun) et de postdésinstallation (%psostun).

2) Dans chaque section on peut utiliser tout un ensemble de macros.

Un exemple de fichier Spec

```
Summary: An example
Name: example
Version: 2.0.2
Release: 1
Copyright: GPL
Group: Games
Source: http://server/pub/example/example-2.0.2.tar.gz
BuildRoot: /var/tmp/%{name}-buildroot
%description
It is a example
%prep
%setup  -q
%build
make
%install
rm -rf $RPM_BUILD_ROOT
%makeinstall
%clean
rm -rf $RPM_BUILD_ROOT
%files


/usr/bin/example
/usr/man/man1/example.1
%changelog
* Sun Mar 21 2001 Paul Hochon
- ver 2.0.2
```

Les répertoires utilisés lors de la construction d'un RPM

Par défaut, les sources et les paquetages générés sont dans le répertoire rpmbuild (Sur un système RedHat). Ce répertoire est composé de plusieurs sous-répertoires :

SOURCES   C'est dans ce répertoire que l'on copie le source (*.tar.gz) et les patchs.

BUILD   Ce répertoire contient l'arborescence des sources après la fin de la phase %prep.

SRPMS   Ce répertoire contient le source RPM (*.src.rpm) après sa construction.

RPMS   Cette arborescence contient le package final (le binaire). Il y a un sous-répertoire par type de plate-forme (i386, i486, …).

SPECS   Ce répertoire contient le fichier Spec.

Remarque : lors de la construction du RPM, il y a aussi un répertoire, spécifié dans le fichier Spec (BuildRoot) qui est créé et qui contient temporairement les fichiers destinés à être incorporés dans le RPM (les binaires, les fichiers de documentation…).

Les commandes

rpm	Le gestionnaire de paquetage.
rpmbuild	Construit un nouveau paquetage.
rpmsign	Signe un paquetage.
rpm2cpio	Convertit un RPM au format cpio.
rpmdeps	Recherche pour des fichiers les dépendances de paquetages.

Focus : La commande rpmbuild

Construire le package (le fichier .spec étant dans le répertoire SPECS)
```
# rpmbuild  -ba example-2.0.1-1.spec
```

Construire le package à partir du package source
```
# rpmbuild --rebuild example-2.0.1-1.src.rpm
```

Le paquetage binaire résultant est créé dans l'arborescence rpmbuild.

Pour en savoir plus

Les pages de manuel

rpm(8), rpm2cpio(8), rpmbuild(8), rpmdeps(8)

Howto

RPM-HOWTO

Internet

GURULABS – Creating RPM Guide (Excellent !)
http://www.rpm.org/hintskinks/buildtree/GURULABS-RPM-GUIDE-v1.0.PDF

Maximum RPM - Chapter 11. Building Packages: A Simple Example
http://www.rpm.org/max-rpm/ch-rpm-build.html

Packaging software with RPM, Part 1
http://www-128.ibm.com/developerworks/library/l-rpm1/

Distributing Python Modules - 5.2 Creating RPM packages
http://docs.python.org/dist/creating-rpms.html

RPM Guide
http://fedora.linuxsir.org/fedoradocs/rpm-guide/en/

Créer un paquetage Debian

Le savoir pratique

Nom d'un paquetage

Nom_version_arch.deb   (version : majeur.mineur.révision)

Exemple :

axel_1.0b-1_i386.deb

La structure d'un paquetage

Un paquetage Debian est une archive Unix (ar) composée de trois fichiers :

- Un fichier texte debian-binary qui contient la version Debian (2.0<saut_de_ligne>).

- Un fichier tar compressé control.tar.gz. Il contient les fichiers assurant la gestion du paquetage.

- Un autre fichier tar compressé data.tar.gz. Il contient les fichiers devant être installés.

Le fichier control.tar.gz contient au format tar compressé les fichiers suivants :

- control   Il décrit le paquetage. Ce fichier est requis.

- md5sums   Sommes MD5 des fichiers devant être installés.

- postinf   Script exécuté après l'installation.

- prerm   Script exécuté avant la désinstallation.

- postrm   Script exécuté après la désinstallation.

Le fichier control

Le fichier control est obligatoire. Il décrit le logiciel et les dépendances vis-à-vis des autres paquetages.

Exemple

```
Package : example
Section : misc
Priority : optional
Maintainer : Paul Hochon <paul@dormi.fermez>
Architecture : all
Version : 1.0-1
Description : example
```

La structure des répertoires

On crée un répertoire racine de l'application dans lequel on installe tous les fichiers qui devront être installés. Le chemin d'installation est construit par rapport à ce répertoire. Par exemple, si l'on veut installer example dans /usr/bin et si le répertoire racine est /root/example-1.0/ son chemin est /root/example-1.0/usr/bin/example.

Dans le répertoire racine de l'application on crée le répertoire DEBIAN, il doit contenir les fichiers qui seront mis dans le fichier control.tar.gz.

Les commandes

ar   Crée un paquetage ou visualise, extrait les fichiers d'un paquetage. Commande de bas niveau.

dpkg	Gère un paquetage (installe, visualise…).
dpkg-deb	Gère un fichier paquetage (crée…).
fakeroot	Permet à un utilisateur ordinaire de créer un paquetage.
lintian	Vérifie un paquetage (est-ce qu'il manque des fichiers…).

Focus : Créer un paquetage avec la commande dpkg-deb

```
# dpkg-deb --build  example-1.0
```

L'argument correspond au fichier racine de l'application (qui contient le sous-répertoire DEBIAN).

Pour en savoir plus

Les pages de manuel

dpkg(1), dpkg-deb(1), deb(5), deb-control(5), ar(1)

Howto

Debian Binary Package Building HOWTO

Internet

Guide du nouveau responsable Debian (construire le paquet, …)
http://www.debian.org/doc/maint-guide/

Create Debian Linux Packages
http://www.ibm.com/developerworks/linux/library/l-debpkg.html

ATELIERS

Tâche 1 :
Créer un serveur d'installation PXE

1. Installer le service DHCP.

a) Installer le serveur DHCP.

```
# yum -q -y install dhcp
# rpm -q dhcp
dhcp-4.1.0p1-15.el6.i686
```

b) Configurer le service.

La configuration précise le sous-réseau géré par le serveur (192.168.0.0/24), le nom du domaine DNS (pinguins), la passerelle, le serveur DNS et le serveur TFTP, en l'occurrence le serveur DHCP lui-même (192.168.0.200). Est indiqué également le fichier à télécharger par les clients (pxelinux.0). Chaque client est identifié par son adresse MAC. On lui associe une adresse IP. Le client ayant l'adresse Ethernet 00:01:00:00:00:01 aura l'adresse IP 192.168.0.1.

```
# cp /etc/dhcp/dhcpd.conf /etc/dhcp/dhcpd.conf.000
# vi /etc/dhcp/dhcpd.conf
ddns-update-style none;
log-facility local7;

subnet 192.168.0.0 netmask 255.255.255.0 {
    default-lease-time -1;
    option routers 192.168.0.200;
    option domain-name "pinguins";
    next-server 192.168.0.200;
    option domain-name-servers 192.168.0.200;
    filename "pxelinux.0";
}

host linux01 {
    hardware ethernet 00:01:00:00:00:01;
    fixed-address 192.168.0.1;
}
```

c) Démarrer le serveur et tester sa présence.

```
# chkconfig  dhcpd on
# service dhcpd start
# netstat -anu | grep ':67'
udp        0      0 0.0.0.0:67              0.0.0.0:*
```

Remarque : dés à présent, il est possible de tester le démarrage d'un poste client en PXE. Ce poste obtiendra une adresse IP mais il échouera lors de l'essai de téléchargement du fichier pxelinux.0.

d) Visualiser les baux et les journaux.

```
# tail /var/log/messages
...
Jul  8 07:40:13 instru dhcpd: DHCPREQUEST for 192.168.0.1 from 00:01:00:00:00:01
via eth0
Jul  8 07:40:13 instru dhcpd: DHCPACK on 192.168.0.1 to 00:01:00:00:00:01 via
eth0
# tail /var/lib/dhcpd/dhcpd.leases
...
server-duid "\000\001\000\001\023\307\001\213\010\000'\325\222S";
```

2. Installer le service TFTP.

a) Installer le client et le serveur TFTP.

```
# yum -y -q install tftp
# yum -y -q install tftp-server
# rpm -q tftp-server tftp
tftp-server-0.49-5.1.el6.i686
tftp-0.49-5.1.el6.i686
```

b) Démarrer le service.

```
# chkconfig tftp on
# service xinetd restart
# netstat -anu | grep ':69'
udp        0      0 0.0.0.0:69                  0.0.0.0:*
```

Remarque : le redémarrage de Xinetd n'est nécessaire que si TFTP est le premier service INETD à être installé.

c) Visualiser la configuration, plus particulièrement le répertoire contenant les données.

```
# grep -i server_args /etc/xinetd.d/tftp
    server_args        = -s /var/lib/tftpboot
```

d) Tester le service.

```
# echo "Server TFTP" > /var/lib/tftpboot/welcome.txt
# echo "get welcome.txt" | tftp 192.168.0.200
tftp> get welcome.txt
tftp>
# cat welcome.txt
Server TFTP
# cd
```

e) Visualiser les journaux.

```
# tail /var/log/messages
...
Jul  8 09:29:10 instru xinetd[1088]: START: tftp pid=5231 from=192.168.0.200
```

3. Mettre à disposition le chargeur PXELINUX.

a) Installer le logiciel SYSLINUX.

```
# yum -q -y install syslinux
```

b) Copier le chargeur dans le répertoire de données du serveur TFTP.

```
# cp /usr/share/syslinux/pxelinux.0  /var/lib/tftpboot
```

c) Tester.

On configure un poste client en PXE et on l'allume.

Le poste client acquiert une adresse IP (192.168.0.1) et ensuite télécharge le chargeur PXELINUX. Ce dernier recherche une configuration dans le répertoire **pxelinux.cfg** du serveur TFTP. Il effectue les recherches dans l'ordre suivant :

```
/pxelinux.cfg/00-01-00-00-00-01
/pxelinux.cfg/C0A80001
/pxelinux.cfg/C0A8000
/pxelinux.cfg/C0A800
/pxelinux.cfg/C0A80
/pxelinux.cfg/C0A8
/pxelinux.cfg/C0A
/pxelinux.cfg/C0
/pxelinux.cfg/C
/pxelinux.cfg/default
```

Il recherche d'abord une configuration associée à un UUID et ensuite associée à son adresse MAC. Il recherche ensuite une configuration associée à son adresse IP exprimée en hexadécimal (192.168.0.1 = C0A80001). Si ces recherches échouent, il recherche un fichier correspondant à une partie de l'adresse IP (on peut ainsi avoir une configuration particulière par sous-réseau). Enfin il essaye de télécharger le fichier « default ».

4. Installer un dépôt logiciel local.

Remarque : dans la suite, on monte le DVD d'installation qui contient le dépôt de base de la distribution. Il aurait été possible également de copier le contenu du DVD ou le contenu d'un miroir réseau sur disque.

```
# vi /etc/fstab
...
/dev/sr0          /cdrom              iso9660      defaults,ro 0 0
# mkdir /cdrom
# mount /cdrom
# df -Th
...
/dev/sr0   iso9660   3,6G  3,6G     0 100% /cdrom
```

5. Configurer PXELINUX et mettre à disposition le noyau et l'initrd Linux.

a) Copier le noyau et l'initrd dans l'arborescence des données du serveur TFTP.

```
# mkdir /var/lib/tftpboot/RHEL6/
# cp /cdrom/images/pxeboot/vmlinuz /var/lib/tftpboot/RHEL6/
# cp /cdrom/images/pxeboot/initrd.img /var/lib/tftpboot/RHEL6/
```

b) Configurer le chargeur.

```
# cd /var/lib/tftpboot
# mkdir pxelinux.cfg
# vi pxelinux.cfg/default
default install
timeout 100

label install
    kernel RHEL6/vmlinuz
    append initrd=RHEL6/initrd.img ks=http://192.168.0.200/pub/ks.cfg
# cd
```

Remarque : il est possible dans un premier temps d'omettre la configuration KickStart pour tester une installation réseau complète. On peut également ajouter un paragraphe pour proposer ce type d'installation.

6. Installer un serveur de dépôt.

a) Installer un client et un serveur Web.

```
# yum -y -q install lynx
# yum -y -q install httpd
```

b) Créer un lien dans la racine des documents Web vers le répertoire contenant le dépôt.

```
# ln -s /cdrom /var/www/html/RHEL6
```

c) Démarrer le serveur Web.

```
# chkconfig httpd on
# service httpd start
```

d) Tester l'accès au dépôt.

```
# lynx -dump 'http://localhost/RHEL6' | head -7
                              Index of /RHEL6


   [ICO] [1]Name [2]Last modified [3]Size [4]Description
   _____


   [DIR] [5]Parent Directory    -
   [DIR] [6]AP/ 14-Apr-2010 19:00 -
```

Remarque : dès à présent, il est possible de tester une installation réseau (si on omet la configuration KickStart dans la configuration de Pxelinux).

7. Installer un service DNS (optionnel).

a) Installer un serveur DNS.

```
# yum -y -q install bind
```

b) Configurer le serveur.

```
# cp /etc/named.conf /etc/named.conf.000
# vi /etc/named.conf
options {
    listen-on port 53 { 127.0.0.1; 192.168.0.200; };
    ...
    allow-query     { localhost; 192.168.0.0/24; };
    ...
};
...
zone "pinguins" in {
    type master;
    file "pinguins.zone";
};

zone "0.168.192.in-addr.arpa" in {
    type master;
    file "192.168.0.zone";
};
# vi /var/named/pinguins.zone
$TTL 1W
@   IN SOA instru.pinguins. root.instru.pinguins. (
    42
    2D
    4H
    6W
    1W )
    IN NS instru.pinguins.
    IN A   127.0.0.1
linux01   IN A   192.168.0.1
linux02   IN A   192.168.0.2
```

```
linux03   IN A   192.168.0.3
instru    IN A   192.168.0.200
www IN CNAME      instru.pinguins.
```
vi /var/named/192.168.0.zone
```
$TTL 1W
@   IN SOA instru.pinguins. root.instru.pinguins. (
    42
    2D
    4H
    6W
    1W )
    IN NS  instru.pinguins.
1   IN PTR linux01.pinguins.
2   IN PTR linux02.pinguins.
3   IN PTR linux03.pinguins.
200 IN PTR instru.pinguins.
```

c) Tester la syntaxe de la configuration.

named-checkconf
named-checkzone pinguins /var/named/pinguins.zone
```
zone pinguins/IN: loaded serial 42
OK
```
named-checkzone 0.168.192.in-addr.arpa /var/named/192.168.0.zone
```
zone 0.168.192.in-addr.arpa/IN: loaded serial 42
OK
```

d) Activer le serveur et tester sa présence.

service named start
chkconfig named on
ps -e |grep named
```
 5945 ?        00:00:00 named
```
netstat -anu | grep ':53'
```
udp        0        0 192.168.0.200:53           0.0.0.0:*
udp        0        0 127.0.0.1:53               0.0.0.0:*
udp        0        0 0.0.0.0:5353               0.0.0.0:*
udp        0        0 ::1:53                     :::*
```
tail /var/log/messages
```
...
Jul  7 21:20:33 instru named[2685]: zone 0.in-addr.arpa/IN: loaded serial 0
Jul  7 21:20:33 instru named[2685]: zone 1.0.0.127.in-addr.arpa/IN: loaded seria
1 0
```

e) Tester les résolutions DNS.

nslookup linux01.pinguins. - 192.168.0.200
```
Server:        192.168.0.200
Address:  192.168.0.200#53


Name:     linux01.pinguins
Address: 192.168.0.1
```
nslookup 192.168.0.1 - 192.168.0.200
```
Server:        192.168.0.200
Address:  192.168.0.200#53


1.0.168.192.in-addr.arpa     name = linux01.pinguins.
```

Tâche 2 :
Réaliser une installation automatique KickStart

1. Créer la configuration KickStart.

a) Créer le fichier KickStart (celui référencé dans la configuration du chargeur).

Le serveur de dépôt est le serveur lui-même (192.168.0.200) et le répertoire contenant le dépôt est RHEL6. L'installation est réalisée en mode texte. La langue est l'anglais et le clavier français. La configuration réseau est en DHCP. Le mot de passe de root est « secret ». On désactive le pare-feu et la sécurité SELinux. Le fuseau horaire est basé sur Europe/Paris. Le partitionnement est le suivant :

- /dev/sda1	Système de fichiers (FS) de type Ext4 et monté sur /boot. Il fait 500 Mo.
- /dev/sda2	PV occupant 10 Go (le reste du disque pourra abriter d'autres partitions).

Le VG vg00 est installé dans le PV associé à sda2. Il contient les LV suivants :

- lv_root	FS de type Ext4 et monté sur « / » (la racine). Il fait au moins 1 Go et au plus 50 Go.
- lv_swap	Espace de Swap de taille 512 Mo.

Les paquets à installer : on n'installe que le groupe `core` et le logiciel `wget`.

Après l'installation, on télécharge et on exécute le script **post_ks.sh**.

```
# mkdir /var/www/html/pub
# vi /var/www/html/pub/ks.cfg
install
url --url http://192.168.0.200/RHEL6
text
lang en_US.UTF-8
keyboard fr-latin1
network --device eth0 --bootproto dhcp
rootpw secret
firewall --disabled
authconfig --enableshadow --passalgo=sha512 --enablefingerprint
selinux --disabled
timezone --utc Europe/Paris
bootloader --location=mbr --driveorder=sda --append="rhgb quiet"
clearpart --all --drives=sda --initlabel
ignoredisk --only-use=sda
part /boot --fstype=ext4 --size=500
part pv.6 --size=12000
volgroup vg00 --pesize=4096 pv.6
logvol / --fstype=ext4 --name=lv_root --vgname=vg00 --grow --size=1024 --maxsize
=51200
logvol swap --name=lv_swap --vgname=vg00 --size=512

%packages
@core
wget
%end

%post
cd /tmp; wget 'http://192.168.0.200/pub/post_ks.sh'
sh /tmp/post_ks.sh
```

Remarques :

- La façon la plus simple de créer le fichier kickstart est de réaliser une installation manuelle. Après celle-ci, sur le système nouvellement installé, le fichier /root/anaconda-ks.cfg contient les paramètres d'installation.

- Dans le fichier kickstart généré automatiquement, les ordres de partitionnement sont mis en commentaire. Il faut retirer les symboles commentaires si l'on désire partitionner le disque.

- Le principal ordre à modifier est l'instruction `url` dans lequel on précise l'adresse réseau du serveur d'installation, le répertoire qui contient le répertoire RedHat (/RHEL6 dans le cas présent) ainsi que le protocole réseau utilisé (ici `http`).

- Le mot de passe de l'administrateur peut être crypté ou non. Dans le fichier généré automatiquement il l'est, mais on peut le saisir en clair directement dans le fichier.

b) Créer un script qui sera exécuté automatiquement en fin d'installation.

Ce script crée l'utilisateur `guest` et configure `yum` (les dépôts sont recherchés sur le serveur).

```
# vi /var/www/html/pub/post_ks.sh
#!/bin/sh
useradd -m guest
echo wwii1945 | passwd --stdin guest
mkdir /root/SAVE
mv /etc/yum* /root/SAVE
cd /etc
wget 'http://192.168.0.200/pub/yum.conf'
# vi /var/www/html/pub/yum.conf
[base]
name=RHEL 6 - base
baseurl=http://192.168.0.200/RHEL6
```

2. Activer l'installation automatique.

Maintenant si l'on démarre le poste client et que son démarrage est configuré en PXE, il s'installe automatiquement. Après son redémarrage (il faut retirer PXE de l'ordre de démarrage), on peut se connecter sous le compte root (mot de passe « secret ») ou bien sous le compte guest (mot de passe « guest »).

Remarque : Il est possible aussi de ne pas utiliser PXE mais de démarrer le poste à installer à partir du 1er CD-Rom d'installation. Dans le menu de démarrage, on choisit avec les flèches la première entrée (Install or upgrade an existing system) et on appuie sur tabulation. On modifie la ligne de chargement du noyau : on supprime l'argument `askmethod` et à la place on spécifie l'emplacement du fichier kickstart. On valide pour commencer l'installation automatique.
```
> vmlinuz  ...  ks=http://192.168.0.200/pub/ks.cfg
```

Tâche 3 :
Créer un RPM

1. Créer le logiciel source.

a) Installer les outils de développement (compilateur...).
```
# yum -y -q groupinstall 'Development tools'
```

b) Créer le répertoire racine du logiciel.
```
# mkdir nbmister-1.0
# cd nbmister-1.0
```

c) Saisir les sources.
```
# vi nbmister.c
/* nbmiser.c */
```

```
# include <stdio.h>
# include <string.h>

int random_number();

main() {
 int misterious_number = random_number();
 int a_try, i;
 char a_string[256];

 for(i=1;;i++) {
        printf("What is the misterious number (between 1 and 100) ? ");
        fgets( a_string, 255, stdin);
        a_try = atoi( a_string);
        printf("===>Try number:%d,  Try:%d\n", i, a_try);
        if ( a_try == misterious_number ) break;
        if ( a_try <  misterious_number ) puts("=== too small ===");
        if ( a_try >  misterious_number ) puts("=== too high  ===");
 }
 printf("YOUPI!!!!\n");
}
# vi bib.c
/* bib.c */
# include <stdlib.h>
# include <time.h>

int random_number() {
 srandom( time(0) );
 return random() % 100 + 1;
}
# vi Makefile
nbmister: nbmister.o bib.o
    cc -o nbmister nbmister.o bib.o
install: nbmister
    install -m 755 nbmister /usr/local/bin
clean:
    rm -f *.o
```

Remarque : les lignes indentées d'un fichier Makefile doivent commencer par une tabulation.

---

d) Tester le fonctionnement.

```
# make install
cc    -c -o nbmister.o nbmister.c
cc    -c -o bib.o bib.c
cc -o nbmister nbmister.o bib.o
install -m 755 nbmister /usr/local/bin
# nbmister
What is the misterious number (between 1 and 100) ?
^C
# make clean
rm -f *.o
# rm -f nbmister  /usr/local/bin/nbmister
```

e) Créer le tarball.

```
# cd
# tar czf nbmister-1.0.tar.gz nbmister-1.0/
```

2. Créer le fichier Spec.

```
# vi nbmister-1.0-1.spec
Summary: find the misterious number
Name: nbmister
Version: 1.0
Release: 1
License: GPL
Group: Games
Source: nbmister-1.0.tar.gz
BuildRoot: /var/tmp/%{name}-buildroot

%description
nbmister software is a game
you must find the misterious number

%prep
%setup -q

%build
make
%install
rm -rf $RPM_BUILD_ROOT
mkdir -p $RPM_BUILD_ROOT/usr/local/bin
install -s -m  755 nbmister $RPM_BUILD_ROOT/usr/local/bin/
%clean
rm -rf $RPM_BUILD_ROOT
%files
/usr/local/bin/nbmister
%changelog
* Fri Feb 16 2007 JF B
- ver 1.0
```

3. Créer le RPM.

```
# mkdir -p rpmbuild/SOURCES
# cp nbmister-1.0.tar.gz rpmbuild/SOURCES/
# rpmbuild -ba nbmister-1.0-1.spec > err 2>&1
# more err
...
+ umask 022
+ cd /root/rpmbuild/BUILD
+ cd nbmister-1.0
+ rm -rf /root/rpmbuild/BUILDROOT/nbmister-1.0-1.i386
+ exit 0
# ls rpmbuild/
BUILD  BUILDROOT  RPMS  SOURCES  SPECS  SRPMS
# find rpmbuild/ |more
...
rpmbuild/SRPMS/nbmister-1.0-1.src.rpm
...
rpmbuild/RPMS/i686/nbmister-1.0-1.i686.rpm
...
```

Remarque : la commande `rpmbuild` crée les autres répertoires necessaires, mais les sources doivent d'abord être présents dans le sous-répertoire SOURCES.

4. Utiliser les RPM générés.

a) Installer le logiciel.

```
# rpm -Uvh rpmbuild/RPMS/i686/nbmister-1.0-1.i686.rpm
Préparation...            ########################################### [100%]
   1:nbmister             ########################################### [100%]
```

b) Le supprimer.

```
# rpm -e nbmister
```

c) Reconstruire le RPM binaire à partir du RPM source.

```
# rm -f rpmbuild/RPMS/i686/nbmister-*
# rpmbuild --rebuild rpmbuild/SRPMS/nbmister-1.0-1.src.rpm
...
+ umask 022
+ cd /root/rpmbuild/BUILD
+ rm -rf nbmister-1.0
+ exit 0
# ls rpmbuild/RPMS/i686/
nbmister-1.0-1.i686.rpm  nbmister-debuginfo-1.0-1.i686.rpm
```

5. Inspecter un RPM source (ici un noarch).

a) Télécharger un RPM source (ici celui de Webmin).

```
# wget -q 'http://download.webmin.com/devel/rpm/webmin-current.src.rpm'
```

b) Le déplacer dans le sous-répertoire SRPMS (ce n'est pas obligatoire).

```
# mv webmin-current.src.rpm rpmbuild/SRPMS/
```

c) Créer le paquetage binaire.

```
# rpmbuild --rebuild rpmbuild/SRPMS/webmin-current.src.rpm
...
# ls rpmbuild/RPMS/noarch/
webmin-1.517-1.noarch.rpm
```

d) Transformer le paquetage source en archive CPIO. Extraire le fichier SPEC.

```
# rpm2cpio rpmbuild/SRPMS/webmin-current.src.rpm | cpio -itv '*spec*'
-rw-r--r--   1 root      root        31940 Jun 14 09:38 webmin-1.517.spec
29012 blocs
# rpm2cpio rpmbuild/SRPMS/webmin-current.src.rpm | cpio -iv '*spec*'
webmin-1.517.spec
29012 blocs
```

e) Visualiser le fichier SPEC.

```
# more webmin-*.spec
#%define BuildRoot /tmp/%{name}-%{version}
%define __spec_install_post %{nil}

Summary: A web-based administration interface for Unix systems.
Name: webmin
Version: 1.517
Release: 1
Provides: %{name}-%{version}
PreReq: /bin/sh /usr/bin/perl /bin/rm
Requires: /bin/sh /usr/bin/perl /bin/rm
AutoReq: 0
License: Freeware
```

```
Group: System/Tools
Source: http://www.webmin.com/download/%{name}-%{version}.tar.gz
```

Tâche 4 :
Créer un serveur de dépôt

1. Installer le serveur Apache si besoin est, et l'activer.

```
# yum -q -y install httpd
# service httpd start
```

2. Créer un répertoire et y déposer les packages constitutifs de notre dépôt.

```
# mkdir /var/www/html/MAISON
# cp rpmbuild/RPMS/i686/nbmister-*.rpm /var/www/html/MAISON/
```

3. Créer les metadonnnées associées aux paquetages.

```
# yum -y -q install createrepo
# cd /var/www/html/MAISON/
# createrepo .
2/2 - nbmister-debuginfo-1.0-1.i686.rpm
Saving Primary metadata
Saving file lists metadata
Saving other metadata
# ls
nbmister-1.0-1.i686.rpm  nbmister-debuginfo-1.0-1.i686.rpm  repodata
# ls repodata/
filelists.xml.gz  other.xml.gz  primary.xml.gz  repomd.xml
```

Remarque : si notre dépôt est dans l'arborescence gérée par un serveur FTP ou Web, il sera accessible en réseau.

---

4. Configurer le client Yum pour accèder à ce nouveau dépôt.

```
# vi /etc/yum.conf
[base]
name=RHEL 6 - base
baseurl=file:///cdrom/
[maison]
name=RHEL 6 - maison
baseurl=http://localhost/MAISON
```

5. Installer un des paquetages à partir de notre dépôt.

```
# yum clean all
Cleaning up Everything
# yum list | grep nbmister
nbmister.i686                          1.0-1                      maison
nbmister-debuginfo.i686                1.0-1                      maison
# yum -y -q install nbmister
```

6. Créer un groupe de paquetages.

a) Créer un fichier XML qui décrit les composants de notre groupe.

```
# vi comps.xml
<?xml version="1.0" encoding="UTF-8"?>
<!DOCTYPE comps PUBLIC "-//Red Hat, Inc.//DTD Comps info//EN" "comps.dtd">
<comps>
 <group>
  <id>Maison</id>
  <name>Logiciels maison</name>
  <description>Logiciels ecrits pour le FUN</description>
```

```
  <default>false</default>
  <uservisible>true</uservisible>
  <packagelist>
   <packagereq type='default'>nbmister</packagereq>
   <packagereq type='default'>nbmister-debuginfo</packagereq>
  </packagelist>
 </group>
 <grouphierarchy>
 </grouphierarchy>
</comps>
```

b) Mettre à jour les métadonnnées.

```
# createrepo -g comps.xml .
```

c) À partir d'un client Yum, lister les groupes disponibles, se renseigner sur le groupe « Logiciels Maison » et l'installer.

```
# yum clean all
# yum grouplist |grep -i maison
   Logiciels maison
# yum groupinfo 'Logiciels Maison'
Setting up Group Process

Group: Logiciels maison
 Description: Logiciels ecrits pour le FUN
 Default Packages:
   nbmister
   nbmister-debuginfo
# yum -y -q groupinstall 'Logiciels Maison'
# rpm -q nbmister-debuginfo
nbmister-debuginfo-1.0-1.i686
# cd
```

- *uname –a ; uname -r*

- *make menuconfig*

- */proc/cpuinfo*

- *echo 1 > ip_forward*

- *IPC, ipcs, ipcrm*

3

Le noyau

Objectifs

Le noyau est le cœur des systèmes Linux. Dans ce chapitre on apprend à le recompiler si besoin. On étudie également la gestion dynamique du noyau. D'abord, en apprenant à gérer ses modules mais aussi en apprenant à modifier à chaud ses paramètres. Enfin, on apprend à mieux connaître le noyau notamment à travers le FS /proc.

Contenu

Présentation du noyau

La compilation du noyau

Les modules du noyau

L'arborescence /proc

Le paramétrage à chaud du noyau

IPC system V

Ateliers

Présentation du noyau

La théorie

Le rôle du noyau

Le noyau (kernel) est le cœur du système d'exploitation (OS) Linux. Les applications se reposent sur lui pour accomplir les tâches primordiales que l'on demande à un OS :

- La gestion des processus.

- La gestion des fichiers.

- La gestion des périphériques.

La structure logique du noyau

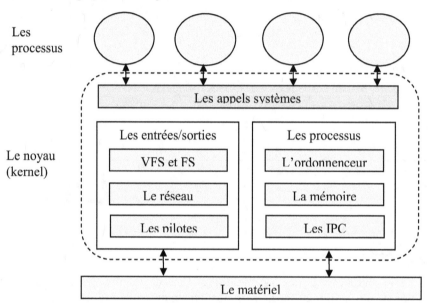

Fig. La structure du noyau.

Le noyau est composé de différents sous-systèmes :

- L'interface avec les applications : les appels système (System calls).

- L'ordonnanceur de tâches (Scheduler) : c'est lui qui attribue du temps CPU à un processus.

- La gestion de la mémoire.

- La communication interprocessus (Inter Process Communication ou IPC).

- La gestion du réseau.

- Le VFS (Virtual File System) permet une vision uniforme des FS même si chaque FS possède son propre pilote.

- Les pilotes de périphériques. Chacun gère les entrées/sorties d'un périphérique. Ils sont indispensables pour accéder au matériel.

La composition physique du noyau

Concrètement, le noyau se présente essentiellement comme un fichier chargé par le chargeur (Grub, Lilo…) au démarrage du système. Il reste en mémoire jusqu'à l'arrêt complet du système. Si le noyau est compilé de manière dynamique (c'est le cas le plus fréquent), les pilotes ou même des sous-systèmes peuvent être stockés dans des modules qui sont des fichiers avec l'extension .ko (kernel object).

Le savoir concret

Les commandes

uname -r	Affiche la version du noyau courant.
uname -a	Affiche des informations générales sur le système (version du noyau, date de compilation…).
arch	Affiche l'architecture matérielle.
strace	Trace les appels système d'une application.
lsmod	Liste les modules actuellement chargés en mémoire.
dmesg	Affiche les messages du noyau, notamment ceux du démarrage.

Les fichiers

/boot/vmlinuz*	La partie statique du noyau chargée par le chargeur.
/lib/modules/$(uname -r)	L'arborescence qui contient les modules (.ko) du noyau.
/boot/grub/grub.conf	Le fichier de configuration de Grub. Il spécifie le noyau à charger et ses paramètres.

Focus : les versions du noyau

```
# uname -r
2.6.9-42.EL
```

Une version de noyau est composée de plusieurs éléments :

- La version (ici 2).
- Le niveau de patch (ici 6).
- Le sous-niveau (ici 9).
- L'extra-version (ici 42.EL).

Les niveaux pairs de patch correspondent à une version stable du noyau : 2.0, 2.2, 2.4, 2.6.

Pour en savoir plus

Howto

Kernel-analysis-howto (comment fonctionne le noyau)

Internet

The Linux Kernel (un peu ancien, mais très intéressant)
http://en.tldp.org/LDP/tlk/

Livre

Understanding the Linux Kernel, par D. Bovet & M. Cesati, chez O'Reilly (2005).

La compilation du noyau

La théorie

Pourquoi compiler le noyau Linux ?

La raison essentielle pour laquelle on est amené à recompiler le noyau est la volonté d'utiliser de nouvelles fonctionnalités du noyau. Par exemple, il y a quelques années, l'utilisation des ACL nécessitait la recompilation du noyau.

En fait, de nos jours cette opération est (heureusement) de moins en moins nécessaire. Et ceci pour plusieurs raisons :

- Les principales fonctionnalités qui manquaient à Linux (ACL, HotPlug…) font maintenant partie en standard du noyau.

- Le noyau est dynamique : si l'on désire ajouter un module ou changer les paramètres système, il n'est plus nécessaire de le recompiler.

- Les distributions offrent tout un choix de noyaux sous forme paquetage : noyau pour plate-forme multiprocesseur, noyau acceptant de grande capacité mémoire, noyau correspondant à des mises à jour…

- L'utilisation de fichiers initrd permet le chargement des modules nécessaires au démarrage par le chargeur. En conséquence, ces modules ne sont plus obligatoirement compilés de manière statique.

- La recompilation peut même être éventuellement interdite. Ainsi, si vous utilisez une version commerciale de Linux, la recompilation vous fait perdre le support.

Pourquoi compiler un module ?

Si la compilation du noyau est maintenant rarement nécessaire, la compilation des modules reste souvent une obligation. En effet, **Le noyau ne peut charger un module que si ce dernier a été compilé pour la version exacte de votre noyau** (version, niveau de patch, sous-niveau et extra-version).

Remarque : certains fabricants de matériels ne livrent leur pilote que sous forme binaire et uniquement pour telle ou telle version d'un noyau RedHat ou SUSE. Cette situation diminue encore les raisons de recompiler votre noyau : vous ne pourriez plus utiliser ces pilotes.

Les grandes étapes de la compilation du noyau

1) Récupérer et installer les sources du noyau soit à partir du site officiel (kernel.org) ou à partir du site de votre distribution.

2) Patcher (éventuellement) les sources.

3) Configurer le noyau.

4) Compiler le noyau (très long).

5) Créer (éventuellement) un fichier initrd.

6) Installer les modules.

7) Configurer le chargeur (Grub, Lilo…) pour permettre le démarrage du noyau.

8) On teste : on redémarre le système en utilisant le nouveau noyau.

Remarque : les patchs correspondent à des modifications des sources. Une nouvelle fonctionnalité du noyau se présente soit sous forme de source d'un module ou sous forme d'un Patch. Les noyaux des distributions Linux comportent de nombreux patchs (SELinux, etc.)

La configuration du noyau

La configuration est l'étape la plus importante. On peut choisir globalement d'avoir un noyau statique ou dynamique. Mais concrètement, on va faire le choix des modules qui composent votre noyau. On choisit aussi si l'inclusion est statique ou sous forme d'un module chargé dynamiquement. La configuration permet également la prise en compte ou non d'une option d'un module ou d'un sous-système.

Le savoir concret

Les commandes

`patch`	Cette commande met à jour d'une arborescence de fichiers texte.
`make`	Cette commande crée le fichier de configuration du noyau. Il permet également de déclencher la compilation du noyau et l'installation des modules.
`mkinitrd`	Crée un fichier initrd associé à une version du noyau.
`dracut`	Crée un fichier initrd de type ramfs utilisant Udev.

La configuration du noyau

`make config`	Configuration en mode texte, on vous demande de vous prononcer sur chaque option (déconseillé).
`make menuconfig`	Configuration en mode texte mais sous forme de menus.
`make xconfig,`	
`make gconfig`	Configuration en mode graphique.
`make defconfig`	Crée une configuration par défaut.
`make oldconfig`	Configure le noyau en se basant sur le fichier de configuration existant (.config).

Remarque : en face d'une fonctionnalité, la lettre M indique que l'on a choisi une compilation dynamique (sous forme de module).

Les autres cibles de make

`make`	Si l'on ne précise pas de cible, cette commande déclenche la compilation du noyau et des modules.
`make install`	Installe le noyau, créer le ramfs de démarrage et configure le chargeur.
`make modules_install`	Installe les modules dans l'arborescence /lib/modules/<version_du_nouveau_noyau>.
`make clean`	Supprime les fichiers générés lors de la dernière compilation du noyau mais garde le fichier de configuration.
`make mproper`	Nettoyage plus complet. Détruit le fichier de configuration.
`make distclean`	Nettoyage encore plus complet.

Les fichiers

.config	Le fichier de configuration du noyau.
bzImage	Le noyau généré lors de la compilation (présent dans l'arborescence arch/<architecture>/boot/).
Makefile	Le fichier de directives utilisé par la commande `make`. Contient notamment la version du futur noyau.
/boot/config-*	Les fichiers de configuration des différents noyaux installés. Leur présence est conventionnelle.

Remarque : les chemins relatifs ont comme origine le répertoire d'installation des sources.

Particularités des distributions

Debian/Ubuntu

`make-kpkg` Génère un paquet Debian traitant du noyau. Il peut contenir un noyau complet (noyau statique, modules et configuration) ou simplement un module.

Pour en savoir plus

Les pages de manuel

mkinitrd(8), patch(1), dracut(8)

Fichiers

Documentation/ Cette arborescence, faisant partie des sources du noyau, contient la documentation du noyau. Dans le cas d'un noyau paquetage, cette documentation est dans un paquetage séparé.

Internet

Le site officiel du noyau Linux, contient ses sources
http://www.kernel.org

Kernel Rebuild Guide (noyau 2.6)
http://www.digitalhermit.com/linux/Kernel-Build-HOWTO.html

Le linux-kernel HOWTO (noyau 2.4, Howto obsolète)
http://www.ibiblio.org/pub/linux/docs/HOWTO/translations/fr/pdf/Kernel-HOWTO.pdf

How To Compile A Kernel - The Ubuntu Way
http://www.howtoforge.com/kernel_compilation_ubuntu

Debian-Kernel-Compile-Howto (Kernel 2.6)
http://www.howtoforge.com/howto_linux_kernel_2.6_compile_debian

How To Compile A Kernel - The CentOS Way
http://www.howtoforge.com/kernel_compilation_centos

I Need to Build a Custom Kernel (à partir du package source)
http://wiki.centos.org/HowTos/Custom_Kernel

Livre

Linux Kernel in a nutshell, par Greg Kroah-Hartman, chez O'Reilly (2006).

Les modules du noyau

La théorie

La plupart des pilotes (et quelques sous-systèmes) peuvent être compilés sous forme de module (ou LKM : Loadable Kernel Module). L'ajout d'un périphérique n'oblige pas alors à recompiler le noyau. Il suffit de récupérer le module binaire et de l'installer. Éventuellement, on le récupère sous forme de source et on le recompile avant de l'installer.

Les modules permettent également une mise à jour aisée du noyau : il suffit de remplacer, supprimer ou ajouter des modules au lieu d'obtenir un nouveau noyau. Enfin, la structure modulaire du noyau permet également d'avoir en mémoire uniquement les modules actuellement utilisés.

Un module ne peut être chargé en mémoire que si les modules dont il dépend sont préalablement chargés. De même, un module ne peut être déchargé que s'il n'y a pas actuellement en mémoire d'autres modules qui dépendent de lui.

Remarque : le noyau ne peut charger un module que si ce dernier à été compilé pour la version exacte de votre noyau (version, niveau de patch, sous-niveau et extra-version).

Le savoir concret

Les commandes

lsmod	Liste les modules actuellement chargés.
insmod	Charge un module, on peut passer des paramètres au module.
modprobe	Idem, mais prend en compte les dépendances.
depmod	Crée le fichier qui mémorise les dépendances entre modules.
rmmod	Décharge un module.
modinfo	Affiche des informations concernant un module.

Les fichiers

/etc/modules.conf	Le fichier de configuration des modules (noyau 2.4).
/etc/modprobe.conf	Le fichier de configuration des modules (noyau 2.6).
/etc/modprobe.d/*.conf	Les fichiers de configuration des modules (noyau 2.6 récent).
/lib/modules/$(uname –r)/	L'arborescence où sont stockés les modules d'une version du noyau. Chaque module possède une extension « .ko » (Kernel Object).
/lib/modules/$(uname –r)/modules.dep	Le fichier qui contient les dépendances entre modules.

Les particularités des distributions

Debian, Ubuntu

Le fichier /etc/modules permet de forcer le chargement de modules au démarrage.

RedHat, Fedora, CentOS

Les fichiers présents dans /etc/sysconfig/modules/ permettent de forcer le chargement de modules au démarrage : ce sont des scripts ayant l'extension « .modules » et qui logiquement contiennent des ordres modprobe.

SUSE

Le fichier /etc/sysconfig/kernel permet de forcer le chargement de modules au démarrage.

Pour en savoir plus

Les pages de manuel

lsmod(8), modprobe(8), depmod(8), rmmod(8), modinfo(8), modprobe.conf(5), modules.dep(5)

Howto

Module-HOWTO

Internet

Linux Loadable Kernel Module HOWTO
http://tldp.org/HOWTO/Module-HOWTO/

L'arborescence /proc

La théorie

Le FS /proc est une interface au noyau sous forme de fichiers. Ces fichiers permettent d'obtenir des informations provenant du noyau en temps réel ou même, pour certains, de configurer à chaud le noyau.

Remarque : la plupart des informations présentes dans /proc sont accessibles par de simples commandes (ps, lsmod, mount, uptime…). Bien sûr, elles nécessitent que /proc soit monté.

Le savoir concret

Les principaux fichiers à la racine du FS

cmdline	Les arguments passés au noyau lors du démarrage.
cpuinfo	La description du processeur.
filesystems	La liste des FS pris en charge par le noyau.
locks	Les verrous fichiers.
modules	Les modules actuellement chargés.
mounts	Les FS actuellement montés.
partitions	Les partitions connues du noyau.
swaps	Les espaces de swap utilisés.
version	La version du noyau.

Informations liées aux performances :

meminfo, uptime, loadavg, uptime, stat

Informations liées à la gestion des périphériques :

bus/, devices, dma, ioports, irq, driver/, fb, ide/, interrupts, isapnp

Les principaux fichiers associés à un processus

Chaque processus est documenté par des fichiers présents dans le répertoire /proc/<PID>/, où PID est l'identifiant du processus, par exemple : /proc/381/.

cmdline	Les arguments de la commande.
cpu	Le CPU courant du processus et le dernier utilisé.
cwd	Le répertoire courant de l'application.
root	Le répertoire racine (ne pas oublier chroot()!).
environ	L'environnement (les variables d'environnement).
exe	Le fichier exécutable.
maps	La cartographie de l'espace virtuel (bibliothèques dynamiques…).
status	L'état du processus (PID, UID, GIDs, gestion des signaux, etc.).

Pour en savoir plus

filesystems/proc.txt   Ce fichier, appartenant à la documentation du noyau, décrit
l'arborescence /proc.

Le paramétrage à chaud du noyau

La théorie

De nombreux paramètres du noyau Linux peuvent être déterminés à chaud. C'est grâce au FS /proc que cela est possible. En effet, non seulement cette arborescence de fichiers nous informe sur l'état et la configuration du système, mais certains fichiers, accessibles en lecture/écriture permettent une configuration dynamique du noyau.

Remarque : les arguments passés au noyau grâce à la configuration du chargeur constituent une autre technique de paramétrage du noyau.

Le savoir concret

Les commandes

sysctl   Cette commande affiche ou modifie un paramètre du noyau.

sysctl -a   Liste l'ensemble des paramètres modifiables du noyau et leur valeur.

Les fichiers

/proc/sys/   L'arborescence comprenant les paramètres configurables du noyau.

/etc/sysctl.conf Contient les valeurs des paramètres configurés au démarrage.

Quels paramètres

file-max   Le nombre maximum de fichiers ouverts.

inode-max   Le nombre maximum d'inodes ouverts par processus.

shmmax   Le nombre maximum de segments de mémoire partagée (IPC).

ip_forward   Le système est un routeur (1) ou non (0).

icmp_echo_ignore_all   Ne répond pas (0) aux paquets ping.

icmp_echo_ignore_broadcasts Ne répond pas (0) aux paquets ping de diffusion.

Focus : modifier à chaud un paramètre du noyau

```
# cat /proc/sys/net/ipv4/ip_forward
0
# echo 1 > /proc/sys/net/ipv4/ip_forward
# cat /proc/sys/net/ipv4/ip_forward
1
```

Pour en savoir plus

Les pages de manuel

sysctl(8), sysctl.conf(5)

Fichier

filesystems/proc.txt   Ce fichier, appartenant à la documentation du noyau, décrit l'arborescence /proc.

IPC System V

La théorie

Description

Les IPC System V sont un ensemble de mécanismes de communication interprocess standards chez les systèmes Unix. Leur originalité est d'utiliser la mémoire comme moyen de communication, ce qui fait que ce sont les méthodes les plus rapides pour échanger des données ou synchroniser des processus.

Beaucoup de logiciels à contrainte de temps les utilisent. Par exemple les bases de données Oracle ou PostgreSQL, ou encore le jeu Quake.

Les catégories d'IPC

Il y a trois catégories d'IPC system V :

- Les tableaux de sémaphores pour réaliser la synchronisation de processus.
- Les segments de mémoire partagée.
- Les files d'attente de messages.

Remarque : les tableaux de sémaphores et les segments de mémoire partagée vont souvent de pair : les sémaphores permettant l'accès exclusif des segments de mémoire partagée.

IPC et paramétrage du noyau

Pour des raisons de construction, les IPC System V sont composées de tables système de dimensions finies. Les dimensions courantes de ces tables sont éventuellement incompatibles avec les prérequis d'une application (comme Oracle). Il faut dans ce cas modifier leur valeur en modifiant des fichiers de l'arborescence /proc.

IPC et exploitation

Normalement un administrateur n'a pas à se soucier des IPC : elles sont créées automatiquement au démarrage des applications qui les utilisent et elles sont détruites lors de leur arrêt.

Mais les IPC forment des ressources limitées. Une application boguée peut très bien ne pas détruire ses IPC, ce qui empêchera cette application ou une autre de démarrer faute de ressources. L'administrateur doit, dans ce cas, détruire manuellement les IPC fautives.

Le savoir concret

Les commandes

ipcs	Liste les IPC courantes.
ipcrm	Permet de détruire une IPC.

Les fichiers

/proc/sysvipc/*	Informations de base concernant les IPC.
/proc/sys/kernel/*	La dimension des tables IPC (éléments paramétrables).

Pour en savoir plus

Les pages de manuel

ipcs(8), ipcrm(8)

Internet

Configuration de PostgreSQL – Liste des paramètres IPC et conseils sur leur configuration
http://docs.postgresqlfr.org/pgsql-8.2.1-fr/kernel-resources.html

Livre

Chapitre 18 (Process Communication) du livre *Understanding the Linux Kernel*, chez O'Reilly (déjà cité).

ATELIERS

Tâche 1 :
Compiler et patcher un noyau 2.6, en partant des sources officiels

1. Afficher la version courante du noyau.

```
# uname -r
2.6.32-19.el6.i686
```

2. Télécharger le noyau.

```
# wget -q 'http://ftp.kernel.org/pub/linux/kernel/v2.6/linux-2.6.32.tar.bz2'
```

3. Télécharger (éventuellement) des patchs (mises à jour ou nouvelles fonctionnalités).

```
# wget -q 'http://ftp.kernel.org/pub/linux/kernel/v2.6/patch-2.6.33.bz2'
```

4. Installer les sources dans l'arborescence /usr/src/kernels/<version-noyau>.

```
# cd /usr/src/kernels/
# tar xjf /root/linux-2.6.32.tar.bz2
```

5. « Patcher » le noyau.

```
# cd linux-2.6.32/
# bunzip2 < /root/patch-2.6.33.bz2 | patch -s -p1
```

6. Configurer le noyau.

On prend en charge les systèmes de fichiers ReiserFs, XFS et NTFS.

a) On active l'outil de configuration (le choix « Help » décrit l'option courante).

```
# yum -q -y install ncurses-devel
# make menuconfig
.config - Linux Kernel v2.6.34 Configuration

 ──────────── Linux Kernel Configuration ────────────
  Arrow keys navigate the menu.  <Enter> selects submenus --->.  Highlighted letters
  are hotkeys.  Pressing <Y> includes, <N> excludes, <M> modularizes features.  Press
  <Esc><Esc> to exit, <?> for Help, </> for Search.  Legend: [*] built-in  [ ] excluded
  <M> module  < > module capable

          General setup  --->
      [*] Enable loadable module support  --->
      -*- Enable the block layer  --->
          Processor type and features  --->
          Power management and ACPI options  --->
          Bus options (PCI etc.)  --->
          Executable file formats / Emulations  --->
      -*- Networking support  --->
```

```
| |          Device Drivers   --->                              | |
| |          Firmware Drivers  --->                             | |
|   └──────v(+)──────────────────────────────────────────┘     |
|
|
|                   <Select>    < Exit >    < Help >            |
|
```

b) On navigue dans les menus avec les flèches, on valide ses choix grâce à « Select ».

```
File systems  --->
<M> Reiserfs support
        [ ]    Enable reiserfs debug mode (NEW)
        [*]    Stats in /proc/fs/reiserfs
        [*]    ReiserFS extended attributes
        [*]     ReiserFS POSIX Access Control Lists
  <M> XFS filesystem support
        [*]    XFS Quota support
        [*]    XFS POSIX ACL support
    DOS/FAT/NT Filesystems  --->
 <M> NTFS file system support
        [ ]    NTFS debugging support (NEW)
        [*]    NTFS write support
```

Remarque : pour chaque composant on a le choix entre :

M   La fonctionnalité sera compilée sous forme de module.

Y   La fonctionnalité sera compilée sous forme statique.

N   La fonctionnalité ne sera pas prise en compte.

c) On termine en sortant des différents menus par « Exit », et on enregistre le fichier de configuration (choix « Yes »).

```
|                                                              |
|   Do you wish to save your new kernel configuration?         |
|   <ESC><ESC> to continue.                                    |
|                                                              |
|                   < Yes >        <  No  >                    |
|                                                              |
```

```
*** End of Linux kernel configuration.
*** Execute 'make' to build the kernel or try 'make help'.
```

d) On vérifie que nos choix on bien été pris en compte.

```
# grep -i NTFS .config
CONFIG_NTFS_FS=m
# CONFIG_NTFS_DEBUG is not set
CONFIG_NTFS_RW=y
```

7. Démarrer la compilation du noyau et des modules (TRÈS LONG !).

```
# make
  HOSTLD   scripts/kconfig/conf
scripts/kconfig/conf -s arch/x86/Kconfig
  CHK      include/linux/version.h
  UPD      include/linux/version.h
  CHK      include/generated/utsrelease.h
  UPD      include/generated/utsrelease.h
  CC       kernel/bounds.s
...
```

8. Installer les modules dans /lib/modules/<version_du_noyau>/.

```
# make modules_install
...
 INSTALL /lib/firmware/whiteheat_loader.fw
  INSTALL /lib/firmware/whiteheat.fw
  INSTALL /lib/firmware/keyspan_pda/keyspan_pda.fw
  INSTALL /lib/firmware/keyspan_pda/xircom_pgs.fw
  DEPMOD  2.6.33
# ls /lib/modules
2.6.32-19.el6.i686  2.6.33
```

9. Installer le noyau (le noyau, le ramfs de démarrage et mettre à jour le chargeur).

```
# make install
sh /usr/src/kernels/linux-2.6.32/arch/x86/boot/install.sh 2.6.33
arch/x86/boot/bzImage \
         System.map "/boot"

# ls /boot/*33*
/boot/initramfs-2.6.33.img      /boot/System.map-2.6.33
/boot/initrd-2.6.33kdump.img   /boot/vmlinuz-2.6.33
# more /boot/grub/menu.lst
...
title Red Hat Enterprise Linux (2.6.33)
    root (hd0,0)
    kernel /vmlinuz-2.6.33 ro root=/dev/mapper/vg00-lv_root
rd_LVM_LV=vg00/lv_root rd_NO_LUKS rd_NO_MD rd_NO_DM LANG=en_US.UTF-8
SYSFONT=latarcyrheb-sun16 KEYBOARDTYPE=pc KEYTABLE=fr-latin1 rhgb quiet
    initrd /initramfs-2.6.33.img
```

10. Copier la configuration du noyau dans l'arborescence /boot.

Remarque: cette opération est optionnelle mais vivement conseillée.

```
# cp .config /boot/config-2.6.33
```

11. Tester.

a) On redémarre le système. On interrompt la séquence automatique en appuyant sur la touche Escape. Et on choisit de démarrer sur le nouveau noyau.

```
# reboot
```

b) Après le redémarrage, on vérifie la version du système.

```
# uname -a
Linux linux01.pinguins 2.6.33 #1 SMP Sat Jul 10 17:22:56 CEST 2010 i686 i686
i386 GNU/Linux
# uname -r
2.6.33
```

12. On remet l'ancien noyau comme noyau par défaut (si besoin) et on redémarre le système.

```
# vi /boot/grub/menu.lst
...
default=1
...
# reboot
```

Tâche 2 :
Ajouter un noyau à un système sans compilateur

Les opérations de création de noyau sont logiquement accomplies sur un système particulier possédant un compilateur. Les systèmes en production n'en possèdent généralement pas. Il faut donc transférer sur les systèmes en production notre nouveau noyau. L'idéal est bien sûr de disposer d'un paquetage.

1. Créer un fichier texte comprenant les chemins des différents fichiers constituant le noyau.

```
# ls -1 /boot/*33* > noyau263.txt
# ls /boot/grub/grub.conf >> noyau263.txt
# find /lib/modules/2.6.33/ >> noyau263.txt
# head noyau263.txt
/boot/config-2.6.33
/boot/initramfs-2.6.33.img
/boot/initrd-2.6.33kdump.img
/boot/System.map-2.6.33
/boot/vmlinuz-2.6.33
/boot/grub/grub.conf
/lib/modules/2.6.33/
/lib/modules/2.6.33/modules.ieee1394map
/lib/modules/2.6.33/modules.order
/lib/modules/2.6.33/modules.dep.bin
```

Remarque : ne pas confondre les options -1 et –l (L minuscule) de la commande ls.

2. Créer une archive TAR à partir du fichier précédent.

```
[root@linux01 ~]# tar -cz -T noyau263.txt -f /tmp/noyau263.tar.gz
```

3. Transférer le noyau sur le système cible.

```
[root@linux01 ~]# scp /tmp/noyau263.tar.gz linux02:/tmp
```

4. On se connecte sur le système cible et on installe le noyau.

```
[root@linux02 ~]# cd /
[root@linux02 /]# tar xzf /tmp/noyau263.tar.gz
```

Tâche 3 :
Compiler un module du noyau

Remarque : Il est peut-être logique d'accomplir cette tâche après avoir étudié les modules (tâche 6).

1. Vérifier les prérequis (outils de développement et le paquetage des en-têtes du noyau).

```
# yum grouplist | sed '/^Available Groups:/q' | grep 'Development tools'
   Development tools
# rpm -q kernel-devel
kernel-devel-2.6.32-19.el6.i686
```

2. Télécharger les sources d'un module du noyau.

```
#  wget
'http://linuxdevcenter.com/linux/2007/07/05/examples/hello_printk.tar.gz'
```

3. Extraire les fichiers de l'archive.

```
# tar xf hello_printk.tar.gz
# cd hello_printk
# ls
hello_printk.c  Makefile
```

4. Compiler le module.

Remarque : quand il faut compiler un module pour le noyau courant, l'opération se résume le plus souvent à l'exécution d'un script activant une commande make. Compiler un module pour un autre noyau est plus complexe car il faut préciser ce noyau (via un argument, une variable d'environnement, un fichier de configuration…).

```
# make
make -C /lib/modules/2.6.32-19.el6.i686/build M=/root/hello_printk modules
make[1]: entrant dans le répertoire « /usr/src/kernels/2.6.32-19.el6.i686 »
  CC [M]  /root/hello_printk/hello_printk.o
  Building modules, stage 2.
  MODPOST 1 modules
  CC      /root/hello_printk/hello_printk.mod.o
  LD [M]  /root/hello_printk/hello_printk.ko.unsigned
  NO SIGN [M] /root/hello_printk/hello_printk.ko
make[1]: quittant le répertoire « /usr/src/kernels/2.6.32-19.el6.i686 »
# ls
hello_printk.c            hello_printk.mod.c  Makefile
hello_printk.ko           hello_printk.mod.o  modules.order
hello_printk.ko.unsigned  hello_printk.o      Module.symvers
```

5. Charger le module et vérifer sa présence, son bon fonctionnement et le décharger.

```
# insmod $(pwd)/hello_printk.ko
# dmesg | tail -1
Hello, world!
# lsmod | grep hello_printk
hello_printk            557  0
# modinfo $(pwd)/hello_printk.ko
filename:       /root/hello_printk/hello_printk.ko
version:        printk
description:    "Hello, world!" minimal module
author:         Valerie Henson <val@nmt.edu>
license:        GPL
srcversion:     D9CAF6BFCBD9B121FB4765D
depends:
vermagic:       2.6.32-19.el6.i686 SMP mod_unload modversions 686
# rmmod hello_printk
# dmesg | tail -1
Goodbye, world!
# tail /var/log/messages
...
Jul 12 17:55:23 linux01 kernel: Hello, world!
Jul 12 17:57:59 linux01 kernel: Goodbye, world!
```

6. Installer le module.

Remarque : cette opération est généralement accomplie automatiquement par le script qui au préalable compile le module.

```
# modprobe hello_printk
FATAL: Module hello_printk not found.
# cp hello_printk.ko /lib/modules/$(uname -r)/kernel/drivers/misc/
# depmod
# modprobe hello_printk
# lsmod | grep hello_printk
hello_printk            557  0
# modinfo hello_printk
...
description:    "Hello, world!" minimal module
...
```

```
# cd
```

Tâche 4 :
Installer un noyau empaqueté

1. Installer le paquetage.

Installer un noyau alternatif ou un correctif à partir d'un dépôt Yum.

Remarques :

1) Dans la version 5 de RedHat, on pouvait par exemple installer le noyau kernel-PAE pour la prise en compte d'un système ayant plus de 4G de RAM.

```
# yum install kernel-PAE
```

2) Pour le moment, RHEL 6 ne dispose pas encore de noyau alternatif.

Tâche 5 :
Compiler le noyau à partir des sources de la distribution

1. Récupérer les sources.
```
# wget -q 'http://ftp.redhat.com/pub/redhat/rhel/beta/6/source/SRPMS/kernel-
2.6.32-19.el6.src.rpm'
```

2. Installer le paquetage.
```
# rpm -ivh kernel-2.6.32-19.el6.src.rpm
attention: groupe mockbuild inexistant - utilisation de root
```

Remarques : il n'est pas nécessaire d'être root pour créer le paquetage. On peut se connecter sous le compte utilisateur/groupe `mockbuild`.

---

3. Installer les prérequis.
```
# yum -q -y install elfutils-libelf-devel
# yum -q -y install zlib-devel
# yum -q -y install binutils-devel
# yum -q -y install hmaccalc-devel
```

4. Extraire les sources et appliquer les patchs.
```
# cd rpmbuild/SPECS/
# rpmbuild -bp --target=i686 kernel.spec
...
+ make ARCH=i386 nonint_oldconfig
+ echo '# i386'
+ cat .config
+ rm -f include/generated/kernel.arch
+ rm -f include/generated/kernel.cross
+ find . '(' -name '*.orig' -o -name '*~' ')' -exec rm -f '{}' ';'
+ cd ..
+ exit 0
```

5. Vérifier que la configuration du noyau est identique au noyau courant.
```
# cd ../BUILD/kernel-2.6.32/linux-2.6.32.i686/
# ls -lh .config
-rw-r--r-- 1 root root 99K 11 juil. 10:32 .config
# diff .config /boot/config-2.6.32-19.el6.i686
3,4c3,4
< # Linux kernel version: 2.6.32
< # Sun Jul 11 10:32:16 2010
---
```

```
> # Linux kernel version: 2.6.32-19.el6.i686
> # Tue Mar  9 18:04:09 2010
```

6. Modifier le noyau.

On réalise les mêmes modifications que celles effectuées sur le noyau officiel.

```
# make menuconfig
```

7. Changer le nom du noyau.

```
# vi Makefile
VERSION = 2
PATCHLEVEL = 6
SUBLEVEL = 32
EXTRAVERSION = -xfs
```

8. Compiler le noyau et l'installer.

```
# make
# make modules_install
...
  INSTALL /lib/firmware/keyspan_pda/keyspan_pda.fw
  INSTALL /lib/firmware/keyspan_pda/xircom_pgs.fw
  DEPMOD  2.6.32-xfs
# make install
sh /root/rpmbuild/BUILD/kernel-2.6.32/linux-2.6.32.i686/arch/x86/boot/install.sh
2.6.32-xfs arch/x86/boot/bzImage \
        System.map "/boot"
```

9. Tester le nouveau noyau.

a) Redémarrer le système.

```
# reboot
```

b) On choisit le nouveau noyau dans l'écran du chargeur.

c) Après le redémarrage on vérifie la version du noyau et la présence des modules que l'on a inclus.

```
# uname -r
2.6.32-xfs
# modprobe xfs
# lsmod | grep xfs
xfs                 1310330  0
exportfs               3369  1 xfs
# modprobe reiserfs
# lsmod | grep reiserfs
reiserfs             207284  0
```

Remarque : si l'on avait désiré créer un paquetage binaire, après avoir modifié le noyau (étape 6), il aurait fallu réaliser les étapes suivantes :

```
# cp .config ~/rpmbuild/SOURCES/config-i686
```

```
# cd ~/rpmbuils/SPECS
```

```
# rpmbuild -bb --target i686 kernel.spec
```

Pour en savoir plus, lire l'article « Building a custom kernel »
http://fedoraproject.org/wiki/Docs/CustomKernel

Il faut remarquer que la création des paquetages est très, très longue !

Tâche 6 :
Les modules dynamiques du noyau

1. Lister les modules présents actuellement en mémoire.

```
# lsmod | more
Module                Size  Used by
ipv6                262072  12
dm_mirror            11484  0
dm_region_hash       10055  1 dm_mirror
dm_log                8576  2 dm_mirror,dm_region_hash
ppdev                 7391  0
...
ahci                 30808  3
ata_piix             18880  0
dm_mod               61369  10 dm_mirror,dm_log,dm_multipath
```

2. Décharger un module non utilisé (lp, sg...).

```
# lsmod | grep sg
sg                   25022  0
# rmmod sg
# lsmod | grep sg
#
```

3. Essayer de décharger un module utilisé. L'opération échoue.

```
# lsmod | grep dm_mod
dm_mod               61369  10 dm_mirror,dm_log,dm_multipath
# rmmod dm_mod
ERROR: Module dm_mod is in use by dm_mirror,dm_log,dm_multipath
```

4. Charger un module avec la commande modprobe.

La commande `modprobe` charge les modules dépendants.

```
# modprobe lp
# lsmod | grep lp
lp                    7471  0
parport              31778  3 lp,ppdev,parport_pc
```

5. Charger un module avec insmod.

```
# rmmod lp
# grep 'lp.ko' /lib/modules/$(uname -r)/modules.dep
kernel/drivers/char/lp.ko: kernel/drivers/parport/parport.ko
...
# rm -f /lib/modules/$(uname -r)/modules.dep
# modinfo lp
ERROR: modinfo: could not open /lib/modules/2.6.32-19.el6.i686/modules.dep

# insmod /lib/modules/$(uname -r)/kernel/drivers/char/lp.ko
```

6. Régénérer le fichier de dépendance des modules.

Le fichier créé par `depmod` est utilisé par `modprobe` pour connaître les dépendances entre modules.

```
# rmmod lp
# depmod
# modprobe lp
# lsmod |grep lp
lp                    7471  0
parport              31778  3 lp,ppdev,parport_pc
```

7. Afficher des informations sur un module.

```
# modinfo lp
filename:      /lib/modules/2.6.32-19.el6.i686/kernel/drivers/char/lp.ko
license:       GPL
alias:         char-major-6-*
srcversion:    84EA21D13BD2C67171AC994
depends:       parport
vermagic:      2.6.32-19.el6.i686 SMP mod_unload modversions 686
parm:          parport:array of charp
parm:          reset:bool
```

8. Essayer de charger un module construit pour une autre version de noyau.

```
# insmod /lib/modules/2.6.33/kernel/drivers/char/lp.ko
insmod: error inserting '/lib/modules/2.6.33/kernel/drivers/char/lp.ko': -1
Invalid module format
```

9. La configuration des modules.

a) Afficher la configuration des modules (celle utilisée lors de leur chargement automatique).

```
# ls /etc/modprobe.d
anaconda.conf    dist-alsa.conf   dist-oss.conf
blacklist.conf   dist.conf        openfwwf.conf
# tail /etc/modprobe.d/dist.conf
...
alias gre0 ip_gre
alias char-major-89-* i2c-dev
```

b) Modifier la configuration d'un module lors de son chargement manuel.

```
# modprobe lp reset=0
```

10. Forcer le chargement d'un module au démarrage.

a) Créer un script qui provoquera le chargement du module ext3.

```
# echo "modprobe ext3" > /etc/sysconfig/modules/ext3.modules
# chmod +x /etc/sysconfig/modules/ext3.modules
# ls /etc/sysconfig/modules/
ext3.modules
```

b) Redémarrer le système et vérifier la présence du module.

```
# reboot
...
# lsmod |grep ext3
ext3            116966  0
jbd              42427  1 ext3
mbcache           5750  2 ext3,ext4
```

Tâche 7 :
L'arborescence /proc

1. Afficher les paramètres du noyau courant et sa version.

```
# cat /proc/cmdline
ro root=/dev/mapper/vg00-lv_root rd_LVM_LV=vg00/lv_root rd_NO_LUKS rd_NO_MD
rd_NO_DM LANG=en_US.UTF-8 SYSFONT=latarcyrheb-sun16 KEYBOARDTYPE=pc KEYTABLE=fr-
latin1 rhgb quiet
# cat /proc/version
Linux version 2.6.32-19.el6.i686 (mockbuild@x86-008.build.bos.redhat.com) (gcc
version 4.4.3 20100121 (Red Hat 4.4.3-1) (GCC) ) #1 SMP Tue Mar 9 18:10:40 EST
2010
```

2. Afficher les caractéristiques du processeur.

```
# cat /proc/cpuinfo
processor : 0
vendor_id : GenuineIntel
cpu family: 6
model           : 23
model name: Pentium(R) Dual-Core  CPU       E5300  @ 2.60GHz
stepping  : 10
cpu MHz         : 2583.369
cache size: 6144 KB
fdiv_bug  : no
hlt_bug          : no
f00f_bug  : no
coma_bug  : no
fpu       : yes
fpu_exception    : yes
cpuid level     : 5
wp        : yes
flags           : fpu vme de pse tsc msr pae mce cx8 apic mtrr pge mca cmov pat
pse36 clflush mmx fxsr sse sse2 constant_tsc up pni monitor ssse3
bogomips  : 5166.73
clflush size    : 64
cache_alignment : 64
address sizes   : 36 bits physical, 48 bits virtual
power management:
```

3. Afficher des informations sur un processus.

```
# ps
  PID TTY          TIME CMD
 4921 pts/0    00:00:02 bash
24488 pts/0    00:00:00 ps
# ls /proc/4921
attr             cpuset     io          mounts        personality  stack      wchan
auxv             cwd        limits      mountstats    root         stat
cgroup           environ    loginuid    net           sched        statm
clear_refs       exe        maps        oom_adj       schedstat    status
cmdline          fd         mem         oom_score     sessionid    syscall
coredump_filter  fdinfo     mountinfo   pagemap       smaps        task
```

a) Ses arguments.

```
# more /proc/4921/cmdline
-bash
```

b) Son environnement.

```
# more /proc/4921/environ
LANG=fr_FR.utf8n:/sbin:/bin:/usr/sbin:/usr/bin168.0.201 55987 22pts/0
```

c) La cartographie de son espace virtuel.

```
# more  /proc/4921/maps
00119000-00137000 r-xp 00000000 fd:00 32082       /lib/ld-2.11.1.so
00137000-00138000 r--p 0001d000 fd:00 32082       /lib/ld-2.11.1.so
00138000-00139000 rw-p 0001e000 fd:00 32082       /lib/ld-2.11.1.so
0013f000-002ba000 r-xp 00000000 fd:00 32083       /lib/libc-2.11.1.so
002ba000-002bb000 ---p 0017b000 fd:00 32083       /lib/libc-2.11.1.so

...
```

d) L'état du processus.

```
# cat /proc/4921/status
Name:      bash
State:     S (sleeping)
Tgid:      4921
Pid:       4921
PPid:      4918
TracerPid:0
Uid:       0      0      0      0
Gid:       0      0      0      0
Utrace:    0
FDSize:    256
Groups:    0 1 2 3 4 6 10
VmPeak:        5172 kB
VmSize:        5140 kB
VmLck:            0 kB
VmHWM:         1592 kB
VmRSS:         1472 kB
VmData:         284 kB
VmStk:           84 kB
VmExe:          836 kB
VmLib:         1780 kB
VmPTE:           32 kB
Threads:   1
SigQ:      2/7970
SigPnd:    0000000000000000
ShdPnd:    0000000000000000
SigBlk:    0000000000010000
SigIgn:    0000000000384004
SigCgt:    000000004b813efb
CapInh:    0000000000000000
CapPrm:    ffffffffffffffff
CapEff:    ffffffffffffffff
CapBnd:    ffffffffffffffff
Cpus_allowed:    1
Cpus_allowed_list:    0
Mems_allowed:    1
Mems_allowed_list:    0
voluntary_ctxt_switches:    2306
nonvoluntary_ctxt_switches: 360
Stack usage:    24 kB
```

Tâche 8 :
Paramétrer à chaud le noyau

1. Lister les paramètres modifiables du noyau.

```
# sysctl -a
kernel.sched_child_runs_first = 0
kernel.sched_min_granularity_ns = 1000000
kernel.sched_latency_ns = 5000000
kernel.sched_wakeup_granularity_ns = 1000000
kernel.sched_shares_ratelimit = 250000
kernel.sched_shares_thresh = 4
kernel.sched_features = 15834235
```

```
kernel.sched_migration_cost = 500000
kernel.sched_nr_migrate = 32
kernel.sched_time_avg = 1000
...
```

2. Lire la documentation du noyau.

Remarque : la documentation du noyau est présente dans le répertoire Documentation à la racine des sources du noyau. Cette documentation est aussi disponible, pour le noyau officiel, dans le paquet kernel-doc.

```
# grep -ri 'ip.*forwarding' /usr/src/kernels/linux-2.6.32/Documentation/
...
/usr/src/kernels/linux-2.6.32/Documentation/networking/ip-sysctl.txt:    Enable
global IPv6 forwarding between all interfaces.
# head /usr/src/kernels/linux-2.6.32/Documentation/networking/ip-sysctl.txt
/proc/sys/net/ipv4/* Variables:

ip_forward - BOOLEAN
    0 - disabled (default)
    not 0 - enabled

    Forward Packets between interfaces.

    This variable is special, its change resets all configuration
    parameters to their default state (RFC1122 for hosts, RFC1812
```

3. Visualiser la valeur d'un paramètre.

```
# cat /proc/sys/net/ipv4/ip_forward
0
```

4. Le modifier à chaud.

```
# echo 1 > /proc/sys/net/ipv4/ip_forward
# cat /proc/sys/net/ipv4/ip_forward
1
```

5. Visualiser la valeur d'un paramètre avec la commande sysctl.

```
# sysctl net.ipv4.ip_forward
net.ipv4.ip_forward = 1
```

6. Modifier la valeur d'un paramètre avec la commande sysctl.

```
# sysctl net.ipv4.ip_forward=0
net.ipv4.ip_forward = 0
# sysctl net.ipv4.ip_forward
net.ipv4.ip_forward = 0
```

7. Modifier de manière permanente un paramètre (le paramètre sera configuré à chaque démarrage).

```
# echo "net.ipv4.ip_forward = 1 " >> /etc/sysctl.conf
```

Tâche 9 :
Les IPC System V

1. Vérifier que le noyau courant a été compilé avec la prise en compte des IPC System V.

```
# grep -i sysvipc /boot/config-$(uname -r)
CONFIG_SYSVIPC=y
CONFIG_SYSVIPC_SYSCTL=y
```

2. Lister les IPC courantes.

```
# ipcs


------ Shared Memory Segments --------
key         shmid      owner       perms      bytes       nattch      status

------ Semaphore Arrays --------
key         semid      owner       perms      nsems

------ Message Queues --------
key         msqid      owner       perms      used-bytes   messages
```

3. Lister le paramétrage des tables système IPC.

```
# ipcs -l

------ Shared Memory Limits --------
max number of segments = 4096
max seg size (kbytes) = 32768
max total shared memory (kbytes) = 8388608
min seg size (bytes) = 1

------ Semaphore Limits --------
max number of arrays = 128
max semaphores per array = 250
max semaphores system wide = 32000
max ops per semop call = 32
semaphore max value = 32767

------ Messages: Limits --------
max queues system wide = 1738
max size of message (bytes) = 8192
default max size of queue (bytes) = 16384
```

4. Lister les fichiers de /proc qui mémorisent la configuration des IPC.

```
# ls -l /proc/sys/kernel |grep -e sem -e shm -e msg
-rw-r--r-- 1 root root 0 10 juil. 17:04 auto_msgmni
-rw-r--r-- 1 root root 0 10 juil. 17:14 msgmax
-rw-r--r-- 1 root root 0 10 juil. 17:04 msgmnb
-rw-r--r-- 1 root root 0 10 juil. 17:04 msgmni
-rw-r--r-- 1 root root 0 10 juil. 17:04 sem
-rw-r--r-- 1 root root 0 10 juil. 17:12 shmall
-rw-r--r-- 1 root root 0 10 juil. 17:12 shmmax
-rw-r--r-- 1 root root 0 10 juil. 17:12 shmmni
# more /proc/sys/kernel/msgmax
8192
```

5. Créer une IPC de type tableau de sémaphores (on utilise un petit programme Perl).

```
# vi ipc.pl
use IPC::SysV qw(IPC_CREAT);
$IPC_KEY = 1423;
$id = semget($IPC_KEY,10,066 | IPC_CREAT ) || die "$!";
print "shm key $id\n";
# perl ipc.pl
shm key 65536
```

6. Visualiser ses caractéristiques.

```
# ipcs -s
------ Semaphore Arrays --------
key          semid      owner        perms        nsems
0x0000058f 65536        root         66           10
```

7. Détruire l'IPC.

```
# ipcrm -h
ipcrm : invalid option -- 'h'
ipcrm: illegal option -- ?
usage : ipcrm [ [-q msqid] [-m shmid] [-s semid]
          [-Q msgkey] [-M shmkey] [-S semkey] ... ]
# ipcrm -s 65536
# ipcs -s
------ Semaphore Arrays --------
key          semid      owner        perms        nsems
```

- *IRQ, DMA, ACPI*

- *SCSI, PCI-X, PCIe*

- */dev/hda*

- */sys/block/sda*

- *Udev, lm_sensors, SMART*

La gestion des périphériques

Objectifs

Ce chapitre traite de la gestion des périphériques. On apprend comment sont gérés les périphériques sous Linux. Il y a beaucoup de vocabulaire et de concepts associés (et donc beaucoup de théorie). En pratique on apprend à recueillir des informations de plusieurs sources concernant les périphériques. On apprend également à utiliser quelques technologies connexes comme Udev, lm_sensors ou SMART.

Contenu

L'architecture d'un ordinateur

La gestion des périphériques sous Linux

Ajouter un périphérique

Le FS sysfs

La technologie Udev

La technologie lm_sensors

La technologie SMART

HAL

Ateliers

L'architecture d'un ordinateur

La théorie

Les composants d'un ordinateur

Un ordinateur est composé logiquement de différentes entités :

- Une unité centrale ou CPU (Central Processing Unit) qui est le cœur de l'ordinateur : c'est elle qui effectue les traitements. Un ordinateur multiprocesseur comporte plusieurs CPU.

- La mémoire vive ou RAM (Random Access Memory) où sont conservés les programmes et les données qui sont accessibles immédiatement par le ou les CPU.

- Des périphériques qui conservent de manière durable les informations, par exemple les disques durs, ou qui sont le lien avec le monde externe : clavier, écran, souris, ou qui permettent l'échange de données avec d'autres ordinateurs comme les réseaux.

- Les contrôleurs qui relient les périphériques aux autres composants : la mémoire, le CPU. Les ponts (*bridge*) sont des contrôleurs particuliers : ils permettent de passer d'un bus à un autre.

- Les bus qui relient les composants de l'ordinateur : CPU, mémoire, contrôleurs. Le bus ISA est le bus primitif des premiers PC. Actuellement, le bus PCI fournit l'ossature du système d'E/S d'un PC, même si d'autres bus sont utilisés : ISA, EISA, USB, SCSI…

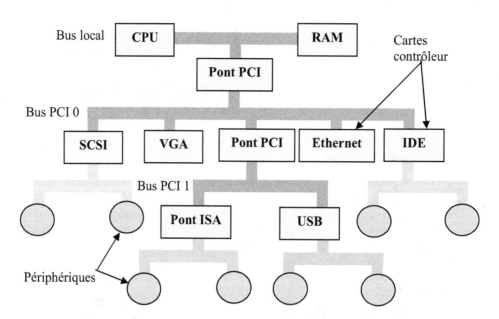

Fig. Arborescence matériel (bus, ponts, contrôleur et périphériques)

Un ordinateur est composé physiquement des entités suivantes :

- Un microprocesseur (voire plusieurs) : c'est le CPU qui sur les ordinateurs actuels est composé d'une seule puce (chipset).

- Une carte mère (*motherboard*) : c'est le support des autres composants. Elle est essentiellement composée des principaux bus du système qui sont gravés dessus. Quelques contrôleurs (bridge ou non) sont également intégrés à la carte. On a aussi des slots et des connecteurs qui permettent d'enficher le microprocesseur, des barrettes de mémoire (RAM), des cartes contrôleur ou de se relier directement à des périphériques.

- Des cartes contrôleur enfichées dans un des slots de la carte mère.

- Des *chipsets* : ce sont des puces présentes soit directement sur la carte mère, soit sur une carte contrôleur. Elles peuvent correspondre aux principales fonctionnalités d'un contrôleur ou intégrer plusieurs fonctionnalités. Un numéro les identifie (il apparaît sur le boîtier renfermant la puce).

- Un boîtier qui contient la carte mère, l'alimentation et quelques périphériques, comme le disque dur, le lecteur de CD-Rom.

- Des périphériques externes reliés au boîtier, comme l'écran, le clavier, la souris, le scanner, l'imprimante, le réseau.

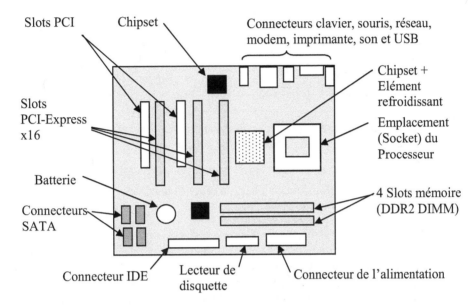

Fig. Carte mère (motherboard)

Remarque : certains ordinateurs, appelés « lames », sont composés essentiellement d'une carte mère enfichée dans un rack normalisé. Ils ne possèdent ni écran ni clavier et ne sont accessibles que par le réseau.

Gestion matérielle des périphériques

Les échanges de données entre un périphérique et les autres composants sont effectués grâce à un ensemble de mécanismes :

Les interruptions matérielles

Une interruption ou IRQ (Interrupt ReQuest) est générée par un contrôleur de périphérique à destination du CPU. Son rôle est de prévenir le système qu'une donnée est disponible au niveau du contrôleur. Si l'interruption est acceptée, le programme en cours est interrompu, et un gestionnaire est déclenché qui gère l'interruption : par exemple, lecture des données et déblocage de l'application en attente de la fin de l'entrée/sortie. Les anciens PC étaient limités à 8 ou 15 IRQ. Un chipset, le PIC (Programmable Interrupt Controler) gère les interruptions. Actuellement, grâce à l'APIC (Advanced PIC), on peut gérer 255 niveaux d'IRQ. Leur numéro, indique leur priorité : ainsi pour un système donné, l'interruption du clavier (IRQ 1) est prioritaire par rapport au disque dur (IRQ 14). Normalement un contrôleur est associé à une IRQ, mais plusieurs contrôleurs peuvent partager la même IRQ (si on utilise différentes astuces comme les bus PCI). Un contrôleur peut même n'avoir pas d'IRQ du tout. Dans les contrôleurs anciens associés au bus primitif ISA, l'IRQ était paramétrée de manière matérielle, par exemple par un cavalier. Les contrôleurs PCI, eux, peuvent avoir leur IRQ fixée dynamiquement par le logiciel embarqué (firmware ou BIOS).

Remarque : il existe aussi les interruptions logicielles qui proviennent de logiciels.

Les adresses d'entrées/sorties

Pour pouvoir échanger des données entre le contrôleur et le CPU, un contrôleur est associé à une plage spécifique d'adresses d'entrées/sorties. Ces adresses correspondent soit à de vraies adresses mémoire, on parle alors d'E/S mappé en mémoire, soit à des ports d'E/S dissociés de la mémoire. Comme pour les IRQ, les contrôleurs ISA doivent être configurés de manière matérielle et inversement, les contrôleurs PCI ont leur adresse d'E/S fixée au démarrage.

Le DMA (Direct Memory Access)

Ce système permet le transfert de données directement d'un contrôleur ISA à la mémoire. Il existe plusieurs canaux DMA chacun identifié par un numéro. Les contrôleurs PCI utilisent une technique similaire le « bus mastering » qui permet également un transfert de données directement du contrôleur vers la mémoire. Cette technique est beaucoup plus transparente pour le système que le DMA.

Les bus

Un bus est composé de plusieurs fils reliant des équipements électroniques. Ces fils sont soit gravés sur une carte soit ils forment une « nappe ».

Le bus local

C'est le nom que l'on donne au bus qui relie le ou les CPU, la mémoire et les ponts (contrôleur de bus).

Le bus ISA

C'est le bus primitif du PC. C'est un bus de largeur 8 bits de données. Il est toujours utilisé pour certains périphériques ancestraux comme le clavier, les ports séries et parallèles. Si votre PC dispose de slots ISA ou EISA (Extented ISA) vous pouvez ajouter une carte contrôleur ISA. Le problème c'est qu'il faut paramétrer l'IRQ, les adresses d'E/S et éventuellement le canal DMA pour ne pas avoir de conflit matériel. Si la carte est récente, elle prend en charge le protocole PnP (Plug and Play) qui permet à l'OS de fixer ces valeurs.

Le bus PCI

C'est le bus le plus courant pour effectuer des E/S, en effet beaucoup de cartes contrôleur ou de chipset sont PCI. C'est un standard de l'industrie, il est présent dans la plupart des ordinateurs et pas seulement dans les PC. C'est également lui qui forme la colonne vertébrale du PC : grâce à des ponts, on accède à d'autres bus, comme ISA, USB ou SCSI. Il est par nature PnP : les IRQ, les adresses d'E/S sont fixées au démarrage par le logiciel embarqué (firmware). C'est un bus 32 bits de données à 66 MHz.

Une machine peut contenir un ou plusieurs domaines PCI numérotés de 0000 à ffff. Chaque domaine contient un ou plusieurs bus racine, chacun étant numéroté de 00 à ff. Un bus racine peut être connecté à un ou plusieurs bus via des ponts. Chaque bus est connecté à un ou plusieurs contrôleurs (jusqu'à 32), chacun pouvant supporter une ou plusieurs fonctions (jusqu'à 8). On identifie donc une fonction par le nombre : dddd:bb:xx.y (dddd=domaine, bb=bus racine, xx=contrôleur, y=fonction). Un slot PCI est évidemment associé à une adresse fixe.

Un contrôleur PCI publie son constructeur et un identifiant.

Il existe plusieurs variantes ou évolutions du bus PCI : AGP, PCI-X et PCIe.

Le bus AGP

Le bus AGP (Accelerated Graphics Port) est dérivé du bus PCI, mais plus rapide et dédié à la connexion d'une carte graphique.

Le bus PCI-X

C'est une évolution du bus PCI. C'est un bus à 64 bits de données à 133MHz. Il est compatible avec les périphériques PCI anciens. Il est maintenant supplanté par le bus PCI Express.

Le bus PCI Express

Le bus PCI Express (ou PCIe) C'est une évolution du bus PCI mais à très haut débit et en série. Les slots sont différents évidemment des slots PCI classiques, par exemple PCI Express x1 et x16 respectivement pour une liaison et seize liaisons PCIe. Il permet des transferts à 50 Mbits/s.

Le bus USB

C'est un bus série qui a remplacé les liaisons COM (série) et LPT (parallèle) des premiers PC. Il permet également de brancher des scanners, un clavier, une souris, et des unités de stockage comme les clés USB. Il supporte un mécanisme PnP qui permet de brancher ou retirer un périphérique à chaud. Les périphériques sont reliés entre eux par des Hubs. L'ensemble forme un arbre. La racine de cet arbre est le Hub faisant partie du système. Chaque périphérique et chaque Hub possèdent une adresse. Un Hub permet de relier des périphériques et d'autres Hub au Hub hiérarchiquement supérieur. Quand on connecte un nouveau périphérique USB, ce dernier publie différentes informations : sa classe (Hub, interface humaine, audio, communication, imprimante, scanner, outils de stockage…), son constructeur, son nom et sa version. D'autre part, il se voit attribuer un numéro de périphérique unique de 1 à 127 (device number). Les contrôleurs USB sont intégrés à la carte mère ou à une carte contrôleur PCI. Ils sont compatibles avec l'interface OHCI (Open Host Controller Interface) de Compaq ou avec l'interface UHCI (Universal Host Controller Interface) d'Intel.

Le bus SCSI

Le bus SCSI (Small Computer System Interface) permet de relier des périphériques de différentes sortes au système, mais principalement des disques. La plupart des serveurs sont équipés de disques SCSI. Chaque périphérique présent sur un bus SCSI parallèle est identifié par un « SCSI ID » de 0 à 7 ou de 0 à 15 en fonction de la largeur du bus. Le contrôleur lui-même possède un « SCSI ID », c'est la valeur la plus grande (7 ou 15). Pour les autres périphériques, le choix se fait par des cavaliers ou par l'emplacement du périphérique (son slot). Chaque périphérique possède aussi au moins un LUN (0). Mais il peut en posséder plusieurs comme par exemple un juke box où chaque plateau a un LUN attribué.

Le BIOS

Le BIOS (Basic Input Output System) est un programme en mémoire morte (ROM) qui est exécuté au démarrage du système. Si le BIOS, appelé aussi firmware, est stocké en EEPROM, il peut être mis à jour (« flasher le Bios »). Le BIOS, au final, essaye d'activer un OS.

La gestion de l'alimentation

APM

L'APM (Advanced Power Management) est une spécification du BIOS qui permet de gérer l'alimentation des ordinateurs, dont la batterie des ordinateurs portables.

ACPI

L'ACPI (Advanced Configuration and Power Interface) est un standard développé par Compaq, Intel, Microsoft, Phoenix et Toshiba. L'ACPI veut remplacer l'APM, l'ancien standard. Il intègre de nouvelles fonctionnalités, comme le contrôle thermique. Contrairement à l'APM géré par le BIOS, l'ACPI est contrôlé par l'OS.

Le savoir concret

Les fichiers de /proc

Remarque : informations provenant du noyau.

/proc/cpuinfo	Renseignements sur le CPU.
/proc/interrupts	Liste les interruptions.
/proc/ioports	Liste les ports d'entrées/sorties et les pilotes associés.
/proc/iomem	Renseigne sur la mémoire associée aux entrée/sorties.
/proc/dma	Renseigne sur le DMA (pour les disques IDE).
/proc/acpi/	Renseigne sur l'ACPI.
/proc/bus/pci/*	Renseignements sur les périphériques PCI.
/proc/bus/usb/*	Renseignements sur les périphériques USB.
/proc/bus/scsi/*	Renseignements sur les périphériques SCSI.
/proc/bus/isapnp/*	Renseignements sur les périphériques ISA PnP.

Les commandes

Remarque : les commandes présentées sont une abstraction des informations de /proc.

lspci	Liste les contrôleurs PCI.
lsusb	Liste les périphériques USB.
lsscsi	Liste les périphériques SCSI.
dmidecode	Affiche le contenu des tables DMI (SMBIOS). Elles contiennent des informations matérielles provenant de différents chipsets comme le BIOS, le CPU…
hdparm	Liste des informations sur les disques IDE et globalement les périphériques prenant en charge l'interface SATA/PATA/SAS.
sdparm	Affiche ou modifie les « modes page » d'un périphérique SCSI. Affiche notamment les VPD (Vital Product Data).
dmesg	Affiche les messages provenant du noyau.
x86info	Affiche des informations sur le processeur.
scsiinfo, lsdev, lshw, linuxinfo, pnpdump	Autres commandes d'information sur le système ou les périphériques. Ces commandes ne sont pas forcément disponibles sur toutes les distributions.

Pour en savoir plus

Les pages de manuel

lspci(8), lsusb(8), lsdev8), lscsi(8), lsscsi(8), scsiinfo(8), hdparm(8), pnpdump(8), dmesg(8), x86info(1), sdparm(8)

Howto

Plug-and-Play-HOWTO – lire les chapitres concernant le matériel.

ACPI-HOWTO

Battery-Powered

Internet

Computer Hardware - Learn all the basics
http://www.infosyssec.net/infosyssec/comphard.htm

PC Guide (les différents composants d'un PC)
http://www.pcguide.com/topic.html

Computer Hardware
http://en.wikipedia.org/wiki/Computer_hardware

Les manuels en ligne des cartes mère : chaque constructeur d'ordinateur ou de carte mère propose une documentation de ses cartes mère (motherboard). On y trouve l'architecture logique, physique, les données numériques (vitesse de transfert, largeur de bus…), les CPU et les mémoires compatibles, les connecteurs, les chipsets présents, l'utilisation du bios et comment effectuer sa mise à jour… Voici quelques adresses pour l'exemple :
http://www.wikihow.com/Find-Documentation-for-Your-Motherboard-Online
http://www.intel.com/products/motherboard/index.htm

SCSI
http://en.wikipedia.org/wiki/Small_Computer_System_Interface
http://www.scsita.org
http://byc.ch/scsi/

PCI, PCI-X, PCIe
http://fr.wikipedia.org/wiki/Peripheral_Component_Interconnect

Livre

Tout sur le Hardware PC, de Jean-François Pillou et Stéphane Darget, chez Dunod (2009)

La gestion des périphériques sous Linux

La théorie

L'approche Unix de la gestion des périphériques

Sur un système Unix, il y a un logiciel qui gère un contrôleur et via ce dernier un périphérique, c'est le pilote de périphérique (*device driver*). Ce logiciel système est un module du noyau. Les applications dialoguent avec un pilote grâce à un fichier périphérique (/dev/…).

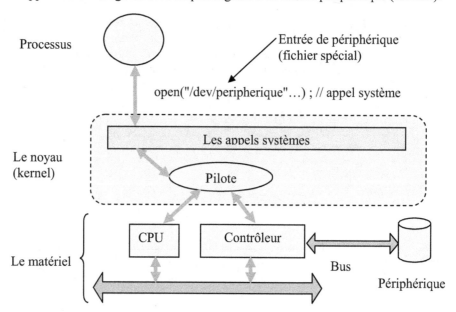

Fig. L'approche Unix de la gestion des périphériques.

Les particularités de Linux

Globalement Linux reprend l'approche Unix pour la majorité des périphériques. La principale exception est la gestion du réseau. Dans ce cas, les applications se réfèrent à une interface réseau non par un fichier spécial mais par un nom comme eth0. Autre particularité, l'interface graphique X-Window. Le gestionnaire de la carte graphique n'est pas un pilote du noyau, mais une bibliothèque du serveur X.

Linux est un système en open source. Celui qui compile le noyau décide l'ajout ou le retrait d'un pilote, ainsi que son mode d'inclusion : statique ou dynamique. Dans le cas où il est dynamique, le pilote peut être chargé ou déchargé sur demande.

Contrairement à beaucoup d'autres systèmes, un module est spécifique d'une version bien précise du noyau. En conséquence, l'ajout d'un pilote exotique nécessite sa recompilation au sein de l'environnement de développement du noyau.

Les pilotes chargés dynamiquement

La plupart des pilotes de périphériques sous Linux sont chargés dynamiquement par le noyau. Le module KML (Kernel Module Loader) du noyau déclenche le chargement du module suite à un événement. KLM peut gérer également le retrait du pilote.

Les types de pilotes

Un pilote de périphérique Linux appartient à un des trois types suivants :

Pilote de type caractère

C'est un pilote accessible via un fichier spécial de type caractère. L'accès aux données se fait octet par octet ou suite d'octets par suite d'octets. La majorité des périphériques sont gérés par ce type de pilote.

Pilote de type bloc

C'est un pilote accessible via un fichier spécial de type bloc. L'accès aux données se fait bloc par bloc de manière aléatoire (on accède à n'importe quel bloc). Seuls les disques appartiennent à cette catégorie.

Pilote d'interface réseau

C'est un pilote spécifique des cartes réseau.

Les caractéristiques associées à un fichier périphérique

Un fichier spécial (ou périphérique) mémorise trois informations :

- Le type de pilote : caractère ou bloc.

- L'adresse du pilote : dans le noyau Linux, il existe une table pour chaque type et dans chaque table, un pilote est repéré par un numéro : le majeur. La combinaison type et majeur identifie un pilote.

- Le mineur : ce nombre est transmis au pilote lors de l'ouverture du périphérique. C'est donc lui qui l'interprète. Il peut signifier aussi bien un numéro de périphérique qu'une option de gestion, par exemple, rembobiner ou non un lecteur de cartouche. Il peut aussi signifier toutes ces choses à la fois. En conséquence, bien qu'il n'y ait pas beaucoup de pilotes, il y a souvent beaucoup de fichiers spéciaux correspondant aux différentes combinaisons des différentes options ainsi qu'aux différentes instances de périphériques.

Udev

Dans la version 2.4 du noyau, les entrées de périphériques étaient créées par la commande MAKEDEV. Dans la version 2.6 du noyau, elles sont créées par Udev.

Grâce au système Udev, les entrées de périphériques sont créées dynamiquement. Il est possible également de leur attribuer des noms indépendants de l'ordre dans lequel ils sont branchés (c'est le problème avec les disques SCSI).

Vision avancée de la gestion de périphérique

Les applications accèdent aux périphériques via un fichier spécial, par exemple /dev/tty1. Pour accéder au périphérique, le développeur dispose des fonctions de gestion de fichier ordinaires : open(), read(), write(), close() ainsi qu'un appel spécifique pour les périphériques : ioctl(). L'accès aux interfaces réseau se fait par l'intermédiaire des fonctions sockets.

Le savoir concret

Les commandes

dmesg	Cette commande affiche les messages récents du noyau (ils sont stockés dans un tampon circulaire). Chaque message est précédé du pilote qui l'a généré.
lsmod	Liste les modules dynamiques actuellement chargés. Plusieurs de ces modules sont des pilotes de périphériques.
modinfo	Affiche des informations provenant d'un module.

`ls -l`	Liste les caractéristiques d'un fichier, notamment d'un fichier périphérique.
`MAKEDEV`	Crée les entrées de périphérique de manière statique (noyau 2.4).
`mknod`	La commande primitive qui crée une entrée de périphérique.
`hdparm`	Visualise ou modifie les paramètres d'un disque IDE ou globalement un périphérique SATA/PATA/SAS.
`sdparm`	Visualise ou modifie les « mode page » d'un périphérique SCSI.
`blockdev`	Provoque l'appel système ioctl() pour un périphérique bloc.

Focus : Les caractéristiques d'un fichier spécial

```
# ls -l /dev/hda3 /dev/mice
brw-rw----  1 root disk  3,  3 Feb  6 18:28 /dev/hda3
crw-------  1 root root 13, 63 Feb  6 19:28 /dev/mice
```

Le premier caractère indique le mode :

- b   Bloc
- c   Caractère

La taille du fichier est remplacée par le couple : Majeur, Mineur. Dans l'exemple, hda3 a le majeur 3 et le mineur 3 et mice a le majeur 12 et le mineur 63.

Les fichiers

/proc & /sys	Arborescences de fichiers gérés par le noyau.
/proc/devices	La liste des majeurs des périphériques bloc et caractère.
/proc/sys/kernel/modprobe	
	La commande activée automatiquement par le noyau pour charger un pilote suite à un événement (le branchement du périphérique par exemple).

Remarque : le système Syslog permet d'enregistrer les messages en provenance du noyau via la facilité `kern`. Cette facilité est associée au fichier /var/log/messages dans le système RedHat.

Pour en savoir plus

Les pages de manuel

ls(1), MAKEDEV(8), dmesg(8), mknod(8), modinfo(8), modprobe(8), hdparm(8), blockdev(8)

Les pages de manuel de la section 4 décrivent les fichiers spéciaux permettant d'accéder aux pilotes et grâce aux périphériques. Ils sont stockés dans le répertoire /usr/share/man/man4. Voici quelques exemples :

Le lecteur de disquette : fd(4) ; les disques IDE : hd(4) ; les disques SCSI : sd(4) ; les lecteurs de cartouches SCSI : st(4) ; pilotes de carte graphique : ati(4), i810(4)… ; l'interface parallèle aux imprimantes : lp(4)…

Ajouter un périphérique

La théorie

Gestion des périphériques sous Linux en résumé

Pour accéder à un périphérique sous Linux, il faut :

- Un pilote de périphérique intégré de manière statique ou dynamique (module).

- La configuration de ce pilote.

- Un fichier spécial (pas pour le réseau) créé de manière statique ou dynamique par Udev.

Ajouter un périphérique sous Linux

On vient de le voir, l'aspect essentiel de l'ajout d'un périphérique passe par l'ajout d'un pilote et dans le cas où on dispose de ce pilote, cela passe par sa configuration.

Le problème reformulé devient donc : le pilote existe-t-il pour Linux ? Le choix d'un PC haut de gamme comme un Proliant (HP), un xSeries (IBM) ou un PowerEdge (Dell) résout souvent le problème lorsque l'on veut utiliser Linux comme serveur. En effet, ces matériels sont pris en charge nativement par les constructeurs. Pour un poste de travail, c'est plus complexe, il faut souvent faire confiance aux « listes de compatibilité » des différentes distributions ou provenant d'autres horizons.

Normalement l'ajout d'un périphérique sous Linux est automatique. Si le pilote est installé et que le périphérique est présent, le noyau charge le pilote sous forme de modules et le système Udev crée les entrées de périphériques grâce aux informations publiées dans sysfs. Ainsi le périphérique devient disponible pour les applications.

Le savoir concret

Les commandes

```
lsmod, modprobe, modinfo...
```
Les commandes gérant les modules dynamiques du noyau

`.udevadm...`   Les commandes UDEV

Les fichiers

/etc/modules.conf   Configuration des modules (noyau 2.4)

/etc/modprobe.conf   Configuration des modules (noyau 2.6)

/etc/modprobe.d/*.conf   Configuration des modules (noyau 2.6 récent)

Focus : Un exemple de fichier modprobe.conf
```
options b43 nohwcrypt=1 qos=0
```

Les deux ordres principaux que l'on trouve dans le fichier modprobe.conf sont alias et options. Alias permet de donner des noms génériques à un pilote, et option permet de fournir aux pilotes des options de configuration.

Pour en savoir plus

Les pages de manuel

kudzu(1), discover(8), hwinfo(8)

Howto

Hardware-HOWTO – liste le matériel compatible Linux

PCI-HOWTO – Informations sur les cartes PCI fonctionnant sous Linux

PCMCIA-HOWTO

Scanner-HOWTO

Sound-HOWTO

Sound-Playing-HOWTO

Soundbalster-AWE

DVD-HOWTO

DVD-Playback-HOWTO

FAX-Server

Modem-HOWTO

Webcam-HOWTO

Wireless-HOWTO

ZIP drive-HOWTO

Winmodems-and-Linux-HOWTO

Internet

Linux Hardware Compatibility Lists & Linux Drivers
(Centralise les listes de compatibilité : Redhat, Suse, Debian...)
http://www.linux-drivers.org/

RedHat Certified Hardware
https://hardware.redhat.com/

SUSE Portal :Hardware
http://en.opensuse.org/Portal:Hardware

Debian GNU/Linux device driver check page (vous indiquez votre matériel PCI)
http://kmuto.jp/debian/hcl/

Ubuntu – Hardware Support
https://wiki.ubuntu.com/HardwareSupport

Lea-linux - Installer et configurer son matériel (modems, son…)
http://www.lea-linux.org/cached/index/Hardware-index.html

Le FS sysfs

La théorie

Les concepts clés des périphériques (rappel)

Device	Un périphérique (un disque dur, un clavier, une carte réseau…).
Class	Une classe de périphérique fournit des fonctions communes (audio, carte réseau, périphérique de pointage…).
Bus	Équipement qui permet de connecter des périphériques (PCI, USB, SCSI…). Normalement un bus est géré par un contrôleur de bus.
Driver	Pilote de périphérique. C'est un logiciel système inclus dans le noyau sous forme statique ou dynamique (c'est alors un module). Il gère le périphérique. Un pilote s'enregistre auprès du système et exporte les périphériques qu'il prend en charge.
Bridge	Exemple : un contrôleur de bus USB. Du point de vue du bus PCI sur lequel il est branché, c'est un périphérique PCI et il doit donc être géré par un pilote PCI. Mais un bridge dialogue avec des périphériques USB via un Bus USB.

Le FS sysfs

Le FS sysfs centralise toutes les informations (device, class, bus, driver…) provenant du noyau concernant les périphériques. Il est habituellement monté sur /sys. C'est une interface au noyau en mémoire vive, comme /proc, mais ne traitant que des périphériques. Il apparaît avec les noyaux 2.6. Ses objectifs sont notamment les suivants :

- Publier les périphériques découverts au démarrage.

- Associer les pilotes aux périphériques.

- Prendre en charge le branchement à chaud de périphériques (hotplug).

- Prendre en charge la gestion de l'économie d'énergie.

Le savoir concret

Les principaux répertoires

/sys/devices/	L'arborescence (au sens matériel) des périphériques. Affiche donc l'arborescence des bus qui connectent les périphériques. On peut donc voir les différents bus et bridges permettant d'accéder à un périphérique.
/sys/devices/platform/	Liste les périphériques spécifiques du PC (clavier, souris, lecteur de disquette…).
/sys/devices/system	Liste le matériel non périphérique (CPU, APIC, timer…).
/sys/bus/	Les périphériques, mais regroupés par type de bus (ide, pci, scsi,scsi_host usb, usb_host…). Les périphériques « host » (usb_host, scsi_host) correspondent à des cartes contrôleur.
/sys/bus/pci/drivers/	Les pilotes de périphériques associés à un bus particulier (dans l'exemple « pci »).
/sys/class/	Les périphériques, mais regroupés par classe fonctionnelle (net, printer, input, graphics, sound…).

/sys/block/	Les périphériques blocs (disques, ram…).
/sys/firmware/	Interface avec le firmware (BIOS), comme l'ACPI.
/sys/modules/	Contient un répertoire pour chaque module du noyau actuellement chargé.
/sys/power/	Traite de l'alimentation. Le fichier state liste les états supportés.

Remarque : la plupart des fichiers ou des répertoires sont en fait des liens symboliques pointant vers des fichiers de l'arborescence /sys/devices/.

La commande systool

La commande systool du paquetage sysfsutils présente les éléments de l'arborescence /sys de manière conviviale. Sans option, la commande liste les différents bus, les différentes classes et les répertoires de premier niveau de /sys/devices. Voici les principales options :

-r device	Affiche l'arborescence matérielle. Si l'on donne le bus racine (pci0000:00) en paramètre, la commande affiche l'arborescence complète.
-b bus	Liste les périphériques reliés au système par un bus spécifique (pci, scsi, usb, ide…).
-c classe	Liste les périphériques appartenant à une classe (net, printer…).
-a	Affiche les attributs.
-v	Affiche tous les attributs et leur valeur.
-A att	Affiche la valeur d'un attribut.
-p	Visualise le chemin /sys de la ressource.
-D	Affiche le pilote.

Focus : Le montage de sysfs

```
# mount -t sysfss  sysfs /sys
```

Pour en savoir plus

Les pages de manuel

systool(1)

Fichier

filesystems/sysfs.txt   Fichier de la documentation du noyau qui décrit sysFS.

Internet

Le sysfs Filesystem
http://www.kernel.org/pub/linux/kernel/people/mochel/doc/papers/ols-2005/mochel.pdf

Livre

/proc & /sys, par Oliver Daudel, chez O'Reilly (2006).

La technologie Udev

La théorie

Présentation

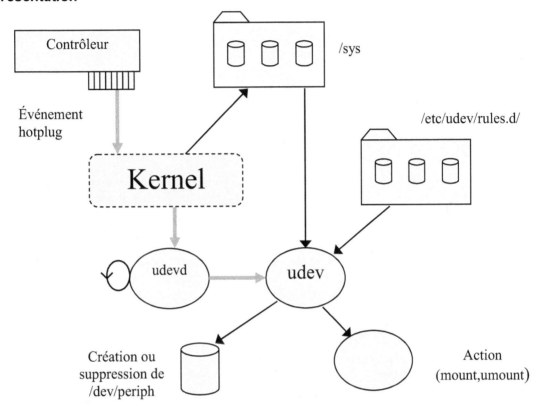

Fig. Le système Udev

Udev est une technologie qui permet la gestion dynamique de l'arborescence /dev. Elle repose sur l'utilisation de sysFS et est donc liée au noyau 2.6. Elle permet notamment la création des fichiers spéciaux (/dev/*) des périphériques connectés à chaud (hotplug) USB ou SCSI. Udev peut aussi résoudre élégamment le problème des noms persistants de périphérique. C'est-à-dire qu'un même périphérique peut avoir toujours le même nom indépendamment de son ordre de branchement.

Remarque : normalement, un disque SCSI (ou USB géré comme un disque SCSI) a son nom qui dépend de l'ordre de branchement. Le 1er disque SCSI branché est appelé /dev/sda, le deuxième /dev/sdb, etc.

Fonctionnement

Pour chaque périphérique que le noyau a détecté, il crée des fichiers dans le FS sysfs pour le décrire.

Chaque fois qu'un périphérique est ajouté ou retiré, le noyau, via un bus reçoit un événement hotplug. Le noyau à son tour envoie l'événement au démon udevd.

Le démon udevd active la commande udev pour traiter chaque événement qu'il reçoit. Son rôle essentiel est de sérialiser les événements.

La commande udev traite un événement. C'est elle qui crée ou supprime les entrées de périphérique dans l'arborescence /dev. C'est elle aussi qui renomme les interfaces réseau. Udev peut également déclencher l'exécution de programme suite à la réception des événements.

Pour accomplir ses actions, la commande udev se base non seulement sur l'événement reçu mais aussi sur les informations disponibles dans sysfs et sur des règles présentes dans l'arborescence /etc/udev/rules.d/.

Le savoir concret

Les commandes

udevd	Démon qui sérialise les événements hotplug. Pour chaque événement, le démon active une instance de la commande udev. Tous les événements du même type sont bloqués tant que l'instance d'udev associée n »est pas terminée.
udev	Ajoute ou retire un périphérique (crée ou supprime son fichier spécial). La commande se base sur des fichiers de configuration et sur des scripts.
start_udev	Remplit initialement le répertoire /dev. Cette commande est typiquement activée automatiquement au démarrage.
udevadm	Contrôle le fonctionnement d'Udev. Affiche des informations provenant d'udev. Cette commande est très utile pour tester les règles de configuration.

Les fichiers

/dev	FS en mémoire qui contient les entrées de périphériques.
/dev/disk/by-uuid/	Les disques identifiés par leur UUID.
/etc/udev/udev.conf	Le fichier de configuration principal d'Udev.
/etc/udev/rules.d/	Le répertoire contenant les règles de configuration d'Udev.
/lib/udev/, /dev/.udev/	Arborescences utilisées pour le fonctionnement interne d'Udev.

La création de règles Udev

La prise en compte des règles

Les fichiers de règles sont dans le répertoire /etc/udev/rules.d/. Ils doivent avoir l'extension .rules. Le fichier de règles par défaut se nomme 50-udev.rules. Les fichiers sont pris en compte par Udev dans l'ordre ASCII. Il est conseillé de créer ses propres règles dans le fichier 10-local.rules, ainsi elles seront prioritaires.

La syntaxe d'une règle

```
clé [, …] assignation [, …]
```

Si la ou les clés sont vraies, la ou les assignations sont réalisées.

Les principales clés

ACTION	Le type de l'événement (add, remove).
DEVPATH	Le chemin du périphérique dans /sys (mais sans /sys).
KERNEL	Prend comme critère un nom noyau de périphérique. On peut utiliser les jockers. Par exemple : fd0, sd*, hd[a-z], mouse, lp[0-9]…
BUS	Un nom de bus : scsi, usb

ATTR{mot}	Un attribut du périphérique tel que donné par le FS sysfs, par exemple le fabricant (vendor), le numéro de série (serial), le modèle (model)...
ENV{clé}	Une variable d'environnement que l'on teste.
PROGRAM	Un programme externe dont la clé est valide si la valeur de sortie est zéro. La chaîne retournée peut être comparée à la clé RESULT.

Les principales assignations

NAME	Le nom que l'on attribue au périphérique (nom réseau ou nom dans /dev).
SYMLINK	Un lien symbolique que l'on ajoute en plus du nom officiel du périphérique.
OWNER, GROUP, MODE	Le propriétaire, le groupe et les droits du fichier périphérique.
RUN	Ajoute un programme à la liste des programmes à exécuter pour un périphérique particulier.
ENV{clé}	Une variable d'environnement que l'on crée.

Les macros accessibles dans NAME, SYMLINK et PROGRAM

%n	Le numéro du périphérique, par exemple 3 pour sda3.
%k	Le nom noyau du périphérique, par exemple hda.

Exemples

```
# Crée le fichier spécial /dev/sauvegarde à la place de /dev/hdb
KERNEL=="hdb", NAME="sauvegarde"
# Crée le fichier spécial /dev/ide et le lien /dev/un_ide
KERNEL=="hdb", NAME="ide", SYMLINK="un_ide"
# Crée des fichiers spéciaux associés au numéro du lecteur de
# disquette, par ex: /dev/disquette/0 et le lien /dev/fd0
KERNEL=="fd[0-9]", NAME="disquette/%n", SYMLINK="%k"
```

Pour en savoir plus

Les pages de manuel

udev(8), udevinfo(8), hotplug(8), udevd(8), udevsend(8), udevtest(8), udevinfo(8), udevadm(8)

Internet

Udev – le site officiel
http://www.kernel.org/pub/linux/utils/kernel/hotplug/udev.html

Writing udev rules
http://reactivated.net/writing_udev_rules.html

La technologie lm_sensors

La théorie

La technologie lm_sensors est un ensemble d'outils et de pilotes qui donnent accès aux détecteurs de la carte mère pour surveiller la température du CPU et de la carte mère. Éventuellement, on peut également surveiller le voltage et la ventilation.

Le noyau 2.6 est compatible avec la technologie lm_sensors, mais il faut évidemment que la carte mère le soit également, le plus souvent grâce aux bus I2c et SMBus.

Le savoir concret

Les commandes

sensors-detect	Script qui détermine les pilotes du noyau associés aux détecteurs de la carte mère.
sensors -s	Étalonne les détecteurs en se basant sur le fichier de configuration. Les valeurs par défaut de ce fichier suffisent généralement.
sensors	Affiche les données provenant des détecteurs.
xsensors, ksensors	Idem, mais en mode graphique.
/etc/init.d/lm_sensors	Script RC permettant le chargement des pilotes et l'activation de la commande sensors -s.

Les fichiers

/etc/sensors.conf	Fichier de configuration permettant l'étalonnage des valeurs provenant des détecteurs. Ce fichier est lu par la commande sensors -s.

Pour en savoir plus

Les pages de manuel

sensors(1), sensors.conf(5)

Internet

Lm_sensors – le site officiel
http://www.lm-sensors.org

La technologie SMART

La théorie

La technologie SMART (Self-Monitoring, Analysis and Reporting Technology) permet de surveiller la fiabilité des disques durs et de prédire leurs pannes. Cette technologie est maintenant incluse dans la plupart des disques ATA, IDE et SCSI.

Parmi les informations recueillies, on trouve : la température du disque, le nombre d'heures de fonctionnement, le nombre d'arrêt/démarrage, le taux d'erreurs...

Le savoir concret

Les commandes

smartd	Démon qui active la surveillance des disques, recueille périodiquement leur erreurs et leurs modifications et les transmet à Syslog.
/etc/init.d/smartd	Script de démarrage (RC) qui active le démon smartd.
smartctl	Gère SMART (active/désactive SMART pour un disque, déclenche des tests, récupère les comptes rendus, affiche des informations...).

Les principales options de smartctl

-i	Affiche des informations générales concernant le disque. Indique notamment s'il prend en charge SMART et si oui si SMART est activé pour ce disque.
-s on	Active SMART pour ce périphérique.
-s off	Désactive SMART pour ce périphérique.
-c	Liste les tests pris en charge par le périphérique.
-t Type	Active un test. Type a pour valeur : short, long ou conveyance.
-l Type	Visualise un journal. Type a pour valeur : error, selftest...
-a	Affiche toutes les informations concernant le disque.
-A	Affiche uniquement les attributs spécifiques du fabricant.

Remarque : les commandes –s on/off se trouvent normalement dans un script de démarrage.

Les fichiers

/etc/smartd.conf Le fichier de configuration du démon smartd.

Pour en savoir plus

Les pages de manuel

smartd(8), smartctl(8), smartd.conf(5)

Internet

Smartmontools – home page
http://smartmontools.sourceforge.net

HAL

La théorie

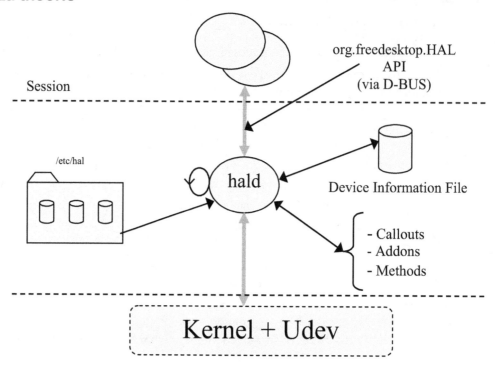

Fig. Le système HAL

HAL (Hardware Abstraction Layer) est un système qui permet à un système graphique de découvrir et d'utiliser les périphériques (CD-Rom, clé USB, souris, clavier, caméra…).

HAL repose sur Udev pour connaître les périphériques.

HAL fournit une interface D-Bus aux applications.

HAL est basé sur une vision objet. Un périphérique est identifié par un UDI (Unique Device Identifier) et il est associé à un ensemble de couples clé/valeur.

Le savoir concret

Les commandes

hald	Le démon se connecte au système D-Bus pour fournir une API que les applications (essentiellement graphiques) pourront utiliser pour découvrir et accomplir des opérations sur les périphériques.
lshal	Liste les périphériques (obtenue de la base de données HAL).

Les fichiers

/etc/hal/	La configuration utilisateur.
/usr/share/hal/fdi	La configuration système.
*.fdi	Un fichier de configuration (XML).

Pour en savoir plus

Man

udev(7), dbus-daemon(1), lshal(1), hal-set-property(1), hal-get-prop-erty(1), hal-find-by-property(1), hal-find-by-capability(1), hal-is-caller-locked-out(1)

Internet

HAL – Hardware Abstraction Layer
http://freedesktop.org/wiki/Software/hal

ATELIERS

Tâche 1 :
L'architecture de l'ordinateur

1. Afficher quelques informations provenant de /proc.

a) Les caractéristiques des processeurs.

```
# cat /proc/cpuinfo
processor       : 0
vendor_id       : GenuineIntel
cpu family      : 6
model           : 23
model name      : Pentium(R) Dual-Core  CPU      E5300  @ 2.60GHz
stepping        : 10
cpu MHz         : 2583.988
cache size      : 6144 KB
...
```

b) Les interruptions matériel.

```
# cat /proc/interrupts
          CPU0
    0:      938     XT-PIC-XT       timer
    1:        9     XT-PIC-XT       i8042
    2:        0     XT-PIC-XT       cascade
    5:    25583     XT-PIC-XT       ahci, Intel 82801AA-ICH
    8:        0     XT-PIC-XT       rtc0
...
```

c) Les adresses d'entrées/sorties.

```
# cat /proc/ioports
0000-001f : dma1
0020-0021 : pic1
0040-0043 : timer0
0050-0053 : timer1
0060-0060 : keyboard
0064-0064 : keyboard
0070-0071 : rtc_cmos
0070-0071 : rtc0
0080-008f : dma page reg
...
```

d) Les canaux DMA.

```
# cat /proc/dma
 4: cascade
```

e) Les adresses mémoire associées aux périphériques.

```
# cat /proc/iomem
00000000-0009fbff : System RAM
0009fc00-0009ffff : reserved
000a0000-000bffff : Video RAM area
000c0000-000c8fff : Video ROM
000e2000-000e2fff : Adapter ROM
000f0000-000fffff : reserved
...
```

f) Les bus PCI, USB.

```
# ls /proc/bus/pci/
00   devices
# ls /proc/bus/usb
01   002   devices
```

g) L'ACPI.

```
# ls /proc/acpi
ac_adapter   debug_level          fadt            processor
battery      dsdt                 fan             sleep
button       embedded_controller  info            thermal_zone
debug_layer  event                power_resource  wakeup
```

Remarque : sur un portable, on peut connaître le taux de charge de la batterie grâce au fichier /proc/acpi/battery/*/state.

2. Afficher l'architecture PCI.

```
# lspci -t
-[0000:00]-+-00.0
           +-01.0
           +-01.1
           +-02.0
           +-03.0
           +-04.0
           +-05.0
           +-06.0
           +-07.0
           +-0b.0
           \-0d.0
```

Remarque : cette commande affiche une arborescence complexe sur un serveur.

3. Ai-je une carte Ethernet ?

```
# lspci | grep -i ethernet
00:03.0 Ethernet controller: Intel Corporation 82540EM Gigabit Ethernet
Controller (rev 02)
```

4. Afficher la liste des contrôleurs et des périphériques PCI.

```
# lspci
00:00.0 Host bridge: Intel Corporation 440FX - 82441FX PMC [Natoma] (rev 02)
00:01.0 ISA bridge: Intel Corporation 82371SB PIIX3 ISA [Natoma/Triton II]
00:01.1 IDE interface: Intel Corporation 82371AB/EB/MB PIIX4 IDE (rev 01)
```

```
00:02.0 VGA compatible controller: InnoTek Systemberatung GmbH VirtualBox
Graphics Adapter
00:03.0 Ethernet controller: Intel Corporation 82540EM Gigabit Ethernet
Controller (rev 02)
00:04.0 System peripheral: InnoTek Systemberatung GmbH VirtualBox Guest Service
00:05.0 Multimedia audio controller: Intel Corporation 82801AA AC'97 Audio
Controller (rev 01)
00:06.0 USB Controller: Apple Computer Inc. KeyLargo/Intrepid USB
00:07.0 Bridge: Intel Corporation 82371AB/EB/MB PIIX4 ACPI (rev 08)
00:0b.0 USB Controller: Intel Corporation 82801FB/FBM/FR/FW/FRW (ICH6 Family)
USB2 EHCI Controller
00:0d.0 SATA controller: Intel Corporation 82801HBM/HEM (ICH8M/ICH8M-E) SATA
AHCI Controller (rev 02)
```

Remarque : la commande lspci est la commande la plus importante pour connaître l'architecture matérielle d'un PC. Le bus PCI formant l'ossature de ses entrées/sorties.

5. Afficher plus d'informations concernant les périphériques PCI.

```
# lspci -v
...
00:0d.0 SATA controller: Intel Corporation 82801HBM/HEM (ICH8M/ICH8M-E) SATA
AHCI Controller (rev 02) (prog-if 01 [AHCI 1.0])
        Flags: bus master, fast devsel, latency 64, IRQ 5
        I/O ports at d240 [size=8]
        I/O ports at <ignored>
        I/O ports at d250 [size=8]
        I/O ports at <ignored>
        I/O ports at d260 [size=16]
        Memory at f0806000 (32-bit, non-prefetchable) [size=8K]
        Kernel driver in use: ahci
        Kernel modules: ahci
```

6. Lister les périphériques USB.

a) Avant l'ajout d'une clé.

```
# lsusb
Bus 002 Device 001: ID 1d6b:0001 Linux Foundation 1.1 root hub
Bus 001 Device 001: ID 1d6b:0002 Linux Foundation 2.0 root hub
```

b) Après l'ajout d'une clé.

```
# lsusb
Bus 002 Device 001: ID 1d6b:0001 Linux Foundation 1.1 root hub
Bus 001 Device 002: ID 08ec:0012 M-Systems Flash Disk Pioneers TravelDrive 2C
Bus 001 Device 001: ID 1d6b:0002 Linux Foundation 2.0 root hub
```

7. Lister l'arborescence des périphériques USB.

```
# lsusb -t
Bus#  2
`-Dev#   1 Vendor 0x1d6b Product 0x0001
Bus#  1
`-Dev#   1 Vendor 0x1d6b Product 0x0002
  `-Dev#   2 Vendor 0x08ec Product 0x0012
```

8. Lister les périphériques USB en affichant beaucoup d'informations.

```
# lsusb -v

Bus 002 Device 001: ID 1d6b:0001 Linux Foundation 1.1 root hub
Device Descriptor:
```

```
    bLength                 18
    bDescriptorType          1
    bcdUSB                1.10
    bDeviceClass             9 Hub
...
```

9. Afficher les informations concernant les périphériques SCSI.

```
# yum -q -y install lsscsi
# lsscsi
[1:0:0:0]    cd/dvd  VBOX     CD-ROM             1.0    /dev/sr0
[2:0:0:0]    disk    ATA      VBOX HARDDISK      1.0    /dev/sda
[3:0:0:0]    disk    ATA      VBOX HARDDISK      1.0    /dev/sdb
[4:0:0:0]    disk    Intuix   DiskOnKey          4.85   /dev/sdc
# lsscsi -L
[1:0:0:0]    cd/dvd  VBOX     CD-ROM             1.0    /dev/sr0
  device_blocked=0
  iocounterbits=32
  iodone_cnt=0x29dfb
  ioerr_cnt=0x0
  iorequest_cnt=0x29dfb
  queue_depth=1
  queue_type=none
  scsi_level=6
  state=running
  timeout=30
  type=5
...
# lsscsi -c
Attached devices:
Host: scsi1 Channel: 00 Target: 00 Lun: 00
  Vendor: VBOX       Model: CD-ROM         Rev: 1.0
  Type:   CD-ROM                           ANSI SCSI revision: 05
...
```

Remarque : on peut brancher une clé pour voir apparaître des périphériques SCSI.

10. Afficher le contenu des tables DMI (SMBIOS).

```
# dmidecode
Handle 0x0000, DMI type 0, 20 bytes
BIOS Information
        Vendor: innotek GmbH
        Version: VirtualBox
        Release Date: 12/01/2006
        Address: 0xE0000
        Runtime Size: 128 kB
        ROM Size: 128 kB
        Characteristics:
                ISA is supported
                PCI is supported
                Boot from CD is supported
                Selectable boot is supported
                8042 keyboard services are supported (int 9h)
                CGA/mono video services are supported (int 10h)
                ACPI is supported
...
```

11. Afficher les messages en provenance du noyau (on vient de brancher une clé USB).

On constate que le noyau reconnaît le périphérique sous le nom « sdc ». S'il n'existe pas de règle Udev spécifique, la clé peut être manipulée sous le nom « /dev/sdc ». On est prévenu également de la présence d'une partition (/dev/sdc1). Si la clé n'est pas partitionnée, on pourra la monter en utilisant le fichier spécial /dev/sdc, sinon on utilisera le nom /dev/sdc1.

```
# dmesg
...
usb 1-1: new high speed USB device using ehci_hcd and address 2
usb 1-1: New USB device found, idVendor=08ec, idProduct=0012
usb 1-1: New USB device strings: Mfr=1, Product=2, SerialNumber=3
usb 1-1: Product: DiskOnKey
usb 1-1: Manufacturer: Intuix
usb 1-1: SerialNumber: 07A1D54061B1C595
usb 1-1: configuration #1 chosen from 1 choice
Initializing USB Mass Storage driver...
scsi4 : SCSI emulation for USB Mass Storage devices
usbcore: registered new interface driver usb-storage
USB Mass Storage support registered.
usb-storage: device found at 2
usb-storage: waiting for device to settle before scanning
usb-storage: device scan complete
scsi 4:0:0:0: Direct-Access     Intuix   DiskOnKey      4.85 PQ: 0 ANSI: 0 CCS
sd 4:0:0:0: Attached scsi generic sg3 type 0
sd 4:0:0:0: [sdc] 239872 512-byte logical blocks: (122 MB/117 MiB)
sd 4:0:0:0: [sdc] Write Protect is off
sd 4:0:0:0: [sdc] Mode Sense: 45 00 00 08
sd 4:0:0:0: [sdc] Assuming drive cache: write through
sd 4:0:0:0: [sdc] Assuming drive cache: write through
 sdc: sdc1
sd 4:0:0:0: [sdc] Assuming drive cache: write through
sd 4:0:0:0: [sdc] Attached SCSI removable disk
```

12. Informations sur le CPU.

```
# yum -q -y install x86info
# x86info
x86info v1.25.  Dave Jones 2001-2009
Feedback to <davej@redhat.com>.

Found 1 CPU
--------------------------------------------------------------------------
EFamily: 0 EModel: 1 Family: 6 Model: 23 Stepping: 10
CPU Model: Core 2 Duo
Type: 0 (Original OEM)  Brand: 0 (Unsupported)
Number of cores per physical package=1
Number of logical processors per socket=1
Number of logical processors per core=1
APIC ID: 0x0    Package: 0  Core: 0   SMT ID 0
```

13. Informations sur un disque IDE ou SATA/PATA/SAS.

a) Afficher des informations générales sur un disque.

```
# hdparm /dev/sda

/dev/sda:
 multcount      = 128 (on)
```

```
IO_support    = 1 (32-bit)
readonly      = 0 (off)
readahead     = 256 (on)
geometry      = 522/255/63, sectors = 8388608, start = 0
```

b) Afficher une information particulière : par exemple la géométrie.

 # hdparm -g /dev/sda

```
/dev/sda:
 geometry      = 522/255/63, sectors = 8388608, start = 0
```

c) Expérimenter la vitesse de transfert.

 # hdparm -t /dev/sda

```
/dev/sda:
 Timing buffered disk reads:  254 MB in  3.00 seconds =  84.59 MB/sec
```

14. Afficher des informations sur un disque SCSI (modes pages, VPD).

Remarque : la commande non seulement peut afficher les modes page mais elle peut également les modifier.

a) Afficher les modes page les plus importants.

 # yum -q -y install sdparm
 # sdparm /dev/sda
```
    /dev/sda: ATA       VBOX HARDDISK     1.0
Read write error recovery mode page:
  AWRE         1
  ARRE         0
  PER          0
Caching (SBC) mode page:
  WCE          1
  RCD          0
Control mode page:
  SWP          0
```

b) Afficher les VPD.

 # sdparm --inquiry /dev/sda
```
    /dev/sda: ATA       VBOX HARDDISK     1.0
Device identification VPD page:
  Addressed logical unit:
    designator type: vendor specific [0x0],  code set: ASCII
      vendor specific: VB6898add5-3fa360df
    designator type: T10 vendor identification,  code set: ASCII
      vendor id: ATA
      vendor specific: VBOX HARDDISK            VB6898add5-3fa360df
```

c) Lister les modes page.

 # sdparm -e /dev/sda
```
Mode pages:
  addp 0x0e,0x02  DT device primary port (ADC)
  adlu 0x0e,0x03  logical unit (ADC)
  adtd 0x0e,0x01  Targer device (ADC)
  adts 0x0e,0x04  Targer device serial number (ADC)
  apo  0x1a,0xf1  SAT ATA Power condition
  bc   0x1c,0x01  Background control (SBC)
  ca   0x08       Caching (SBC)
```

```
    cms   0x2a       CD/DVD (MM) capabilities and mechanical status (MMC)
...
```

d) Afficher les informations associées à un mode page spécifique (Caching).

```
# sdparm --page=ca /dev/sda
    /dev/sda: ATA       VBOX HARDDISK      1.0
Caching (SBC) mode page:
  IC              0
  ABPF            0
  CAP             0
  DISC            0
  SIZE            0
  WCE             1
...
```

15. Utiliser blockdev.

```
# blockdev --getro /dev/sda      # lecture seule (1)
0
# blockdev --getsize /dev/sda    # taille du disque en secteurs
8388608
# blockdev --getra /dev/sda      # lecture anticipée en secteurs
256
#
```

Tâche 2 :
Linux et les périphériques

1. Afficher les messages du noyau.

a) Messages associés à la mémoire.

```
# dmesg |grep -i memory
initial memory mapped : 0 - 01000000
init_memory_mapping: 0000000000000000-00000000375fe000
Memory: 1019764k/1048512k available (4145k kernel code, 27928k reserved, 2218k
data, 476k init, 141256k highmem)
virtual kernel memory layout:
please try 'cgroup_disable=memory' option if you don't want memory cgroups
Initializing cgroup subsys memory
Freeing initrd memory: 11089k freed
Non-volatile memory driver v1.3
crash memory driver: version 1.0
Freeing unused kernel memory: 476k freed
```

b) Messages associés à l'USB.

On voit au démarrage le type de contrôleur USB 1.1 (UHCI ou OHCI) ou USB 2.0 (EHCI). Ensuite on obtient les informations pour tout périphérique USB nouvellement branché ou retiré.

```
# dmesg |grep -i usb |head
usbcore: registered new interface driver usbfs
usbcore: registered new interface driver hub
usbcore: registered new device driver usb
ehci_hcd: USB 2.0 'Enhanced' Host Controller (EHCI) Driver
ehci_hcd 0000:00:0b.0: new USB bus registered, assigned bus number 1
ehci_hcd 0000:00:0b.0: USB 2.0 started, EHCI 1.00
usb usb1: New USB device found, idVendor=1d6b, idProduct=0002
usb usb1: New USB device strings: Mfr=3, Product=2, SerialNumber=1
usb usb1: Product: EHCI Host Controller
```

```
...
usb 1-1: new high speed USB device using ehci_hcd and address 2
usb 1-1: New USB device found, idVendor=08ec, idProduct=0012
usb 1-1: New USB device strings: Mfr=1, Product=2, SerialNumber=3
usb 1-1: Product: DiskOnKey
usb 1-1: Manufacturer: Intuix
usb 1-1: SerialNumber: 07A1D54061B1C595
usb 1-1: configuration #1 chosen from 1 choice
Initializing USB Mass Storage driver...
scsi4 : SCSI emulation for USB Mass Storage devices
usbcore: registered new interface driver usb-storage
USB Mass Storage support registered.
usb-storage: device found at 2
usb-storage: waiting for device to settle before scanning
usb-storage: device scan complete
```

c) Messages associés au CPU.

```
# dmesg |grep -i cpu
Initializing cgroup subsys cpuset
Initializing cgroup subsys cpu
KERNEL supported cpus:
  Transmeta TransmetaCPU
x86 PAT enabled: cpu 0, old 0x7040600070406, new 0x7010600070106
CPU MTRRs all blank - virtualized system.
ACPI: SSDT 3fff0240 001CC (v01 VBOX   VBOXCPUT 00000002 INTL 20050309)
SMP: Allowing 1 CPUs, 0 hotplug CPUs
...
```

d) Messages associés au SCSI.

```
# dmesg |grep -i scsi
SCSI subsystem initialized
Block layer SCSI generic (bsg) driver version 0.4 loaded (major 252)
scsi0 : ata_piix
scsi1 : ata_piix
scsi2 : ahci
scsi3 : ahci
scsi 1:0:0:0: CD-ROM            VBOX      CD-ROM        1.0  PQ: 0 ANSI: 5
scsi 2:0:0:0: Direct-Access     ATA       VBOX HARDDISK 1.0  PQ: 0 ANSI: 5
scsi 3:0:0:0: Direct-Access     ATA       VBOX HARDDISK 1.0  PQ: 0 ANSI: 5
sd 3:0:0:0: [sdb] Attached SCSI disk
sd 2:0:0:0: [sda] Attached SCSI disk
sr0: scsi3-mmc drive: 32x/32x xa/form2 tray
sr 1:0:0:0: Attached scsi CD-ROM sr0
sr 1:0:0:0: Attached scsi generic sg0 type 5
sd 2:0:0:0: Attached scsi generic sg1 type 0
sd 3:0:0:0: Attached scsi generic sg2 type 0
scsi4 : SCSI emulation for USB Mass Storage devices
scsi 4:0:0:0: Direct-Access     Intuix    DiskOnKey     4.85 PQ: 0 ANSI: 0 CCS
sd 4:0:0:0: Attached scsi generic sg3 type 0
sd 4:0:0:0: [sdc] Attached SCSI removable disk
```

e) Messages associés aux terminaux.

```
# dmesg |grep -i tty
console [tty0] enabled
```

f) Messages divers.

```
# dmesg
Initializing cgroup subsys cpuset
Initializing cgroup subsys cpu
Linux version 2.6.32-19.el6.i686 (mockbuild@x86-008.build.bos.redhat.com) (gcc v
ersion 4.4.3 20100121 (Red Hat 4.4.3-1) (GCC) ) #1 SMP Tue Mar 9 18:10:40 EST 20
10
KERNEL supported cpus:
  Intel GenuineIntel
...
RAMDISK: 3751b000 - 37fef59d
Allocated new RAMDISK: 00b6b000 - 0163f59d
Move RAMDISK from 000000003751b000 - 0000000037fef59c to 00b6b000 - 0163f59c
ACPI: RSDP 000e0000 00024 (v02 VBOX  )
ACPI: XSDT 3fff0030 00034 (v01 VBOX   VBOXXSDT 00000001 ASL  00000061)
```

Remarque : la commande dmesg est une des commande les plus importantes associée à la gestion des périphériques : elle nous montre ce que les développeurs du noyau veulent nous faire savoir des pilotes et des périphériques.

2. Lister les modules du noyau actuellement chargés.

```
# lsmod
Module               Size   Used by
usb_storage          38319  0
vboxsf               33206  0
ipv6                 262072 12
dm_mirror            11484  0
dm_region_hash       10055  1 dm_mirror
...
```

3. Lister les modules pouvant être chargés.

```
# modprobe -l
kernel/arch/x86/kernel/cpu/mcheck/mce-inject.ko
kernel/arch/x86/kernel/cpu/cpufreq/powernow-k8.ko
kernel/arch/x86/kernel/cpu/cpufreq/acpi-cpufreq.ko
kernel/arch/x86/kernel/cpu/cpufreq/p4-clockmod.ko
kernel/arch/x86/kernel/test_nx.ko
...
```

4. Lister les caractéristiques de quelques fichiers spéciaux.

```
# ls -l /dev/input/mice /dev/sda /dev/cdrom
lrwxrwxrwx 1 root root      3 17 juil. 15:25 /dev/cdrom -> sr0
crw-r----- 1 root root 13, 63 17 juil. 15:25 /dev/input/mice
brw-rw---- 1 root disk  8,  0 17 juil. 15:25 /dev/sda
```

5. Créer un fichier spécial (on se base sur un fichier existant).

```
# ls -l /dev/null
crw-rw-rw- 1 root root 1, 3 17 juil. 15:24 /dev/null
# mknod /dev/trou_noir c 1 3
# chmod a=rw /dev/trou_noir
# ls -l /dev/trou_noir
crw-rw-rw- 1 root root 1, 3 18 juil. 11:26 /dev/trou_noir
# echo "RIEN QUE POUR VOS YEUX" > /dev/trou_noir
#
```

6. Lister les majeurs utilisés.

```
# cat /proc/devices
Character devices:
```

```
    1 mem
    4 /dev/vc/0
    4 tty
    4 ttyS
    5 /dev/tty
    5 /dev/console
    5 /dev/ptmx
    7 vcs
   10 misc
   13 input

Block devices:
    1 ramdisk
  259 blkext
    7 loop
...
```

Tâche 3 :
La configuration des périphériques

1. Afficher la configuration des modules.

```
# ls /etc/modprobe.d/
anaconda.conf    dist-alsa.conf   dist-oss.conf
blacklist.conf   dist.conf        openfwwf.conf
# tail /etc/modprobe.d/dist.conf
...
alias gre0 ip_gre
alias char-major-89-* i2c-dev
```

2. Afficher des informations sur un module, notamment ses éléments configurables (param).

```
# modinfo e1000
filename:      /lib/modules/2.6.32-19.el6.i686/kernel/drivers/net/e1000/e1000.k
o
version:       7.3.21-k5-NAPI
license:       GPL
description:   Intel(R) PRO/1000 Network Driver
author:        Intel Corporation, <linux.nics@intel.com>
srcversion:    2B8A35B3369384355170615
alias:         pci:v00008086d000010B5sv*sd*bc*sc*i*
...
depends:
vermagic:      2.6.32-19.el6.i686 SMP mod_unload modversions 686
parm:          TxDescriptors:Number of transmit descriptors (array of int)
parm:          RxDescriptors:Number of receive descriptors (array of int)
...
```

3. Afficher les informations provenant du noyau concernant un périphérique.

```
# dmesg |grep e1000
e1000 0000:00:03.0: PCI INT A -> Link[LNKC] -> GSI 10 (level, low) -> IRQ 10
e1000 0000:00:03.0: setting latency timer to 64
e1000: 0000:00:03.0: e1000_probe: (PCI:33MHz:32-bit) 00:01:00:00:00:01
e1000: eth0: e1000_probe: Intel(R) PRO/1000 Network Connection
e1000: eth0 NIC Link is Up 1000 Mbps Full Duplex, Flow Control: RX
```

Tâche 4 :
Le FS sysfs

1. Lister les périphériques associés au bus SCSI.

```
# df -Ta |grep sysfs
sysfs          sysfs          0          0          0    -    /sys
# ls /sys/bus/scsi/devices/
1:0:0:0   3:0:0:0   host0   host2   host4          target2:0:0   target4:0:0
2:0:0:0   4:0:0:0   host1   host3   target1:0:0   target3:0:0
# yum -q -y install sysfsutils
Package sysfsutils-2.1.0-6.1.el6.i686 already installed and latest version
# rpm -q sysfsutils
sysfsutils-2.1.0-6.1.el6.i686
# systool -b scsi
Bus = "scsi"

  Device = "1:0:0:0"
  Device = "2:0:0:0"
  Device = "3:0:0:0"
  Device = "4:0:0:0"
  Device = "host0"
...
```

2. Visualiser les périphériques réseau.

```
# ls /sys/class/net
eth0  lo
# systool -c net
Class = "net"

  Class Device = "eth0"
    Device = "0000:00:03.0"

  Class Device = "lo"
```

3. Lister les périphériques bloc.

```
# ls /sys/block
dm-0   loop1   loop4   loop7   ram10   ram13   ram2   ram5   ram8   sdb
dm-1   loop2   loop5   ram0    ram11   ram14   ram3   ram6   ram9   sdc
loop0  loop3   loop6   ram1    ram12   ram15   ram4   ram7   sda    sr0
```

4. Afficher la taille d'un disque (en nombre de blocs de 512 octets).

```
# cat /sys/block/sda/size
8388608
```

5. Afficher des informations concernant les disques.

```
# systool -b scsi -v
...
  Device = "2:0:0:0"
  Device path = "/sys/devices/pci0000:00/0000:00:0d.0/host2/target2:0:0/2:0:0:0"
    delete             = <store method only>
    device_blocked     = "0"
    evt_media_change   = "0"
    iocounterbits      = "32"
    iodone_cnt         = "0x6128"
    ioerr_cnt          = "0x10"
    iorequest_cnt      = "0x6128"
```

```
    modalias            = "scsi:t-0x00"
    model               = "VBOX HARDDISK    "
    queue_depth         = "31"
    queue_ramp_up_period= "120000"
    queue_type          = "simple"
    rescan              = <store method only>
    rev                 = "1.0 "
    scsi_level          = "6"
    state               = "running"
    timeout             = "30"
    type                = "0"
    uevent              = "DEVTYPE=scsi_device
DRIVER=sd
MODALIAS=scsi:t-0x00"
    vendor              = "ATA        "
```

6. Lister les différents bus, classes et périphériques sysfs compatibles.

```
# systool
Supported sysfs buses:
        ac97
        acpi
        hid
        i2c
        isa
...
Supported sysfs classes:
        backlight
        bdi
        block
        bsg
        cpuid
...
Supported sysfs devices:
        LNXSYSTM:00
        isa
        pci0000:00
        platform
        pnp0
...
Supported sysfs modules:
        8250
        ac97_bus
```

7. Afficher tous les pilotes associés à un bus (ici PCI).

```
# ls /sys/bus/pci/drivers/
agpgart-ali        agpgart-nvidia       ata_piix   ohci_hcd    serial
agpgart-amd64      agpgart-serverworks  e1000      parport_pc  uhci_hcd
agpgart-amdk7      agpgart-sis          ehci_hcd   pata_acpi
agpgart-ati        agpgart-via          gxfb       pcieport
agpgart-efficeon   ahci                 Intel ICH  pci-stub
agpgart-intel      ata_generic          lxfb       piix4_smbus
# systool -D -b pci | head
Bus = "pci"

  Driver = "Intel ICH"
```

Module 4 : La gestion des périphériques

```
    Devices using "Intel ICH" are:
        0000:00:05.0 8086:2415

  Driver = "agpgart-ali"

  Driver = "agpgart-amd64"
...
```

8. Afficher l'arborescence des périphériques (à partir du bus PCI maître).

```
# find  /sys/devices/pci0000\:00/ -type d
/sys/devices/pci0000:00/
/sys/devices/pci0000:00/power
/sys/devices/pci0000:00/pci_bus
/sys/devices/pci0000:00/pci_bus/0000:00
/sys/devices/pci0000:00/pci_bus/0000:00/power
/sys/devices/pci0000:00/0000:00:00.0
/sys/devices/pci0000:00/0000:00:00.0/power
/sys/devices/pci0000:00/0000:00:01.0

...
```

9. Lister les périphériques traditionnels du PC.

```
# ls /sys/devices/platform
Fixed MDIO bus.0  i8042  pcspkr  power  rtc_cmos  serial8250  uevent  vesafb.0
# systool -b platform -a
Bus = "platform"

  Device = "Fixed MDIO bus.0"
    modalias
    uevent

  Device = "i8042"
    modalias
    uevent
...
# systool -b platform -v
Bus = "platform"

  Device = "Fixed MDIO bus.0"
  Device path = "/sys/devices/platform/Fixed MDIO bus.0"
    modalias            = "platform:Fixed MDIO bus"
    uevent              = "MODALIAS=platform:Fixed MDIO bus"
```

Remarque : i8042 est le contôleur clavier et vesafb gère l'affichage en mode console sous forme Bitmap.

10. Lister le matériel système.

```
# ls /sys/devices/system
clocksource  i8237  ioapic    lapic         memory
cpu          i8259  irqrouter  machinecheck  timekeeping
```

Remarque : l'i8259 est le gestionnaire des interruptions et l'i8237 le controleur DMA.

11. Afficher la valeur d'un attribut, de tous les attributs SCSI.

```
# systool -b scsi -A state
Bus = "scsi"

  Device = "1:0:0:0"
```

4-34   © Tsoft/Eyrolles – Linux : Administration système avancée

```
      state                = "running"
...
# systool -vb scsi
Bus = "scsi"

  Device = "1:0:0:0"
  Device path = "/sys/devices/pci0000:00/0000:00:01.1/host1/target1:0:0/1:0:0:0"
    delete               = <store method only>
    device_blocked       = "0"
    evt_media_change     = "0"
    iocounterbits        = "32"
    iodone_cnt           = "0x2e608"
    ioerr_cnt            = "0x0"
...
```

12. Visualiser les pilotes associés aux périphériques SCSI ainsi que le « Device Path ».

```
# systool -Dpb scsi
Bus = "scsi"

  Driver = "sd"
  Driver path = "/sys/bus/scsi/drivers/sd"
    Devices using "sd" are:
       Device = "2:0:0:0"
       Device path =
"/sys/devices/pci0000:00/0000:00:0d.0/host2/target2:0:0/2:0:0:0"
...
```

Tâche 5 : Udev

1. Est-ce que le démon udevd est présent ?

```
# ps -e |grep udevd
  357 ?          00:00:00 udevd
```

2. Brancher et débrancher une clé USB et visualiser ses caractéristiques.

a) Brancher la clé. Visualiser les caractéristiques à partir du journal du noyau.

Le nom noyau du périphérique est « sdc ».

```
# dmesg
...
sd 4:0:0:0: Attached scsi generic sg3 type 0
sd 4:0:0:0: [sdc] Attached SCSI removable disk
```

b) Lister les caractéristiques du périphérique (notamment le numéro de série (ATTRS{serial})).

La commande obtient ses informations à partir de sysfs.

```
# udevadm info -a -p /block/sdc
...
  looking at parent device '/devices/pci0000:00/0000:00:0b.0/usb1/1-1':
    KERNELS=="1-1"
    SUBSYSTEMS=="usb"
    DRIVERS=="usb"
    ATTRS{bMaxPower}=="178mA"
    ATTRS{urbnum}=="42971"
    ATTRS{idVendor}=="08ec"
    ATTRS{idProduct}=="0012"
    ATTRS{bcdDevice}=="0200"
...
```

```
    ATTRS{manufacturer}=="Intuix"
    ATTRS{product}=="DiskOnKey"
    ATTRS{serial}=="07A1D54061B1C595"
...
```

c) Afficher le chemin du périphérique (Device Path).

```
# udevadm info -q path -n /dev/sdc
/devices/pci0000:00/0000:00:0b.0/usb1/1-1/1-
1:1.0/host4/target4:0:0/4:0:0:0/block/sdc
```

d) Afficher ses caractéristiques à partir du chemin.

```
# udevadm info -a -p $(udevadm info -q path -n /dev/sdc)
  looking at device '/devices/pci0000:00/0000:00:0b.0/usb1/1-1/1-
1:1.0/host4/target4:0:0/4:0:0:0/block/sdc':
    KERNEL=="sdc"
    SUBSYSTEM=="block"
...
```

e) Afficher le fichier spécial.

```
# ls -l /dev/sdc
brw-rw---- 1 root disk 8, 32 18 juil. 10:13 /dev/sdc
```

f) Débrancher la clé (la démonter au préalable et au besoin).

```
# dmesg
...
sd 4:0:0:0: [sdc] Attached SCSI removable disk
usb 1-1: USB disconnect, address 2
```

3. Lister les règles standards d'Udev.

a) Les règles de la distribution.

```
# ls /lib/udev/rules.d/
10-console.rules            61-persistent-storage-edd.rules
10-dm.rules                 64-device-mapper.rules
11-dm-lvm.rules             64-md-raid.rules
13-dm-disk.rules            65-md-incremental.rules
...
```

b) Les règles locales.

```
# ls -l /etc/udev/rules.d/
-rw-r--r--. 1 root root  445 16 déc.   2009 40-multipath.rules
-rw-r--r--. 1 root root 1222  7 janv.  2010 60-fprint-autosuspend.rules
...
```

c) Afficher une règle.

```
# more /lib/udev/rules.d/40-redhat.rules
# do not edit this file, it will be overwritten on update

KERNEL=="hd*[!0-9]", SUBSYSTEMS=="ide", ATTRS{media}=="floppy", SYMLINK+="floppy
 floppy-%k", OPTIONS+="ignore_remove"
KERNEL=="hd*[0-9]", ATTRS{media}=="floppy", ATTRS{removable}=="1", SYMLINK+="flo
ppy-%k", OPTIONS+="ignore_remove"

KERNEL=="fw*", PROGRAM="fw_unit_symlinks.sh %k %n", SYMLINK+="$result"

ACTION=="add", KERNEL=="sg[0-9]*", BUS=="scsi", ATTRS{type}=="3|6", SYMLINK+="sc
anner scanner-%k", MODE="0660"
```

```
ACTION=="add", KERNEL=="sg[0-9]*", BUS=="scsi", ATTRS{type}=="8", SYMLINK+="chan
ger changer-%k", MODE="0660", GROUP="disk"
...
```

4. Créer une règle Udev : on remplace le nom officiel du périphérique.

a) Créer la règle.

Remarque : plus le nombre la préfixant est faible, plus elle est testée avant d'autres règles.

```
# vi /etc/udev/rules.d/20-perso.rules
ATTRS{serial}=="07A1D54061B1C595", NAME="cleperso"
```

b) Tester : on branche la clé : le nom sdc n'est pas créé, par contre cleperso est créé à sa place.

```
# ls -l /dev/sdc
ls: impossible d'accÃ©der Ã  /dev/sdc: Aucun fichier ou dossier de ce type
# ls -l /dev/cleperso
brw-rw---- 1 root disk 8, 32 18 juil. 16:03 /dev/cleperso
```

5. Créer une règle Udev : on ajoute un nom au nom officiel du périphérique.

a) Créer la règle.

```
# vi /etc/udev/rules.d/20-perso.rules
ATTRS{serial}=="07A1D54061B1C595", SYMLINK+="cleperso"
```

b) Lister les règles qui seront déclanchées si on branche la clé.

```
# udevadm test /block/sdc
run_command: calling: test
udevadm_test: version 147
This program is for debugging only, it does not run any program,
specified by a RUN key. It may show incorrect results, because
some values may be different, or not available at a simulation run.

parse_file: reading '/lib/udev/rules.d/10-console.rules' as rules file
parse_file: reading '/lib/udev/rules.d/10-dm.rules' as rules file
add_rule: name empty, node creation suppressed
parse_file: reading '/lib/udev/rules.d/11-dm-lvm.rules' as rules file
parse_file: reading '/lib/udev/rules.d/13-dm-disk.rules' as rules file
parse_file: reading '/etc/udev/rules.d/20-perso.rules' as rules file
...
```

c) Tester réellement : on met la clé. Les deux noms (sdc et cleperso) sont créés.

```
# ls -l /dev/sdc
brw-rw---- 1 root disk 8, 32 18 juil. 14:58 /dev/sdc
# ls -l /dev/cleperso
lrwxrwxrwx 1 root root 3 18 juil. 14:58 /dev/cleperso -> sdc
```

6. Surveiller les événements Udev

a) Sur un terminal on active la surveillance des événements Udev.

```
# udevadm monitor --environment
monitor will print the received events for:
UDEV - the event which udev sends out after rule processing
KERNEL - the kernel uevent
```

b) On retire et on ajoute la clé : les événements apparaissent.

```
ACTION=add
DEVPATH=/devices/pci0000:00/0000:00:0b.0/usb1/1-1/1-
1:1.0/host6/target6:0:0/6:0:0:0/scsi_disk/6:0:0:0
SUBSYSTEM=scsi_disk
```

```
SEQNUM=1260
...
```

7. Créer une règle complexe avec un programme qui décide de la création du périphérique.

Le lien symbolique sera créé si l'utilisateur guest est connecté.

a) Modifier la règle et créer le programme de test.

```
# vi /etc/udev/rules.d/20-perso.rules
BUS="scsi", SYSFS{vendor}="Intuix  ",PROGRAM="/root/cle_guest.sh %k",
SYMLINK="cleperso"
# vi /root/cle_guest.sh
#!/bin/sh
if who |grep guest > /dev/null 2>&1 ; then
        exit 0
else
        exit 1
fi
# chmod u+x /root/cle_guest.sh
```

b) Faire un essai de branchement de la clé sans que l'utilisateur guest soit connecté.

```
# who | grep guest
# ls -l /dev/sdc
brw-rw---- 1 root disk 8, 32 18 juil. 15:21 /dev/sdc
# ls -l /dev/cleperso
ls: impossible d'accÃ©der Ã  /dev/cleperso: Aucun fichier ou dossier de ce type
```

c) On recommence, mais l'utilisateur guest est connecté : le lien est créé.

```
# who |grep guest
guest     pts/3        2010-07-18 15:22 (localhost)
# ls -l /dev/cleperso
lrwxrwxrwx 1 root root 3 18 juil. 15:23 /dev/cleperso -> sdc
```

8. Créer des règles Udev qui montent et démontent notre clé.

a) Créer les règles Udev.

```
# vi /etc/udev/rules.d/20-perso.rules
ATTRS{serial}=="07A1D54061B1C595", SYMLINK+="cleperso" , ENV{disk}="cleperso"

ACTION=="add", ENV{disk}=="cleperso", RUN+="/bin/mount /dev/%k /mnt"

ACTION=="remove", ENV{disk}=="cleperso", RUN+="/bin/umount -l /mnt"
```

b) On teste : on branche la clé: la clé est montée automatiquement.

```
# df
...
/dev/sdc1            119606     94164     25442  79% /mnt
# ls -l /dev/cleperso
lrwxrwxrwx 1 root root 3 18 juil. 15:50 /dev/cleperso -> sdc
```

c) On débranche la clé : la clé est démontée automatiquement.

```
# df |grep /mnt
# ls -l /dev/cleperso
ls: impossible d'accÃ©der Ã  /dev/cleperso: Aucun fichier ou dossier de ce type
```

Tâche 6 :
lm_sensors

1. Déterminer les pilotes nécessaires à l'utilisation de sensors.

a) Rechercher le paquetage qui contient la commande sensors-detect.

```
# yum provides */sensors-detect
lm_sensors-3.1.1-5.el6.i686 : Hardware monitoring tools
Repo        : base
Matched from:
Filename    : /usr/sbin/sensors-detect
```

b) Installer le paquetage lm_sensors.

```
# yum -y -q install lm_sensors
```

c) La commande sensors-detect vous pose des questions. On prend les valeurs par défaut.

```
# sensors-detect
# sensors-detect revision 1.1
# System: innotek GmbH VirtualBox

This program will help you determine which kernel modules you need
to load to use lm_sensors most effectively. It is generally safe
and recommended to accept the default answers to all questions,
unless you know what you're doing.

Some south bridges, CPUs or memory controllers contain embedded sensors.
Do you want to scan for them? This is totally safe. (YES/no):
...
Intel Core family thermal sensor...                        Success!
Do you want to probe the I2C/SMBus adapters now? (YES/no):
Using driver `i2c-piix4' for device 0000:00:07.0: Intel 82371AB PIIX4 ACPI
Module i2c-dev loaded successfully.

Now follows a summary of the probes I have just done.
Just press ENTER to continue:

Driver `coretemp':
  * Chip `Intel Core family thermal sensor' (confidence: 9)

Do you want to overwrite /etc/sysconfig/lm_sensors? (YES/no):
Starting lm_sensors: loading module coretemp              [ OK ]
Unloading i2c-dev... OK
```

Remarques :

1) La commande se termine en mettant à jour la configuration (/etc/sysconfig/lm_sensors). Ensuite elle active le script RC lm_sensors qui charge les pilotes et active la commande `sensors -s`.

2) La commande peut ne pas trouver de sensors si le matériel n'est pas pris en charge (ordinateur taiwanais par exemple).

2. Vérifier que le service lm_sensors est actif, bien paramétré et que les modules soient chargés.

```
# more /etc/sysconfig/lm_sensors
...
HWMON_MODULES="coretemp"
...
MODULE_0=coretemp
# lsmod | grep coretemp
```

```
coretemp                4554  0
hwmon                   1800  1 coretemp
# chkconfig lm_sensors --list
lm_sensors      0:off    1:off    2:on    3:on    4:on    5:on    6:off
# ls /etc/rc3.d/*lm_sensors
/etc/rc3.d/S26lm_sensors
```

3. Interroger les détecteurs.

```
# sensors
coretemp-isa-0000
Adapter: ISA adapter
Core 0:        +80.0 C  (high = +100.0 C, crit = +100.0 C)
# sensors -u
coretemp-isa-0000
Adapter: ISA adapter
Core 0:
  temp1_input: 80.00
  temp1_max: 100.00
  temp1_crit: 100.00
  temp1_crit_alarm: 0.00
```

Tâche 7 :
La technologie SMART

1. Le démon smartd est-il actif ?

```
# rpm -q smartmontools
smartmontools-5.39-1.el6.i686
# chkconfig smartd --list
smartd          0:off    1:off    2:off    3:off    4:off    5:off    6:off
# service smartd start
Starting smartd:                                       [  OK  ]
# ps -e |grep smartd
 3885 ?          00:00:00 smartd
```

2. Afficher des informations générales sur le disque.

```
# smartctl -i /dev/sda
smartctl version 5.38 [i686-pc-linux-gnu] Copyright (C) 2002-8 Bruce Allen
Home page is http://smartmontools.sourceforge.net/

=== START OF INFORMATION SECTION ===
Device Model:     ST3320813AS
Serial Number:    9SZ1ZZTA
Firmware Version: HP21
User Capacity:    320,072,933,376 bytes
Device is:        Not in smartctl database [for details use: -P showall]
ATA Version is:   8
ATA Standard is:  ATA-8-ACS revision 4
Local Time is:    Sun Jul 18 18:00:45 2010 CEST
SMART support is: Available - device has SMART capability.
SMART support is: Enabled
```

Remarque : le disque est compatible avec SMART, et SMART est activé sur ce disque. Un matériel non-compatible afficherait le message suivant :
```
SMART support is : Unavailable - device lacks SMART capability.
```

3. Afficher la syntaxe et des exemples !

```
# smartctl -h | tail -15

  smartctl --smart=on --offlineauto=on --saveauto=on /dev/hda
                                        (Enables SMART on first disk)

  smartctl --test=long /dev/hda          (Executes extended disk self-test)

  smartctl --attributes --log=selftest --quietmode=errorsonly /dev/hda
                              (Prints Self-Test & Attribute errors)
  smartctl --all --device=3ware,2 /dev/sda
  smartctl --all --device=3ware,2 /dev/twe0
  smartctl --all --device=3ware,2 /dev/twa0
          (Prints all SMART info for 3rd ATA disk on 3ware RAID controller)
  smartctl --all --device=hpt,1/1/3 /dev/sda
          (Prints all SMART info for the SATA disk attached to the 3rd PMPort
          of the 1st channel on the 1st HighPoint RAID controller)
# smartctl -A /dev/sda
smartctl version 5.38 [i686-pc-linux-gnu] Copyright (C) 2002-8 Bruce Allen
Home page is http://smartmontools.sourceforge.net/


=== START OF READ SMART DATA SECTION ===
SMART Attributes Data Structure revision number: 10
Vendor Specific SMART Attributes with Thresholds:
ID# ATTRIBUTE_NAME        FLAG     VALUE WORST THRESH TYPE       UPDATED
WHEN_FAILED RAW_VALUE
  1 Raw_Read_Error_Rate   0x000f   119   099   006    Pre-fail   Always    -
213030308
  3 Spin_Up_Time          0x0002   097   097   000    Old_age    Always    -
0
  4 Start_Stop_Count      0x0032   100   100   020    Old_age    Always    -
20
  5 Reallocated_Sector_Ct 0x0033   100   100   036    Pre-fail   Always    -
2
  7 Seek_Error_Rate       0x000f   072   060   030    Pre-fail   Always    -
20509680
  9 Power_On_Hours        0x0032   091   091   000    Old_age    Always    -
8245
 10 Spin_Retry_Count      0x0013   100   100   097    Pre-fail   Always    -
0
 12 Power_Cycle_Count     0x0032   100   100   020    Old_age    Always    -
20
184 Unknown_Attribute     0x0033   100   100   097    Pre-fail   Always    -
0
187 Reported_Uncorrect    0x0032   100   100   000    Old_age    Always    -
0
188 Unknown_Attribute     0x0032   100   100   000    Old_age    Always    -
0
189 High_Fly_Writes       0x003a   088   088   000    Old_age    Always    -
12
190 Airflow_Temperature_Cel 0x0022 064   055   045    Old_age    Always    -
36 (Lifetime Min/Max 33/36)
194 Temperature_Celsius   0x0022   036   045   000    Old_age    Always    -
36 (0 21 0 0)
195 Hardware_ECC_Recovered 0x001a  035   026   000    Old_age    Always    -
213030308
```

```
196 Reallocated_Event_Count 0x0033   100   100   036   Pre-fail  Always    -
2
197 Current_Pending_Sector   0x0012   100   100   000   Old_age   Always    -
0
198 Offline_Uncorrectable    0x0010   100   100   000   Old_age   Offline   -
0
199 UDMA_CRC_Error_Count      0x003e   200   200   000   Old_age   Always    -
0
```

4. Afficher toutes les informations concernant le disque.

```
# smartctl -a /dev/sda |tail -20
199 UDMA_CRC_Error_Count      0x003e   200   200   000   Old_age   Always    -
0


SMART Error Log Version: 1
No Errors Logged


SMART Self-test log structure revision number 1
Num  Test_Description   Status                    Remaining  LifeTime(hours)
LBA_of_first_error
# 1  Short offline      Completed without error      00%          0          -


SMART Selective self-test log data structure revision number 1
 SPAN  MIN_LBA  MAX_LBA  CURRENT_TEST_STATUS
   1      0        0     Not_testing
   2      0        0     Not_testing
   3      0        0     Not_testing
   4      0        0     Not_testing
   5      0        0     Not_testing
Selective self-test flags (0x0):
  After scanning selected spans, do NOT read-scan remainder of disk.
If Selective self-test is pending on power-up, resume after 0 minute delay.
```

5. Démarrer un test sur un disque.

On déclenche le test, et après la période indiquée on peut voir les résultats du test.

```
# smartctl -t short /dev/sda
smartctl version 5.38 [i686-pc-linux-gnu] Copyright (C) 2002-8 Bruce Allen
Home page is http://smartmontools.sourceforge.net/


=== START OF OFFLINE IMMEDIATE AND SELF-TEST SECTION ===
Sending command: "Execute SMART Short self-test routine immediately in off-line
mode".
Drive command "Execute SMART Short self-test routine immediately in off-line
mode" successful.
Testing has begun.
Please wait 2 minutes for test to complete.
Test will complete after Sun Jul 18 18:06:32 2010


Use smartctl -X to abort test.
# date # on verifie que le test est termine
dim. juil. 18 18:06:49 CEST 2010
# smartctl -l selftest /dev/sda
smartctl version 5.38 [i686-pc-linux-gnu] Copyright (C) 2002-8 Bruce Allen
Home page is http://smartmontools.sourceforge.net/
```

```
=== START OF READ SMART DATA SECTION ===
SMART Self-test log structure revision number 1
Num  Test_Description    Status                  Remaining  LifeTime(hours)
LBA_of_first_error
# 1  Short offline       Completed without error    00%        8245        -
# 2  Short offline       Completed without error    00%           0        -
```

Remarque : pas d'erreur.

6. Regarder le journal des erreurs.

```
# smartctl -l error /dev/sda |tail
smartctl version 5.38 [i686-pc-linux-gnu] Copyright (C) 2002-8 Bruce Allen
Home page is http://smartmontools.sourceforge.net/

=== START OF READ SMART DATA SECTION ===
SMART Error Log Version: 1
No Errors Logged
```

7. Lister les tests acceptés par le disque.

```
# smartctl -c /dev/sda
smartctl version 5.38 [i686-pc-linux-gnu] Copyright (C) 2002-8 Bruce Allen
Home page is http://smartmontools.sourceforge.net/

=== START OF READ SMART DATA SECTION ===
General SMART Values:
Offline data collection status:  (0x82) Offline data collection activity
                                        was completed without error.
                                        Auto Offline Data Collection: Enabled.
Self-test execution status:      (   0) The previous self-test routine completed
                                        without error or no self-test has ever
...
```

Tâche 8 :
HAL

1. Est-ce que les démons HAL sont actifs ?

```
# ps -e |grep hald
 1034 ?        00:00:02 hald
 1035 ?        00:00:00 hald-runner
 1060 ?        00:00:00 hald-addon-inpu
 1070 ?        00:02:32 hald-addon-stor
 1075 ?        00:00:00 hald-addon-acpi
 3705 ?        00:00:07 hald-addon-stor
```

2. Activer la commande lshal pour visualiser la base de données HAL.

```
# lshal
...
udi = '/org/freedesktop/Hal/devices/pci_8086_1237'
  info.parent = '/org/freedesktop/Hal/devices/computer'  (string)
  info.product = '440FX - 82441FX PMC [Natoma]'  (string)
  info.subsystem = 'pci'  (string)
...
  pci.vendor = 'Intel Corporation'  (string)
  pci.vendor_id = 32902  (0x8086)  (int)

Dumped 73 device(s) from the Global Device List.
------------------------------------------------
```

3. Visualiser l'arborescence des périphériques.

```
# lshal -t
computer
  platform_coretemp_0
  computer_alsa_timer
  computer_alsa_sequencer
  net_computer_loopback
  pci_8086_2829
    pci_8086_2829_scsi_host_0
      pci_8086_2829_scsi_host_0_scsi_host
      pci_8086_2829_scsi_host_0_scsi_device_lun0
        storage_serial_VBOX_HARDDISK_VB9296c93a_712b381c
          volume_uuid_e7x5NW_cYtV_eoZa_1pL9_eCCz_i93C_66IfIw
...
```

4. Afficher tout simplement la liste des périphériques.

```
# lshal -s |head
computer
platform_coretemp_0
computer_alsa_timer
computer_alsa_sequencer
net_computer_loopback
computer_logicaldev_input_1
computer_power_supply_ac_adapter_AC
computer_logicaldev_input_0
computer_logicaldev_input
pnp_PNP0400
```

5. Surveiller les événements.

a) Activer la surveillance des événements.

```
# lshal -m

Start monitoring devicelist:
------------------------------------------------
```

b) Brancher une clé USB.

```
18:30:52.233: usb_device_8ec_12_07A1D54061B1C595 added
18:30:52.238: usb_device_8ec_12_07A1D54061B1C595_if0 added
18:30:52.241: usb_device_8ec_12_07A1D54061B1C595_if0_scsi_host added
...
18:31:01.168: storage_serial_Intuix_DiskOnKey_07A1D54061B1C595_0_0 property
storage.removable.media_size = 122735104 (0x750ca00)
CTRL-C
```

6. Rechercher la configuration. Visualiser un fichier de configuration (XML).

```
# find /etc/hal
/etc/hal
/etc/hal/fdi
/etc/hal/fdi/information
/etc/hal/fdi/policy
/etc/hal/fdi/preprobe
# ls /usr/share/hal/fdi/
# more /usr/share/hal/fdi/policy/10osvendor/10-keymap.fdi
<?xml version="1.0" encoding="ISO-8859-1"?> <!-- -*- SGML -*- -->
<deviceinfo version="0.2">
```

```
<device>
  <match key="info.capabilities" contains="input.keymap">
    <append key="info.callouts.add" type="strlist">hal-setup-keymap</append>
  </match>

  <match key="info.capabilities" contains="input.keys">
    <merge key="input.xkb.rules" type="string">base</merge>
...
```

- *Ext4, ReiserFS, XFS*

- *Journal interne/externe*

- *Cd : mkisofs, cdrecord*

- *Dvd : growisofs*

- *Automount_media*

Les systèmes de fichiers

Objectifs

Ce chapitre traite des systèmes de fichiers. On présente comment Linux accède aux fichiers. On apprend concrètement à gérer les FS XFS, ReiserFS, NFS. On étudie plus complètement les FS Ext3/Ext4. On présente aussi d'autres FS plus exotiques comme Fuse ou tmpfs. Enfin on présente les différentes techniques de montage à la volée de FS.

Contenu

La vision théorique de la gestion des fichiers

Les FS à journalisation

Le FS XFS

Le FS ReiserFS

Le FS Ext3

Le FS Ext4

Le FS NFS

Le FS CIFS

Le FS ISO9660

FS spéciaux

Le montage à la volée

Ateliers

La vision théorique de la gestion des fichiers

La théorie

La vision applicative de la gestion des fichiers

Du point de vue des applications, les fichiers sont référencés par un chemin, par exemple : /var/spool/cron/root. L'ensemble des fichiers forment une seule arborescence qui débute par le répertoire racine (/).

Un fichier a également des caractéristiques (des attributs), principalement :

- Son type : fichier ordinaire, répertoire, périphérique, lien symbolique, tube, etc.
- Ses droits.
- Son propriétaire, son groupe.
- Les dates de dernière modification, de dernier accès et de création.

Un fichier ordinaire est vu comme un espace adressable d'octets. Sa taille indique en fait l'adresse de son dernier octet + 1.

Une application peut réaliser un certain nombre d'actions sur un fichier :

- Créer ou supprimer un fichier (en fait créer ou supprimer une entrée d'un répertoire).
- Obtenir ses caractéristiques.
- Changer certaines de ses caractéristiques (propriétaire, groupe, droits, dates).
- Ouvrir ou fermer un fichier. Lire ou écrire des octets, se déplacer dans l'espace adressable du fichier, verrouiller une plage d'octets du fichier. Changer la taille du fichier, éventuellement supprimer l'intégralité de ses octets.
- Synchroniser le fichier : mettre à jour le disque par rapport aux tampons mémoire.
- Spécifiquement pour un répertoire, une application peut lire, créer ou supprimer des entrées d'un répertoire ainsi que créer ou détruire un répertoire et créer ou supprimer des liens.

Une application est également associée à un répertoire courant et à un répertoire racine. Les applications qui seront ses descendantes hériteront des références à ces répertoires ainsi que globalement à tous les fichiers ouverts par l'application. Une application accède à un fichier, après son ouverture grâce à un descripteur de fichier (handle). C'est une valeur numérique. Par défaut, les trois premiers descripteurs (0, 1 et 2) forment les entrées/sorties standards (entrée standard, sortie standard, erreur standard).

Remarque : la sémantique d'accès aux fichiers que l'on vient de présenter provient des premiers systèmes Unix. Pour l'essentiel, elle est maintenant la base des normes ISO de conception des applications. Elle est notamment valable pour Windows.

La vision noyau de la gestion des fichiers

Le VFS

À l'intérieur du noyau, c'est le module VFS (Virtual File System) qui a pour charge de gérer les fichiers. C'est lui, par l'intermédiaire des appels système, qui offre aux applications la sémantique que l'on vient de décrire plus haut.

En fait, ce n'est pas le VFS qui réalise concrètement les opérations, par exemple, créer un répertoire. Chaque fichier est géré à l'intérieur d'un système de fichier particulier.

Un FS correspond à une sous-arborescence gérée comme un tout par le noyau. Avant de pouvoir accéder à un des fichiers d'un FS il faut que ce dernier soit « monté ». Cette opération correspond donc à son activation. Concrètement, on confond la racine du FS à un répertoire (dit répertoire de montage) de l'arborescence active (appartenant à un FS déjà monté). L'opération inverse, le démontage, empêche par la suite l'accès aux fichiers du FS.

Pour chaque FS, le VFS maintient plusieurs tables système (cf. plus bas). La plus importante est la table des inodes. Un inode contient les caractéristiques et l'emplacement d'un fichier. Le noyau référence un inode par le FS qui l'abrite et par son numéro (numéro d'inode). Ce sont les entrées de répertoires qui permettent au noyau de traduire un nom de fichier en numéro d'inode.

En bref, c'est le VFS qui offre une vision unifiée de la gestion de fichiers. C'est lui qui sert d'intermédiaires à la gestion concrète des fichiers réalisés au sein des FS.

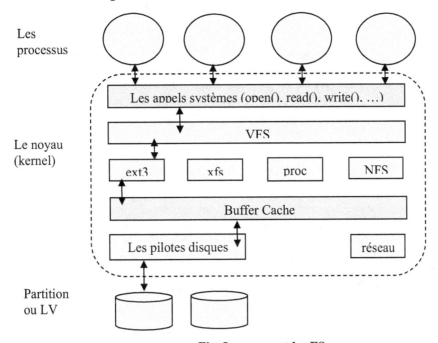

Fig. Le noyau et les FS.

Les tables système du noyau

- La table des fichiers ouverts par processus. Chaque entrée est associée à une entrée de la table des fichiers ouverts par l'ensemble des processus.

- La table des fichiers ouverts par l'ensemble des processus. Chaque entrée est associée à une entrée de la table des inodes ouverts.

- La table des inodes ouverts. L'inode d'un répertoire de montage pointe sur le répertoire racine du FS monté.

- La table des FS actuellement montés. Chaque entrée référence les inodes du répertoire racine et du répertoire de montage ainsi que le Superbloc.

Quelques appels systèmes

`creat()`, `unlink()`
Créer un fichier, le supprimer.

`mkdir()`, `rmdir()`, `readdir()`
Créer, supprimer un répertoire, accéder à ses entrées.

`stat()`
Lire les caractéristiques d'un fichier.

`open(), close(), read(), write(), lseek(), flock()`

> Ouvrir, fermer un fichier, lire ou écrire des octets, se déplacer dans le fichier, verrouiller une zone d'un fichier.

`chmod(), chown(), chgrp(), utime()`

> Modifier les caractéristiques d'un fichier.

`fsync()`

> Synchroniser un fichier.

`chdir(), chroot()`

> Changer de répertoire courant, changer de répertoire racine.

`mount(), umount()`

> Montage, démontage de FS.

`readlink(), symlink()`

> Gestion des liens symboliques.

Les FS

Un FS est une arborescence de fichiers. Typiquement cette arborescence est stockée dans une partition ou dans un volume logique. Il existe également des FS purement réseau comme NFS. Un FS est géré par un pilote du noyau grâce à des tables système. En particulier un Superbloc et une table d'inodes. Ceux-ci, pour être compatibles avec le VFS doivent comporter obligatoirement certains champs. Le pilote doit être aussi capable de traduire un nom de fichier en numéro d'inode.

Par exemple, dans le cas du pilote FAT, un FS d'origine Windows, il n'y a pas sur disque d'inode, le pilote les crée en mémoire. De même, un fichier FAT n'a pas de groupe ou de propriétaire. Ces informations peuvent être fournies au pilote lors du montage.

Lorsque les FS accèdent à des blocs de données sur disque ils sont stockés dans le buffer cache (mémoire tampon). Quand les applications modifient les données, elles sont en fait modifiées en mémoire, dans les tampons. À intervalles réguliers, les tampons modifiés sont recopiés sur disque. Cette stratégie économise des entrées/sorties.

Les types de FS

Notion de type de FS

Grâce au VFS, Linux est capable de gérer simultanément plusieurs FS de types différents. Chaque type de FS, comme on l'a vu est associé à :

- Un pilote.

- Des structures de données mémoire et disque.

- Des utilitaires permettant sa création, sa maintenance, sa sauvegarde.

Du point de vue de l'administrateur, ce qui compte en fin de compte ce sont les fonctionnalités. C'est par rapport à elles qu'il choisit tel ou tel FS.

Remarque : créer un FS, (on dit aussi formater une partition), c'est écrire sur disque les tables système (Superbloc, tables d'inodes, répertoire racine...) associées à son type.

Panorama

- L'ancien standard ext2, l'ancêtre minix (le premier FS utilisé sous Linux).

- Les FS à journalisation : ext3, ext4, reiserfs, xfs, jfs, vxfs et brtfs.

- Les FS Microsoft : msdos, vfat, ntfs.

- Le FS des CD-Rom : iso9660.

- Les FS réseau : nfs, cifs, ncpfs.

- Les FS réseau pour les clusters : gfs, ocfs2

- Les FS système : proc, sys, udev, selinux, cgroup, cpuset.

- Les FS spéciaux : tmpfs, unionfs, aufs, cachefs, cramfs, squashfs, fuse.

FS dans un fichier

Un FS est stocké obligatoirement dans un périphérique bloc, tel qu'un disque physique, une partition, un volume logique, un morceau de mémoire vive...

Grâce au pilote `loop`, accessible via les entrées de périphériques blocs /dev/loop*, l'image d'un FS stockée dans un fichier peut être montée et utilisée.

Cette possibilité offre de multiples utilisations, par exemple, l'accès à plusieurs CD-Rom simultanément avec un seul lecteur. Il suffit de les copier un par un dans des fichiers disque avec la commande `dd` et ensuite de les monter.

Le savoir concret

Commandes

mount, umount	Monte, démonte un FS.
df, mount	Liste les FS montés (type, taille, options…).
df –a	Liste tous les FS montés (y compris les FS spéciaux).
losetup	Gère les associations entre fichiers et périphériques blocs loop.
blkid	Affiche le type, le label et l'UUID d'un FS.
wipefs	Supprime les en-têtes d'un disque (efface les signatures de FS…).
findfs	Recherche un FS à partir de son label ou de son UUID.

Fichiers

/etc/fstab	Liste les FS devant être montés au démarrage.
/proc/filesystems	Les types de FS compatibles.

Pour en savoir plus

Les pages de manuel

filesystems(5), mount(8), umount(8), df (1), losetup(8), blkid(8)

On peut lire avec profit, les pages de manuel concernant les appels systèmes : creat(2), write(2)…, mkdir(2), chroot(2)…, mount(2), umount(2)…

Howto

Filesystems HOWTO

Internet

Wikipedia – Liste des FS
http://en.wikipedia.org/wiki/List_of_file_systems

Softpanorama Filesystems Webliography
http://www.softpanorama.org/Internals/filesystems.shtml

Livre

Understanding the Linux Kernel, par D.P.Bovet & M. Cesati, chez O'Reilly (2005).

Les FS à journalisation

La théorie

Les FS à journalisation revêtent une grande importance, car c'est l'un deux que l'on va utiliser majoritairement pour stocker le système et les applications.

La journalisation

Le FS Ext2 est un très bon FS, mais il n'est pas tolérant aux pannes. Pour des raisons de performances, ses tables système sont essentiellement en mémoire et ne sont mises à jour sur disque que de temps en temps. En cas d'arrêt brutal du système, le disque peut être dans un état incohérent.

Dans un FS journalisé, avant de modifier les tables système, le pilote écrit sur disque les détails de la transaction dans un journal. En cas d'arrêt brutal, il suffit de compléter la transaction. Le FS fonctionne alors un peu comme une base de données utilisant des transactions avec les opérations COMMIT et ROLL BACK.

Dans un FS journalisé, la vérification du FS est très rapide, car elle peut se résumer à la vérification du journal.

Les différents FS journalisés

Ext3, Ext4

Ext3 est compatible ascendant descendant avec l'ancien standard ext2. Un FS ext3 est essentiellement un FS ext2 avec un journal. Le FS ext4 est le nouveau standard.

ReiserFS

Ce FS fut en son temps très novateur. Il gère très bien les petits fichiers et les répertoires qui contiennent énormément de fichiers.

XFS

Ce FS, créé par SGI pour ses systèmes Unix IRIX, est très performant.

Btrfs

Ce FS, sous licence GPL et créé par Oracle, est très novateur. Il est encore au stade expérimental.

Remarque : Linux prend en charge aussi le FS JFS d'origine IBM, et VxFS de la société Veritas. Pour plusieurs raisons (le prix dans le cas de VxFS), ces FS sont peu utilisés en exploitation.

Les particularités des différentes distributions

RedHat

RedHat ne prend en charge que que les FS Ext2,Ext3 et Ext4 et partiellement XFS (la version 64-bis).

Le FS XFS

La théorie

XFS est un FS à journalisation très performant. Il a été créé par SGI pour ses systèmes UNIX IRIX. Sous Linux, historiquement, c'est le premier qui a pris en charge les ACL. C'est une des raisons pour lesquelles beaucoup de serveurs Samba l'utilisent. Ses grandes capacités et ses performances l'ont fait choisir également pour construire des serveurs Web.

Le savoir concret

Caractéristiques

- FS en open source (GPL).

- Adressage 64bits :
  - FS limité à 2 Tera octets en noyau 2.4, et à 16 Tera octets en noyau 2.6 et adressage 32 bits. Le FS est limité à 9 millions de Tera octets en adressage 64 bits.
  - Un fichier à pour taille limite 9 millions de Tera octets.
  - Des millions de fichiers par répertoire.
  - Des millions d'inodes (adressage par défaut inférieur à 32 bits, mais potentiellement sur 64 bits).

- Système de fichiers journalisés (journal interne ou externe).

- Supporte la notion d'extents : zones contiguës très grandes qui diminuent de fait la fragrmentation.

- Taille des blocs comprise entre 512 octets et 64 Ko (limité à 4Ko sur x86).

Les principales commandes

`mkfs.xfs`	Crée un FS XFS.
`xfs_check`	Vérifie un FS XFS.
`xfs_growfs`	Agrandit un FS XFS monté.
`xfs_info`	Affiche des informations concernant un FS XFS.
`xfs_repair`	Répare un FS XFS.
`xfs_dump`, `xfs_restore`	Sauvegarde et restaure un FS XFS.

Pour en Savoir Plus

Les pages de manuel

xfs(5), xfs_admin(8), xfs_bmap(8), xfs_check(8), xfs_copy(8), xfs_db(8), xfs_freeze(8), xfs_growfs(8), xfs_info(8), xfs_io(8), xfs_logprint(8), xfs_mkfile(8), xfs_ncheck(8), xfs_quota(8), xfs_repair(8), xfs_rtcp(8), mkfs.xfs(8), attr(1)

Internet

XFS Filesystem : Home Page
http://www.sgi.com/products/software/xfs/

Scalability in the XFS File System
http://www.usenix.org/publications/library/proceedings/sd96/sweeney.html

Le FS ReiserFS

La théorie

Le FS ReiserFS a été créé par Hans Reiser. Sous Linux, historiquement, c'est le premier qui a permis le redimensionnement à chaud. Il sait bien gérer les situations avec de nombreux fichiers par répertoire et il est économique pour gérer de petits fichiers.

Remarque : le projet ReiserFS bat de l'aile depuis que M. Reiser est en prison.

Le savoir concret

Les caractéristiques

- FS en open source.

- Limites :
  - 4 Go de fichiers.
  - 2 Go de fichiers par répertoire.
  - Un FS ou un fichier est limité à 16 Tera octets.

- FS à journalisation (journal interne ou externe).

- Redimensionnable à chaud (agrandissement ou rétrécissement).

- Offre plusieurs algorithmes pour la gestion des répertoires (r5, rasparov et tea). Ils permettent (notamment tea), la gestion de répertoires contenant des milliers de fichiers.

- Taille des blocs comprise entre 512 octets et 8Ko.

- Ne dispose pas de commandes de sauvegarde (sauvegarde par tar).

Les commandes

mkreisrfs	Crée un FS ReiserFS.
reiserfstune	Visualise ou change les caractéristiques d'un FS ReiserFS.
debugreiserfs	Règle certains problèmes. Par défaut, affiche le Superbloc.
resize_reiserfs	Retaille un FS ReiserFS à froid (non monté) ou à chaud (monté).
reiserfsck	Vérifie ou répare un FS ReiserFS.

Pour en savoir Plus

Les pages de manuel

mkreiserfs(8), reiserfstune(8), debugreiserfs(8), resize_reiserfs(8), reiserfsck(8)

Internet

ReisefFS – Le site officiel
http://www.namesys.com/

Wikipedia – ReiserFS
http://fr.wikipedia.org/wiki/ReiserFS

Le FS Ext3

La théorie

Ext3 est un FS journalisé qui a le grand avantage d'être compatible ascendant/descendant avec l'ancien standard Linux Ext2. Il suffit d'ajouter un journal pour convertir un Ext2 en Ext3, et il suffit d'utiliser le pilote Ext2 pour accéder en Ext2 à un FS Ext3.

La structure d'un FS Ext3

Un FS Ext3 commence par un Superbloc qui est suivi de plusieurs groupes de blocs. Chaque groupe de blocs est une sorte de mini-FS, il possède sa propre table d'inodes et son propre pool de blocs. Il contient également une copie du Superbloc.

Le journal est présent normalement dans le fichier ./.journal à la racine du FS.

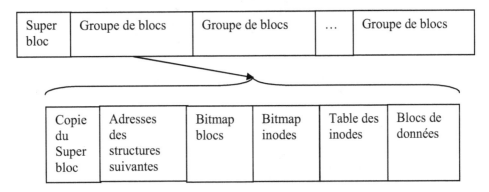

Fig. Structure d'un FS.

Structure du Supebloc (principaux champs)

- Nombre total d'inodes.
- Nombre total de blocs.
- Nombre de blocs réservés à root.
- Nombre de blocs libres.
- Nombre d'inodes libres
- Taille des blocs.
- Nombre de blocs par groupe de blocs.

- Nombre d'inodes par groupe de blocs.
- Date du dernier montage.
- Date de la dernière écriture.
- État du FS.
- Date de la dernière vérification du FS.
- Temps maximal entre 2 vérifications.

Structure d'un inode (principaux champs)

- Mode (types et droits).
- UID.
- GID.
- Taille en octets.
- Date de dernier accès.
- Date de création.
- Date de dernière modification.

- Date de suppression.
- Nombre de liens matériels.
- Nombre de blocs (512o) alloués à l'inode.
- Attributs.
- Adresses des blocs de données.

Remarque : la date de création correspond en fait à la date de dernière modification de l'inode.

Les adresses de blocs sont composées de 15 adresses :

- Les douze premières entrées correspondent aux adresses des douze premiers blocs.

- La 13ᵉ entrée contient l'adresse d'un bloc qui contient l'adresse des blocs suivants (un niveau d'indirection).

- La 14ᵉ entrée offre deux niveaux d'indirection : elle contient l'adresse d'un bloc qui contient l'adresse de blocs qui contiennent l'adresse des blocs de données suivant.

- La 15ᵉ entrée offre trois niveaux d'indirection.

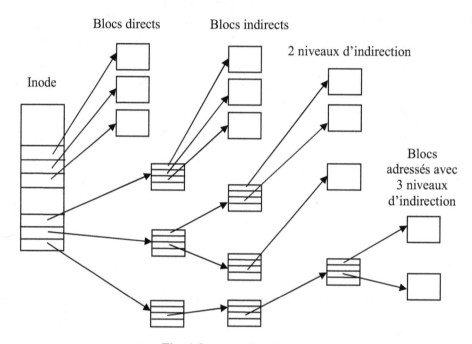

Fig. Adressage des blocs

Structure d'un répertoire

Un répertoire est un fichier particulier. Il est composé de plusieurs entrées, une par fichier contenu dans le répertoire. Les deux premières entrées sont obligatoirement « . » et « .. ». Chaque entrée a la structure suivante :

- Le numéro de l'inode du fichier.
- La taille de l'entrée.
- La taille du nom de fichier.
- Le nom du fichier.

Le savoir concret

Les caractéristiques

- FS en open source.
- Limites :
  - FS limité à 16 Tera octets.
  - Fichier limité à 2 Tera octets.
  - Nombre de fichiers limité à la création du FS (dimensionnement de la table d'inodes).
- FS journalisé.

- Peut être agrandi à chaud. Redimensionnable à froid.
- Taille des blocs : 1Ko, 2Ko ou 4Ko.
- Dispose de commandes de sauvegarde.

Les commandes

`mke2fs`	Crée un FS ext2/ext3.
`e2fsck`	Vérifie ou répare un FS ext2/ext3.
`dumpe2fs`	Affiche des informations sur un FS ext2/ext3.
`resize2fs`	Retaille un FS ext2/ext3 (à froid ou à chaud).
`e2label`	Affiche ou modifie le label d'un FS ext2/ext3.
`dump, restore`	Sauvegarde, restaure un FS ext2/ext3.
`tune2fs`	Modifie les paramètres d'un FS ext2/ext3. Convertit un ext2 en ext3.
`debugfs`	Dépanne un FS ext2/ext3.

Les principales options de création d'un Ext2/Ext3 (mke2fs)

-b taille	Taille du bloc (1024, 2048 ou 4096 octets).
-f taille	Taille des fragments (non pris en charge).
-g nbbpg	Nombre de blocs par groupe de blocs. On a intérêt à laisser le système choisir cette valeur.
-c	Vérifie la présence de Bad blocs (peu usuel).
-j	Crée un journal (et donc un Ext3).
-F	Force la création du FS.
-q	Travaille en silence.
-i tf	Crée des inodes en supposant que les fichiers font tf octets en moyenne.
-N nb	Crée nb inodes.
-m pourcent	Réserve pour-cent % de place pour root. Par défaut 5 %.
-n	Simulation : ne crée par le FS.
-J options	Options de journalisation : size=Taille ou device=Périphérique. Taille indique la taille d'un journal interne et Périphérique indique l'emplacement d'un journal externe.
-O journal_dev <dev>	Crée un journal externe sur dev.

Remarque : plusieurs paramètres (taille des blocs, nombre d'inodes) sont choisis de manière heuristique par la commande. Il faut vraiment savoir ce que l'on fait quand on propose ses propres valeurs.

Les principales options du montage

`acl`	Le support des ACL est activé.
`errors=<stra>`	La stratégie en cas d'erreur : continue (on continue), remount-ro (on remonte le FS en lecture seul) ou panic (le système s'arrête).
`noload`	Le journal n'est pas chargé.
`data=<stra>`	La stratégie de gestion du journal : data=ordered (par défaut), les données sont écrites sur disque avant

que les données structurelles soient écrites dans le journal.
data=writeback, le mode le plus rapide, les données structurelles
sont écrites dans le journal. Des données peuvent être écrites après.
Ainsi la structure du FS est garantie mais des incohérences au
niveau des fichiers peuvent survenir (utilisation d'anciennes
données…).
data=journal, les données structurelles et les données sont écrites
dans le journal.

La vérification et la réparation (e2fsck)

-y	Mode automatique : on répare.
-n	Mode automatique : on ne fait que vérifier.
-f	Force une vérification approfondie (pas uniquement le journal).
-j device	Spécifie l'emplacement d'un journal externe.
-b numero	Indique l'emplacement d'un Superbloc de remplacement. Cet emplacement dépend de la taille en bloc (cf. le man).
-D	Optimise les répertoires.

Paramétrage (tune2fs)

Options –j, -m, -J : voir les options équivalentes de mke2fs.

-c mmc	Spécifie le nombre maximum de montages avant un fsck.
-C nc	Change le nombre de montages déjà comptabilisés.

Pour en savoir plus

Les pages de manuel

debugfs(8), dump(8), dumpe2fs(8), e2fsck(8), e2image(8), e2label(8), ext2online(8),
mke2fs(8), resize2fs(8), tune2fs(8)

Les fichiers

/usr/include/ext2fs/*   Les fichiers Include en langage C qui décrivent les tables système
d'Ext2/Ext3.

Internet

Wikipedia – Ext3
http://en.wikipedia.org/wiki/Ext3

Linux Ext3 FAQ
http://batleth.sapienti-sat.org/projects/FAQs/ext3-faq.html

Le FS Ext4

La théorie

Ext4 est le système de fichiers standard des systèmes Linux. Il remplace l'ancien standard Ext3 qui lui-même remplaçait Ext2. Comme eux, c'est un logiciel open source en GPL. Le FS Ext4 n'est pas révolutionnaire, c'est un système de transition. Il possède des caractéristiques similaires à XFS mais l'accent à surtout été mis sur la compatibilité avec Ext3.

Il existe une compatibilité ascendante entre les systèmes Ext2, Ext3 et Ext4. Par exemple, un FS ext3 peut être monté en Ext4. Il existe aussi une compatibilité descendante entre Ext2 et Ext3 : un FS Ext3 n'est qu'un Ext2 avec un journal, si la journalisation n'est pas activée, un Ext3 peut être considéré comme un Ext2. Un FS Ext3 peut être converti en FS Ext4, mais cette conversion est irréversible.

Le savoir concret

Les caractéristiques en chiffres

- Taille maximale du FS : 1 Eo.
- Taille maximale d'un fichier : 16 To.
- Nombre maximal de sous-répertoires : illimité.
- Nombre maximal de fichiers : 4 milliards.

Les principales caractéristiques fonctionnelles

- Comme XFS, il prend en charge la notion de zone étendue (extent). Un extent est une zone du disque contiguë éventuellement de très grande capacité (Go). L'utilisation d'extent réduit la fragmentation et améliore les performances lors de l'utilisation de gros fichiers.
- Allocation retardée (delayed allocation) : le pilote essaye de retarder le plus possible l'allocation disque ce qui permet notamment l'utilisation de gros extent.
- Utilisation de B-Tree pour les gros répertoires.
- Les caractères Unicode sont acceptés dans un nom de fichier.

Les anciennes commandes

Les commandes Ext2/Ext3 (e2fsck, dumpe2fs, tune2fs, resize2fs…) ont été modifiées pour être compatibles avec les nouveautés d'Ext4.

Les nouvelles commandes Ext2/Ext3/Ext4

e2image	Sauvegarde les metadonnées dans un fichier. Dans les prochaines versions, ce type de fichier pourra être utilisé pour réparer un FS.
e2freefrag	Affiche la fragmentation de la place libre.
e2undo	Rejoue le journal qui n'a pas été accompli.

Focus : Convertir un FS Ext3 en Ext4

1) Démonter la partition contenant le FS Ext3 (par exemple sdb1).

```
# umount /dev/sdb1
```

2) Effectuer la conversion.

```
# tune2fs -O extents,uninit_bg,dir_index /dev/sdb1
```

3) Vérifier le FS.

```
# fsck -fp /dev/sdb1
```

4) On peut maintenant utiliser son FS en tant que FS Ext4.

```
# mount -t ext4 /dev/sdb1 /mnt
```

Pour en savoir plus

Les pages de manuel

mke2fs(8), resize2fs(8), tune2fs(8), e2undo(8), e2label(8), e2image(8), e2fsck(8), dumpe2fs(8)

Internet

Wikipedia – ext4
http://fr.wikipedia.org/wiki/Ext4

Ext4
http://kernelnewbies.org/Ext4

Ext4 Howto
https://ext4.wiki.kernel.org/index.php/Ext4_Howto

Le FS NFS

La théorie

NFS est un service qui offre le partage de fichiers de manière transparente. L'accès aux ressources du serveur passe par un montage de FS au niveau du client. NFS est un standard provenant du monde Unix. Un serveur NFS doit supporter au minimum les deux services NFS et MOUNTD. Ces services sont basés sur le protocole RPC. Ce protocole utilise le service RPC-TCP/IP PORTMAP pour associer un numéro de programme RPC à un numéro de port TCP ou UDP.

L'authentification sur laquelle repose NFS est basée sur les UID et GID. Pour gérer de manière cohérente un ensemble de clients et de serveurs en NFS, il faut qu'ils partagent les mêmes comptes, par exemple via le service NIS ou LDAP. Par défaut l'utilisateur root local, est considéré comme *nobody* sur le serveur.

Le savoir concret

Les commandes

rpcinfo	Affiche les services RPC offerts par un serveur.
showmount	Affiche les clients NFS d'un serveur ou les ressources partagées d'un serveur.
exportfs	Exporte une arborescence de fichiers. L'option –a lit le fichier exports.
portmap	Démon qui traduit un programme RPC en numéro de ports UDP/TCP.
mountd	Démon qui donne au client une référence à la ressource montée.
nfsd	Démon qui transfère les données.
nfs	RC qui gère le service NFS (active portmap, mount, nfsd, exportfs).

Les fichiers

/etc/rpc	Liste les services RPC de manière symbolique et numérique.
/etc/exports	Liste les ressources exportées.

Focus : Le fichier /etc/exports

```
Serveur# cat /etc/exports
/export/games      venus(rw)
/usr/share/doc     *(ro)
```

Chaque ligne du fichier correspond à une arborescence exportée par le serveur. Le premier champ donne le chemin de cette arborescence, le deuxième indique les clients autorisés à y accéder et entre parenthèses le mode (rw : lecture/écriture, ro : lecture seule). Le caractère * autorise tout client à accéder à la ressource.

Focus : Le montage NFS

```
client# mount -t nfs venus:/export/games   /mnt
```

On associe l'arborescence /export/games du serveur NFS venus au répertoire local /mnt.

Remarque : le nom nfs implique ici la version 2 ou 3 de NFS. Pour utiliser la version 4, il faut spécifier nfs4 en option de l'argument –t .

Les protocoles

udp/111,tcp/111, rpc/100000	Le service Portmap.
rpc/100003, udp,tcp/2049	Le service NFS.
rpc/100005	Le service Mountd.

Pour en savoir plus

Les pages de manuel

exportfs(8), exports(5), nfs(5), nfsstat(8), showmount(8), rpcinfo(8), nfsd(8), mountd(8), idmapd(8), idmapd.conf(5), mount(8)

Internet

Linux NFS-HOWTO
http://nfs.sourceforge.net/nfs-howto/

Livres

Managing NFS and NIS, par Hal Stern & all, chez O'Reilly (2001).

Administration réseau sous Linux, par Olaf Kirch & Terry Dawson, chez O'Reilly (2001). Cet ouvrage est disponible en ligne sur le Net.

Administration réseau sous Linux de Tony Bautts, Terry Dawson, Gregor-N Purdy, et Guillaume Allègre, chez O'Reilly (2005).

Le FS CIFS

La théorie

Comme NFS, CIFS, anciennement SMB (Server Message Block), est un protocole réseau qui permet l'accès à des fichiers distants. Contrairement à NFS qui est d'origine Unix, SMB est une création Microsoft. C'est la technique de base du partage de fichiers dans le monde Windows. Microsoft a mis dans le domaine public SMB sous le nom CIFS (Common Internet File System).

Le logiciel libre Samba sous licence GPL émule un serveur CIFS. Un partage CIFS, offert par un système Windows ou par un serveur Samba, est accessible sous Linux via la commande `smbclient` ou plus simplement par un montage de FS de type CIFS.

Le savoir concret

Les commandes Samba

smbd	Serveur SMB/CIFS.
nmbd	Serveur NetBios (Explorateur, Wins…).
testparm	Teste la configuration du serveur.
smbstatus	Affiche les connexions.
nmblookup	Outil de dépannage NetBios.
smbclient	Client CIFS.
smbpasswd	Permet de changer un mot de passe CIFS (vulgairement « Windows »).

Les protocoles

137/tcp,udp	Netbios Name Service
138/udp	Netbios Datagram
139/tcp	Netbios Session Service
445/tcp	Microsoft-ds (SMB directement sur TCP/IP sans Netbios)

Focus : Un exemple de fichier smb.conf

Un fichier smb.conf est composé de strophes. Les partages sont des strophes. Une strophe est composée d'une suite de directives sous la forme « mot_clé=valeur ». Dans l'exemple, le serveur appartient au groupe de travail MYGROUP. Il définit le partage « jeux » associé au répertoire /home/games. Ce partage est accessible en lecture de manière anonyme.

```
[global]
  workgroup = MYGROUP
  security = share
  null passwords = yes
[jeux]
  path = /home/games
  read only = yes
  public = yes
```

Focus : Un montage CIFS

Dans l'exemple suivant on monte sur le répertoire /mnt, la ressource DOCS présente sur le serveur VENUS accessible via le compte paul protégé par le mot de passe pass.

```
# mount -t cifs //VENUS/DOCS -o user=paul -o password=pass  /mnt
```

Pour en savoir plus

Les pages de manuel

samba(7), net(8), pdbedit(8), smb.conf(5), smbpasswd(8), smbstatus(1)

Internet

Samba – le site officiel
http://www.samba.org/

Livre

Using Samba de Gerald Carter, Jay Ts, et Robert Eckstein (2007)
L'ancienne version de cet ouvrage est disponible en ligne sur le Net.

Le FS ISO9960

La théorie

ISO9660 est un FS normalisé ISO utilisé pour structurer les données stockées sur un CD-Rom ou un DVD-Rom.

La création d'un CD-ISO se fait normalement en deux temps :

1) On crée une image iso dans un fichier à partir d'une arborescence.

2) On grave l'image.

Vocabulaire

Rock Ridge   Extension à la norme ISO offrant la gestion des noms longs, des liens symboliques Unix et des droits Unix rwx.

Joliet   Extension Microsoft offrant le support des noms longs (64 caractères).

Le savoir concret

Les commandes

`genisoimage`   Créer l'image d'un FS iso9660 d'une arborescence donnée en paramètre.

`mkisofs`   L'ancienne commande pour créer une image ISO.

`wodim`   Grave une image (le plus souvent ISO).

`cdrecord`   L'ancienne commande pour graver une image. Maintenant c'est un lien sur la commande wodim pour avoir une compatibilité ascendante.

`growisofs`   Permet de créer une image ISO et de la graver sur un DVD. Permet également d'ajouter des fichiers à une image ISO.

`isoinfo`   Liste le contenu d'une image ISO.

`isovfy`   Vérifie une image ISO.

`isodump`   Outil interactif pour explorer les metadonnées d'une image ISO.

`eject`   Éjecte le CD-Rom ou le dvd.

Focus : Création d'image et gravage d'image :

```
# genisoimage -r -o image.iso -J -V docs /usr/share/doc
# wodim -scanbus
# wodim -v speed=16 dev=0,1,0  image.iso
```

La création de l'image ISO image.iso est réalisée à partir de l'arborescence /usr/share/doc avec les extensions Joliet et RockRidge. On lui donne le label docs.

La commande `wodim -scanbus` recherche un graveur. Elle donne comme résultat l'adresse SCSI du graveur. Cette adresse est donnée dans la commande suivante qui réalise le gravage.

```
# wodim dev=/dev/cdrw image.iso
```

On grave l'image image.iso, mais ici on fait référence directement au périphérique. On utilise les options par défaut.

```
# genisoimage -r /usr/share/doc | wodim -v speed=16 dev=0,1,0 -
```

On crée l'image et on la grave en même temps.

```
# growisofs  -Z /dev/dvd  -R -J  /var/ftp
```

Grave sur un DVD au format ISO avec les extensions Joliet et Rock-Ridge l'arborescence /var/ftp.

```
# wodim blank=all dev=0,1,0
```

Efface un CD-RW.

Pour en savoir plus

Les pages de manuel

mkisofs(8), genisoimage(1), wodim(1), growisofs(1m), isoinfo(1)

Howto

CD-Writing HOWTO

Internet

YoLinux Tutorial: Burning a CD or DVD
http://www.yolinux.com/TUTORIALS/LinuxTutorialCDBurn.html

FS spéciaux

Les FS en mémoire

Disques en RAM (Ramdisk)

Un Ramdisk est une portion de la RAM utilisable comme un disque. Si l'on formate (en Ext2, en CramFS…) ce disque, on obtient un FS en RAM. Les Ramdisks sont pris en charge naturellement par les noyaux 2.4 et ultérieurs.

Vous pouvez configurer/créer des Ramdisks en configurant le noyau par l'intermédiaire du chargeur. Par exemple voici une ligne de configuration de Grub :

```
kernel /vmlinuz-2.4.20 ro root=LABEL=/  ramdisk_size=16000
```

Potentiellement vous pouvez utiliser plusieurs Ramdisk, grâce aux noms de périphériques /dev/ram0, /dev/ram1, etc.

Remarque : une fois la mémoire d'un Ramdisk utilisée, le noyau bloque la mémoire associée. Elle ne pourra plus être utilisée à d'autres fins ultérieurement.

Le FS tmpfs

Le FS tmpfs est en mémoire (dans le Buffer Cache). Éventuellement il peut être swapé. Ce type de FS utilise une taille mémoire maximale, par défaut la moitié de la mémoire RAM. L'utilisation de la mémoire est dynamique : si des fichiers sont créés ou grossissent, sa taille augmente, inversement, si des fichiers sont détruits ou diminuent, sa taille diminue également. Le FS tmpfs n'utilise pas de structure de données spécifique pour gérer une arborescence de fichiers, il utilise les structures génériques du VFS.

On peut spécifier les droits de la racine et sa taille. Par défaut, il a les droits de /tmp.

```
# mount -t tmpfs -o mode=1777,size=512M none /mnt
```

Les FS compressés

Le FS CramFS

Le FS CramFS est un FS compressé en lecture seule. Il a été utilisé notamment pour contenir les initrd (FS initial contenu en mémoire).

Le FS Squash

Le FS Squash est un FS compressé en lecture seule. Il peut être contenu dans un fichier ou directement dans un périphérique bloc. Il est utilisé notamment pour l'archivage.

Les FS UnionFS et AuFS

Les FS UnionFS et AuFS fusionnent plusieurs arborescences en une seule, tout en gardant leur contenu physiquement séparé. Ils permettent de mélanger des arborescences en lecture seule et en lecture écriture, par exemple un FS d'un Ramdisk et un FS d'un CD-Rom. Cette technique est utilisée notamment dans les Live-CD.

Le CacheFS

Le CacheFS est un système de fichiers résidant dans un disque (un périphérique bloc) qui sert de mémoire tampon avec un autre FS, typiquement un FS NFS. C'est un héritage du CacheFS du système Solaris.

Les attachements (BIND)

La commande mount peut rendre accessible une arborescence via plusieurs points de montage. Dans l'exemple suivant l'arborescence /boot devient également accessible grâce au point de montage /mnt :

```
# mount /boot --bind  /mnt
```

Remarque : il existe plusieurs variantes d'attachements selon que l'on désire que les sous-montages soient visibles ou non (cf. la page man mount(8)).

FUSE : FS en espace utilisateur

FUSE (Filesystem in USErspace) est un FS en espace utilisateur. Les pilotes gérant Ext3 ou XFS font du noyau. Dans le cas de FUSE, il y a effectivement un module du noyau FUSE mais il sert essentiellement de redirection vers des applications utilisant la bibliothèque libfuse. Avoir des FS en espace utilisateur est très intéressant, car il n'y a pas besoin de modifier le noyau pour en créer un ou en utiliser un.

Plusieurs FS utilisent cette technique, par exemple :

- SSHFS : fournit l'accès à des fichiers distants à travers SSH.
- FTPFS : fournit l'accès à des fichiers distants à travers FTP.
- FUSEDEV : fournit l'accès à des partages WebDAV.
- UNIONFS-FUSE : une implémentation d'UnionFS en espace utilisateur.
- GVFS-FUSE : accès au FS GVFS.

Pour en savoir plus

Internet

Linux Ramdisk mini-HOWTO
http://www.vanemery.com/Linux/Ramdisk/ramdisk.html

UnionFS – Le site officiel
http://www.filesystems.org/project-unionfs.html

AuFS – Le site officiel
http://aufs.sourceforge.net/

SquashFS – le site officiel
http://squashfs.sourceforge.net/

Wikepdia – FUSE
http://en.wikipedia.org/wiki/Filesystem_in_Userspace

Le montage à la volée

La théorie

Un système de fichiers peut être monté manuellement ou automatiquement au démarrage du système s'il est référencé dans le fichier /etc/fstab. Le montage à la volée, lui, correspond à un montage automatique soit quand le FS est disponible soit quand on y accède.

Panorama des solutions

L'automount

Cette technique est très ancienne et très éprouvée. Elle permet le montage automatique d'un FS lorsque l'on se déplace dans un répertoire associé au FS. Inversement le démontage est réalisé quand on n'utilise plus le FS. Cette technique est essentiellement utilisée pour les montages NFS. On peut aussi l'utiliser pour accéder aux CD-Rom.

Le supermount

Cette technique, qui fait appel au pilote supermount du noyau, n'est utilisée que sur les distributions Mandrake/Mandriva.

Les interfaces graphiques

Aussi bien KDE que Gnome permettent le montage automatique des CD-Rom ou des clés USB.

Udev

La technologie Udev qui crée automatiquement les entrées de périphériques (/dev/*) peut activer des scripts lorsque l'on connecte un disque hotplug comme par exemple une clé USB.

Le savoir concret

Gnome

On active l'outil Editeur de configuration GConf et ensuite on active l'entrée de menu Desktop -> gnome -> volume_manager. Enfin on active les clés automount_media et automount_drives.

KDE

KDE utilise la commande autorun du paquetage du même nom.

Pour en savoir plus

Les pages de manuel

Automount : autofs(5), autofs(8), automount(8), auto.master(5)

Supermount : supermount(8)

KDE/autorun : autorun(1)

Howto

Automount mini-Howto

ATELIERS

Remarque : les exercices suivants nécessitent un noyau qui prend en charge les FS ReiserFS, XFS en plus d'Ext2/Ext3/Ext4 et iso9660.

Tâche 1 :
Créer quatre partitions, généralités sur les FS

1. Créer quatre partitions.

Remarque : si les partitions existent déjà (elles ont été créées dans les exercices précédents), il suffit de ne plus y accéder (umount…) et de modifier leur tag (83).

```
# fdisk /dev/sda

WARNING: DOS-compatible mode is deprecated. It's strongly recommended to
         switch off the mode (command 'c') and change display units to
         sectors (command 'u').
```

On affiche la table des partitions : il y a **sda1** qui contient **/boot** et **sda2** qui contient le VG **vg0**.

```
Command (m for help): p

Disk /dev/sda: 17.2 GB, 17179869184 bytes
255 heads, 63 sectors/track, 2088 cylinders
Units = cylinders of 16065 * 512 = 8225280 bytes
Sector size (logical/physical): 512 bytes / 512 bytes
I/O size (minimum/optimal): 512 bytes / 512 bytes
Disk identifier: 0x0007e0e1

   Device Boot      Start         End      Blocks   Id  System
/dev/sda1   *           1          64      512000   83  Linux
Partition 1 does not end on cylinder boundary.
/dev/sda2              64        1339    10240000   8e  Linux LVM
```

On crée une partition étendue qui contiendra l'ensemble des partitions suivantes. Elle occupe tout l'espace disque restant.

```
Command (m for help): n
Command action
   e   extended
   p   primary partition (1-4)
e
Partition number (1-4): 3
First cylinder (1339-2088, default 1339):
Using default value 1339
Last cylinder, +cylinders or +size{K,M,G} (1339-2088, default 2088):
Using default value 2088
```

On crée une partition logique de 512M.

```
Command (m for help): n
Command action
   l   logical (5 or over)
   p   primary partition (1-4)
l
First cylinder (1339-2088, default 1339):
Using default value 1339
Last cylinder, +cylinders or +size{K,M,G} (1339-2088, default 2088): +512M


Command (m for help):
```

On crée de la même manière trois autres partitions (6, 7 et 8). Ensuite on sauvegarde la table des partitions.

```
Command (m for help): w
The partition table has been altered!
...
Syncing disks.
# partprobe
# fdisk -l /dev/sda

...
   Device Boot      Start         End      Blocks   Id  System
/dev/sda1   *            1          64      512000   83  Linux
Partition 1 does not end on cylinder boundary.
/dev/sda2               64        1339    10240000   8e  Linux LVM
/dev/sda3             1339        2088     6018836    5  Extended
/dev/sda5             1339        1404      524574+  83  Linux
/dev/sda6             1405        1470      530113+  83  Linux
/dev/sda7             1471        1536      530113+  83  Linux
/dev/sda8             1537        1602      530113+  83  Linux
```

Remarque : si la commande partprobe génère un message d'erreur, il est préférable de redémarrer le système pour que le noyau obtienne la table des partitions la plus à jour.

2. Généralités sur les FS.

a) Quels sont les FS pris en charge par le système.

```
# cat /proc/filesystems | cut -f2 |pr -4t
sysfs          tmpfs          usbfs          hugetlbfs
rootfs         devtmpfs       pipefs         iso9660
bdev           binfmt_misc    anon_inodefs   mqueue
proc           debugfs        inotifyfs      ext4
cgroup         securityfs     devpts
cpuset         sockfs         ramfs
# ls /lib/modules/$(uname -r)/kernel/fs
```

```
autofs4      configfs   exportfs  fat      jbd          nfs          ntfs        xfs
btrfs        cramfs     ext2      fscache  jbd2         nfs_common   reiserfs
cachefiles   dlm        ext3      fuse     lockd        nfsd         squashfs
cifs         ecryptfs   ext4      gfs2     mbcache.ko   nls          udf
# grep -i XFS /boot/config-$(uname -r)
CONFIG_XFS_FS=m
# grep -i ISO9660 /boot/config-$(uname -r)
CONFIG_ISO9660_FS=y
```

Remarque : le fichier /proc/filesystems nous liste les FS pris en charge actuellement par le noyau (soit de manière statique soit grâce à un module actuellement chargé). L'arborescence /lib/modules, elle, liste les modules chargeables. Ainsi on constate qu'il n'y a pas de module pour le FS iso9660 (il est inclus dans le noyau de manière statique). Inversement actuellement XFS n'est pas pris en charge, mais on peut charger le module correspondant. Le fichier /boot/config-* mentionne les options de compilation du noyau. Il nous indique si le module gérant le FS fait partie du noyau sous forme de module ou statiquement.

b) Les FS montés au démarrage.

```
# cat /etc/fstab
...
/dev/mapper/vg00-lv_root  /                             ext4      defaults        1 1
UUID=471886ea-be47-4443-a898-136dac8fceb9 /boot                   ext4
defaults        1 2
/dev/mapper/vg00-lv_swap swap                           swap      defaults        0 0
tmpfs                    /dev/shm                       tmpfs     defaults        0 0
devpts                   /dev/pts                       devpts    gid=5,mode=620  0 0
sysfs                    /sys                           sysfs     defaults        0 0
proc                     /proc                          proc      defaults        0 0
```

c) Créer un FS (par défaut un Ext2).

```
# mkfs -q /dev/sda5
```

d) Monter un FS.

```
# mount /dev/sda5 /mnt
```

e) Lister les FS montés.

```
# df -Th
Filesystem      Type     Size   Used  Avail Use% Mounted on
/dev/mapper/vg00-lv_root
                ext4     9.2G   2.0G   6.7G   24% /
tmpfs           tmpfs    251M      0   251M    0% /dev/shm
/dev/sda1       ext4     485M    46M   414M   10% /boot
/dev/sda5       ext2     504M   396K   478M    1% /mnt
# mount
/dev/mapper/vg00-lv_root on / type ext4 (rw)
proc on /proc type proc (rw)
sysfs on /sys type sysfs (rw)
devpts on /dev/pts type devpts (rw,gid=5,mode=620)
tmpfs on /dev/shm type tmpfs (rw)
/dev/sda1 on /boot type ext4 (rw)
none on /proc/sys/fs/binfmt_misc type binfmt_misc (rw)
/dev/sda5 on /mnt type ext2 (rw)
```

f) Lister tous les FS montés, y compris les FS spéciaux (proc, sysfs, ...).

```
# df -a
Filesystem             1K-blocks      Used Available Use% Mounted on
/dev/mapper/vg00-lv_root
```

```
                        9559144    2097084    6976480   24%  /
proc                          0          0          0    -   /proc
sysfs                         0          0          0    -   /sys
devpts                        0          0          0    -   /dev/pts
tmpfs                    256080          0     256080    0%  /dev/shm
/dev/sda1                495844      46802     423442   10%  /boot
none                          0          0          0    -   /proc/sys/fs/binfmt_misc
/dev/sda5                516024        396     489400    1%  /mnt
```

g) Démonter un FS.

```
# umount /mnt
```

h) Déterminer le type de contenu des disques (montés ou non).

```
# blkid
/dev/sda1: UUID="471886ea-be47-4443-a898-136dac8fceb9" TYPE="ext4"
/dev/sda2: UUID="xOpIA2-fMin-yHff-daWK-ji3h-UD2r-XfyNMY" TYPE="LVM2_member"
/dev/mapper/vg00-lv_root: UUID="892cbfaa-5454-4a1b-a34b-c17ab504a846"
TYPE="ext4"
/dev/mapper/vg00-lv_swap: UUID="4871d09e-937a-4643-a3d2-2cc80d02f221"
TYPE="swap"
/dev/sda5: UUID="05188a80-8ec6-41ae-b909-fcd13edff962" TYPE="ext2"
# blkid -s TYPE /dev/sda5
/dev/sda5: TYPE="ext2"
```

Remarque : la commande nous affiche également les UUID et les labels.

i) Modifier et visualiser l'étiquette (label) d'un FS ext2/ext3/ext4. Enfin, monter le FS via son label.

```
# e2label /dev/sda5 oracle
# e2label /dev/sda5
oracle
# blkid /dev/sda5
/dev/sda5: UUID="05188a80-8ec6-41ae-b909-fcd13edff962" TYPE="ext2"
LABEL="oracle"
# blkid -s LABEL /dev/sda5
/dev/sda5: LABEL="oracle"
# mount LABEL=oracle /mnt
# df
...
# umount /mnt
```

j) Visualiser et modifier l'UUID d'un FS ext2/ext3/ext4. Enfin, monter le FS via son UUID.

```
# blkid -s UUID /dev/sda5
/dev/sda5: UUID="05188a80-8ec6-41ae-b909-fcd13edff962"
# uuidgen
f317fcf8-3488-43a5-886a-330d9434ee07
# tune2fs /dev/sda5 -U f317fcf8-3488-43a5-886a-330d9434ee07
tune2fs 1.41.10 (10-Feb-2009)
# blkid -s UUID /dev/sda5
/dev/sda5: UUID="f317fcf8-3488-43a5-886a-330d9434ee07"
# mount UUID="f317fcf8-3488-43a5-886a-330d9434ee07" /mnt
# df
...
# umount /mnt
```

k) Rechercher un FS via son label ou via son UUID.

```
# findfs LABEL=oracle
/dev/sda5
```

```
# findfs UUID="f317fcf8-3488-43a5-886a-330d9434ee07"
/dev/sda5
```

l) Supprime l'en-tête d'un FS (et donc son UUID et son label). Il n'est plus montable ensuite.

```
# wipefs /dev/sda5
offset                    type
------------------------------------------------------------
0x438                     ext2    [filesystem]
                          LABEL: oracle
                          UUID:  f317fcf8-3488-43a5-886a-330d9434ee07

# wipefs -a /dev/sda5
2 bytes [53 ef] erased at offset 0x438 (ext2)
# blkid /dev/sda5
# mount -t ext2 /dev/sda5 /mnt
mount: wrong fs type, bad option, bad superblock on /dev/sda5,
...
```

Tâche 2 :
Gérer des FS XFS

1. **Récupérer les utilitaires XFS (ils sont disponibles en standard sous RHEL6) et mettre à jour la documentation.**

```
# yum -q -y install xfsprogs
# rpm -q xfsprogs
xfsprogs-3.1.0-2.el6.i686
# makewhatis
# man -k xfs
attr                 (1)  - extended attributes on XFS filesystem objects
filesystems          (5)  - Linux file-system types: minix, ext, ext2, ext3,
Reiserfs, XFS, JFS, xia, msdos, umsdos, vfat, proc, nfs, iso9660, hpfs, sysv,
smb, ncpfs
fsck.xfs [fsck]      (8)  - do nothing, successfully
mkfs.xfs [mkfs]      (8)  - construct an XFS filesystem
xfs                  (5)  - layout of the XFS filesystem
xfs_admin            (8)  - change parameters of an XFS filesystem
xfs_bmap             (8)  - print block mapping for an XFS file
xfs_check            (8)  - check XFS filesystem consistency
xfs_copy             (8)  - copy the contents of an XFS filesystem
xfs_db               (8)  - debug an XFS filesystem
xfs_estimate         (8)  - estimate the space that an XFS filesystem will take
xfs_freeze           (8)  - suspend access to an XFS filesystem
xfs_fsr              (8)  - filesystem reorganizer for XFS
xfs_growfs           (8)  - expand an XFS filesystem
xfs_info [xfs_growfs] (8)  - expand an XFS filesystem
xfs_io               (8)  - debug the I/O path of an XFS filesystem
xfs_logprint         (8)  - print the log of an XFS filesystem
xfs_mdrestore        (8)  - restores an XFS metadump image to a filesystem image
xfs_metadump         (8)  - copy XFS filesystem metadata to a file
xfs_mkfile           (8)  - create an XFS file
xfs_ncheck           (8)  - generate pathnames from i-numbers for XFS
xfs_quota            (8)  - manage use of quota on XFS filesystems
xfs_repair           (8)  - repair an XFS filesystem
xfs_rtcp             (8)  - XFS realtime copy command
```

2. Créer un FS XFS. L'option –f force la création du FS (on écrase éventuellement un FS existant).

```
# mkfs -t xfs /dev/sda5
mkfs.xfs: /dev/sda5 appears to contain an existing filesystem (ext3).
mkfs.xfs: Use the -f option to force overwrite.
# mkfs -t xfs -f  /dev/sda5
meta-data=/dev/sda5                 isize=256    agcount=4, agsize=32786 blks
         =                          sectsz=512   attr=2
data     =                          bsize=4096   blocks=131143, imaxpct=25
         =                          sunit=0      swidth=0 blks
naming   =version 2                 bsize=4096   ascii-ci=0
log      =internal log              bsize=4096   blocks=1200, version=2
         =                          sectsz=512   sunit=0 blks, lazy-count=1
realtime =none                      extsz=4096   blocks=0, rtextents=0
```

3. Monter le FS, on liste les FS montés.

```
# mount -t xfs /dev/sda5 /mnt
# df -Th
Filesystem      Type    Size  Used Avail Use% Mounted on
...
/dev/sda5       xfs     508M  4.2M  504M   1% /mnt
# mount
...
/dev/sda5 on /mnt type xfs (rw)
# umount /mnt
# mount /dev/sda5 /mnt
```

Remarque : grâce à la bibliothèque blkid, la commande `mount` peut déterminer le type du FS. Ainsi l'option –t n'est pas nécessaire.

4. Afficher des informations sur le FS et le démonter.

```
# xfs_info /dev/sda5
meta-data=/dev/sda5                 isize=256    agcount=4, agsize=32786 blks
         =                          sectsz=512   attr=2
data     =                          bsize=4096   blocks=131143, imaxpct=25
         =                          sunit=0      swidth=0 blks
naming   =version 2                 bsize=4096   ascii-ci=0
log      =internal                  bsize=4096   blocks=1200, version=2
         =                          sectsz=512   sunit=0 blks, lazy-count=1
realtime =none                      extsz=4096   blocks=0, rtextents=0
# umount /dev/sda5
# xfs_info /dev/sda5
xfs_info: /dev/sda5 is not a mounted XFS filesystem
```

Remarque : beaucoup d'opérations sur un FS XFS nécessitent qu'il soit monté comme par exemple son agrandissement ou sa sauvegarde.

5. Vérifier et réparer le FS.

```
# fsck -t xfs /dev/sda5
fsck from util-linux-ng 2.17.1
If you wish to check the consistency of an XFS filesystem or
repair a damaged filesystem, see xfs_check(8) and xfs_repair(8).
# xfs_check /dev/sda5
# xfs_repair /dev/sda5
Phase 1 - find and verify superblock...
Phase 2 - using internal log
        - zero log...
```

```
                    - scan filesystem freespace and inode maps...
                    - found root inode chunk
Phase 3 - for each AG...
                    - scan and clear agi unlinked lists...
                    - process known inodes and perform inode discovery...
                    - agno = 0
                    - agno = 1
                    - agno = 2
                    - agno = 3
                    - process newly discovered inodes...
Phase 4 - check for duplicate blocks...
                    - setting up duplicate extent list...
                    - check for inodes claiming duplicate blocks...
                    - agno = 0
                    - agno = 1
                    - agno = 2
                    - agno = 3
Phase 5 - rebuild AG headers and trees...
                    - reset superblock...
Phase 6 - check inode connectivity...
                    - resetting contents of realtime bitmap and summary inodes
                    - traversing filesystem ...
                    - traversal finished ...
                    - moving disconnected inodes to lost+found ...
Phase 7 - verify and correct link counts...
done
```

6. Afficher l'UUID. Modifier l'UUID.

```
# blkid -s UUID /dev/sda5
/dev/sda5: UUID="7061d1d7-3317-489b-8605-e249833b9c00"
# xfs_admin -u /dev/sda5
UUID = 7061d1d7-3317-489b-8605-e249833b9c00
# xfs_admin -U $(uuidgen) /dev/sda5
Clearing log and setting UUID
writing all SBs
new UUID = 0add30ee-9172-4e3f-8f9e-4b2b55311f69
# blkid -s UUID /dev/sda5
/dev/sda5: UUID="0add30ee-9172-4e3f-8f9e-4b2b55311f69"
```

Tâche 3 :
Gérer un FS ReiserFS

1. Récupérer et installer les utilitaires ReiserFS.

```
# wget 'http://www.kernel.org/pub/linux/utils/fs/reiserfs/reiserfsprogs-
3.6.21.tar.gz'
# yum -q -y install libuuid-devel
# tar xzf reiserfsprogs-3.6.21.tar.gz
# cd reiserfsprogs-3.6.21
# ./configure
...
Type 'make' to compile reiserfsprogs
# make
...
make[1]: Leaving directory `/root/reiserfsprogs-3.6.21'
# make install
...
```

```
make[1]: Leaving directory `/root/reiserfsprogs-3.6.21'
# cd
# makewhatis -w
# man -k reiserfs
debugreiserfs          (8)  - The debugging tool for the ReiserFS filesystem
filesystems            (5)  - Linux file-system types: minix, ext, ext2, ext3,
Reiserfs, XFS, JFS, xia, msdos, umsdos, vfat, proc, nfs, iso9660, hpfs, sysv,
smb, ncpfs
mkreiserfs             (8)  - The create tool for the Linux ReiserFS filesystem
reiserfsck             (8)  - The checking tool for the ReiserFS filesystem
reiserfstune           (8)  - The tunning tool for the ReiserFS filesystem
resize_reiserfs        (8)  - resizer tool for the ReiserFS filesystem
```

2. Créer un FS ReiserFS. On utilise l'algorithme tea permettant de gérer énormément de fichiers par répertoire.

```
# mkreiserfs -h tea /dev/sda5
mkreiserfs 3.6.21 (2009 www.namesys.com)
...
Guessing about desired format.. Kernel 2.6.33 is running.
Format 3.6 with standard journal
Count of blocks on the device: 131136
Number of blocks consumed by mkreiserfs formatting process: 8216
Blocksize: 4096
Hash function used to sort names: "tea"
Journal Size 8193 blocks (first block 18)
Journal Max transaction length 1024
inode generation number: 0
UUID: <no libuuid installed>
ATTENTION: YOU SHOULD REBOOT AFTER FDISK!
        ALL DATA WILL BE LOST ON '/dev/sda5'!
Continue (y/n):y
Initializing journal - 0%....20%....40%....60%....80%....100%
Syncing..ok
ReiserFS is successfully created on /dev/sda5.
```

3. Visualiser les caractéristiques du FS.

```
# reiserfstune /dev/sda5
reiserfstune: Journal device has not been specified. Assuming journal is on the
main device (/dev/sda5).

Current parameters:

Filesystem state: consistent

Reiserfs super block in block 16 on 0x805 of format 3.6 with standard journal
Count of blocks on the device: 131136
Number of bitmaps: 5
Blocksize: 4096
Free blocks (count of blocks - used [journal, bitmaps, data, reserved] blocks):
122920
Root block: 8211
Filesystem is clean
Tree height: 2
Hash function used to sort names: "tea"
Objectid map size 2, max 972
Journal parameters:
```

```
               Device [0x0]
               Magic [0x551ba22c]
               Size 8193 blocks (including 1 for journal header) (first block 18)
               Max transaction length 1024 blocks
               Max batch size 900 blocks
               Max commit age 30
Blocks reserved by journal: 0
Fs state field: 0x0:
sb_version: 2
inode generation number: 0
UUID: b8c3a363-0ade-410f-b885-4ba0d7bd55cb
LABEL:
Set flags in SB:
       ATTRIBUTES CLEAN
Mount count: 1
Maximum mount count: 30
Last fsck run: Mon Jul 19 19:05:00 2010
Check interval in days: 180
```

4. Monter le FS.

```
# mount -t reiserfs /dev/sda5 /mnt
# df -Th
Filesystem     Type    Size   Used  Avail  Use% Mounted on
...
/dev/sda5 reiserfs    513M    33M   481M    7% /mnt
```

5. Démonter le FS et le vérifier.

```
# umount /mnt
# reiserfsck /dev/sda5
reiserfsck 3.6.21 (2009 www.namesys.com)
...
Do you want to run this program?[N/Yes] (note need to type Yes if you do):Yes
###########
reiserfsck --check started at Mon Jul 19 19:11:50 2010
###########
Replaying journal: Done.
Reiserfs journal '/dev/sda5' in blocks [18..8211]: 0 transactions replayed
Checking internal tree.. finished
Comparing bitmaps..finished
Checking Semantic tree:
finished
No corruptions found
There are on the filesystem:
       Leaves 1
       Internal nodes 0
       Directories 1
       Other files 0
       Data block pointers 0 (0 of them are zero)
       Safe links 0
###########
reiserfsck finished at Mon Jul 19 19:11:51 2010
###########
```

6. Créer un FS ReiserFS sans option, afficher ensuite le Superbloc.

```
# mkreiserfs -q /dev/sda5
```

```
mkreiserfs 3.6.21 (2009 www.namesys.com)
```

 # debugreiserfs /dev/sda5

```
...
Filesystem state: consistent

Reiserfs super block in block 16 on 0x805 of format 3.6 with standard journal
Count of blocks on the device: 131136
Number of bitmaps: 5
Blocksize: 4096
Free blocks (count of blocks - used [journal, bitmaps, data, reserved] blocks):
122920
Root block: 8211
Filesystem is clean
...
Check interval in days: 180
```

7. Modifier l'UUID du FS.

 # blkid -s UUID /dev/sda5

```
/dev/sda5: UUID="8a6c68cc-b01c-4644-bf9f-c5833a603b33"
```

 # reiserfstune -u $(uuidgen) /dev/sda5

```
...
```

 # blkid -s UUID /dev/sda5

```
/dev/sda5: UUID="85fc1ec3-911d-458e-9fcc-1f33abb67bfc"
```

Tâche 4 :
Gérer des FS Ext2/Ext3/Ext4

1. Lister la documentation disponible.

 # man -k ext2

```
debugfs              (8)  - ext2/ext3/ext4 file system debugger
dumpe2fs             (8)  - dump ext2/ext3/ext4 filesystem information
e2fsck               (8)  - check a Linux ext2/ext3/ext4 file system
e2fsck [fsck]        (8)  - check a Linux ext2/ext3/ext4 file system
e2image              (8)  - Save critical ext2/ext3/ext4 filesystem metadata to
a file
e2label              (8)  - Change the label on an ext2/ext3/ext4 filesystem
e2undo               (8)  - Replay an undo log for an ext2/ext3/ext4 filesystem
filesystems          (5)  - Linux file-system types: minix, ext, ext2, ext3,
Reiserfs, XFS, JFS, xia, msdos, umsdos, vfat, proc, nfs, iso9660, hpfs, sysv,
smb, ncpfs
mke2fs               (8)  - create an ext2/ext3/ext4 filesystem
mke2fs [mkfs]        (8)  - create an ext2/ext3/ext4 filesystem
resize2fs            (8)  - ext2/ext3/ext4 file system resizer
tune2fs              (8)  - adjust tunable filesystem parameters on
ext2/ext3/ext4 filesystems
```

2. Créer un FS Ext2 avec des blocs de 4ko.

 # mkfs -b 4096 /dev/sda5

```
mke2fs 1.41.10 (10-Feb-2009)
warning: 71 blocks unused.

Filesystem label=
OS type: Linux
Block size=4096 (log=2)
Fragment size=4096 (log=2)
```

```
Stride=0 blocks, Stripe width=0 blocks
32832 inodes, 131072 blocks
6557 blocks (5.00%) reserved for the super user
First data block=0
Maximum filesystem blocks=134217728
4 block groups
32768 blocks per group, 32768 fragments per group
8208 inodes per group
Superblock backups stored on blocks:
        32768, 98304

Writing inode tables: done
Writing superblocks and filesystem accounting information: done

This filesystem will be automatically checked every 30 mounts or
180 days, whichever comes first.  Use tune2fs -c or -i to override.
```

3. Créer un journal, le FS devient donc un Ext3.

```
# blkid -s TYPE /dev/sda5
/dev/sda5: TYPE="ext2"
# tune2fs -j /dev/sda5
tune2fs 1.41.10 (10-Feb-2009)
Creating journal inode: done
This filesystem will be automatically checked every 30 mounts or
180 days, whichever comes first.  Use tune2fs -c or -i to override.
# blkid -s TYPE /dev/sda5
/dev/sda5: TYPE="ext3"
```

4. Visualiser les caractéristiques du FS.

```
# tune2fs -l /dev/sda5
tune2fs 1.41.10 (10-Feb-2009)
Filesystem volume name:   <none>
Last mounted on:          <not available>
Filesystem UUID:          6a07bcc6-20e6-4ecb-a7b4-e92de9af1dfc
Filesystem magic number:  0xEF53
Filesystem revision #:    1 (dynamic)
Filesystem features:      has_journal ext_attr resize_inode dir_index filetype
sparse_super large_file
Filesystem flags:         signed_directory_hash
Default mount options:    (none)
Filesystem state:         clean
Errors behavior:          Continue
Filesystem OS type:       Linux
Inode count:              32832
Block count:              131072
Reserved block count:     6557
Free blocks:              124806
Free inodes:              32821
First block:              0
Block size:               4096
Fragment size:            4096
Reserved GDT blocks:      31
Blocks per group:         32768
Fragments per group:      32768
Inodes per group:         8208
```

```
Inode blocks per group:      513
Filesystem created:          Mon Jul 19 19:44:57 2010
Last mount time:             n/a
Last write time:             Mon Jul 19 19:45:24 2010
Mount count:                 0
Maximum mount count:         36
Last checked:                Mon Jul 19 19:44:57 2010
Check interval:              15552000 (6 months)
Next check after:            Sat Jan 15 18:44:57 2011
Reserved blocks uid:         0 (user root)
Reserved blocks gid:         0 (group root)
First inode:                 11
Inode size:                  256
Required extra isize:        28
Desired extra isize:         28
Journal inode:               8
Default directory hash:      half_md4
Directory Hash Seed:         ce697f13-4446-422e-951f-9b7b776be051
Journal backup:              inode blocks
```

5. Monter le FS sans activer le journal.

```
# mount -t ext2 /dev/sda5 /mnt
# df -Th /dev/sda5
Filesystem     Type    Size  Used Avail Use% Mounted on
/dev/sda5      ext2    504M   17M  462M   4% /mnt
```

6. Remonter le FS en tant que Ext3, on active donc la journalisation.

```
# umount /mnt
# mount -t ext3 /dev/sda5 /mnt
# df -Th /dev/sda5
Filesystem     Type    Size  Used Avail Use% Mounted on
/dev/sda5      ext3    504M   17M  462M   4% /mnt
```

7. Monter le FS Ext3 en tant que FS Ext4.

```
# umount /mnt
# mount -t ext4 /dev/sda5 /mnt
# df -Th /dev/sda5
Filesystem     Type    Size  Used Avail Use% Mounted on
/dev/sda5      ext4    504M   17M  462M   4% /mnt
# umount /mnt
```

8. Convertir le FS Ext3 en Ext4. Mais il ne sera plus montable en Ext3.

```
# mount -t ext3 /dev/sda5 /mnt
# cp -a /etc/ /mnt
# umount /mnt
# tune2fs -O extents,uninit_bg,dir_index /dev/sda5
tune2fs 1.41.10 (10-Feb-2009)

Please run e2fsck on the filesystem.

# e2fsck /dev/sda5
e2fsck 1.41.10 (10-Feb-2009)
One or more block group descriptor checksums are invalid.  Fix<y>? yes
...
# e2fsck -f /dev/sda5          # maintenant, il n'y a plus d'erreur
...
```

```
# blkid -s TYPE /dev/sda5
/dev/sda5: TYPE="ext4"
# mount -t ext4 /dev/sda5 /mnt
# df -Th /dev/sda5
Filesystem      Type    Size  Used Avail Use% Mounted on
/dev/sda5       ext4    504M  36M  444M   8% /mnt
# umount /mnt
# mount -t ext3 /dev/sda5 /mnt
mount: wrong fs type, bad option, bad superblock on /dev/sda5,
...
# mount -t ext4 /dev/sda5 /mnt       # maintenant, pas d'erreur
```

9. Vérifier un FS Ext2/Ext3/Ext4. Il est vivement conseillé qu'il soit démonté.

a) Vérification simple (la commande vérifie que le FS a été correctement démonté).

```
# umount /mnt
# fsck /dev/sda5
fsck from util-linux-ng 2.17.1
e2fsck 1.41.10 (10-Feb-2009)
/dev/sda5: clean, 1233/32832 files, 11063/131072 blocks
```

b) Avec l'option –f, on force la vérification complète du FS.

```
# fsck -f /dev/sda5
fsck from util-linux-ng 2.17.1
e2fsck 1.41.10 (10-Feb-2009)
Pass 1: Checking inodes, blocks, and sizes
Pass 2: Checking directory structure
Pass 3: Checking directory connectivity
Pass 4: Checking reference counts
Pass 5: Checking group summary information
/dev/sda5: 1233/32832 files (0.1% non-contiguous), 11063/131072 blocks
```

10. Créer FS Ext4 avec un journal externe (la taille des blocs doit être identique).

```
# mke2fs -b 4096 -O journal_dev /dev/sda6
mke2fs 1.41.10 (10-Feb-2009)
Filesystem label=
OS type: Linux
Block size=4096 (log=2)
Fragment size=4096 (log=2)
Stride=0 blocks, Stripe width=0 blocks
0 inodes, 132528 blocks
0 blocks (0.00%) reserved for the super user
First data block=0
0 block group
32768 blocks per group, 32768 fragments per group
0 inodes per group
Superblock backups stored on blocks:

Zeroing journal device: done
# mkfs -t ext4 -b 4096 -J device=/dev/sda6 /dev/sda5
mke2fs 1.41.10 (10-Feb-2009)
warning: 71 blocks unused.

Filesystem label=
OS type: Linux
Block size=4096 (log=2)
```

```
Fragment size=4096 (log=2)
Stride=0 blocks, Stripe width=0 blocks
32832 inodes, 131072 blocks
6557 blocks (5.00%) reserved for the super user
First data block=0
Maximum filesystem blocks=134217728
4 block groups
32768 blocks per group, 32768 fragments per group
8208 inodes per group
Superblock backups stored on blocks:
        32768, 98304

Writing inode tables: done
Adding journal to device /dev/sda6: done
Writing superblocks and filesystem accounting information: done

This filesystem will be automatically checked every 26 mounts or
180 days, whichever comes first.  Use tune2fs -c or -i to override.
```

11. Visualiser la structure du FS.

 # dumpe2fs /dev/sda5

```
dumpe2fs 1.41.10 (10-Feb-2009)
Filesystem volume name:   <none>
Last mounted on:          <not available>
Filesystem UUID:          ee3b3a57-5179-4c03-8b92-c77275e13c53
Filesystem magic number:  0xEF53
Filesystem revision #:    1 (dynamic)
Filesystem features:      has_journal ext_attr resize_inode dir_index filetype
extent flex_bg sparse_super large_file huge_file uninit_bg dir_nlink extra_isize
Filesystem flags:         signed_directory_hash
Default mount options:    (none)
...
Journal UUID:             f10f3f1a-0be6-454e-a4d7-1ac3f73e8bd5
Journal device:           0x0806
Default directory hash:   half_md4
Directory Hash Seed:      b95921ff-a915-48a4-92fe-c36b1d25f02a
...
Group 3: (Blocks 98304-131071) [INODE_UNINIT, ITABLE_ZEROED]
  Checksum 0x3842, unused inodes 8208
  Backup superblock at 98304, Group descriptors at 98305-98305
  Reserved GDT blocks at 98306-98336
  Block bitmap at 36, Inode bitmap at 52
  Inode table at 1604-2116
  32735 free blocks, 8208 free inodes, 0 directories, 8208 unused inodes
  Free blocks: 98337-131071
  Free inodes: 24625-32832
```

Remarque : la ligne « Journal device: 0x0806 » indique que le journal est sur /dev/sda6 (majeur 8, mineur 6)

12. Monter le FS en activant le journal.

 # mount -t ext4 /dev/sda5 /mnt

13. Remonter le FS en journalisant également les données. On le démonte.

 # umount /mnt
 # mount -t ext4 -o data=journal /dev/sda5 /mnt

```
# mount |grep /mnt
/dev/sda5 on /mnt type ext4 (rw,data=journal)
# umount /mnt
```

14. Créer un FS en silence sans zone réservée à l'administrateur.

```
# mkfs -t ext4 -q -m 0 /dev/sda5
# tune2fs -l /dev/sda5 |grep -i 'reserved.*count'
Reserved block count:       0
```

15. Modifier le nombre maximum de montages sans vérification (fsck).

```
# mkfs -t ext4 -q /dev/sda5
# tune2fs -l /dev/sda5 |grep -i 'mount count'
Mount count:              0
Maximum mount count:      28
# tune2fs -c 5 /dev/sda5
tune2fs 1.41.10 (10-Feb-2009)
Setting maximal mount count to 5
# tune2fs -l /dev/sda5 |grep -i 'mount count'
Mount count:              0
Maximum mount count:      5
# mount /dev/sda5 /mnt
# umount /mnt
# tune2fs -l /dev/sda5 |grep -i 'mount count'
Mount count:              1
Maximum mount count:      5
```

16. Créer un FS, supprimer par erreur son Superbloc, le réparer, le monter et le démonter.

```
# mkfs -t ext4 -q /dev/sda5
# dumpe2fs /dev/sda5 |grep superblock |head -3
dumpe2fs 1.41.10 (10-Feb-2009)
  Primary superblock at 0, Group descriptors at 1-1
  Backup superblock at 32768, Group descriptors at 32769-32769
  Backup superblock at 98304, Group descriptors at 98305-98305
# dd if=/dev/zero of=/dev/sda5 bs=4k count=1
1+0 records in
1+0 records out
4096 bytes (4.1 kB) copied, 0.00987067 s, 415 kB/s
# mount -t ext4 /dev/sda5 /mnt
mount: wrong fs type, bad option, bad superblock on /dev/sda5,
       missing codepage or helper program, or other error
       In some cases useful info is found in syslog - try
       dmesg | tail  or so

# e2fsck -b 32768 /dev/sda5
e2fsck 1.41.10 (10-Feb-2009)
One or more block group descriptor checksums are invalid.  Fix<y>? yes

Group descriptor 0 checksum is invalid.  FIXED.
...
/dev/sda5: ***** FILE SYSTEM WAS MODIFIED *****
/dev/sda5: 11/32832 files (0.0% non-contiguous), 6261/131072 blocks
# mount -t ext4 /dev/sda5 /mnt
# umount /mnt
```

17. Explorer et dépanner un FS.

```
# mount -t ext4 /dev/sda5 /mnt
```

```
# cal > /mnt/toto
# ls -i /mnt/toto
12 /mnt/toto
# umount /mnt
# debugfs -w /dev/sda5
debugfs 1.41.10 (10-Feb-2009)
debugfs: pwd
[pwd]   INODE:      2  PATH: /
[root]  INODE:      2  PATH: /
debugfs: ls
 2  (12) .    2  (12) ..    11  (20) lost+found    12  (4052) toto
debugfs: stat <12>
Inode: 12   Type: regular    Mode:  0644    Flags: 0x80000
Generation: 1113275359    Version: 0x00000000:00000001
User:    0   Group:     0   Size: 148
File ACL: 0    Directory ACL: 0
Links: 1   Blockcount: 8
Fragment: Address: 0    Number: 0    Size: 0
 ctime: 0x4c44aa93:452bbf88 -- Mon Jul 19 21:42:11 2010
 atime: 0x4c44aa93:3c9bdb78 -- Mon Jul 19 21:42:11 2010
 mtime: 0x4c44aa93:452bbf88 -- Mon Jul 19 21:42:11 2010
crtime: 0x4c44aa93:3c9bdb78 -- Mon Jul 19 21:42:11 2010
Size of extra inode fields: 28
EXTENTS:
(0): 32801
debugfs: testb 32801
Block 32801 marked in use
debugfs: testb 40000
Block 40000 not in use
debugfs: ncheck 12
Inode   Pathname
12      //toto
debugfs: quit
# stat /etc/issue
  File: `/etc/issue'
  Size: 73          Blocks: 8        IO Block: 4096    regular file
Device: fd00h/64768d    Inode: 132581    Links: 1
Access: (0644/-rw-r--r--)  Uid: (    0/    root)  Gid: (    0/    root)
Access: 2010-07-19 11:20:35.943739792 +0200
Modify: 2010-03-29 18:06:11.000000000 +0200
Change: 2010-07-19 11:09:28.701026987 +0200
```

Remarques :

1) La sous-commande mi permet de modifier une inode. Il faut ouvrir le FS en écriture (option –w). Le manuel et la sous-commande help listent l'ensemble des opérations qui peuvent être effectuées.

2) Un fichier est spécifié par son nom ou son numéro d'inode entre inférieur et supérieur, par exemple : stat <12>.

3) La commande standard stat affiche les attributs d'un fichier de manière similaire à la sous-commande stat de debugfs.

18. Mémoriser les métadonnées d'un FS dans un fichier.

```
# e2image /dev/sda5   /tmp/sda5.ext4
```

```
e2image 1.41.10 (10-Feb-2009)
# dumpe2fs -i /tmp/sda5.ext4
dumpe2fs 1.41.10 (10-Feb-2009)
dumpe2fs: Attempt to read block from filesystem resulted in short read while
reading journal super block
Filesystem volume name:    <none>
Last mounted on:           /mnt
Filesystem UUID:           f11a1c87-b7d0-4874-9e19-c87e9c7ffbd0
...
```

19. Afficher la fragmentation de l'espace libre.

```
# e2freefrag /dev/vg00/lv_root
Device: /dev/vg00/lv_root
Blocksize: 4096 bytes
Total blocks: 2427904
Free blocks: 1865646 (76.8%)

Min. free extent: 4 KB
Max. free extent: 1211900 KB
Avg. free extent: 10436 KB

HISTOGRAM OF FREE EXTENT SIZES:
Extent Size Range :  Free extents   Free Blocks   Percent
    4K...    8K-  :            65            65     0.00%
    8K...   16K-  :           106           261     0.01%
   16K...   32K-  :           115           607     0.03%
...
  256M...  512M-  :             4        385012    20.64%
  512M... 1024M-  :             3        561540    30.10%
    1G...    2G-  :             1        302975    16.24%
```

Tâche 5 :
Mettre en place un serveur NFS

Remarque : on travaille en binôme ou tout seul.

1. Installer le client et le serveur NFS.

```
# yum -q -y install nfs-utils
```

2. Exporter l'arborescence /var/ftp en lecture seule pour tout le monde.

```
# mkdir -p /var/ftp/pub
# vi /etc/exports
/var/ftp *(ro)
```

3. Activer le service RPCBIND, puis NFS. Surveiller la présence des démons.

```
# service rpcbind start
Starting rpcbind:                                          [  OK  ]
# netstat -an |grep 111
tcp        0      0 0.0.0.0:111             0.0.0.0:*               LISTEN
...
# service nfs start
Starting NFS services:                                     [  OK  ]
Starting NFS quotas:                                       [  OK  ]
Starting NFS daemon:                                       [  OK  ]
Starting NFS mountd:                                       [  OK  ]
# ps -e | grep -e mountd -e nfsd -e rpc
```

```
16275 ?          00:00:00 rpciod/0
16343 ?          00:00:00 rpcbind
16371 ?          00:00:00 rpc.rquotad
16376 ?          00:00:00 nfsd4
16377 ?          00:00:00 nfsd
16378 ?          00:00:00 nfsd
...
16387 ?          00:00:00 rpc.mountd
16406 ?          00:00:00 rpc.idmapd
```

4. À partir du client, visualiser la présence des services RPC du serveur.

```
# rpcinfo -p localhost |grep -e mount -e nfs -e portmap
   100000   4   tcp   111   portmapper
...
   100000   2   udp   111   portmapper
   100003   2   tcp   2049  nfs
...
   100003   4   udp   2049  nfs
   100227   2   udp   2049  nfs_acl
...
   100005   3   tcp   45443 mountd
```

5. Lister les ressources exportées du serveur.

```
# showmount -e localhost
Export list for localhost:
/var/ftp *
```

6. Monter la ressource et y accéder.

```
# mount -t nfs 127.0.0.1:/var/ftp /mnt
# ls /mnt
pub
# mount |grep -i nfs
sunrpc on /var/lib/nfs/rpc_pipefs type rpc_pipefs (rw)
nfsd on /proc/fs/nfsd type nfsd (rw)
127.0.0.1:/var/ftp on /mnt type nfs
(rw,addr=127.0.0.1,vers=4,clientaddr=127.0.0.1)
# df -Th /mnt
Filesystem     Type    Size  Used Avail Use% Mounted on
127.0.0.1:/var/ftp
               nfs     9.2G  2.1G  6.7G  24% /mnt
```

7. Visualiser les messages du noyau.

```
# tail /var/log/messages
Jul 20 12:48:24 linux01 kernel: NFSD: starting 90-second grace period
Jul 20 12:48:37 linux01 mountd[16677]: Caught signal 15, un-registering and
exiting.
Jul 20 12:48:37 linux01 kernel: nfsd: last server has exited, flushing export
cache
Jul 20 12:48:40 linux01 kernel: svc: failed to register lockdv1 RPC service
(errno 97).
Jul 20 12:48:40 linux01 kernel: NFSD: Using /var/lib/nfs/v4recovery as the NFSv4
state recovery directory
Jul 20 12:48:40 linux01 kernel: NFSD: starting 90-second grace period
```

8. Démonter le FS.

```
# umount /mnt
```

9. Arrêter le service NFS.

```
# service nfs stop
...
```

Tâche 6 :
Créer un disque en RAM

1. La gestion des ramdisks est-elle assurée ?

```
# dmesg |grep -i ramdisk
RAMDISK: 1f50e000 - 1ffdf68d
  #4 [001f50e000 - 001ffdf68d]              RAMDISK ==> [001f50e000 - 001ffdf68d]
```

2. Lister les périphériques disponibles.

```
# ls -l /dev/ram*
brw-rw---- 1 root disk 1,  0 15 juil. 12:36 /dev/ram0
brw-rw---- 1 root disk 1,  1 15 juil. 12:36 /dev/ram1
...
brw-rw---- 1 root disk 1, 15 15 juil. 12:36 /dev/ram15
```

Remarque : sauf paramétrage particulier du noyau (via Grub), il y a 16 disques RAM potentiels chacun de 16Mo. ATTENTION ! La mémoire utilisée n'est plus récupérable, c'est pourquoi, sauf cas particulier (Live-CD…), on utilisera plutôt un système tmpfs qui libère la mémoire qui n'est plus utilisée.

3. Formater un des périphériques de type ramdisk.

```
# mkfs -q /dev/ram0
```

4. Monter le FS.

```
# mount /dev/ram0 /mnt
# df -Th /mnt
Filesystem     Type     Size  Used Avail Use% Mounted on
/dev/ram0      ext2     16M   140K  15M   1% /mnt
```

5. Copier des fichiers sur le FS, le démonter.

```
# cp /bin/* /mnt
# df -Th /mnt
Filesystem     Type     Size  Used Avail Use% Mounted on
/dev/ram0      ext2     16M   13M   2.5M  84% /mnt
# umount /mnt
```

Tâche 7 : Le FS de type tmpfs

1. Créer un FS de type tmpfs sans option.

Sa taille maximum prend la moitié de la mémoire. Ici il y a 512Mo de RAM, donc la taille maximale de notre FS est 256Mo. Par contre, contrairement aux ramdisks, ce FS ne consomme que la mémoire utilisée et la mémoire libérée du FS (suite à la destruction de fichiers) libère également la RAM correspondante.

```
# mount -t tmpfs tmpfs /mnt
# free
              total      used      free    shared   buffers    cached
Mem:         512160    238000    274160         0     37320    137208
...
# cp /bin/* /mnt
# df -Th /mnt
Filesystem     Type     Size  Used Avail Use% Mounted on
tmpfs          tmpfs    251M  13M   238M   5% /mnt
# umount /mnt
```

2. Créer un FS de type tmpfs en précisant sa taille maximum (64M) et les droits de la racine (770).

```
# mount -o size=64M,mode=770 -t tmpfs tmpfs /mnt
# df -Th /mnt
Filesystem     Type     Size  Used Avail Use% Mounted on
tmpfs          tmpfs    64M     0   64M   0% /mnt
# ls -ld /mnt
drwxrwx--- 2 root root 40 Jul 20 14:28 /mnt
# umount /mnt
```

Tâche 8 : Le FS squashFS

1. Installer les outils squashFS.

```
# yum -q -y install squashfs-tools
```

2. Afficher l'aide.

```
# mksquashfs --help
SYNTAX:mksquashfs source1 source2 ...  dest [options] [-e list of exclude
dirs/files]

Options are
-version                print version, licence and copyright message
-recover <name>         recover filesystem data using recovery file <name>
-no-recovery            don't generate a recovery file
...
```

3. Créer un fichier squash qui correspond à l'image compressée d'une arborescence.

```
# mksquashfs /etc etc.sqsh
Parallel mksquashfs: Using 1 processor
Creating 4.0 filesystem on etc.sqsh, block size 131072.
[=================================================================/] 865/865 100%
Exportable Squashfs 4.0 filesystem, data block size 131072
        compressed data, compressed metadata, compressed fragments
        duplicates are removed
Filesystem size 4419.31 Kbytes (4.32 Mbytes)
        26.81% of uncompressed filesystem size (16483.69 Kbytes)
Inode table size 13381 bytes (13.07 Kbytes)
        29.96% of uncompressed inode table size (44663 bytes)
Directory table size 12918 bytes (12.62 Kbytes)
        51.89% of uncompressed directory table size (24894 bytes)
Number of duplicate files found 24
Number of inodes 1275
Number of files 784
Number of fragments 33
Number of symbolic links  333
Number of device nodes 0
Number of fifo nodes 0
Number of socket nodes 0
Number of directories 158
Number of ids (unique uids + gids) 3
Number of uids 1
        root (0)
Number of gids 3
        root (0)
        guest (500)
        daemon (2)
```

```
# du -sh /etc
19M     /etc
# ls -lh etc.sqsh
-rwx------ 1 root root 4.4M Jul 20 14:56 etc.sqsh
```

4. Lister l'arborescence fusionnée.

```
# mount -t squashfs -o loop etc.sqsh /mnt
# df -Th /mnt
Filesystem     Type    Size  Used Avail Use% Mounted on
/dev/loop0
               squashfs 4.4M  4.4M    0 100% /mnt
```

5. Accéder aux fichiers présents dans le FS (l'image de /etc).

```
# ls /mnt/pass*
/mnt/passwd  /mnt/passwd-
```

6. Le FS est en lecture seule.

```
# cal > /mnt/f1
-bash: /mnt/f1: Read-only file system
```

7. Démonter le FS, détruire le fichier squash.

```
# umount /mnt
# rm etc.sqsh
rm: remove regular file `etc.sqsh'? y
```

Tâche 9 :
Créer un FS dans un fichier.

1. Créer un fichier de 100 Mo.

```
# dd if=/dev/zero of=/usr/GROS_FIC bs=1M count=100
100+0 records in
100+0 records out
104857600 bytes (105 MB) copied, 0.728478 s, 144 MB/s
# ls -lh /usr/GROS_FIC
-rw-r--r-- 1 root root 100M Jul 20 15:12 /usr/GROS_FIC
```

2. Formater le fichier en tant que FS Ext4.

```
# mkfs -t ext4 -F -q /usr/GROS_FIC
```

3. Monter le FS. Utiliser le pilote loop pour voir le fichier comme un périphérique bloc.

```
# mount -o loop -t ext4 /usr/GROS_FIC /mnt
# df -Th /mnt
Filesystem     Type    Size  Used Avail Use% Mounted on
/dev/loop0     ext4     97M  5.6M   87M   7% /mnt
```

4. Créer des fichiers dans le FS. Démonter le FS.

```
# cp /bin/* /mnt
# df -Th /mnt
Filesystem     Type    Size  Used Avail Use% Mounted on
/dev/loop0     ext4     97M   18M   75M  20% /mnt
# umount /mnt
```

5. Refaire l'exercice en utilisant la commande losetup.

a) Créer un fichier de 100 Mo.

```
# dd if=/dev/zero of=/usr/GROS_FIC bs=1M count=100 2>/dev/null
```

b) Associer le périphérique /dev/loop0 de type bloc au fichier GROS_FIC. L'option –f nous affiche le premier périphérique LOOP disponible.

```
# losetup -f
/dev/loop0
# losetup /dev/loop0 /usr/GROS_FIC
```

c) Lister les associations courantes.

```
# losetup -a
/dev/loop0: [fd00]:148537 (/usr/GROS_FIC)
```

d) Formater le fichier via sa vision bloc (/dev/loop0) et le monter.

```
# mkfs -t ext4 -q /dev/loop0
# mount -t ext4 /dev/loop0 /mnt
# df -Th /mnt
Filesystem      Type    Size  Used Avail Use% Mounted on
/dev/loop0      ext4     97M  5.6M   87M   7% /mnt
```

e) Démonter le FS. Supprimer l'association. Supprimer le fichier.

```
# umount /mnt
# losetup -d /dev/loop0
# losetup -a
# rm -f /usr/GROS_FIC
```

Tâche 10 :
Créer une image ISO

1. Installer le logiciel GenIsoImage.

```
# yum -q -y install genisoimage
```

2. Créer une image ISO.

On crée le fichier image.iso qui est une image ISO de l'arborescence /usr/share/doc. Le volume sera nommé docs. On utilise les extensions Joliet (-J) et Rock Ridge (-r).

```
# mkisofs -r -o image.iso -J -V docs /usr/share/doc
...
/Error.pm-next-out-of-catch.pl (Error.pm-next.pl)
Using ERROR002.PL;1 for  /usr/share/doc/perl-Error-0.17015/examples/next-in-
loop/Error.pm-next.pl (Error.pm-eval.pl)
 16.92% done, estimate finish Tue Jul 20 15:32:37 2010
 33.81% done, estimate finish Tue Jul 20 15:32:37 2010
 50.71% done, estimate finish Tue Jul 20 15:32:37 2010
 67.58% done, estimate finish Tue Jul 20 15:32:39 2010
 84.48% done, estimate finish Tue Jul 20 15:32:40 2010
Total translation table size: 0
Total rockridge attributes bytes: 507774
Total directory bytes: 1470464
Path table size(bytes): 9278
Max brk space used 401000
29604 extents written (57 MB)
# ls -lh image.iso
-rw-r--r-- 1 root root 58M Jul 20 15:32 image.iso
```

3. La monter, lister en partie son contenu et la démonter.

```
# mount -o loop -t iso9660 image.iso /mnt
# ls /mnt/pam-*/
Copyright  Linux-PAM_SAG.txt  html  rfc86.0.txt  txts
# umount /mnt
```

4. Ajouter des fichiers à une image ISO.

On ajoute à la racine du FS le contenu du répertoire /usr/share/info.

```
# yum -q -y install dvd+rw-tools
# ls -lh image.iso
-rw-r--r-- 1 root root 58M Jul 20 15:32 image.iso
# growisofs -M image.iso -R -J /usr/share/info
Executing 'mkisofs -C 16,29616 -M /dev/fd/3 -R -J /usr/share/info | builtin_dd
of=image.iso obs=32k seek=1851'
Rock Ridge signatures found
Using AUTOM000.GZ;1 for  /automake.info.gz (automake.info-1.gz)
Using M4_IN000.GZ;1 for  /m4.info-1.gz (m4.info-2.gz)
...
builtin_dd: 4528*2KB out @ average infx1352KBps
image.iso: copying volume descriptor(s)
# ls -lh image.iso
-rw-r--r-- 1 root root 67M Jul 20 15:41 image.iso
# mount -o loop -t iso9660 image.iso /mnt
# ls /mnt/d*gz /mnt/pam-*/
/mnt/dc.info.gz   /mnt/diff.info.gz

/mnt/pam-1.1.1/:
Copyright  Linux-PAM_SAG.txt   html   rfc86.0.txt   txts
# umount /mnt
```

5. Rechercher des graveurs.

```
# yum -q -y install wodim
# wodim -devices
wodim: Overview of accessible drives (1 found) :
-------------------------------------------------------------------------
 0  dev='/dev/scd0'     rwrw-- : 'hp' 'DVD-RAM GH40L'
-------------------------------------------------------------------------
# ls -l /dev/cdrw
lrwxrwxrwx 1 root root 3 2010-07-17 15:22 /dev/cdrw -> sr0
# ls -l /dev/scd0
lrwxrwxrwx 1 root root 3 2010-07-17 15:22 /dev/scd0 -> sr0
```

Remarque : par le jeu des liens, on peut utiliser le nom générique /dev/cdrw pour spécifier le graveur.

6. Graver l'image et la supprimer.

```
# wodim -v speed=2 dev=/dev/cdrw image.iso
# rm -f image.iso
```

7. Copier l'image d'un CD-Rom dans un fichier, la monter, la lister, la démonter et la détruire.

```
# dd if=/dev/cdrom of=image.iso
65372+0 records in
65372+0 records out
33470464 bytes (33 MB) copied, 0.951832 s, 35.2 MB/s
# mount -o loop image.iso /mnt
# ls /mnt
32Bit                    VBoxSolarisAdditions.pkg
...
# umount /mnt
# rm -f image.iso
#
```

Tâche 11 :
Montage BIND

1. On crée quelques répertoires et on démonte /boot.

```
# mkdir -p r/r1 r/r2 t
# umount /boot
```

2. Réaliser un montage attachable (l'option BIND).

L'option BIND permet de voir la même arborescence à partir de plusieurs répertoires. Les répertoires r1 et r2 sont accessibles via le répertoire r. Après le BIND, ils sont accessibles également via le répertoire s. Par contre, les FS déjà montés dans l'arborescence r sont invisibles via le montage BIND.

```
# mount /dev/sda1 r/r1
# ls r/r1
config-2.6.32-19.el6.i686          initrd-2.6.33kdump.img
config-2.6.33                      lost+found
...
# mount --bind r t
# ls t
r1  r2
# ls r
r1  r2
# ls t/r1    # VIDE !!!
# df -a
Filesystem          1K-blocks     Used Available Use% Mounted on
...
/dev/loop0              32686    32686         0 100% /mnt
/dev/sda1             495844    46802    423442  10% /root/r/r1
/root/r              9559144  2148056   6925508  24% /root/t
# umount r/r1
# umount t
```

3. Réaliser un montage attachable récursif (L'option RBIND).

Comme avec BIND, RBIND permet d'accéder à une même arborescence à partir de plusieurs points de montage. Par contre, maintenant les montages internes préexistants sont visibles. Mais les nouveaux montages ne sont pas propagés.

```
# mount /dev/sda1 r/r1
# mount --rbind r t
# ls t
r1  r2
# ls t/r1    # maintenant le FS sous-jacent est visible!
config-2.6.32-19.el6.i686          initrd-2.6.33kdump.img
config-2.6.33                      lost+found
...
# umount r/r1
# umount t
# mount --rbind r t
# ls t
r1  r2
# mount /dev/sda1 r/r1
# ls t/r1  # VIDE !!!
# umount /dev/sda1
# umount t
```

4. Réaliser un montage partagé.

Il est possible de déclarer un point de montage en mode partagé. Contrairement à l'exemple précédent, les nouveaux montages seront visibles.

```
# mount --bind r r
# mount --make-shared r
# mount --bind r t
# ls t
r1  r2
# mount /dev/sda1 r/r1
# ls t/r1
config-2.6.32-19.el6.i686        initrd-2.6.33kdump.img
config-2.6.33                    lost+found
...
# umount r/r1
# umount t
# umount r
```

5. Configurer un montage de manière non-attachable.

Un montage non-attachable, comme son nom l'indique, ne pourra pas être attaché.

```
# mount /boot
# mount --make-unbindable /boot
# mount --bind /boot /mnt
mount : type erroné de syst .de fichiers, option erronée, super bloc
...
```

Remarque : il existe d'autres formes d'attachement (cf. mount(8)).

Tâche 12 :
FS FUSE

1. Installer les outils FUSE et sshfs.

a) Installer les outils FUSE.

```
# yum -q -y install fuse
```

b) Télécharger à partir de sourceforge, sshfs-fuse :
http://sourceforge.net/settings/mirror_choices?projectname=fuse&filename=sshfs-fuse

c) Installer les prérequis.

```
# yum -q -y install glib2-devel
# yum -q -y install fuse-devel
```

d) Compiler et installer sshfs-fuse.

```
# tar xf sshfs-fuse-2.2.tar.gz
# cd sshfs-fuse-2.2
# ls
aclocal.m4  ChangeLog    configure     FAQ.txt      Makefile.in  sshfs.1
AUTHORS     compat       configure.ac  INSTALL      missing      sshfs.c
cache.c     compile      COPYING       install-sh   NEWS         sshnodelay.c
cache.h     config.h.in  depcomp       Makefile.am  README
# ./configure
...
config.status: creating Makefile
config.status: creating config.h
config.status: executing depfiles commands
# make
```

```
...
make[1]: quittant le répertoire « /root/sshfs-fuse-2.2 »
# make install
...
 /usr/bin/install -c -m 644 './sshfs.1' '/usr/local/share/man/man1/sshfs.1'
make[1]: quittant le répertoire « /root/sshfs-fuse-2.2 »
# cd
```

2. Sous un compte utilisateur, accéder à des fichiers distants par sshfs.

a) Se connecter localement sous le compte guest.

```
# su - guest
```

b) Réaliser un montage sshfs avec un système distant.

```
$ mkdir srv
$ sshfs guest@instru:/home/guest /home/guest/srv
The authenticity of host 'instru (192.168.0.200)' can't be established.
RSA key fingerprint is 61:48:2a:4b:41:f1:8c:f8:c4:80:e3:02:9f:25:92:55.
Are you sure you want to continue connecting (yes/no)? yes
guest@instru's password: wwii1945
```

c) On accède aux fichiers distants via le point de montage.

```
$ ls srv
cal.txt
```

d) Visualiser les FS montés.

```
$ df
Filesystem             1K-blocks       Used Available Use% Mounted on
...
guest@instru:/home/guest
                       5716804     2953940   2472460  55% /home/guest/srv
```

e) Démonter le FS sshfs.

```
$ fusermount -u /home/guest/srv
$ ls srv
$ exit
```

Tâche 13 :
CIFS

1. Installer les logiciels client et serveur CIFS.

Le logiciel libre Samba joue le rôle de serveur CIFS (anciennement SMB).

```
# yum -q -y install samba
# yum -q -y install samba-client
```

2. Créer une configuration à partir de rien (« from scratch »).

Créer une configuration pour le serveur local faisant partie du groupe de travail WORKGROUP. Exporter la ressource [tmp] correspondant au répertoire /tmp. Cette ressource sera accessible en lecture/écriture aux membres du groupe staff.

```
# mv /etc/samba/smb.conf /etc/samba/smb.conf.000
# vi /etc/samba/smb.conf
[global]
        workgroup = WORKGROUP
[tmp]
        path = /tmp
        valid users = @staff
        read only = no
```

3. Vérifier la syntaxe du fichier de configuration.

```
# testparm -s
Load smb config files from /etc/samba/smb.conf
rlimit_max: rlimit_max (1024) below minimum Windows limit (16384)
Processing section "[tmp]"
Loaded services file OK.
Server role: ROLE_STANDALONE
[global]


[tmp]
        path = /tmp
        valid users = @staff
        read only = No
```

Remarque : le groupe WORKGROUP est le groupe par défaut.

4. Créer un mot de passe CIFS (Windows) pour l'utilisateur guest.

```
# smbpasswd -a guest
New SMB password: wwii1945
Retype new SMB password: wwii1945
account_policy_get: tdb_fetch_uint32 failed for field 1 (min password length),
returning 0
...
account_policy_get: tdb_fetch_uint32 failed for field 10 (refuse machine
password change), returning 0
Added user guest.
```

5. Créer le groupe staff et y ajouter l'utilisateur guest.

```
# groupadd staff
# usermod -G staff -a guest
# id guest
uid=500(guest) gid=500(guest) groups=500(guest),502(staff)
```

6. Démarrer les serveurs.

```
# service smb start
Starting SMB services:                                    [  OK  ]
# service nmb start
Starting NMB services:                                    [  OK  ]
# ps -e |grep mbd
17476 ?          00:00:00 smbd
17478 ?          00:00:00 smbd
17490 ?          00:00:00 nmbd
# netstat -an |more
tcp      0      0 :::445                    :::*                    LISTEN
tcp      0      0 :::139                    :::*                    LISTEN
udp      0      0 0.0.0.0:137               0.0.0.0:*
udp      0      0 0.0.0.0:138               0.0.0.0:*
...
```

7. Visualiser les ressources partagées.

```
# smbclient -L //localhost -N
Anonymous login successful
Domain=[WORKGROUP] OS=[Unix] Server=[Samba 3.4.4-50.el6]

        Sharename       Type       Comment
        ---------       ----       -------
```

```
        tmp                 Disk
        IPC$                IPC        IPC Service (Samba 3.4.4-50.el6)
Anonymous login successful
Domain=[WORKGROUP] OS=[Unix] Server=[Samba 3.4.4-50.el6]


        Server                  Comment
        ---------               -------
        ADONIS                  adonis server (Samba, Ubuntu)
        LINUX01                 Samba 3.4.4-50.el6


        Workgroup               Master
        ---------               -------
        WORKGROUP               ADONIS
```

8. Accéder au serveur via l'outil smbclient.

```
# smbclient //localhost/tmp -U guest%wwii1945
Domain=[WORKGROUP] OS=[Unix] Server=[Samba 3.4.4-50.el6]
smb: \> dir
  .                            D        0  Tue Jul 20 17:26:56 2010
  ..                           DR       0  Mon Jul 19 17:15:06 2010
  ks-script-svAUkU             A       72  Mon Jul 19 11:15:41 2010
...
            37340 blocks of size 262144. 26568 blocks available
smb: \> quit
```

Remarque : la commande `help` affiche les possibilités de la commande `smbclient`. Cette commande possède une interface similaire à la commande ftp.

9. Réaliser un montage CIFS.

```
# mount -t cifs //localhost/tmp -o user=guest -o passord=wwii1945 /mnt
# ls /mnt
ks-script-svAUkU  ks-script-svAUkU.log  post_ks.sh  sda5.ext4  toto  yum.log
# df -Th
Filesystem    Type    Size  Used Avail Use% Mounted on
...
//localhost/tmp
              cifs    9.2G  2.2G  6.5G  26% /mnt
```

10. Visualiser à partir du serveur les montages courants.

```
# smbstatus

Samba version 3.4.4-50.el6
PID       Username     Group        Machine
------------------------------------------------------------------
19444     guest        guest          __1          (::1)


Service     pid     machine      Connected at
------------------------------------------------------------
tmp         19444   __1          Wed Jul 21 12:07:44 2010
```

11. Démonter la ressource et arrêter les services.

```
# umount /mnt
# service smb stop
Shutting down SMB services:                          [  OK  ]
# service nmb stop
Shutting down NMB services:                          [  OK  ]
```

- *Quota Hard, Soft*

- *user:pierre:rw-*

- *mask::rwx*

- *chattr +A f1 f2*

- *Page-in, Page-out*

Compléments sur les disques et les FS

Objectifs

Ce chapitre complète nos connaissances sur les disques et les FS. On apprend à mettre en œuvre les quotas disques et les ACL. On apprend également à ajouter une zone de swap. On étudie également les attributs spéciaux (Ext2, étendus) qui s'ajoutent aux caractéristiques standards des fichiers.

Contenu

Les quotas

Les ACL

Les attributs Ext2

Les attributs étendus (xattr)

Les disques dédiés

Le swap

Ateliers

Les quotas

La théorie

Description

La mise en œuvre des quotas permet de limiter l'usage des ressources disques. Par exemple avec les quotas on peut dire :

Pierre ne peut utiliser au maximum que 10 000 blocs dans le FS /home.

Pour un FS donné, les quotas limitent :

- Le nombre de blocs.
- Le nombre d'inodes (et donc le nombre de fichiers que l'on peut créer).

Les limites s'appliquent à :

- Un utilisateur.
- Un groupe d'utilisateur.

Limites Hard et Soft

L'administrateur peut mettre en place deux types de limites :

- La limite « Hard » : elle est infranchissable.
- La limite « Soft » : on peut la dépasser pendant une période (grace), mais si on le fait, des messages d'avertissement sont affichés (warning). Logiquement, cette limite doit être inférieure à la limite Hard.

Implémentation

Les quotas sont gérés directement par le noyau au niveau de la VFS et des pilotes des FS. Les FS Unix/Linux les gèrent (Ext2/Ext3/Ext4, ReiserFS, Xfs, NFS…), pas les autres (vfat…).

Les quotas sont stockés dans des fichiers binaires à la racine du FS. L'activation des quotas est une option de montage d'un FS.

Il est possible d'activer ou désactiver la prise en compte des quotas pour un FS particulier ou pour l'ensemble des FS. Les scripts de démarrage activent les quotas et les scripts d'arrêt les désactivent.

Remarques :

1) Le noyau vérifie le dépassement des quotas à chaque écriture, ce qui diminue les performances.

2) La prise en compte des quotas est une option de compilation du noyau.

Alternative

Au lieu d'utiliser les quotas, il est possible d'enfermer un utilisateur ou une application dans un FS. Une arborescence de fichiers appartient à un FS, donc sa taille est forcément limitée par la taille du FS qui l'abrite.

Le savoir concret

Les fichiers

/etc/fstab   Mémorise les FS devant être montés au démarrage ainsi que leurs options de démarrage (quota…).

Les fichiers suivants sont à la racine d'un FS :

aquota.user   Mémorise les quotas des utilisateurs.

aquota.group   Mémorise les quotas des groupes d'utilisateurs.

Les commandes

quotaon   Active la prise en compte des quotas par le noyau.

quotaoff   Désactive la prise en compte des quotas par le noyau.

quotaon -p   Indique si les quotas sont pris en compte ou non (on/off).

edquota   Crée/modifie/supprime les quotas d'un utilisateur ou d'un groupe grâce à un éditeur (vi par défaut).

setquota   Idem, mais en mode ligne de commande (scriptable).

quotacheck   Vérifie les quotas. Permet également de créer les fichiers quotas.

quota   Liste les quotas de l'utilisateur.

repquota   Liste les quotas associés à un FS.

En savoir plus

Les pages de manuel

quotaon(8), repquota(8), quota(1), quotacheck(8), setquota(8), mount(8), quotactl(8)

Howto

Quota mini-Howto

Internet

Gestion des quotas
http://www.linux-pour-lesnuls.com/quotas.php

Les ACL

La théorie

Description

Les droits Linux ordinaires (ISO) sont restreints : il y a les droits qui s'appliquent au propriétaire, ceux qui s'appliquent aux membres du groupe et ceux qui s'appliquent aux autres.

Les ACL Linux, inspirés d'un draft POSIX, vont plus loin : ils permettent de positionner une liste de contrôle d'accès (ACL=Access Control List) associée à un fichier. Chaque élément de cette liste fixant les droits d'un utilisateur ou d'un groupe par rapport au fichier.

Remarque : les ACL sont prioritaires sur les droits ISO.

Le concept de masque

Le masque ACL fait partie des ACL d'un fichier. Il précise si les ACL doivent être pris en compte en partie (pour r, w ou x), en totalité ou pas du tout.

Les ACL par défaut

La gestion des ACL peut être très lourde si l'on fixe les ACL fichier par fichier.

Les ACL par défaut simplifient les choses : on fixe des ACL par défaut au niveau d'un répertoire. Tout fichier créé ensuite dans ce répertoire héritera par défaut de ces ACL.

Remarque : les ACL par défaut sont une technique qui permet de simuler l'héritage des droits existant sous Windows.

Implémentation

Les ACL sont gérés par le noyau au niveau du VFS et des pilotes de FS. Les ACL sont pris en charge par les FS Xfs, Ext2/Ext3/Ext4, ReiserFS et NFS.

Les ACL sont mémorisés sur disque dans les structures de données des FS. Ils sont activés lors du montage du FS. Dans le cas des FS Ext2/Ext3, c'est une option de montage.

Le savoir concret

Les commandes

getfacl   Visualise les ACL d'un fichier.

setfacl   Crée, modifie, supprime les ACL d'un fichier.

ls -l   Liste les attributs d'un fichier, indique la présence d'ACL.

mount   Monte un FS. L'option –o acl active l'utilisation des acl.

Focus : la syntaxe de setfacl

```
setfacl  -m  ACL[,…]  fichier …
```

Syntaxe d'une ACL :

```
<type_d_ACL>:[<valeur>]:<droits>
```

Exemples :

```
user:pierre:rw-
```
Pierre a les droits de lecture et d'écriture (r et w).

`group:g1:r---`	Le groupe g1 a le droit de lecture (r).
`mask::rwx`	Les ACL sont totalement pris en compte.
`mask::---`	Les ACL sont désactivés.
`mask::r--`	Seul le droit de lecture est pris en compte dans les ACL.
`default:user:paul:rw-`	Exemple d'ACL par défaut (pour un répertoire).

Remarque : la commande `setfacl` peut également modifier les droits ordinaires (ISO) avec les pseudo ACL suivants : `user::<droits>`, `group::<droits>` et `other::<droits>`.

Alternative

Au lieu d'utiliser les ACL, il est possible de créer un groupe qui correspond aux membres auxquels on désire donner un accès. Cette technique permet d'avoir une meilleure interopérabilité avec les autres systèmes d'exploitation (AIX, HP-UX…).

Sauvegarde des ACL

Il est facile de sauvegarder les ACL avec la commande `getfacl -R` et ensuite de les restaurer avec la commande `setfacl --restore`.

La commande `tar` possède l'option --acls pour sauvegarder les ACL, ainsi que l'option --no-acls pour ne pas les restaurer.

Les commandes `dump`/`restore` qui gèrent la sauvegarde des systèmes Ext2/Ext3/Ext4 acceptent également les ACL.

Pour en savoir plus

Les pages de manuel

getfacl(1), setfacl(1), ls(1), star(1)

Internet

La gestion des ACL
http://www.lea-linux.org/documentations/index.php/Gestion_des_ACL

Les attributs Ext2

La théorie

Description

Les attributs Ext2 s'ajoutent aux caractéristiques classiques d'un fichier (droits, type…).

Ces attributs, apparus avec Ext2, sont acceptés par les FS Ext2/Ext3/Ext4, XFS et ReiserFS.

Le savoir concret

Les principaux attributs

a   Fichier journal : on ne peut qu'ajouter des données au fichier. Il est également impossible de le détruire.

i   Le fichier ne peut être ni modifié, ni détruit, ni même déplacé. Cet attribut empêche également la création d'un lien sur le fichier.

s   Le fichier sera physiquement détruit lors de sa suppression.

D   Répertoire synchrone.

S   Fichier synchrone.

A   L'époque (date et l'heure) de dernier accès ne sera pas mise à jour.

Remarques :

1) Quand un fichier est synchrone, les modifications qui lui sont apportées sont immédiatement reproduites sur le disque. Normalement les modifications sont réalisées au niveau des tampons système (buffer cache).

2) Des options de la commande mount agissent de manière similaire à certains attributs, mais pour l'ensemble des fichiers comme l'option -o sync ou l'option -o noatime (cf. mount(8)).

Les commandes

chattr   Modifie les attributs Ext2.

lsattr   Visualise la valeur des attributs Ext2 d'un fichier.

mount   L'option -o attrs est requise sous ReiserFS pour gérer ces attributs.

Focus : La commande chattr

```
#  chattr +A  f1  f2
```

Ajoute l'attribut A aux fichiers f1 et f2 (-A aurait retiré l'attribut).

Pour en savoir plus

Les pages de manuel

chattr(1), lsattr(1)

Internet

Attributs étendus (en fait ext2)
http://www.lea-linux.org/documentations/index.php/Attributs_étendus

Les attributs étendus (xattr)

La théorie

Description

Les attributs étendus (Extended Attributes ou EA ou xattr) offrent la possibilité d'associer des paires `nom=valeur` à des fichiers.

Ces attributs sont apparus d'abord dans le FS XFS. Ils sont actuellement pris en charge en noyau 2.6 par les FS Ext2/Ext3/Ext4, ReiserFS et XFS.

La philosophie des EA est de permettre l'ajout de fonctionnalités aux FS sans changer radicalement leur structure. Ainsi la gestion des ACL ou de la sécurité SELinux peut être gérée grâce aux EA.

Remarque : on vient de le constater, un administrateur n'a pas besoin de gérer directement les EA. Ces derniers sont utilisés par des pilotes ou des applications système.

Structure

Un attribut étendu possède la structure suivante :

<espace_de_nom>.<nomde_l_attribut>

Voici la liste actuelle des espaces de noms (namespace) : user, trusted, system, security.

Le savoir concret

Les commandes

`getfattr`	Visualise les EA d'un fichier.
`getfattr -d`	Visualise les EA d'un fichier et leur valeur.
`setfattr`	Crée, modifie, supprime ou restaure les EA d'un fichier.
`setfattr -x`	Supprime un EA d'un fichier.
`mount`	Le FS Ext3 nécessite l'option –o user_xattr pour utiliser les EA.

Remarque : les xattr peuvent être sauvegardés par les outils classiques de sauvegarde (`tar`, `dump`…).

Focus : Création d'un attribut

```
# setfattr -n user.bidule -v machin un_fichier
```

Associe l'attribut `user.bidule` au fichier **un_fichier**. L'attribut a la valeur `machin`.

Pour en savoir plus

Les pages de manuel

attr(5), attr(1), getfattr(1), setfattr(1), star(1)

Internet

Linux Extended Attributes and ACLs
http://acl.bestbits.at

Les disques dédiés

La théorie

Un disque (RAM, partition, disque complet, volume logique…) peut être dédié à un logiciel d'application.

Dans ce cas, le disque ne comporte pas de fichiers au sens traditionnel du terme, mais des structures de données exploitables uniquement par l'application.

Le plus souvent, les applications proposent cette approche comme une alternative au stockage de leurs données à l'intérieur d'un FS. L'intérêt de l'approche disque dédié est d'offrir de meilleures performances.

Les « raw device »

Les raw devices sont des disques dédiés, mais accessibles par les applications grâce à un fichier périphérique en mode caractère (normalement un disque est vu comme un périphérique bloc).

Cette approche est apparue sur les systèmes Unix et apporte de réels gains de performances. Sur un système Linux, l'architecture du noyau fait que la vision caractère offre peu d'intérêt (sauf si c'est requis par le logiciel).

Le savoir concret

Les fichiers

/sys/block/	Répertoire listant les périphériques bloc.
/dev/raw/raw<n>	Périphérique caractère associé à un périphérique bloc.

Les commandes

raw	Associe un fichier spécial caractère à un disque.
sysctl	Liste les périphériques.

Focus : La commande raw

a) Créer une association fichier spécial caractère – disque.

```
# raw /dev/raw/raw1  /dev/sda
```

b) Lister les associations.

```
# raw  -qa
```

c) Supprimer une association.

```
# raw  /dev/raw/raw1  0 0
```

Pour en savoir plus

Les pages de manuel

raw(8)

Internet

The Linux 2.4 SCSI subsystem HOWTO (Chapter 11. Raw devices)
http://www.linux.org/docs/ldp/howto/SCSI-2.4-HOWTO/rawdev.html

SWAP

La théorie

Mémoire virtuelle et SWAP

Une application sous forme binaire contient des instructions machine. Ces instructions se réfèrent à des registres du processeur et des cases mémoires. Les adresses de ces cases sont dites « virtuelles » car elles n'ont de sens que pour l'application elle-même et sont sans rapport avec les adresses de la mémoire physique (mémoire vive ou RAM).

Exemple : « mov ax,[0x94e0] » Stocke le contenu d'une case mémoire dans le registre ax.

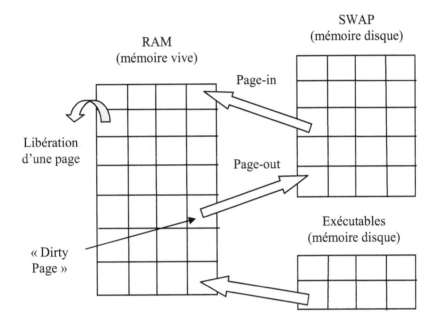

Fig. Page-in, Page-out

L'espace mémoire physique ainsi que l'espace virtuel des applications sont divisés en pages de 4Ko.

Toutes les pages d'un processus n'ont pas besoin d'être en mémoire physique simultanément. Seules les pages référencées à l'instant « T » doivent être en RAM. Les autres peuvent résider sur disque.

L'espace disque associé aux processus se divise en deux :

- Les fichiers exécutables et les bibliothèques dynamiques qui contiennent le code des applications.

- Le swap qui contient les données des applications (chaque processus possède une zone de données statique, une zone d'allocation dynamique et une pile).

Quand l'application référence une page non présente en RAM, le processus est interrompu, on a un « défaut de page » (Page fault). Le processeur (le MMU plus précisément), renseigné par des tables du noyau, amène la page manquante en RAM (Page-in), et l'application peut continuer.

La mémoire est vite pleine. Il faut supprimer de la mémoire des pages qui ne sont plus utilisées (on dit « libérer des pages). Les pages de code ou les pages de données non modifiées sont supprimées sans autre forme de procès. Par contre, les pages de données modifiées (Dirty pages) doivent être écrites sur l'espace de swap (Page-out) avant d'être supprimées.

Combien de swap ?

Linux peut fonctionner sans espace de swap. Par contre, si l'espace RAM est trop juste, la présence de swap améliore les performances en évitant la libération de trop de pages de code.

Il ne faut pas oublier que s'il manque trop de mémoire (RAM + swap), une application ne peut démarrer ou ne peut plus allouer de mémoire (ce qui généralement la fait se terminer).

Si l'espace mémoire est important, la présence de swap va également améliorer les performances en stockant des pages qui sont exceptionnellement utilisées, laissant ainsi la mémoire vive disponible pour des utilisations plus critiques.

En conclusion, on configure de l'espace de swap.

Il est difficile a priori de connaître la quantité de swap nécessaire. Le manuel de l'application principale peut vous renseigner sur ses besoins. L'heuristique la plus connue est de prendre deux fois la taille de la mémoire physique.

Remarque : Oracle conseille pour sa version 10g Release 2, la quantité de swap suivante :

1,5 fois la taille de la RAM avec une mémoire RAM de 1 à 2 Go.

Autant de swap que de RAM avec une mémoire RAM de 2 à 8 Go.

0,75 fois la taille de la RAM avec une mémoire RAM supérieure à 8 Go.

Où installer le swap ?

- Dans une partition.
- Dans un volume logique.
- Dans un fichier à l'intérieur d'un FS.

Remarques :

1) Pour améliorer les performances, il est préférable d'utiliser plusieurs petits espaces de swap sur des disques différents (SCSI par exemple) plutôt qu'un gros espace de swap.

2) Créer un espace de swap dans un fichier est moins performant que de le créer dans une partition, mais c'est très pratique en dépannage.

Priorité

Il est possible d'associer une priorité à un espace de swap. Le noyau utilise de manière prioritaire les espaces ayant la priorité la plus forte. S'il n'y a plus d'espace prioritaire, le noyau utilise les autres espaces. Si plusieurs espaces possèdent la même priorité, le noyau les utilise à tour de rôle.

Le savoir concret

Les commandes

`mkswap`	Formate un espace de swap.
`swapon`	Active un espace de swap. Il est possible de fixer sa priorité.
`swapoff`	Désactive un espace de swap.
`swapon -s`	Liste les espaces de swap, affiche leur usage.
`blkid`	Affiche le type de contenu d'un disque (FS, swap) , ainsi que son UUID.

`free`	Visualise l'espace RAM et le swap libre et occupé.
`vmstat`	Affiche des statistiques concernant le CPU, la mémoire et les entrées/sorties.
`fdisk -l`	Liste les partitions, celles ayant le tag « 82 » sont a priori des espaces de swap Linux.

Les fichiers

/etc/fstab	Ce fichier mémorise les FS ainsi que les espaces de swap devant être activés au démarrage.
/proc/swap	La vision « noyau » du swap.

Focus : Le fichier /etc/fstab

Si l'on veut activer automatiquement un espace de swap au démarrage, il doit être mentionné dans le fichier /etc/fstab. Voici une ligne de ce fichier qui décrit un espace de swap :

```
/dev/hda6      swap      swap      defaults   0  0
```

Focus : Créer un espace de swap dans un fichier

1) On crée un gros fichier avec la commande dd.
```
# dd if=/dev/zero  of=/fichier.swap  bs=1k  count=32768
```

2) On formate le fichier en tant que swap.
```
# mkswap  /fichier.swap
```

3) On active ce nouvel espace de swap.
```
# swapon  /fichier.swap
```

Pour en savoir plus

Les pages de manuel

mkswap(8), swapon(2), swapon(8), fstab(5), vmstat(8)

Howto

Linux Swap Space Mini-Howto

Internet

Wikipedia – Virtual Memory
http://en.wikipedia.org/wiki/Category:Virtual_memory

Redhat 5 – swap space
http://www.redhat.com/docs/manuals/enterprise/RHEL-5-manual/Deployment_Guide-en-US/ch-swapspace.html

Redhat 6 – swap space
http://www.redhat.com/docs/en-US/Red_Hat_Enterprise_Linux/6-Beta/html-single/Storage_Administration_Guide/#ch-swapspace

ATELIERS

Tâche 1 :
Les quotas

1. Vérifier que le noyau prend bien en charge les quotas.

```
# grep -i quota /boot/config-$(uname -r)
CONFIG_NETFILTER_XT_MATCH_QUOTA=m
CONFIG_XFS_QUOTA=y
CONFIG_QUOTA=y
...
```

2. Monter un FS avec les options de quota.

```
# mkfs -t ext4 -q /dev/sda5
# mount -t ext4 -o usrquota,grpquota /dev/sda5 /mnt
# mount |grep /mnt
/dev/sda5 on /mnt type ext4 (rw,usrquota,grpquota)
```

3. Créer les fichiers quota à la racine du FS.

```
# quotacheck -cugm /mnt
# ls -l /mnt
total 32
-rw------- 1 root root  6144 Jul 21 17:57 aquota.group
-rw------- 1 root root  6144 Jul 21 17:57 aquota.user
drwx------ 2 root root 16384 Jul 21 17:54 lost+found
```

4. Vérifier si les quotas sont activés, ensuite les activer.

```
# quotaon -p /mnt
group quota on /mnt (/dev/sda5) is off
user quota on /mnt (/dev/sda5) is off
# quotaon /mnt
# quotaon -p /mnt
group quota on /mnt (/dev/sda5) is on
user quota on /mnt (/dev/sda5) is on
```

5. Modifier les quotas d'un utilisateur et autoriser ce dernier à écrire dans le FS.

On modifie pour l'utilisateur guest la limite Hard des blocs à 1000.

```
# edquota guest
Disk quotas for user guest (uid 500):
  Filesystem          blocks        soft        hard    inodes      soft      hard
   /dev/sda5               0           0        1000         0         0         0
```

On rend accessible le point de montage en écriture à l'utilisateur guest.

```
# chmod a+rwx /mnt
```

6. Se connecter sous ce compte et essayer de dépasser les quotas.

Lorsque l'on essaye de dépasser les quotas, la commande qui essaye d'allouer des blocs (ici dd) génère un message d'erreur (si l'application est bien écrite).

```
# su - guest
$ cd /mnt
$ cp /etc/profile .
$ quota
Disk quotas for user guest (uid 500):
     Filesystem blocks   quota   limit   grace   files   quota   limit   grace
       /dev/sda5      8       0    1000                1       0       0
$ dd if=/dev/zero of=toto bs=1k count=1500
dd: writing `toto': Disk quota exceeded
989+0 records in
988+0 records out
1011712 bytes (1.0 MB) copied, 0.0465493 s, 21.7 MB/s
$ ls -lh toto
-rw-rw-r-- 1 guest guest 988K Jul 21 18:07 toto
$ quota
Disk quotas for user guest (uid 500):
     Filesystem blocks   quota   limit   grace   files   quota   limit   grace
       /dev/sda5    992       0    1000                2       0       0
$ exit
```

7. L'administrateur visualise l'usage des quotas.

```
# repquota /mnt
*** Report for user quotas on device /dev/sda5
Block grace time: 7days; Inode grace time: 7days
                        Block limits              File limits
User            used    soft    hard  grace    used  soft  hard  grace
-----------------------------------------------------------------------
root      --      20       0       0             2     0     0
guest     --     992       0    1000             2     0     0
```

8. L'administrateur modifie les quotas de l'utilisateur.

L'administrateur impose également une limite sur le nombre de fichiers créés : uniquement 5 fichiers. L'administrateur positionne également une limite soft de 4 fichiers.

```
# edquota guest
Disk quotas for user guest (uid 500):
  Filesystem         blocks     soft      hard    inodes    soft    hard
   /dev/sda5            992        0      1000         2       4       5
```

9. Se connecter sous ce compte et essayer de dépasser les quotas.

```
# su - guest
$ cd /mnt
$ touch f1
$ touch f2
$ touch f3
$ touch f4
touch: cannot touch `f4': Disk quota exceeded
$ ls
aquota.group  aquota.user  f1  f2  f3  lost+found  profile  toto
$ quota
Disk quotas for user guest (uid 500):
     Filesystem blocks   quota   limit   grace   files   quota   limit   grace
```

```
      /dev/sda5      992        0     1000              5*       4       5    6days
$ exit
```

Remarque : l'utilisateur a dépassé la limite soft. Il a un délai de 6 jours pour redescendre en dessous du seuil associé à cette limite. Faute de quoi, la limite soft deviendra hard.

10. L'administrateur visualise les quotas.

```
# repquota /mnt
*** Report for user quotas on device /dev/sda5
Block grace time: 7days; Inode grace time: 7days
                        Block limits                File limits
User            used   soft    hard   grace   used   soft   hard   grace
-------------------------------------------------------------------------
root      --     20      0       0             2      0      0
guest     -+    992      0    1000             5      4      5   6days
```

11. L'administrateur supprime les quotas en mode ligne de commande.

```
# setquota -u guest 0 0 0 0 /mnt
# repquota /mnt
*** Report for user quotas on device /dev/sda5
Block grace time: 7days; Inode grace time: 7days
                        Block limits                File limits
User            used   soft    hard   grace   used   soft   hard   grace
-------------------------------------------------------------------------
root      --     20      0       0             2      0      0
guest     --    992      0       0             5      0      0
```

Remarque : syntaxe de la commande `setquota`: setquota –u utilisateur quota_soft_blocs quota_hard_blocs quota_inodes_soft quota_inodes_hard FS.

12. Vérifier les quotas (les quotas doivent être désactivés).

```
# quotacheck /mnt
quotacheck: Quota for users is enabled on mountpoint /mnt so quotacheck might
damage the file.
Please turn quotas off or use -f to force checking.
# quotaoff /mnt
# quotacheck /mnt
#
```

Remarques :

1) Les quotas doivent être désactivés pour pouvoir être vérifiés par la commande `quotacheck`. Quand les quotas sont activés, ils sont en permanence vérifiés par le noyau.

2) En fait, on aurait dû vérifier les quotas juste après les avoir positionnés pour vérifier qu'ils n'étaient pas a priori dépassés.

13. Démonter le FS.

```
# umount /mnt
```

Tâche 2 :
Les ACL

1. Vérifier que le noyau et les pilotes de FS prennent bien en charge les ACL.

Remarque : dans la suite, on utilise les ACL sur un système Ext4. Nous sommes donc plus particulièrement intéressés par la compatibilité globale des ACL (au niveau VFS) et par celle des ACL par Ext4.

```
# grep -i acl /boot/config-$(uname -r)
# CONFIG_SND_MSND_PINNACLE is not set
CONFIG_EXT2_FS_POSIX_ACL=y
CONFIG_EXT3_FS_POSIX_ACL=y
CONFIG_EXT4_FS_POSIX_ACL=y
CONFIG_FS_POSIX_ACL=y
CONFIG_XFS_POSIX_ACL=y
CONFIG_BTRFS_FS_POSIX_ACL=y
CONFIG_GENERIC_ACL=y
CONFIG_TMPFS_POSIX_ACL=y
CONFIG_NFS_V3_ACL=y
CONFIG_NFSD_V2_ACL=y
CONFIG_NFSD_V3_ACL=y
CONFIG_NFS_ACL_SUPPORT=m
```

2. Créer des comptes.

```
# groupadd paire
# groupadd impaire
# useradd -g paire user2
# useradd -g paire user4
# useradd -g impaire user1
# useradd -g impaire user3
```

3. Créer et monter un FS, donner la racine à user1.

```
# mkfs -t ext4 -q /dev/sda5
# mount -t ext4 -o acl /dev/sda5 /mnt
# chown user1 /mnt
```

4. Se connecter sous le compte user1 et créer une arborescence dans le FS.

```
# su - user1
$ cd /mnt
$ cal > f1
$ date > f2
$ mkdir rep
$ ls > rep/fic
$ chmod go=- f1 f2 rep/fic
$ ls -l f1 f2 rep/fic
-rw------- 1 user1 impaire 148 Jul 21 18:35 f1
-rw------- 1 user1 impaire  30 Jul 21 18:35 f2
-rw------- 1 user1 impaire  21 Jul 21 18:36 rep/fic
```

5. Positionner des ACL sur les fichiers, les visualiser.

```
$ setfacl -m user:user2:r-- f1
$ setfacl -m user:user2:rwx,group:paire:rw- f2
$ setfacl -m group:paire:r-- rep/fic
$ getfacl f1 f2 rep/fic
# file: f1
# owner: user1
# group: impaire
user::rw-
user:user2:r--
group::---
mask::r--
other::---

# file: f2
```

```
# owner: user1
# group: impaire
user::rw-
user:user2:rwx
group::---
group:paire:rw-
mask::rwx
other::---

# file: rep/fic
# owner: user1
# group: impaire
user::rw-
group::---
group:paire:r--
mask::r--
other::---

$ ls -l f1 f2 rep/fic
-rw-r-----+ 1 user1 impaire 148 Jul 21 18:35 f1
-rw-rwx---+ 1 user1 impaire  30 Jul 21 18:35 f2
-rw-r-----+ 1 user1 impaire  21 Jul 21 18:36 rep/fic
$ exit
```

Remarque : la commande ls -l ajoute un + après les droits dans le cas où le fichier possèderait des ACL.

6. Tester les accès.

a) À partir du compte user2.

```
# su - user2
$ cd /mnt
$ id
uid=501(user2) gid=503(paire) groups=503(paire)
$ ls -l
total 28
-rw-r-----+ 1 user1 impaire    148 Jul 21 18:35 f1
-rw-rwx---+ 1 user1 impaire     30 Jul 21 18:35 f2
drwx------  2 root  root     16384 Jul 21 18:29 lost+found
drwxr-xr-x  2 user1 impaire   4096 Jul 21 18:36 rep
$ cat f1
      July 2010
...
$ echo "++++++" >> f2
$ ls -l rep/fic
-rw-r-----+ 1 user1 impaire 21 Jul 21 18:36 rep/fic
$ cat rep/fic
f1
f2
lost+found
rep
$ exit
```

Remarque : on le constate, les ACL sont prioritaires sur les droits normaux. Normalement user2 qui n'appartient pas au groupe impair n'aurait pas dû accéder ni aux fichiers f1 et fic en lecture, ni au fichier f2 en écriture.

b) À partir du compte user3.

```
# su - user3
$ id
uid=504(user3) gid=504(impaire) groups=504(impaire)
$ cd /mnt
$ ls -l f1
-rw-r-----+ 1 user1 impaire 148 Jul 21 18:35 f1
$ cat f1
cat: f1: Permission denied
$ exit
```

Remarque : encore une fois, les ACL sont prioritaires. Normalement, user3, du fait de son appartenance au groupe impair aurait dû pouvoir accéder à f1.

7. Désactiver les ACL sur le fichier f1 en modifiant le masque. L'utilisateur user2 n'a plus d'accès au fichier.

```
# su - user1
$ cd /mnt
$ setfacl -m mask::--- f1
$ getfacl f1
# file: f1
# owner: user1
# group: impaire
user::rw-
user:user2:r--                    #effective:---
group::---
mask::---
other::---

$ exit
# su - user2
$ cd /mnt
$ tail -3 f1
tail: cannot open `f1' for reading: Permission denied
$ exit
```

8. Mémoriser, supprimer et restaurer les ACL.

```
# cd /mnt
# getfacl -R . > /tmp/acls
# setfacl -R -b .
# ls -l f1
-rw------- 1 user1 impaire 148 Jul 21 18:35 f1
# getfacl f1
# file: f1
# owner: user1
# group: impaire
user::rw-
group::---
other::---

# setfacl --restore=/tmp/acls
# getfacl f1
# file: f1
# owner: user1
# group: impaire
```

```
user::rw-
user:user2:r--
group::---
mask::r--
other::---

# ls -l f1
-rw-r-----+ 1 user1 impaire 148 Jul 21 18:35 f1
```

9. Réaliser une sauvegarde TAR avec mémorisation des ACL.

On sauvegarde l'arborescence /mnt (avec l'option --acls), on la détruit et on la restaure. On constate que les ACL ont été restaurés.

```
# cd /
# tar -cz --acls -f /tmp/mnt.tar /mnt
tar: Removing leading `/' from member names
# rm -rf /mnt/*
# tar -xf /tmp/mnt.tar
# ls -l /mnt
total 16
-rw-r-----+ 1 user1 impaire  148 Jul 21 18:35 f1
...
# getfacl /mnt/f1
getfacl: Removing leading '/' from absolute path names
# file: mnt/f1
# owner: user1
# group: impaire
user::rw-
user:user2:r--
group::---
mask::r--
other::---
```

10. Créer des ACL par défaut pour une arborescence.

Après avoir créé des ACL par défaut pour le répertoire rep, tout fichier créé dedans, comme ficBis hérite de ces ACL.

```
# su - user1
$ cd /mnt
$ setfacl -m default:user2:r-- rep
$ cal > rep/ficBis
$ getfacl rep/ficBis
# file: rep/ficBis
# owner: user1
# group: impaire
user::rw-
user:user2:r--
group::r-x                          #effective:r--
mask::r--
other::r--

$ exit
```

11. Démonter le FS.

```
# cd
# umount /mnt
```

Tâche 3 :
Les attributs Ext2

1. Créer un fichier, lister ses attributs.

```
# echo "Bonjour" > fichier
# lsattr fichier
-------------e- fichier
```

Remarque : sur un système de fichier Ext4, normalement les fichiers utilisent les extents pour leur allocation disque. L'attribut e l'indique.

2. Ajouter l'attribut « a » (fichier journal), tester les conséquences.

Un fichier ayant l'attribut a (archive) peut grossir, mais on ne peut supprimer des données ni le supprimer.

```
# chattr +a fichier
# lsattr fichier
-----a-------e- fichier
# echo "Salut" >> fichier
# cal > fichier
-bash: fichier: Operation not permitted
# rm -f fichier
rm: cannot remove `fichier': Operation not permitted
```

3. Retirer l'attribut précédent, ajouter l'attribut i (fichier immuable).

L'attribut i (immuable) a pour conséquence que l'on ne peut ni modifier le fichier, ni le supprimer, ni le déplacer et ni créer des liens symboliques dessus.

```
# chattr -a fichier
# chattr +i fichier
# lsattr fichier
----i--------e- fichier
# echo "Bye" >> fichier
-bash: fichier: Permission denied
# cal > fichier
-bash: fichier: Permission denied
# rm -f fichier
rm: cannot remove `fichier': Operation not permitted
# ln fichier ficBis
ln: creating hard link `ficBis' => `fichier': Operation not permitted
# mv fichier /tmp
mv: cannot move `fichier' to `/tmp/fichier': Operation not permitted
```

4. Retirer l'attribut précédent, ajouter l'attribut A (noatime).

L'attribut A (no Access time) contrôle la mise à jour de la date de dernier accès. Si l'attribut est positionné, cette mise à jour est désactivée.

```
# chattr -i fichier
# chattr +A fichier
# lsattr fichier
-------A-----e- fichier
# ls -lu fichier
-rw-r--r-- 1 root root 14 Jul 21 19:28 fichier
# sleep 60; cat fichier
Bonjour
Salut
# ls -lu fichier
-rw-r--r-- 1 root root 14 Jul 21 19:28 fichier
```

```
# chattr -A fichier
# sleep 60; cat fichier
Bonjour
Salut
# ls -lu fichier
-rw-r--r-- 1 root root 14 Jul 21 19:43 fichier
```

5. Ajouter au fichier les attributs a, i, s, D, S et A au fichier. Les visualiser et les supprimer. Supprimer également le fichier.

```
# chattr +aisDSA fichier
# lsattr fichier
s-S-ia-A-----e- fichier
# chattr -aisDSA fichier
# lsattr fichier
-------------e- fichier
# rm -f fichier
```

Tâche 4 :
Les attributs étendus (xattr)

1. Vérifier que le noyau (le système VFS) et les pilotes de FS acceptent les attributs étendus.

```
# grep -i xattr /boot/config-$(uname -r)
CONFIG_EXT2_FS_XATTR=y
CONFIG_EXT3_FS_XATTR=y
CONFIG_EXT4_FS_XATTR=y
# CONFIG_REISERFS_FS_XATTR is not set
CONFIG_CIFS_XATTR=y
```

2. Créer un FS Ext3. Le monter en activant la prise en compte des EA. Créer un fichier.

```
# mkfs -t ext4 -q /dev/sda5
# mount -t ext4 -o user_xattr /dev/sda5 /mnt
# date > /mnt/f1
```

3. Ajouter un des attributs.

On ajoute l'attribut user.truc ayant la valeur chose et l'attribut user.bidule ayant la valeur machin.

```
# setfattr -n user.truc -v chose /mnt/f1
# setfattr -n user.bidule -v machin /mnt/f1
```

4. Afficher l'ensemble des attributs et leurs valeurs.

```
# getfattr -d /mnt/f1
getfattr: Removing leading '/' from absolute path names
# file: mnt/f1
user.bidule="machin"
user.truc="chose"
```

5. Afficher juste la liste des attributs d'un fichier.

```
# getfattr /mnt/f1
getfattr: Removing leading '/' from absolute path names
# file: mnt/f1
user.bidule
user.truc
```

6. Afficher un attribut et sa valeur.

```
# getfattr /mnt/f1 -n user.bidule
getfattr: Removing leading '/' from absolute path names
```

```
# file: mnt/f1
user.bidule="machin"
```

7. Sauvegarder les attributs d'une arborescence.

```
# getfattr -dR /mnt > /tmp/sauve.xattr
getfattr: Removing leading '/' from absolute path names
```

8. Détruire un attribut.

```
# setfattr -x user.bidule /mnt/f1
# getfattr /mnt/f1
getfattr: Removing leading '/' from absolute path names
# file: mnt/f1
user.truc
```

9. Restaurer les attributs d'une arborescence.

```
# cd /
# setfattr --restore=/tmp/sauve.xattr
# getfattr /mnt/f1
getfattr: Removing leading '/' from absolute path names
# file: mnt/f1
user.bidule
user.truc
```

10. Sauvegarder l'arborescence /mnt avec TAR en sauvegardant les xattrx. Détruire l'arborescence et la restaurer. Vérifier la présence des xattrs.

```
# tar -c --xattrs -f /tmp/sauve.tar /mnt
tar: Removing leading `/' from member names
# rm -rf /mnt/*
# tar -xf /tmp/sauve.tar
# getfattr /mnt/f1
getfattr: Removing leading '/' from absolute path names
# file: mnt/f1
user.bidule
user.truc
```

11. Démonter le FS.

```
# cd
# umount /mnt
```

Tâche 5 :
Les disques dédiés

1. Utiliser une partition comme un périphérique d'archivage.

a) On crée un FS dans une partition.

```
# mkfs -q -t ext4 /dev/sda5
# tune2fs -l /dev/sda5 | head -3
tune2fs 1.41.10 (10-Feb-2009)
Filesystem volume name:   <none>
Last mounted on:          <not available>
```

b) On sauvegarde des fichiers avec tar dans la partition. On liste l'archive.

```
# tar -cf /dev/sda5 /etc
tar: Removing leading `/' from member names
# tar -tvf /dev/sda5 | tail -3
-rw-r--r-- root/root      1512 2010-01-12 14:28 etc/aliases
-rw-r--r-- root/root        61 2010-07-07 16:05 etc/yum.conf
-rw------- root/root         0 2010-07-19 11:10 etc/.pwd.lock
```

c) On essaye d'accéder à la partition en tant que FS.

```
# tune2fs -l /dev/sda5 | head -3
tune2fs: Bad magic number in super-block while trying to open /dev/sda5
Couldn't find valid filesystem superblock.
tune2fs 1.41.10 (10-Feb-2009)
# mount -t ext4 /dev/sda5 /mnt
mount: wrong fs type, bad option, bad superblock on /dev/sda5,
...
```

Remarque : le FS a été détruit lorsque l'on a sauvegardé des fichiers avec `tar`.

2. Les raw devices.

a) On associe un raw device à une partition.

```
# raw /dev/raw/raw1 /dev/sda5
/dev/raw/raw1:  bound to major 8, minor 5
# ls -l /dev/sda5
brw-rw---- 1 root disk 8, 5 Jul 21 20:48 /dev/sda5
# ls -l /dev/raw/raw1
crw-rw---- 1 root disk 162, 1 Jul 21 20:50 /dev/raw/raw1
```

b) On liste les associations.

```
# raw -qa
/dev/raw/raw1:  bound to major 8, minor 5
```

c) On utilise le raw device (on sauvegarde /etc dessus).

```
# tar -cf /dev/raw/raw1 /etc
tar: Removing leading `/' from member names
# tar -tvf /dev/raw/raw1 etc/group
-rw-r--r-- root/root         715 2010-07-21 18:27 etc/group
```

d) On supprime l'association.

```
# raw /dev/raw/raw1 0 0
/dev/raw/raw1:  bound to major 0, minor 0
# raw -qa
# ls -l /dev/raw/raw1
ls: cannot access /dev/raw/raw1: No such file or directory
```

Tâche 6 :
Le swap

1. Quelle est la taille d'une page mémoire ?

La commande suivante donne la taille en octets.

```
# getconf PAGESIZE
4096
```

2. Lister les espaces de swap courants.

```
# swapon -s
Filename                                Type        Size     Used  Priority
/dev/dm-1                               partition   524280   0     -1
```

3. Lister les espaces de swap définis au démarrage.

```
# grep swap /etc/fstab
/dev/mapper/vg00-lv_swap swap                    swap      defaults      0 0
```

4. Créer une zone de swap dans une partition.

a) On crée une partition de type 82 (ici on modifie juste le tag).

```
# fdisk /dev/sda
...
Command (m for help): t
Partition number (1-8): 5
Hex code (type L to list codes): 82
Changed system type of partition 5 to 82 (Linux swap / Solaris)

Command (m for help): w
...
# partprobe
# fdisk -l /dev/sda |grep /dev/sda5
/dev/sda5             1339         1404       524574+  82  Linux swap / Solaris
```

b) On formate l'espace de swap.

```
# mkswap /dev/sda5
Setting up swapspace version 1, size = 524568 KiB
no label, UUID=d9e76d7f-6150-48c7-826a-2e70fdcf524c
```

c) On active l'espace de swap.

```
# swapon -v /dev/sda5
swapon on /dev/sda5
swapon: /dev/sda5: found swap signature: version 1, page-size 4, same byte order
swapon: /dev/sda5: pagesize=4096, swapsize=537161728, devsize=537164288
# swapon -s
Filename                          Type         Size    Used   Priority
/dev/dm-1                         partition    524280  0      -1
/dev/sda5                         partition    524564  0      -2
```

Remarque : si l'on désirait rendre permanent cet espace de swap, on ajouterait la ligne suivante dans le fichier /etc/fstab :

```
UUID= d9e76d7f-6150-48c7-826a-2e70fdcf524c none  swap    sw      0      0
```

d) Afficher le type de contenu de la partition sda5 ainsi que l'UUID.

```
# blkid /dev/sda5
/dev/sda5: UUID="d9e76d7f-6150-48c7-826a-2e70fdcf524c" TYPE="swap"
```

e) On désactive l'espace de swap et on remet le tag 83 à la partition.

```
# swapoff /dev/sda5
# fdisk /dev/sda
...
Command (m for help): t
Partition number (1-8): 5
Hex code (type L to list codes): 83
Changed system type of partition 5 to 83 (Linux)

Command (m for help): w
The partition table has been altered!
...
# partprobe
```

5. Créer une zone de swap dans un fichier.

a) On crée un fichier ayant la taille désirée (ici 100Mo).

```
# dd if=/dev/zero of=/fichier.swap bs=1M count=100
100+0 records in
100+0 records out
104857600 bytes (105 MB) copied, 0.842777 s, 124 MB/s
```

b) On formate le fichier en tant qu'espace de swap.

```
# mkswap /fichier.swap
mkswap: /fichier.swap: warning: don't erase bootbits sectors
        on whole disk. Use -f to force.
Setting up swapspace version 1, size = 102396 KiB
no label, UUID=626b5e48-e01c-4324-9137-ce7cfe0a7198
```

c) On rend l'espace inaccessible.

```
# chmod 600 /fichier.swap
# ls -l /fichier.swap
-rw------- 1 root root 104857600 Jul 21 21:14 /fichier.swap
```

d) On active l'espace de swap, on liste les espaces et leur utilisation.

```
# swapon -v /fichier.swap
swapon on /fichier.swap
swapon: /fichier.swap: found swap signature: version 1, page-size 4, same byte
order
swapon: /fichier.swap: pagesize=4096, swapsize=104857600, devsize=104857600
# swapon -s
Filename                          Type            Size      Used   Priority
/dev/dm-1                         partition       524280    0      -1
/fichier.swap                     file            102392    0      -2
# free
             total      used      free     shared    buffers     cached
Mem:         512160    502152     10008         0      45440     391308
-/+ buffers/cache:      65404    446756
Swap:        626672         0    626672
```

Remarque : l'espace Mem total correspond à la mémoire vive (RAM).

e) On désactive l'espace de swap et on détruit le fichier.

```
# swapoff /fichier.swap
# swapon -s
Filename                          Type            Size      Used   Priority
/dev/dm-1                         partition       524280    0      -1
# rm -f /fichier.swap
```

- *RAID 0, 1 et 5*

- *Chunk-size, Spare*

- *DAS, NAS et SAN*

- *Baie de stockage, LUN*

- *mdadm --create /dev/md0*

Le RAID

Objectifs

Ce chapitre traite du RAID. Cette technique est indispensable pour obtenir des serveurs performants. Le savoir concret porte essentiellement sur le RAID logiciel qui est offert par le noyau Linux. Le RAID matériel lui, est présenté essentiellement de manière théorique. Pour beaucoup d'administrateurs, il se résume au choix du serveur ou à l'utilisation quasi opaque d'un SAN.

Contenu

La technologie RAID

Les stratégies de stockage d'information

SAN FC

SAN iSCSI

Les solutions de type DAS

Proliant (exemple de solution DAS)

Le RAID logiciel

Le RAID et le LVM

Ateliers

La technologie RAID

La théorie

Description

Un disque RAID (Redundant Array of InDependant Disks ou Disk Array) est constitué d'un ensemble de disques. L'avantage de ce groupement est d'obtenir de la tolérance aux pannes et/ou de meilleures performances.

Les performances sont permises en éclatant les entrées/sorties sur plusieurs disques (stripping) SCSI ou sur plusieurs disques IDE gérés chacun par un contrôleur distinct. Dans ces cas-là, les entrées/sorties (I/O) sont exécutées simultanément.

La tolérance aux pannes d'un disque est réalisée soit en dupliquant les mêmes données sur plusieurs disques (on parle de disques miroirs ou mirroring), soit en utilisant des données de parité qui permettent la reconstitution du disque hors service.

Stripping ou concaténation

On peut former un disque de grande capacité en concaténant des disques : quand le 1er est rempli, on continue les ajouts sur un deuxième disque, quand ce dernier est rempli, on utilise un troisième disque, et ainsi de suite.

L'agrégation par bandes (stripping) offre de meilleures performances. Chaque disque est découpé en bandes (strip ou chunk). Les écritures se font alternativement sur les bandes des différents disques.

Par exemple, soit trois disques A, B et C. Si on utilise des bandes de 64ko, lors de l'écriture d'un gros fichier :

- Le 1er bloc (A1) de 64ko est écrit sur la 1re bande du disque A.

- Le 2e bloc (B1) de 64ko est écrit sur la 1re bande du disque B.

- Le 3e bloc (C1) de 64ko est écrit sur la 1re bande du disque C.

- Le 4e bloc (A2) de 64ko est écrit sur la 2e bande du disque A.

- Etc.

Remarque : la taille d'une bande (chunk-size) et le nombre de disques ont un impact très important sur les performances.

Fig. RAID 0

Les niveaux de RAID

Le niveau de RAID indique le type de technologie RAID, c'est-à-dire le mode de tolérance aux pannes utilisé. Les niveaux les plus courants sont 0, 1 et 5.

RAID 0

Le RAID 0 signifie l'absence de tolérance aux pannes. Cette technologie, par le biais du stripping apporte uniquement de meilleures performances.

RAID 1

Le RAID 1, appelé également MIROIR, consiste à écrire les mêmes informations simultanément sur 2 disques. Si l'un des disques tombe en panne, le disque RAID reste globalement opérationnel.

Fig. RAID 1

RAID 5

Le RAID 5 utilise le stripping et la parité. Il nécessite au moins trois disques. Les données de parité sont réparties sur les différents disques. En cas de panne d'un disque, le disque RAID reste opérationnel, le logiciel de gestion recalcule les données manquantes à partir des données utiles et des parités réparties sur les disques restant en fonction.

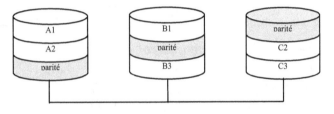

Fig. RAID 5

RAID 4

Le RAID 4 ressemble au RAID 5, mais les données de parité sont centralisées sur un seul disque, ce qui diminue à la fois les performances et la fiabilité. Pour ces raisons, il n'est plus utilisé.

RAID 6

Le RAID 6 est une évolution du RAID 5, mais avec deux bandes de parité au lieu d'une, ce qui accroît la fiabilité : on peut perdre deux disques, mais ce qui accroît également son coût. De ce fait, il est peu utilisé.

RAID 10 (ou 1+0)

Le RAID 10 est un RAID 0 construit sur deux disques RAID 1, chacun étant évidemment constitué de deux disques.

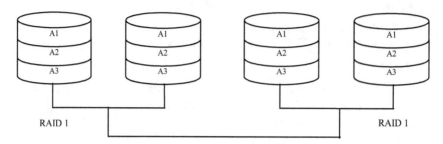

Fig. RAID 1+0

RAID 01 (ou 0+1)

Le RAID 01 est un disque 1 construit sur deux disques RAID 0, chacun étant le plus souvent constitué de deux disques.

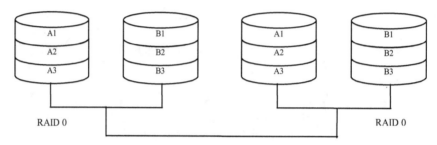

Fig. RAID 0+1

Remarque : les technologies RAID 10 ou 01 permettent d'avoir un miroir rapide.

Les disques de rechange (spare)

Quand un disque faisant partie d'un RAID tombe en panne, on est à la merci d'une deuxième panne tant que l'on n'a pas remplacé le disque hors service. Pour pallier ce problème, on peut ajouter des disques spare qui remplacent automatiquement les disques défaillants.

Remarque : que l'on utilise ou non des disques spare, le RAID sera défaillant si une deuxième panne survient (sauf en RAID 6) pendant la reconstruction du RAID.

RAID matériel ou logiciel

Le RAID logiciel est complètement géré par le système d'exploitation (l'OS). Dans ce cas, le matériel est quelconque.

Le RAID matériel est géré par un logiciel embarqué au niveau du contrôleur du disque ou même directement au niveau du disque (baie de stockage).

L'indépendance du RAID matériel du point de vue de l'OS le fait préférer par les administrateurs système.

Pour en savoir plus

Internet

RAID (informatique)
http://fr.wikipedia.org/wiki/RAID_(informatique)

Livre

Managing RAID on Linux, par Derek Vadala, chez O'Reilly (2002).

Les stratégies de stockage d'information

La théorie

Le DAS (Direct Attached Storage)

Dans la technologie DAS, les disques sont internes au système et sont typiquement connectés en SCSI. Si le contrôleur est de type RAID, on peut construire des solutions RAID matériels.

Le NAS (Network Attached Storage)

Dans le NAS, le lieu de stockage est constitué par des disques d'un serveur accessible en réseau, typiquement par des protocoles de type NFS ou SMB. Cette technique est utilisée principalement par les postes clients. Les serveurs stockent leurs données grâce aux techniques DAS ou SAN.

Le SAN (Storage Area Network)

Dans un SAN, les serveurs accèdent à des baies de stockage à travers un réseau dédié, typiquement du Fiber Channel (ou éventuellement du SCSI sur du IP : iSCSI). Une baie offre aux serveurs un ou plusieurs disques RAID.

La baie est gérée grâce à un ordinateur. C'est lui qui définit les disques faisant partie de tel ou tel RAID et le niveau de RAID. En conséquence, une baie permet aux serveurs de voir les disques RAID comme des disques ordinaires.

Les postes clients accèdent aux serveurs à travers un réseau différent, le réseau d'exploitation qui normalement utilise Ethernet et TPC/IP.

Pour en savoir plus

Internet

SAN
http://en.wikipedia.org/wiki/Storage_area_network

Linux and HW raid - an administrators summary
http://wiki.debian.org/LinuxRaidForAdmins

Principe du DAS, NAS et SAN
http://www.supinfo-projects.com/fr/2006/rapport_fr_2005-2006/

FreeNAS – distribution basée sur BSD offrant les fonctionnalités d'un NAS
http://freenas.org/fr:freenas

OpenFiler – logiciel Open Source de type NAS et SAN (iSCSI) basé sur Linux
http://www.openfiler.com/

Livre

Storage Networks Explained: Basics and Application of Fibre Channel SAN, NAS, ISCSI, InfiniBand and FCoE, par Ulf Troppens & all, chez Wiley (2009).

SAN FC

La théorie

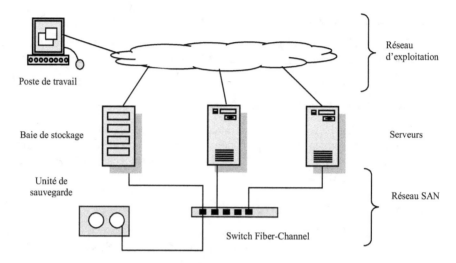

Fig. Réseau SAN

Définition

Un SAN (Stockage Area Network) est un réseau de stockage permettant à des serveurs d'accéder de manière distante à des disques regroupés le plus souvent dans des baies de stockage. C'est une technique SCSI où la couche physique utilise un protocole réseau. Les premiers SAN ont été développés autour du protocole FC (Fibre Channel) à base de fibre optique. Cette technique reste encore la plus puissante et la plus répandue, mais les équipements FC sont onéreux.

Alternatives

iSCSI	SAN utilisant les protocoles réseau IP et Ethernet.
FCoE	Fibre Channel over Ethernet : les trames FC sont encapsulées dans des trames Ethernet.
AoE	ATA over Ethernet : exportation de disques SATA sur un réseau Ethernet.
NBD	Network Block Device : un serveur exporte des disques. Un client importe un disque.

Avantages d'un SAN

La centralisation de l'espace disque offre en final une économie de disques. Il devient facile d'ajouter des disques à des serveurs.

La fiabilité peut être gérée en grande partie indépendamment des serveurs via une redondance des équipements (carte d'accès, switchs, baies…). La réplication de baies distantes offre finalement une sécurité de très haut niveau.

Les techniques RAID n'ont pas à être gérées par les serveurs, elles peuvent être gérées au niveau des baies. Le RAID devient opaque vis-à-vis des serveurs.

Une unité de sauvegarde peut être connectée au SAN et permettre une sauvegarde des données directement à partir des baies sans passer par les serveurs. Grâce à des snapshots, réalisées sur les baies, les sauvegardes peuvent être cohérentes et réalisées en journée.

Vocabulaire et concepts

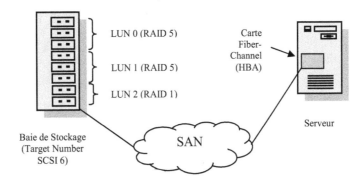

Fig. Réseau SAN et LUN

FC

FC (Fibre Channel) est la technique réseau utilisée dans un SAN. Elle est basée sur la fibre optique.

Topologies

Dans un SAN, les équipements (serveurs, disques, unité d'archivage…) sont connectées soit directement (en point à point), soit par un réseau en boucle (loop), soit enfin par un réseau à base de switchs FC. On appelle ce dernier type une « fabric ». Il permet la connectivité la plus grande.

HBA

Une carte HBA (Host Bus Adapter) est une carte réseau FC qui donne l'accès à des disques distants. C'est l'équivalent d'une carte SCSI. Dans une fabric, elle est reliée à un switch FC.

Les unités de stockage

Les disques accessibles via un SAN peuvent se présenter sous la forme d'un simple disque, d'un ensemble de disques (JBOD : Just a Bunch Of Disks), de disques RAID (Array Disks) ou sous la forme sophistiquée d'une baie.

Baie

Une baie de stockage (high-end array disk) est un serveur abritant des disques utilisés par les autres serveurs. Il offre une vision abstraite de l'espace disque et de multiples possibilités (virtualisation de l'espace disque, RAID, zoning, masking, mutlipath, surveillance, administration distante…)

Port FC

Un port FC est un point d'interconnexion. Ainsi on relie le port d'une carte HBA à un port d'un switch FC. Il existe un grand nombre de types de ports selon les typologies utilisées. Dans le cas d'une fabric, un N_Port (node port) est associé à une carte HBA ; un F_Port (Fabric port) est un port d'un switch FC qui est relié à un N_Port ; enfin un E_Port (Extension port) relie un switch à un autre switch.

WWN

Chaque équipement d'interconnexion d'un réseau FC (carte HBA d'un serveur ou d'une baie, switch…) a une adresse unique au monde et gérée, comme une adresse MAC, par l'IEEE. Cette adresse est appelée WWN (World Wide Name). C'est une adresse sur 8 octets (64 bits). Il y a deux types de WWN : le WWNN (node) qui est une adresse qui peut être partagée par plusieurs ports, et le WWPN (port) qui est associé à un seul port.

S_ID

Dans une fabric, le protocole réseau adresse les équipements non par leur WWN, mais par un S_ID (native address identifier) qui est attribué dynamiquement. Son intérêt est d'être plus court : 24 bits seulement et d'être fonctionnel : 8 bits identifient le switch, 8 bits identifient un groupe de ports et les derniers 8 bits identifient le port.

LUN

Au niveau d'une baie, chaque disque est identifié par un LUN (Logical Unit Number). En interne (au niveau de la baie), un LUN correspond à un disque RAID, ce qui est bien évidemment transparent pour le serveur qui l'utilise.

Le WWID

Chaque LUN, quelle que soit la baie où il réside, possède un identifiant unique, le WWID sur 64 bits.

Le chemin périphérique d'un LUN

Au niveau d'un serveur, un LUN a une adresse physique composée du numéro de la carte HBA (Host number), du channel number, du target number et enfin du LUN. Le target number identifiant une baie.

Restriction d'accès

Dans un SAN, par défaut, l'ensemble des LUN est accessible simultanément par l'ensemble des serveurs. La plupart du temps, un LUN est destiné à n'être utilisé que par un seul serveur à la fois, il faut donc restreindre les accès. Deux techniques sont utilisées pour ce faire : le Zoning et le LUN masking.

Remarque : dans un cluster, il est au contraire intéressant qu'un même LUN soit accessible par plusieurs serveurs simultanément. Il faut par contre que le LUN soit formaté dans un FS acceptant les accès concurrents, par exemple GFS ou OCFS2.

Zoning

Le Zoning est une technique FC similaire aux VLAN Ethernet : au niveau de la configuration des ports des switchs, on spécifie à quelles zones ils sont associés. Typiquement une baie sera associée à plusieurs zones, inversement un serveur sera enfermé dans une zone particulière. Un serveur ne voit que les baies appartenant à la zone dont il fait partie.

LUN Masquing

Une baie de disque peut rejeter tel ou tel serveur pour tel ou tel LUN.

Le multipath

Pour réaliser la tolérance aux pannes, on fait en sorte qu'il y ait une redondance des équipements : un serveur sera relié à la fabric par l'intermédiaire de deux cartes HBA, chacune étant reliée à des switchs différents. Ainsi pour accéder à une même baie (et donc à un même LUN), on propose plusieurs (*multi*) chemins (*path*). Si une carte ou un switch tombe en panne, il sera toujours possible d'atteindre le LUN.

Le savoir concret

Les principaux pilotes HBA

qla2xxx	Pilotes Qlogic
lpfc	Pilote Emulex.

Le système sysfs

/sys/class/scsi_host/
> Informations SCSI.

/sys/class/fc_remote_ports/rport-\<h>:\<b>:\<t>/
> Informations FC visibles du HBA n°\<h> (\<b> étant le numéro du bus et \<t> le target) : port_id (le S_ID), le node_name (WWNN) , le port_name (WWPN)…

/sys/class/fc_transport/target\<h> :\<b> :\<t>/
> Informations sur les cibles (targets) visibles du HBA port_id (S_ID), node-name (WWNN), port_name (WWPN).

Les entrées de périphériques

/dev/sd*   Le nom de périphérique (SCSI) d'un LUN, par exemple sdc.

/dev/disk/by-id/*   Le nom des disques, chacun étant unique (pour un LUN, il est basé sur leur WWID).

/dev/disk/by_label/* Le nom des disques basé sur leur label (si ils contiennent un FS ou du swap).

/dev/disk/by_uuid/* Le nom des disques basé sur leur UUID (si ils contiennent un FS ou du swap).

/dev/mapper/\<wwid>   Le nom d'un LUN utilisant son WWID.

Les commandes standards sur les périphériques

`dmesg`   Visualise les messages du noyau, notamment les LUN et les /dev/sd* associés.

`modprobe` Charge un pilote, notamment celui d'un HBA.

`lspci`   Liste les cartes PCI, notamment les cartes Fiber Channel (`lspci |grep fib`).

Les commandes standards SCSI

`lssci`   Liste les périphériques SCSI et leurs attributs.

`scsi_id` Recherche et génère un identificateur unique pour un LUN. La commande est généralement utilisée dans les scripts Udev.

`mutlipath` Détecte des chemins multiples (multipath) à des fins de tolérance aux pannes ou à des fins de performance.

Les commandes propriétaires

`hbacmd`   Utilitaire affichant diverses informations (WWNN, WWPN…) d'une carte HBA Emulex.

`qla-tools` Ensemble d'utilitaires pour les cartes Qlogic. Par exemple la commande `ql-dynamic-tgt-lun-disc` recherche de nouveaux LUN.

Focus : Ajout d'un disque (LUN)

Après avoir configuré le LUN au niveau d'une baie, activer la commande suivante :

```
echo "<c> <t> <l>" > /sys/class/scsi_host/<host>/scan
```

On indique l'hôte (host) qui identifie votre carte HBA, ensuite le *channel* sur la carte HBA et enfin l'adresse SCSI (target et LUN) du disque.

Focus : Le problème des noms rémanents des disques SCSI

Un problème récurrent avec les unités SCSI est que leur nom de périphérique (/dev/sd*) peut varier d'un démarrage à un autre selon l'ordre dans lequel ils sont découverts.

La solution historique proposée par RedHat est d'ajouter un label au FS ou à l'unité de swap. Malheureusement, ces labels sont un peu trop petits dans un contexte d'une grande entreprise. Les UUID les remplacent avantageusement. Par contre ils sont associés et écrits dans un FS (ou un swap). Si le disque est utilisé autrement (en raw device Oracle par exemple), ils ne sont d'aucune utilité. Quelle que soit la nature du disque, les noms /dev/disk/by_id/ sont sensés être uniques. Dans le cas de LUN d'un SAN, ils dérivent des WWID. Si un LUN peut être accédé par plusieurs chemins (mutlipath), les noms dans /dev/mapper/ les identifient également de manière unique et rémanente. Enfin dernière solution : écrire ses propres règles Udev.

Pour en savoir plus

Les pages de manuel

lsscsi(8), scsi_id(8), multipath(8)

Internet

IBM SAN Survival Guide
www.redbooks.ibm.com/redbooks/pdfs/sg246150.pdf

Redhat 5 – Online storage guide
http://www.redhat.com/docs/en-US/Red_Hat_Enterprise_Linux/html/Online_Storage_Reconfiguration_Guide

Le stockage réseau
http://www.supinfo-projects.com/fr/2006/stockres_fr/3/

Howto build a low cost SAN (AoE)
http://howtoforge.net/how-to-build-a-low-cost-san

NBD
http://nbd.sourceforge.net/

Emulex drivers and utilities for Linux
http://www-dl.emulex.com/support/linux/81103/pdf/manual.pdf

QLogic FC HBA in an EMC Environment
http://www.qlogic.com/SiteCollectionDocuments/Education_and_Resource/whitepapers/whitepaper2/FC0054602-00.pdf

SNIA Certified Storage Engineer (SCSE) book / study guide (S10-201)
http://www.rootkit.nl/files/book_snia_certified_storage_engineer_s10-201.html

Livres

SAN and NAS, par W. Curtis Preston chez O'Reilly (2002)

Storage Area Networks For Dummies, par Christopher Poelker et Alex Nikitin (2009)

SAN iSCSI

La théorie

Définition

Un SAN (Stockage Area Network) est un réseau de stockage permettant à des serveurs d'accéder de manière distante à des disques regroupés dans des baies de stockage. C'est une technique SCSI où la couche physique utilise un protocole réseau. Les premiers SAN ont été développés autour du protocole FC (Fibre Channel) à base de fibre optique. Un SAN iSCSI (i pour Internet) utilise les protocoles IP et Ethernet.

Vocabulaire

Cible (target)

Une cible ou target, reçoit les commandes SCSI. C'est typiquement une baie de stockage qui exporte des LUN.

Initiateur (initiator)

Un initiateur émet les commandes SCSI. C'est typiquement un serveur qui désire accéder à des disques distants.

Portal

Un portal référence une cible par son adresse IP et son port TCP.

Adresse iSCSI

Une adresse iSCSI identifie de manière unique un disque. C'est un peu l'équivalent d'un WWN d'un réseau FC. Un initiateur ou une cible auront chacun une adresse iSCSI. Si l'on crée sa cible, on devra créer une adresse iSCSI.

Il y a deux types d'adresses iSCSI : les adresses IETF, ayant comme préfixes « iqn », et les adresses IEEE, ayant comme préfixe « eui ». Les adresses IETF sont les plus répandues. Voici leur format et un exemple :

```
iqn.2001-04.com.example:storage:disk2.sys.yz

type. date  . authorité :  identifiant unique
```

Chaque champ est séparé par « : ».

iqn	Le type (iqn ou eui).
2001-04	La date d'enregistrement de l'autorité.
com.example	L'autorité (DNS : example.com).
storage…	Nom défini par l'autorité et unique pour elle.

Découverte de nouveaux disques

Certaines baies utilisent l'événement iSCSI async pour prévenir les initiateurs de la présence de nouveaux disques. Si les baies ne le font pas, c'est à la charge des initiateurs de découvrir via une requête iSCSI discovery les disques offerts par une cible.

Le savoir concret

Les commandes

iscsiadm	Utilitaire d'administration d'un initiateur iSCSI.
tgtadm	Utilitaire d'administration d'une cible iSCSI.

`iscsid`	Démon présent sur un initiateur et qui implémente une partie du protocole iSCSI. Le démon peut être configuré pour découvrir automatiquement des cibles à partir d'une base de données d'unités rémanentes.

Les fichiers

/etc/iscsi/iscsid.conf	Configuration lue au démarrage par iscsid et iscsiadm.
/etc/iscsi/initiatorname.iscsi	L'adresse iSCSI de l'initiateur.
/etc/iscsi/nodes	La base de données d'un initiateur.
/var/lib/iscsi/	Contient les données résultant des découvertes iSCSI.

Les protocoles

3260/tcp	Port par défaut d'une cible (target).

Pour en savoir plus

Les pages de manuel

iscsiadm(8), tgtadm(8), iscsid(8)

Internet

A Quick Guide to iSCSI on Linux
http://www.cuddletech.com/articles/iscsi/index.html

Les réseaux de stockage
http://www.supinfo-projects.com/fr/2006/stockres_fr/4/

Using iSCSI On Ubuntu 9.04 (Initiator And Target)
http://www.howtoforge.com/using-iscsi-on-ubuntu-9.04-initiator-and-target

Redhat 5 – Online Storage Guide
http://www.redhat.com/docs/en-US/Red_Hat_Enterprise_Linux/html/Online_Storage_Reconfiguration_Guide/index.html

Wikipedia – iSCSI
http://fr.wikipedia.org/wiki/Internet_Small_Computer_System_Interface

Les solutions de type DAS

La théorie

Carte RAID et serveurs

La plupart des fabricants de cartes SCSI, notamment Adaptec, proposent des cartes RAID SCSI et/ou SATA avec des pilotes pour Linux.

De même, les principaux fabricants de serveurs de type PC offrent des solutions RAID fonctionnant sous Linux.

- Gamme xSeries d'IBM. Ces serveurs utilisent les cartes RAID LSI Logic.

- Gamme PowerEdge de DELL. Ces serveurs utilisent les cartes RAID PERC.

- Gamme Proliant de HP. Ces serveurs utilisent les cartes RAID smart-Array.

Remarque : comme dans le cas des solutions SAN, les fabricants de cartes RAID ou de serveurs n'offrent de support que pour les distributions RedHat ou SUSE.

Le savoir concret

Les pilotes pour cartes RAID

aic7xxx	Pilote utilisé par les cartes RAID Adaptec.
megaraid	Pilote utilisé pour les serveurs IBM xSeries.
aacraid	Pilote utilisé pour les serveurs DELL PowerEdge.
cciss	Pilote utilisé pour les serveurs HP Proliant.

Pour en savoir plus

Internet

Adaptec
http://linux.adaptec.com/

DELL Linux Engineering – RAID and Storage
http://linux.dell.com/storage.shtml

IBM - About Linux on System x and BladeCenter
http://www-03.ibm.com/systems/x/os/linux/

Linux on Proliant
http://h18004.www1.hp.com/products/servers/linux/documentation.html

Managing ProLiant servers with Linux HOWTO
http://h20000.www2.hp.com/bc/docs/support/SupportManual/c00223285/c00223285.pdf

Proliant (exemple de solution DAS)

La théorie

Carte Smart-Array

Les serveurs HP Proliant sont livrés avec une carte « Smart-Array ». Cette carte contrôleur RAID gère des disques SCSI connectés à chaud (hot plug).

HP propose le pilote Linux cciss pour gérer cette carte.

Remarque : HP ne prend en charge que les distributions RedHat, Debian et SUSE.

Paramétrage

1) On répartit les disques dans un ou plusieurs tableaux de disques (array). Pour chacun, on peut spécifier des disques Spare.

2) Pour chaque tableau de disques, on crée au moins un disque logique (Logical Drive). Ce dernier est vu comme un seul disque par l'OS.

3) Pour chaque disque logique, on choisit le niveau de RAID (0,1,5,ADG ou 1+0) et le chunk-size.

4) À partir de l'OS, on partitionne chaque disque logique comme on veut.

Remarque : le RAID-ADG est une variante du RAID-6.

Le savoir concret

Logiciels de configuration

ORCA

Au démarrage, avant même l'installation de l'OS, on peut activer le logiciel embarqué ORCA pour paramétrer le RAID.

ACU

Lorsque le système est actif, le logiciel ACU permet un paramétrage du RAID via une interface Web par l'URL http://le_serveur:2301 .

Le nom des disques

/dev/cciss/c0d0p1

c#d#	Spécifie le disque logique. c# indique le numéro du contrôleur et d# le numéro du disque logique.
p#	Spécifie le numéro de la partition.

Pour en savoir plus

Internet

HP - Proliant Smart Array RAID Controler
http://h18004.www1.hp.com/products/servers/proliantstorage/arraycontrollers/

Livre

HP Proliant Servers AIS, par B.H. Weldon et S.B. Ruyers, aux éditions HP invent (2009).

Le RAID logiciel

La théorie

Le système Linux offre une gestion RAID logiciel grâce au pilote du noyau MD (Multiple Device). Ce pilote accepte les niveaux de RAID suivants :

- Mode « Linear » : c'est la concaténation de disques : plusieurs disques forment un seul gros disque.

- RAID-0, comme précédemment, plusieurs disques forment un seul gros disque, mais grâce au stripping, les performances sont au rendez-vous.

- RAID-1 : disques en miroir (*miroring*).

- RAID 4 et 5 : ces niveaux cumulent le stripping et la redondance des données.

- RAID 6 (une évolution du RAID 5).

Le pilote MD est compatible avec l'utilisation de disques spare. Il permet également le Multipath IO.

La gestion des disques RAID est réalisée par la commande mdadm ou bien par un jeu de commandes, appelées « raidtools ». Actuellement, on préfère utiliser la commande mdadm.

Les disques physiques qui composent un disque RAID doivent être des partitions (/dev/sda1...) de type « fd ».

Le savoir concret

Les commandes

mdadm	Commande qui gère un disque RAID (création, activation...).
Les « RaidTools » :	
mkraid	Initialise un disque RAID, se base sur le fichier /etc/raidtab.
lsraid	Affiche l'état d'un RAID.
raidstop	Désactive un disque RAID.
raidstart	Active la gestion d'un disque RAID.
raidsetfaulty	Simule la panne d'un disque faisant partie d'un RAID.
raidhotremove	Retire à chaud un disque en panne.
raidhotadd	Ajoute à chaud un disque.

Les principales sous-commandes de la commande mdadm

--create	Crée un disque RAID, met à jour les superblocs des disques spécifiés.
--assemble	Active un disque RAID déjà créé précédemment (on ne met pas à jour les superblocs).
--build	Crée un disque RAID sans superbloc (pour RAID-0 ou Linear).
--examine	Affiche le superbloc d'un disque.
--add	Ajoute (à chaud) un disque à un RAID.
--remove	Retire (à chaud) un disque d'un RAID.

`--fail`	Positionne un disque en erreur (simule le crash d'un disque).
`--query`	Examine un disque et indique s'il membre d'un RAID.
`--detail`	Affiche des informations concernant un RAID.
`--monitor`	Surveille les disques, prévient l'administrateur si besoin (par e-mail…). Activé par le RC `mdmonitor`.

Les fichiers

/proc/mdsat	État du RAID (publié par le noyau).
/etc/mdadm.conf	Ce fichier n'est pas nécessaire mais il permet de garder une trace d'un disque RAID.
/dev/md#	Fichier spécial représentant un disque RAID logiciel.

Focus : Le superbloc

Les disques faisant partie d'un RAID (sauf RAID-O et Linear) possèdent en tête un superbloc qui contient la configuration du RAID. Ces superblocs permettent également le démarrage à partir d'un disque RAID.

Focus : Créer un disque RAID

```
# mdadm  \
  --create /dev/md0 \
  --level=1 \
  --raid-devices=2  \
  /dev/hda1   /dev/hdc1
```

Crée un RAID de niveau 1 (un miroir) à partir des partitions hda1 et hdc1.

Remarque : par défaut, le chunk-size est de 64 Ko.

Focus : Le fichier /etc/mdadm.conf

L'activation d'un disque RAID est simplifiée si on utilise le fichier /etc/mdadm.conf.

```
DEVICE  /dev/sdb1  /dev/sdc1
ARRAY   /dev/md0  devices = /dev/sdb1, /dev/sdc1
```

Remarque : un RAID est décrit soit par son UUID soit par la liste des disques qui le composent.

Pour en savoir plus

Les pages de manuel

md(4), mdadm(8), mdadm.conf(5), raidtab(5), raid0run(8), raidstop(8), mkraid(8)

Internet

Comment installer Ubuntu sur un RAID-1 logiciel
http://doc.ubuntu-fr.org/installation/raid1_software

Linux RAID
https://raid.wiki.kernel.org/index.php/Linux_Raid

Le RAID et le LVM

La théorie

Sur les systèmes UNIX (AIX, HP-UX…), la technologie LVM permet la redondance des données et est donc en compétition avec l'approche RAID.

Sur les systèmes Linux, le LVM ne permet pas cette redondance. Si l'on désire la tolérance aux pannes, il faut associer le LVM Linux à la technologie RAID (logiciel ou matériel).

Quelques stratégies

Serveur monodisque

Sur un petit serveur possédant un seul disque, on peut utiliser les partitions pour stocker les FS systèmes (/boot, /, /usr, /var, /tmp…) et le swap. La partie applicative (/home, /usr/local/apache…) est associée à des LV inclus dans un VG stocké dans un PV qui utilise le reste du disque. On peut également tout gérer sous forme de LV (sauf /boot). On utilise généralement un RAID 1 (miroir) pour assurer la tolérance aux pannes.

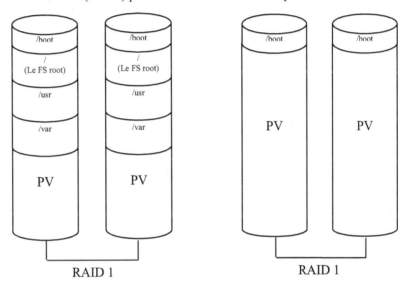

Fig. Deux stratégies de serveurs monodisque

Gros serveur

Sur un gros serveur, on va gérer les FS système comme précédemment (sous forme de partitions physiques ou de LV d'un VG système), les données applicatives sont stockées sur des disques externes, par exemple faisant partie d'une baie. Dans ce cas, il est logique de les gérer sous forme RAID matériel. Chaque disque RAID est associé à un PV, lui-même associé à un VG. On utilise un VG par grosse application (Apache, MySQL…). Le VG est ensuite divisé en LV destinés à abriter les FS de l'application.

Remarque : selon les cas, /home est considéré comme un FS système ou applicatif.

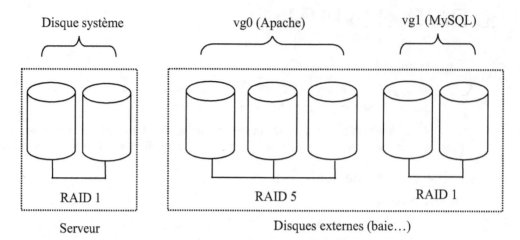

Fig. Un gros serveur : RAID et LVM

ATELIERS

Tâche 1 :
Créer un disque RAID 5 logiciel

1. Créer 4 partitions (6, 7, 8 et 9) de type fd.

On crée 4 partitions. En exploitation, ces partitions doivent correspondre à des partitions appartenant à des disques différents. Dans l'atelier, on simule plusieurs disques physiques avec un seul disque.

Remarque : si les partitions existent déjà (elles ont été créées dans les exercices précédents), il suffit de ne plus y accéder (umount...) et de modifier leur tag (fd).

Dans la suite, on suppose que les partitions existent déjà.

a) On vérifie que les partitions ne sont pas montées (sinon on les démonte).

```
# df |grep 'sd[5678]'
#
```

b) On modifie le tag des partitions.

```
# fdisk /dev/sda
...
Command (m for help): t
Partition number (1-8): 5
Hex code (type L to list codes): fd

Command (m for help):
```

On modifie de la même manière les trois autres partitions (6, 7, 8) et ensuite on sauvegarde les modifications.

```
Command (m for help): w
...
# partprobe
# fdisk -l /dev/sda
...
/dev/sda5          1339          1404          524574+   fd   Linux raid autodetect
/dev/sda6          1405          1470          530113+   fd   Linux raid autodetect
/dev/sda7          1471          1536          530113+   fd   Linux raid autodetect
/dev/sda8          1537          1602          530113+   fd   Linux raid autodetect
```

c) On supprime les en-têtes (les signatures) de FS en tête des partitions.

```
# wipefs -a /dev/sda5
2 bytes [53 ef] erased at offset 0x438 (ext4)
# wipefs -a /dev/sda6
2 bytes [53 ef] erased at offset 0x438 (jbd)
# wipefs -a /dev/sda7
# wipefs -a /dev/sda8
```

2. Vérifier les types de RAID logiciels acceptés par le noyau.

```
# grep -i _md_ /boot/config-$(uname -r)
CONFIG_MD_AUTODETECT=y
CONFIG_MD_LINEAR=m
CONFIG_MD_RAID0=m
CONFIG_MD_RAID1=m
CONFIG_MD_RAID10=m
CONFIG_MD_RAID456=m
CONFIG_MD_RAID6_PQ=m
# CONFIG_MD_MULTIPATH is not set
CONFIG_MD_FAULTY=m
```

3. Créer le disque RAID.

```
# yum -q -y install mdadm
# vi cree_raid.sh
mdadm \
      --create /dev/md0 \
      --chunk=4 \
      --level=5 \
      --raid-devices=3 \
      --spare-devices=1 \
      /dev/sda5 /dev/sda6 /dev/sda7 /dev/sda8
# sh cree_raid.sh
mdadm: Defaulting to version 1.1 metadata
mdadm: array /dev/md0 started.
```

4. Afficher des informations.

a) Afficher la progression de la construction du RAID.

```
# watch cat /proc/mdstat
Personalities : [raid6] [raid5] [raid4]
md0 : active raid5 sda7[4] sda8[3](S) sda6[1] sda5[0]
      1049128 blocks super 1.1 level 5, 4k chunk, algorithm 2 [3/2] [UU_]
      [==>.................]  recovery = 11.3% (59520/524564) finish=4.5min
speed=1700K/sec

unused devices: <none>
Ctrl-C
# cat /proc/mdstat
Personalities : [raid6] [raid5] [raid4]
md0 : active raid5 sda7[4] sda8[3](S) sda6[1] sda5[0]
      1049128 blocks super 1.1 level 5, 4k chunk, algorithm 2 [3/3] [UUU]

unused devices: <none>
```

Remarque : le disque spare est marqué par un S (S). Ici c'est sda8.

b) Lister les disques RAID.

```
# mdadm --detail --scan
ARRAY /dev/md0 metadata=1.1 spares=1 name=linux01.pinguins:0
UUID=67d9784f:5ce576ff:126d2ab6:9e467cb0
```

c) Afficher des informations sur un disque RAID (composition, niveau...)

```
# mdadm --query /dev/md0
/dev/md0: 1024.54MiB raid5 3 devices, 1 spare. Use mdadm --detail for more
detail.
# mdadm --detail /dev/md0
```

```
/dev/md0:
           Version : 1.1
     Creation Time : Fri Jul 23 17:49:49 2010
        Raid Level : raid5
        Array Size : 1049128 (1024.71 MiB 1074.31 MB)
     Used Dev Size : 524564 (512.36 MiB 537.15 MB)
      Raid Devices : 3
     Total Devices : 4
       Persistence : Superblock is persistent

       Update Time : Fri Jul 23 17:54:52 2010
             State : clean
    Active Devices : 3
   Working Devices : 4
    Failed Devices : 0
     Spare Devices : 1

            Layout : left-symmetric
        Chunk Size : 4K

              Name : linux01.pinguins:0   (local to host linux01.pinguins)
              UUID : 67d9784f:5ce576ff:126d2ab6:9e467cb0
            Events : 18

    Number   Major   Minor   RaidDevice State
       0       8        5        0       active sync   /dev/sda5
       1       8        6        1       active sync   /dev/sda6
       4       8        7        2       active sync   /dev/sda7

       3       8        8        -       spare    /dev/sda8
```

d) Afficher des informations sur un disque (fait-il partie d'un RAID…).

 # mdadm --query /dev/sda5
```
/dev/sda5: is not an md array
/dev/sda5: device 0 in 3 device unknown raid5 array.   Use mdadm --examine for
more detail.
```
 # mdadm --query /dev/sda1
```
/dev/sda1: is not an md array
```
 # mdadm --examine /dev/sda5
```
/dev/sda5:
             Magic : a92b4efc
           Version : 1.1
       Feature Map : 0x0
         Array UUID : 67d9784f:5ce576ff:126d2ab6:9e467cb0
              Name : linux01.pinguins:0   (local to host linux01.pinguins)
     Creation Time : Fri Jul 23 17:49:49 2010
        Raid Level : raid5
      Raid Devices : 3

    Avail Dev Size : 1049133 (512.36 MiB 537.16 MB)
        Array Size : 2098256 (1024.71 MiB 1074.31 MB)
     Used Dev Size : 1049128 (512.36 MiB 537.15 MB)
       Data Offset : 16 sectors
      Super Offset : 0 sectors
```

```
          State : clean
    Device UUID : 0704c129:a83a446f:cacade1e:e088bfa2

    Update Time : Fri Jul 23 17:58:19 2010
       Checksum : d0956d15 - correct
         Events : 18

         Layout : left-symmetric
     Chunk Size : 4K

    Device Role : Active device 0
    Array State : AAA ('A' == active, '.' == missing)
```

5. Utiliser le RAID (on crée un FS dessus et on y copie des fichiers).

On formate la partition avec une taille de `stride` de 4 qui doit correspondre au chunk size du RAID. Le paramètre `stripe-width` doit être égal au `stride` multiplié par le nombre de disques de données. Dans un RAID 5, c'est le nombre de disques moins un. Ici on a a 4 * (3 – 1) = 8.

```
# mkfs -t ext4 -b 4096 -m 0 -E stride=4,stripe-width=8 -q /dev/md0
# dumpe2fs /dev/md0 |grep -i RAID
dumpe2fs 1.41.10 (10-Feb-2009)
RAID stride:              4
RAID stripe width:        8
# mount -t ext4 /dev/md0 /mnt
# cp -r /usr/share/doc/* /mnt
# ls /mnt | tail -1
zlib-devel-1.2.3
# df -Th /mnt
Filesystem     Type    Size  Used Avail Use% Mounted on
/dev/md0       ext4    1008M 105M  904M  11% /mnt
```

6. Demander la surveillance d'un disque RAID.

```
# mdadm --monitor --mail=root@localhost -f /dev/md0
24605
```

7. Simuler la panne d'un disque.

```
# mdadm --manage --set-faulty /dev/md0 /dev/sda7
mdadm: set /dev/sda7 faulty in /dev/md0
# cat /proc/mdstat
Personalities : [raid6] [raid5] [raid4]
md0 : active raid5 sda7[4](F) sda8[3] sda6[1] sda5[0]
      1049128 blocks super 1.1 level 5, 4k chunk, algorithm 2 [3/2] [UU_]
      [=>...................]  recovery =  9.5% (50196/524564) finish=3.1min
speed=2509K/sec

unused devices: <none>
# mail
Heirloom Mail version 12.4 7/29/08.  Type ? for help.
"/var/spool/mail/root": 2 messages 2 new
>N  1 mdadm monitoring     Fri Jul 23 18:30  28/1012  "Fail event on
/dev/md0:linux01.pingu"
 N  2 mdadm monitoring     Fri Jul 23 18:31  30/1076  "FailSpare event on
/dev/md0:linux01."
& q
Held 2 messages in /var/spool/mail/root
```

Remarques :

1) Comme il y a un disque spare, le RAID est reconstruit immédiatement, sans attendre le remplacement du disque en panne.

2) Le disque en panne est marqué (F).

3) Le moniteur nous prévient par courrier électronique (le contenu de l'e-mail correspond au résultat de la commande `cat /proc/mdstat`).

```
# cat /proc/mdstat
Personalities : [raid6] [raid5] [raid4]
md0 : active raid5 sda7[4](F) sda8[3] sda6[1] sda5[0]
      1049128 blocks super 1.1 level 5, 4k chunk, algorithm 2 [3/3] [UUU]

unused devices: <none>
You have mail in /var/spool/mail/root
```

8. Retirer le disque en panne et le remplacer par un disque neuf.

D'abord on retire le disque en panne logiquement et ensuite, si c'était un vrai disque, on pourrait le retirer physiquement.

On remplace le disque par un nouveau disque : on l'ajoute physiquement et ensuite logiquement par la commande `mdadm`.

Si on veut réutiliser un disque faisant partie d'un ancien RAID au lieu d'utiliser un disque neuf, il faut écraser son superbloc (`mdadm --zero-superblock`).

```
# mdadm /dev/md0 --remove /dev/sda7
mdadm: hot removed /dev/sda7
# mdadm --zero-superblock /dev/sda7
# mdadm /dev/md0 --add /dev/sda7
mdadm: added /dev/sda7
# cat /proc/mdstat
Personalities : [raid6] [raid5] [raid4]
md0 : active raid5 sda7[4](S) sda8[3] sda6[1] sda5[0]
      1049128 blocks super 1.1 level 5, 4k chunk, algorithm 2 [3/3] [UUU]
# mdadm --detail /dev/md0
...
unused devices: <none>
    Number   Major   Minor   RaidDevice State
       0       8        5         0      active sync   /dev/sda5
       1       8        6         1      active sync   /dev/sda6
       3       8        8         2      active sync   /dev/sda8

       4       8        7         -      spare   /dev/sda7
```

Remarque : si l'on n'avait pas eu de disque Spare, la reconstruction du disque aurait commencé. Dans le cas présent, le disque ajouté devient le nouveau disque Spare.

9. Arrêter le RAID.

```
# umount /mnt
# mdadm --stop /dev/md0
mdadm: stopped /dev/md0
# cat /proc/mdstat
Personalities : [raid6] [raid5] [raid4]
unused devices: <none>
# mdadm --detail -scan
```

10. Réactiver le RAID.

```
# mdadm --assemble --scan
mdadm: /dev/md/0 has been started with 3 drives and 1 spare.
# mdadm --query /dev/md0
/dev/md0: 1024.54MiB raid5 3 devices, 1 spare. Use mdadm --detail for more
detail.
```

11. Arrêter le RAID et le supprimer.

```
# mdadm --stop /dev/md0
mdadm: stopped /dev/md0
# mdadm --zero-superblock /dev/sda5
# mdadm --zero-superblock /dev/sda6
# mdadm --zero-superblock /dev/sda7
# mdadm --zero-superblock /dev/sda8
# mdadm --assemble --scan
mdadm: No arrays found in config file or automatically
```

Tâche 2 :
Transformer un disque en RAID 1 logiciel sans perte de données

1. Créer un FS sur un disque ordinaire et installer dessus des fichiers.

```
# mkfs -t ext4 -q  /dev/sda6
# mount -t ext4 /dev/sda6 /mnt
# cp -r /usr/share/doc/* /mnt
```

2. Créer le disque RAID mais uniquement avec le disque vierge.

```
# mdadm --create /dev/md0 --level=1 --raid-devices=2 missing /dev/sda7
mdadm: Note: this array has metadata at the start and
    may not be suitable as a boot device.  If you plan to
    store '/boot' on this device please ensure that
    your boot-loader understands md/v1.x metadata, or use
    --metadata=0.90
Continue creating array? y
mdadm: Defaulting to version 1.1 metadata
mdadm: array /dev/md0 started.
# cat /proc/mdstat
Personalities : [raid6] [raid5] [raid4] [raid1]
md0 : active raid1 sda7[1]
      530105 blocks super 1.1 [2/1] [_U]

unused devices: <none>
```

3. Copier les données du 1er disque vers le disque RAID.

Remarque : notre disque RAID est pour le moment incomplet.

```
# mkdir /mnt2
# mkfs -t ext4 -q /dev/md0
# mount -t ext4 /dev/md0 /mnt2
# cd /mnt; tar clf - . | (cd /mnt2 ; tar xpf -  ); cd
# ls /mnt |tail -1
zlib-devel-1.2.3
# ls /mnt2 |tail -1
zlib-devel-1.2.3
# umount /mnt
# umount /mnt2
```

4. Ajouter le disque d'origine au RAID.

Remarque : dans la construction du RAID, le disque d'origine va être écrasé. Ce n'est pas grave, il va recevoir la copie des données qui sont une copie de ses propres données.

```
# mdadm /dev/md0 --add /dev/sda6
mdadm: added /dev/sda6
# cat /proc/mdstat
Personalities : [raid6] [raid5] [raid4] [raid1]
md0 : active raid1 sda6[2] sda7[1]
      530105 blocks super 1.1 [2/1] [_U]
      [========>............]  recovery = 40.4% (214784/530105) finish=0.1min
speed=30683K/sec

unused devices: <none>
# cat /proc/mdstat
Personalities : [raid6] [raid5] [raid4] [raid1]
md0 : active raid1 sda6[2] sda7[1]
      530105 blocks super 1.1 [2/2] [UU]

unused devices: <none>
```

5. On accède maintenant aux données grâce à notre disque en miroir.

```
# mount -t ext4 /dev/md0 /mnt
# ls /mnt |tail -1
zlib-devel-1.2.3
```

6. Démonter le FS, arrêter et détruire le RAID.

```
# umount /mnt
# mdadm --stop /dev/md0
mdadm: stopped /dev/md0
# mdadm --zero-superblock /dev/sda6
# mdadm --zero-superblock /dev/sda7
```

Tâche 3 :
Créer un VG sur un disque RAID

1. Activer le disque RAID de niveau 1.

```
# mdadm --create /dev/md0 --level=1 --raid-devices=2 /dev/sda6 /dev/sda7
mdadm: Note: this array has metadata at the start and
    may not be suitable as a boot device.  If you plan to
    store '/boot' on this device please ensure that
    your boot-loader understands md/v1.x metadata, or use
    --metadata=0.90
Continue creating array? y
mdadm: Defaulting to version 1.1 metadata
mdadm: array /dev/md0 started.
# cat /proc/mdstat
Personalities : [raid6] [raid5] [raid4] [raid1]
md0 : active raid1 sda7[1] sda6[0]
      530105 blocks super 1.1 [2/2] [UU]

unused devices: <none>
```

2. Créer un PV sur le RAID et ensuite un VG, LV et FS.

```
# pvcreate /dev/md0
  Physical volume "/dev/md0" successfully created
```

```
# vgcreate vg01 /dev/md0
  Volume group "vg01" successfully created
# lvcreate -L100M -n lv0 vg01
  Logical volume "lv0" created
# mkfs -t ext4 -q /dev/vg01/lv0
# mount -t ext4 /dev/vg01/lv0 /mnt
# df -Th /mnt
Filesystem      Type    Size  Used Avail Use% Mounted on
/dev/mapper/vg01-lv0
                ext4    97M   5.6M   87M   7% /mnt
```

3. Détruire tout.

```
# umount /mnt
# lvremove -f /dev/vg01/lv0
  Logical volume "lv0" successfully removed
# vgremove vg01
  Volume group "vg01" successfully removed
# pvremove /dev/md0
  Labels on physical volume "/dev/md0" successfully wiped
# mdadm --stop /dev/md0
mdadm: stopped /dev/md0
# mdadm --zero-superblock /dev/sda6
# mdadm --zero-superblock /dev/sda7
# mdadm --examine /dev/sda6
mdadm: No md superblock detected on /dev/sda6.
```

4. Détruire (éventuellement) les partitions.

```
# fdisk /dev/sda
...
Command (m for help): d
Partition number (1-9): 8
```

Idem pour les partitions 7,6 et 5.

```
Command (m for help): w
...
# partprobe
```

Tâche 4 :
Mettre en œuvre un SAN de type iSCSI

1. Mettre en place le « Target » iSCSI.

On prend un des postes du binôme (tgt) que l'on configure en tant que target iSCSI.

a) Installer le logiciel « Target ».

```
tgt# yum -q -y install scsi-target-utils
```

b) Démarrer les démons.

```
tgt# service tgtd start
Starting SCSI target daemon:                        [  OK  ]
tgt# ps -e |grep tgtd
21773 ?          00:00:00 tgtd
21775 ?          00:00:00 tgtd
tgt# netstat -an | grep 3260
tcp       0       0 0.0.0.0:3260              0.0.0.0:*      LISTEN
tcp       0       0 :::3260                   :::*           LISTEN
tgt# tail /var/log/messages
```

```
...
Jul 24 10:30:34 instru tgtd: Target daemon logger with pid=21775 started!
```

c) Définir un target.

On définit le target avec comme nom unique : iqn.2010-07.pinguins:instru.disk1.

```
tgt# tgtadm --lld iscsi --op new --mode target --tid=1
--targetname=iqn.2010-07.pinguins:instru.disk1
```

d) Ajouter deux LUN.

Dans l'exemple on utilise un fichier à la place d'un disque. Par contre, seul un périphérique bloc peut être utilisé (un disque, une partition, un volume logique, un RAID logiciel...), il faut donc utiliser la commande `losetup` pour associer un périphérique bloc à nos fichiers.

Remarque : on ne peut utiliser le LUN 0 qui est réservé en tant que contrôleur.

```
tgt# dd if=/dev/zero of=/usr/LUN_1 bs=1M count=128
tgt# losetup /dev/loop0 /usr/LUN_1
tgt# tgtadm --lld iscsi --op new --mode logicalunit --tid=1 --lun=1 --backing-
store=/dev/loop0
tgt# dd if=/dev/zero of=/usr/LUN_2 bs=1M count=128
tgt# losetup -f
/dev/loop1
tgt# losetup /dev/loop1 /usr/LUN_2
tgt# losetup -a
/dev/loop0: [fd00]:174156 (/usr/LUN_1)
/dev/loop1: [fd00]:174396 (/usr/LUN_2)
tgt# tgtadm --lld iscsi --op new --mode logicalunit --tid=1 --lun=2 --backing-
store=/dev/loop1
```

e) Lister les targets et les LUN.

```
tgt# tgtadm --lld iscsi --op show --mode target
Target 1: iqn.2010-07.pinguins:instru.disk1
    System information:
        Driver: iscsi
        State: ready
    I_T nexus information:
    LUN information:
        LUN: 0
            Type: controller
            SCSI ID: IET     00010000
            SCSI SN: beaf10
            Size: 0 MB
            Online: Yes
            Removable media: No
            Backing store type: rdwr
            Backing store path: None
        LUN: 1
            Type: disk
            SCSI ID: IET     00010001
            SCSI SN: beaf11
            Size: 134 MB
            Online: Yes
            Removable media: No
            Backing store type: rdwr
            Backing store path: /dev/loop0
        LUN: 2
```

```
...
    Account information:
    ACL information:
```

f) Accepter des initiateurs (dans l'exemple, sans restriction).

```
tgt# tgtadm --lld iscsi --op bind --mode target --tid=1 --initiator-address=ALL
```

2. Mettre en place un initiateur iSCSI.

Sur le deuxième poste du binôme (ini), on met en place un initiateur iSCSI.

a) Installer le logiciel initiateur.

```
ini# yum -q -y install iscsi-initiator-utils
```

b) Découvrir les targets disponibles sur un portal (instru=srv).

```
ini# iscsiadm -m discovery -t st -p instru
192.168.0.200:3260,1 iqn.2010-07.pinguins:instru.disk1
ini# iscsiadm -m discovery
instru:3260 via sendtargets
ini# iscsiadm -m node
192.168.0.200:3260,1 iqn.2010-07.pinguins:instru.disk1
ini# iscsiadm -m session
iscsiadm: No active sessions.
```

c) Démarrer le service iscsi et se connecter au target. Les LUN deviennent visibles.

```
ini# service iscsi start
Starting iscsi:                                              [  OK  ]
ini# iscsiadm -m node T iqn.2010-07.pinguins:instru.disk1 -p instru:3260 -l
iscsiadm: no records found!
ini# ls -l /dev/sdb
brw-rw---- 1 root disk 8, 16 Jul 20 12:02 /dev/sdb
ini# ls -l /dev/sdc
brw-rw---- 1 root disk 8, 32 Jul 20 12:02 /dev/sdc
```

d) Visualiser les sessions iSCSI.

```
ini# iscsiadm -m session
tcp: [1] 192.168.0.200:3260,1 iqn.2010-07.pinguins:instru.disk1
ini# iscsiadm -m session -P 3
iSCSI Transport Class version 2.0-870
iscsiadm version 2.0-870
Target: iqn.2010-07.pinguins:instru.disk1
        Current Portal: 192.168.0.200:3260,1
        Persistent Portal: 192.168.0.200:3260,1
                **********
                Interface:
                **********
                Iface Name: default
                Iface Transport: tcp
                Iface Initiatorname: iqn.1994-05.com.fedora:fd4d591d5d8b
                Iface IPaddress: 192.168.0.2
                Iface HWaddress: default
                Iface Netdev: default
                SID: 1
                iSCSI Connection State: LOGGED IN
                iSCSI Session State: LOGGED_IN
                Internal iscsid Session State: NO CHANGE
                ************************
```

```
Negotiated iSCSI params:
************************
HeaderDigest: None
DataDigest: None
MaxRecvDataSegmentLength: 131072
MaxXmitDataSegmentLength: 8192
FirstBurstLength: 65536
MaxBurstLength: 262144
ImmediateData: Yes
InitialR2T: Yes
MaxOutstandingR2T: 1
************************
Attached SCSI devices:
************************
Host Number: 3  State: running
scsi3 Channel 00 Id 0 Lun: 0
scsi3 Channel 00 Id 0 Lun: 1
        Attached scsi disk sdb         State: running
scsi3 Channel 00 Id 0 Lun: 2
        Attached scsi disk sdc         State: running
```

e) Visualiser les initiateurs actifs à partir du poste cible (target).

```
tgt# tgtadm --op show --mode target
Target 1: iqn.2010-07.pinguins:instru.disk1
    System information:
        Driver: iscsi
        State: ready
    I_T nexus information:
        I_T nexus: 3
            Initiator: iqn.1994-05.com.fedora:fd4d591d5d8b
            Connection: 1
                IP Address: 192.168.0.1
    LUN information:
...
```

f) Utiliser un disque distant : le partitionner, le formater, le monter...

```
ini# fdisk /dev/sdb
...
Command (m for help): n
Command action
   e   extended
   p   primary partition (1-4)
p
Partition number (1-4): 1
First cylinder (1-1008, default 1):
Using default value 1
Last cylinder, +cylinders or +size{K,M,G} (1-1008, default 1008):
Using default value 1008

Command (m for help): w
...
ini# fdisk -l /dev/sdb
...
   Device Boot      Start         End      Blocks   Id  System
/dev/sdb1               1        1008      131014   83  Linux
```

```
ini# mkfs -t ext4 -q /dev/sdb1
ini# mount -t ext4 /dev/sdb1 /mnt
ini# cp -r /etc /mnt
ini# df -Th /mnt
Filesystem      Type    Size  Used Avail Use% Mounted on
/dev/sdb1       ext4    124M   24M   94M  21% /mnt
ini# umount /mnt
```

g) Redémarrer le système : les disques iSCSI sont réactivées automatiquement.

Le système conserve dans l'arborescence /var/lib/iscsi les informations résultant de l'étape « discovery ». Est mémorisé notamment le mode (`node.startup`) `manual` ou `automatic` qui indique au système si l'on doit se connecter automatiquement ou non au target au démarrage.

```
ini# more /var/lib/iscsi/nodes/iqn.2010-
07.pinguins\:instru.disk1/192.168.0.200\,3260\,1/default
node.name = iqn.2010-07.pinguins:instru.disk1
node.tpgt = 1
node.startup = automatic
iface.hwaddress = default
iface.iscsi_ifacename = default
iface.net_ifacename = default
iface.transport_name = tcp
node.discovery_address = instru
node.discovery_port = 3260
node.discovery_type = send_targets
...
```

On redémarre le système :

```
ini# reboot
```

Après le redémarrage, les disques distants sont réactivés :

```
ini# ls -l /dev/sdb
brw-rw---- 1 root disk 8, 16 Jul 20 12:15 /dev/sdb
```

h) On se déconnecte des unités distantes et on détruit les données de « discovery » (pour ne plus s'y connecter automatiquement au prochain redémarrage).

```
ini# iscsiadm -m node T iqn.2010-07.pinguins:instru.disk1 -p instru:3260 -U all
Logging out of session [sid: 1, target: iqn.2010-07.pinguins:instru.disk1,
portal: 192.168.0.200,3260]
Logout of [sid: 1, target: iqn.2010-07.pinguins:instru.disk1, portal:
192.168.0.200,3260]: successful
ini# ls -l /dev/sdb
ls: cannot access /dev/sdb: No such file or directory
ini# rm -rf /var/lib/iscsi/nodes/*
ini# rm -rf /var/lib/iscsi/send_targets/*
```

i) Afficher l'adresse iSCSI du poste.

```
# more /etc/iscsi/initiatorname.iscsi
InitiatorName=iqn.1994-05.com.fedora:fd4d591d5d8b.
```

3. Détruire le target.

a) Détruire les LUN.

```
tgt# tgtadm --lld iscsi --op delete --mode logicalunit --tid=1 --lun=2
tgt# tgtadm --lld iscsi --op delete --mode logicalunit --tid=1 --lun=1
```

b) Détruire les targets.

```
tgt# tgtadm --lld iscsi --op delete --mode target --tid=1
tgt# tgtadm --lld iscsi --op show --mode target
```

c) Supprimer le service.

```
tgt# service tgtd stop
Stopping SCSI target daemon:                          [  OK  ]
tgt# chkconfig tgtd off
```

d) Supprimer les associations et les fichiers.

```
tgt# losetup -d /dev/loop1
tgt# losetup -d /dev/loop0
tgt# losetup -a
tgt# rm -f /usr/LUN_?
```

- *VG, PV, LV, PE, LE*

- *resize2fs*

- *vgchange -ay*

- *Snapshot*

8

Le LVM

Objectifs

Ce chapitre traite de la gestion des disques avec le LVM. La compréhension de ce chapitre est cruciale pour la gestion d'un gros serveur mais également d'un petit dans la mesure où l'installation par défaut utilise les volumes logiques. À la fin du chapitre on sait créer et agrandir des groupes de volumes et des systèmes de fichiers, mais également on sait accomplir toutes les opérations annexes associées à la gestion LVM.

Contenu

LVM – les éléments clés

L'aspect dynamique des LV et des FS

Les snapshots

Le LVM et le RAID

LVM – compléments

Ateliers

LVM – les éléments clés

La théorie

Intérêt de l'approche LVM

Un système de fichiers (FS) est installé normalement dans une partition d'un disque dur. En conséquence, un FS ne peut dépasser la taille d'un disque et il est difficile de l'étendre. Il faut sauvegarder les données, repartitionner le disque et enfin restaurer les données. L'approche LVM (Logical Volume Manager) est plus souple. Avec cette approche, un FS est créé dans un volume logique. Ce dernier peut s'étendre sur plusieurs disques et on peut l'agrandir ce qui permet ensuite d'agrandir le FS. Dès que l'on gère de gros serveurs, cette approche est la seule raisonnable.

Les concepts de base : VG, PV, LV

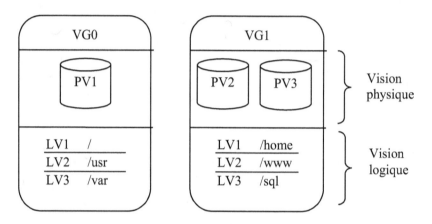

Fig. VG, PV, LV

Un volume logique (Logical Volume ou LV) est l'espace disque abstrait utilisé par l'administrateur à des fins système, principalement en tant que conteneur de FS. Mais un LV peut être également utilisé comme swap ou disque dédié à une application.

Un volume logique est créé à l'intérieur d'un groupe de volume (Volume Group ou VG). Ce VG est un ensemble de volumes physiques (Physical Volume ou PV). En première approximation un PV est un disque physique.

Ainsi l'espace disque est réparti en VG. Chaque VG a deux aspects :

- Un VG est un ensemble de PV (aspect physique).

- Un VG est un ensemble de LV (aspect logique). La plupart abritant des FS.

Le principal avantage à l'approche LVM est son aspect dynamique :

- Dynamisme des LV : tant qu'il reste de la place dans un VG, on peut étendre ses LV.

- Dynamisme des VG : l'ajout de PV à un VG augmente la place libre du VG.

Remarques :

1) Le fait d'agrandir un LV n'agrandit pas automatiquement le FS associé. Il faut réaliser cette opération séparément par la suite.

2) Rapetisser un FS (et son LV associé) ou un VG est possible. Mais ses opérations sont plus complexes et doivent être évitées. Le plus simple est d'agrandir les LV petit à petit.

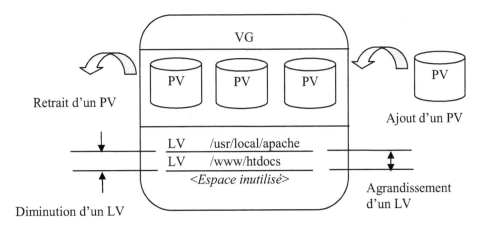

Fig. Aspect dynamique du LVM

Qu'est-ce qu'un PV ?

Typiquement un PV est une partition d'un disque dur. Son type (Tag) doit être 8e pour qu'elle soit reconnue comme abritant un PV par le noyau au démarrage. Le disque système peut contenir les données système dans des partitions classiques (/, /boot, /usr, /var, /tmp, le swap) et le reste de l'espace disque peut correspondre à une partition LVM hébergeant un PV. Par contre pour les disques de données, on a intérêt à ne créer qu'une seule partition de type LVM sur laquelle on installe un PV.

Il est possible de gérer complètement ses FS systèmes (/, /usr, /var…) sous forme de LV, sauf /boot. En effet, les chargeurs (Grub, Lilo) ne savent pas gérer actuellement le LVM. En fait l'installation par défaut des systèmes RedHat utilise cette stratégie.

Un PV peut être également un disque complet dont on a effacé le 1er bloc (le MBR). Ce peut être également un simple fichier grâce au pilote loopback. Enfin, ce peut être un RAID logiciel.

Structure des VG, PV, LV

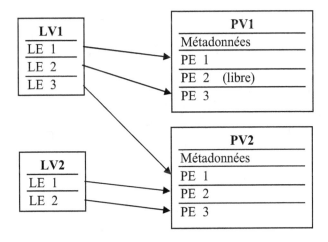

Fig. PV, LV, métadonnées, PE et LE

Un VG est un espace disque. Le PE (Physical Extend) constitue sa granularité. La taille du PE est fixée à la création du VG, par défaut elle est de 4Mo. Ainsi un VG est un pool de PE formé par l'ensemble des PE des différents PV qui composent le VG. Certains sont alloués (ils font partie d'un LV), d'autres sont libres.

Un LV est composé de LE (Logical Extend). Chaque LE correspond à un ou plusieurs PE. Normalement il n'y a qu'un seul PE par LE. L'intérêt d'avoir deux ou plus de PE par LE est de mettre des données en miroir : les données sont dupliquées sur les différents PV. Les LE d'un LV peuvent s'étendre sur un ou plusieurs PV d'un même VG.

Les PE sont regroupés sur chaque PV en segment. Un segment est un ensemble contigü de PE alloués à un même LV.

Un disque ou une partition doivent être « formatés » pour pouvoir jouer le rôle d'un PV. Ce formatage écrit sur le disque des metadonnées qui contiendra les tables d'allocations.

VG actif ou non

Pour pouvoir accéder aux LV d'un VG, ce dernier doit être actif. L'activation de l'ensemble des VG est normalement faite au démarrage. Inversement la désactivation des VG est réalisée lors de l'arrêt du système. Pour des raisons de maintenance, on peut être amené à activer/désactiver un VG particulier.

Le savoir concret

Les principales commandes LVM de gestion de PV

pvscan	Recherche les PV présents.
lvmdiskscan	Recherche les périphériques de type bloc susceptibles d'abriter des PV (on pourra créer des PV dessus).
pvs	Affiche des informations sur un PV.
pvdisplay	Idem.
pvcreate	Crée (formate) un PV, c'est-à-dire écrit un en-tête sur le PV.

Les principales commandes LVM de gestion de VG

vgcreate	Crée un VG. On spécifie un ou plusieurs PV. On peut indiquer la taille du PE.
vgchange	Active/Désactive un VG ou tous les VG.
vgdisplay	Affiche la liste des VG et leurs caractéristiques. L'option –v permet de visualiser la liste des LV et des PV de chaque VG.
vgscan	Recherche les VG.
vgs	Affiche les principales caractéristiques des VG.
vgextend	Agrandit un VG : on lui ajoute un ou plusieurs PV.
vgreduce	Réduit un VG : on luit retire un ou plusieurs PV.
vgremove	Supprime un VG.

Les principales commandes LVM de gestion de LV

lvcreate	Crée un LV, on spécifie sa taille en LE ou en Mo.
lvscan	Recherche les LV.
lvs	Affiche les principales caractéristiques d'un LV.
lvdisplay	Affiche les caractéristiques d'un LV.
lvremove	Supprime un LV.
lvextend	Agrandit un LV. Il faut ensuite agrandir le FS.

lvreduce   Diminue la taille d'un LV. Il faut au préalable diminuer la taille du FS.

Focus : Les opérations LVM courantes

a) Créer (formater) un PV dans le disque sdb1.

```
# pvcreate  /dev/sdb1
```

b) Créer le VG vg01 sur deux PV en précisant la taille des PE.

```
# vgcreate -s 4M vg01 /dev/sdb1 /dev/sdc1
```

c) Créer un LV de 100M nommé docs et le formater en Ext4 dans le VG vg01.

```
# lvcreate -L 100M -n docs vg01
# mkfs -t ext4 /dev/vg01/docs
```

d) Étendre un FS (on étend d'abord le LV). On lui ajoute 100M. L'opération peut être réalisée à froid (FS démonté) ou à chaud (FS monté).

```
# lvextend -L +100M /dev/vg01/docs
# resize2fs /dev/vg01/docs
```

e) Étendre un VG : on lui ajoute un PV.

```
# vgextend vg01 /dev/sdd1
```

f) Afficher tout : les VG, la place libre, et pour chaque VG les LV et les PV qui les composent.

```
# vgdisplay -v |more
```

Activation/Désactivation du LVM

Lors du démarrage, un RC doit activer les tables système LVM avant le montage des FS présents dans des VG. Ce RC active principalement les commandes suivantes :

vgscan   (ou lvm vgscan)

vgchange -ay   (ou lvm vgchange -ay)

Lors de l'arrêt, ce RC désactive les VG :

vgchange -an   (ou lvm vgchange -an)

Remarque : il est intéressant de connaître ces commandes notamment quand on accède à des LV en mode maintenance. Dans ce cas, il faut activer le LVM manuellement.

Pour en savoir plus

Les pages de manuel

lvcreate(8), lvdisplay(8), lvextend(8), lvmdiskscan(8), lvreduce(8), lvremove(8), lvs(8), lvscan(8), pvcreate(8), pvdisplay(8), pvs(8), pvscan(8), vgchange(8),vgcreate(8), vgdisplay(8), vgextend(8), vgreduce(8), vgremove(8), vgs(8), vgscan(8)

Howto

LVM-Howto

Internet

LVM Administrator's Guide
http://www.redhat.com/docs/manuals/enterprise/RHEL-5-manual/Cluster_Logical_Volume_Manager/

L'aspect dynamique des LV et des FS

La théorie

Le LVM offre un grand dynamisme :

- On peut agrandir ou rétrécir un VG (en lui ajoutant ou en lui retirant des PV).

- On peut agrandir ou rétrécir un LV (en lui ajoutant ou en lui retirant des LE).

Mais ce qui nous importe en final est le dynamisme des données.

Cas général : pas de dynamisme (ou partiel) de la gestion des données

1) On sauvegarde les données.

2) On arrête l'accès aux données (umount...).

3) On retaille le LV.

4) On réinstalle les données.

5) On redémarre l'exploitation (on réactive les applications...).

Remarques :

1) Dans le cas d'un LV de swap, on n'a pas besoin de faire de sauvegarde.

2) Dans le cas d'un LV abritant un FS, la plupart des FS peuvent au moins être agrandis. Dans ce cas là, il n'est pas nécessaire de réaliser leur sauvegarde. Par contre, si on veut les rétrécir, il faut le plus souvent opérer selon la recette présentée.

Le savoir concret

Les commandes Ext2/Ext3/Ext4

resize2fs   Agrandit un FS Ext2/Ext3/Ext4 monté ou non. Rétrécit un FS non monté.

Les commandes ReiserFS

resize_reiserfs   Agrandit un FS ReiserFS monté ou non. Rétrécit un FS non monté.

Les commandes XFS

xfs_growfs   Agrandit un FS XFS obligatoirement monté. Il n'est pas possible de rétrécir dynamiquement un FS XFS.

Commande générique

fsadm   Agrandit et éventuellement rétrécit un FS Ext2/Ext3/Ext4, ReiserFS ou XFS non monté.

Pour en savoir plus

Les pages de manuel

resize2fs(8), ext2online(8), resize_reiserfs(8), xfs_growfs(8), fsadm(8)

Les snapshots

La théorie

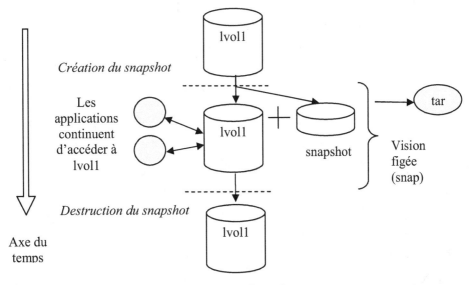

Fig. Snapshot

Les instantanés (*snapshot*) LVM permettent une sauvegarde temps réel des données abritées par un LV. Un snapshot contient les pages d'un LV avant leur modification. Ces pages sont écrites dans le snapshot avant que la page correspondante du LV d'origine soit modifiée.

Remarque : le snaphost ne résout pas tous les problèmes. Il faut bien connaître son application pour l'utiliser intelligemment. Par exemple, une sauvegarde d'une base MySQL pourrait être réalisée par le script suivant : verrouillage des tables, démarrage d'un journal des transactions, création du snapshot, déverrouillage des tables, sauvegarde et enfin destruction du snapshot.

Le savoir concret

Focus : La création d'un snapshot

```
# lvcreate --size 100m --snapshot --name snap /dev/vg00/lvol1
```

Cette commande crée le volume logique /dev/vg00/snap. Ce LV joue le rôle du snapshot. À partir de sa création et jusqu'à sa destruction, il va contenir la vision figée du LV /dev/vg00/lvol1. Si ce LV contient un FS, on peut monter le snaphot et le sauvegarder. On sauvegardera ainsi la vision figée du FS contenu dans lvol1. La taille du snaphot est ici de 100 Mo. Cette taille doit être supérieure à la taille des données modifiées pendant la sauvegarde.

Pour en savoir plus

Les pages de manuel

lvcreate(8)

Internet

Backup with snaphosts (extrait du LVM-HOWTO)
http://tldp.org/HOWTO/LVM-HOWTO/snapshots_backup.html

Le LVM et le RAID

La théorie

Panorama des solutions

Si l'on veut améliorer la tolérance aux pannes ou les performances, il faut utiliser les techniques RAID. Si l'on gère des VG, il y a plusieurs solutions :

- Utiliser un SAN : la gestion du RAID est opaque au système, elle est délocalisée au niveau des baies de disques.

- Utiliser des cartes contrôleur de disques RAID. Il faut que le noyau dispose des pilotes associés.

- Utiliser le pilote MD de Linux qui gère un RAID logiciel.

- Enfin, utiliser les possibilités RAID du pilote LVM.

Remarque : le pilote LVM gère essentiellement du RAID 1 (miroir). Si l'on désire une gestion sophistiquée (RAID 5, volumes spare…), il n'y a que le RAID matériel (de type DAS ou SAN) ou logiciel (MD) qui le permet.

Le RAID LVM

Le pilote LVM est capable de gérer les LV en RAID 1 (miroir). Dans ce cas, chaque LE composant un LV est associé non pas à un seul PE, mais à plusieurs PE, typiquement deux. Chaque PE d'un même LE réside alors sur des PV différents. Ces PV doivent obligatoirement correspondre à des disques physiques pour assurer la tolérance au pannes.

Le miroir est créé soit lors de la création du LV, soit ultérieurement en ajoutant une copie miroir à un LV existant.

Le pilote LVM utilise un journal (log) pour surveiller la synchronisation des copies miroir. Celle-ci est testée région par région. En effet chaque LV est divisé en région (par défaut de 512 Ko). Lors de la création du journal, les régions sont synchronisées. Cela peut prendre beaucoup de temps. Le journal est stocké par défaut sur disque. Il est conseillé alors qu'il le soit dans un PV différent des PV abritant les copies en miroir. Le journal peut également être conservé en mémoire. Dans ce cas la synchronisation des régions a lieu à chaque démarrage.

Si l'on perd un disque et donc un PV et donc une copie miroir, le pilote LVM transforme notre LV miroir en LV linéaire : on n'a plus la redondance des données, mais on peut toujours y accéder. Ensuite, il faut remplacer le disque, créer un PV dessus et l'ajouter au VG. Il ne reste plus qu'à ajouter une copie miroir à notre LV.

Remarque : ne pas oublier aussi que l'on peut créer des LV stripped qui sont équivalents à du RAID 0.

Le savoir pratique

Les commandes

lvcreate   Crée un LV. Il est possible de spécifier plusieurs copies miroir. On peut spécifier l'emplacement des copies et du journal.

lvconvert   Ajouter (ou supprimer) une copie miroir à un LV.

Les options de la commande lvcreate

-m\<n\>	Spécifie le nombre de copies miroir. Par défaut 0 (il n'y aura pas de copie). Inversement –m2 crée deux copies, donc au aura en tout trois PE pour chaque LE, stockés sur trois PV différents. L'option –m1 est la plus courante si l'on désire utiliser la mise en miroir.
-R\<taille\>	Spécifie la taille des régions.
--corelog	Précise que le journal sera créé en mémoire.

Pour en savoir plus

Les pages de manuels

lvcreate(8), lvconvert(8)

Internet

La souplesse du RAID logiciel de Linux

http://www.unixgarden.com/index.php/administration-systeme/la-souplesse-du-raid-logiciel-de-linux

LVM – Compléments

La théorie

LVM1 et LVM2

Il existe deux versions des pilotes et des commandes LVM : LVM1 et LVM2. LVM2 utilise de nouvelles structures de données (metadonnées), mais il est compatible avec celles de LVM1 exception faite des snapshots. Par contre, dans un même VG, les metadonnées doivent être de même type sur chaque PV. Le LVM2 repose sur le *devicemapper* du noyau 2.6. Ce pilote gère une indirection entre les blocs d'un LV et leur emplacement réel.

Structure d'un PV

Dans un PV, avant l'espace des PE il y a une zone système (metadonnées) qui contient les données de gestion LVM : une zone dite PVRA (PV Reserved Area) qui contient notamment l'identifiant unique d'un PV, son UUID. Ensuite, il y a la VGRA (VG Reserved Area) une table associée à la gestion du VG (tables d'allocation des PE/LE…). Un PV contient 0, 1 ou 2 zones VGRA. Dans le cas où il y a 2 VGRA, la deuxième est en fin du PV. Les VGRA existent selon deux formats lvm1 et lvm2. Le format lvm1 peut être utilisé avec les pilotes LVM2, mais le format LVM2 natif offre plus de fonctionnalités.

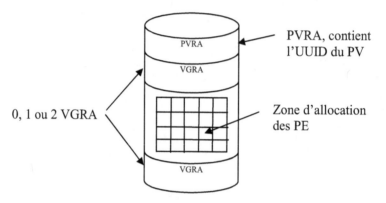

Fig. Structure d'un PV

Sauvegarde d'un VG

La sauvegarde d'un VG se fait en deux temps :

- Sauvegarde des données (FS…).
- Sauvegarde des metadonnées.

La restauration elle, se fait en trois temps :

- Création des PV avec les UUID d'origine.
- Restauration des VGRA. Le VG est alors opérationnel, mais les LV sont vides.
- Restauration des données (FS…).

Réorganisation des données

Il est possible de réorganiser les données :

- Découper en deux un VG : le nouveau VG contiendra une partie des PV de l'ancien.
- Fusionner deux VG en un seul.

- Déplacer des PE d'un PV à un autre. On peut déplacer tous les PE ou uniquement ceux appartenant à un LV.

Remarque : un LV ne peut être à cheval sur deux VG.

Stratégie d'allocation des LE, stripping, RAID

Par défaut, les LE d'un LV sont alloués de manière contiguë sur un même PV. S'il n'y a plus de place sur un PV, les LE suivants sont alloués sur un autre PV et ainsi de suite.

On peut utiliser la stratégie du *stripping* Dans ce cas, les écritures se feront par *chunk*, chaque chunk (ou strip) est écrit sur un PV différent. On choisit la taille des chunks et le nombre de PV impliqués.

La stratégie du stripping améliore les performances dans le cas où les PV correspondent chacun à un disque SCSI.

L'usage d'un disque RAID de type 5 comme support du PV, permet également d'améliorer les performances et en plus de manière transparente.

FS root sous forme de LV

Si l'on veut avoir son FS root (« / ») sous forme de LVM, l'initrd doit activer le LV qui le contient. Si le fichier /etc/fstab indique que le FS root est stocké dans un LV, les commandes mkinitrd ou dracut ajouteront les pilotes nécessaires.

Remarque : l'ensemble des FS y compris / peuvent être dans des LV, par contre /boot, qui contient le noyau et l'initrd doivent être dans un FS. En effet les chargeurs comme Grub ou Lilo ne savent pas lire les disques en LVM.

Import/Export, clusters

L'opération d'exportation d'un VG fait qu'il devient inconnu du système. L'intérêt est que cela permet son importation par un autre système.

Par exemple, les disques qui composent un VG peuvent appartenir à une baie de disques et être reliés à plusieurs ordinateurs. Les commandes d'import/export permettent facilement de basculer leur gestion d'un ordinateur à l'autre.

Le pilote LVM est conçu pour une gestion simultanée des metadonnées LVM par plusieurs hôtes (cf. clvmd(8)). Ainsi si un LV est créé à partir d'un nœud d'un cluster, il est visible de l'ensemble des nœuds. De même s'il est agrandi. Par contre, les FS les plus courants (Ext4, XFS…) ne sont pas prévus pour fonctionner en environnement cluster : ils doivent être manipulés et utilisés par un seul nœud du cluster. Inversement, les FS GFS et OCFS2, eux, ont été conçus pour les clusters : plusieurs nœuds d'un même cluster peuvent accéder simultanément à un même FS GFS ou OCFS2 : c'est le cluster qui prendra en charge la gestion des verrous.

Le savoir concret

Autres commandes LVM de gestion de PV

pvremove	Supprime l'en-tête d'un PV (on peut aussi utiliser dd).
pvresize	Retaille un PV. Par exemple après avoir agrandi une partition avec fdisk ou bien après que le disque d'une baie abritant le PV a été agrandi.
pvmove	Déplace les PE d'un PV à un autre. Éventuellement on peut se limiter aux PE d'un LV particulier ou même simplement les PE d'un segment.

Autres commandes LVM de gestion de VG

`vgimport`	Le VG devient connu du système (il a été au préalable exporté par un autre système).
`vgexport`	Le VG devient inconnu du système (il peut ensuite être importé par un autre système).
`vgck`	Vérifie la cohérence des zones metadonnées.
`vgcfgbackup`	Sauvegarde les zones metadonnées (VGRA) d'un VG.
`vgcfgrestore`	Restaure les zones metadonnées d'un VG.
`vgconvert`	Convertit le format des metadonnées d'un VG du format lvm1 à lvm2.
`vgsplit`	Crée un nouveau VG à partir d'un autre VG en lui prenant certains de ses PV. On rappelle qu'un LV ne peut pas être à cheval sur deux VG.
`vgmerge`	Fusionne un VG dans un autre (opération inverse de vgsplit).
`vgrename`	Renomme un VG.
`vgchange`	Permet de changer certaines caractéristiques d'un VG (actif ou non...).
`vgmknodes`	Recrée les fichiers spéciaux associés à un LV.

Autres commande LVM de gestion de LV

`lvchange`	Change les caractéristiques d'un LV (actif ou non, accessible en lecture/écriture, stratégie d'allocation...).
`lvcreate`	Crée un LV, on peut choisir la stratégie d'allocation.
`lvrename`	Renomme un LV.

Les fichiers

/etc/lvm/lvm.conf	Fichier de configuration du LVM (disques à balayer, journaux de bord, sauvegardes des metadonnées).
/etc/lvm/backup/	Sauvegarde des metadonnées (un fichier par VG).

Pour en savoir plus

Les pages de manuel

clvmd(8), dmsetup(8), lvchange(8), lvcreate(8), lvdisplay(8), lvextend(8), lvmchange(8), lvmdiskscan(8), lvreduce(8), ..., vgscan(8), vgsplit(8), lvm.conf(5)

Howto

LVM-Howto : décrit notamment comment convertir un système LVM1 en LVM2.

Internet

LVM Administrator's Guide (en environnement cluster)
http://www.redhat.com/docs/manuals/enterprise/RHEL-5-manual/Cluster_Logical_Volume_Manager/

ATELIERS

Tâche 1 :
Créer et détruire des PV, VG, LV

1. Créer quatre partitions de type 8e.

Chaque partition (/dev/sda5, /dev/sda6, /dev/sda7, /dev/sda8) simule un disque complet (/dev/sdb, /dev/sdc, /dev/sdd, /dev/sde). Chacune de ces partitions (ou disque) étant destinée à devenir un PV.

a) On vérifie qu'il n'y a pas de RAID et que les partitions ne sont pas utilisées.

```
# mdadm --assemble --scan
mdadm: No arrays found in config file or automatically
# mount |grep 'sda[5678]'
#
```

b) Si les partitions existent déjà, il n'y a qu'à changer leur tag en 8e (PV LVM).

```
# for v in 5 6 7 8; do sfdisk --change-id /dev/sda $v 8e ; done
...
# partprobe
# fdisk -l /dev/sda
...
/dev/sda5          1339          1404       524574+   8e   Linux LVM
/dev/sda6          1405          1470       530113+   8e   Linux LVM
/dev/sda7          1471          1536       530113+   8e   Linux LVM
/dev/sda8          1537          1602       530113+   8e   Linux LVM
```

Si les partitions n'existent pas, on les crée pour obtenir le résultat précédent.

Remarque : depuis la version 2 de LVM, il n'est plus nécessaire que les partitions possèdent le tag 8e.

2. Lister les commandes LVM (elles appartiennent au paquet lvm2).

```
# rpm -ql lvm2 | grep '/sbin/' | sed 's/\/sbin\///' | pr -5t
fsadm          lvmsadc        pvck           vgcfgrestore   vgimportclone
lvchange       lvmsar         pvcreate       vgchange       vgmerge
lvconvert      lvreduce       pvdisplay      vgck           vgmknodes
lvcreate       lvremove       pvmove         vgconvert      vgreduce
lvdisplay      lvrename       pvremove       vgcreate       vgremove
lvextend       lvresize       pvresize       vgdisplay      vgrename
lvm            lvs            pvs            vgexport       vgs
lvmchange      lvscan         pvscan         vgextend       vgscan
lvmdiskscan    pvchange       vgcfgbackup    vgimport       vgsplit
lvmdump
```

3. Rechercher les disques (ils pourront abriter des PV).

```
# lvmdiskscan
  /dev/ram0   [        16.00 MiB]
  /dev/root   [         9.26 GiB]
  /dev/ram1   [        16.00 MiB]
  /dev/sda1   [       500.00 MiB]
  /dev/dm-1   [       512.00 MiB]
  /dev/ram2   [        16.00 MiB]
  /dev/sda2   [         9.77 GiB] LVM physical volume
  ...
  /dev/ram15  [        16.00 MiB]
  1 disk
  22 partitions
  0 LVM physical volume whole disks
  1 LVM physical volume
```

4. Créer trois PV pour les trois premières partitions de type 8e.

```
# pvcreate /dev/sda5
  Physical volume "/dev/sda5" successfully created
# pvcreate /dev/sda6
  Physical volume "/dev/sda6" successfully created
# pvcreate /dev/sda7
  Physical volume "/dev/sda7" successfully created
```

5. Afficher des informations sur les PV.

a) Lister les PV.

```
# pvs
  PV         VG    Fmt  Attr PSize    PFree
  /dev/sda2  vg00  lvm2 a-      9.76g       0
  /dev/sda5        lvm2 a-   512.28m 512.28m
  /dev/sda6        lvm2 a-   517.69m 517.69m
  /dev/sda7        lvm2 a-   517.69m 517.69m
```

b) Rechercher de nouveaux PV.

```
# pvscan
  PV /dev/sda2    VG vg00              lvm2 [9.76 GiB / 0    free]
  PV /dev/sda5                         lvm2 [512.28 MiB]
  PV /dev/sda6                         lvm2 [517.69 MiB]
  PV /dev/sda7                         lvm2 [517.69 MiB]
  Total: 4 [11.27 GiB] / in use: 1 [9.76 GiB] / in no VG: 3 [1.51 GiB]
```

c) afficher les informations provenant du PVRA (PVID...).

```
# pvdisplay /dev/sda5
  "/dev/sda5" is a new physical volume of "512.28 MiB"
  --- NEW Physical volume ---
  PV Name               /dev/sda5
  VG Name
  PV Size               512.28 MiB
  Allocatable           NO
  PE Size               0
  Total PE              0
  Free PE               0
  Allocated PE          0
  PV UUID               LXCGvv-qWlw-31gn-HEcu-iHdk-ubr0-oT92wm
```

6. Créer le VG vg01 à partir des deux PV sda5 et sda6.

```
# vgcreate vg01 /dev/sda5 /dev/sda6
  Volume group "vg01" successfully created
```

7. Afficher des informations sur les VG.

a) Afficher la liste des VG.

```
# vgs
  VG    #PV #LV #SN Attr   VSize VFree
  vg00   1   2   0 wz--n- 9.76g    0
  vg01   2   0   0 wz--n- 1.00g 1.00g
```

b) Afficher des informations sur un VG.

```
# vgdisplay vg01
  --- Volume group ---
  VG Name               vg01
  System ID
  Format                lvm2
  Metadata Areas        2
  Metadata Sequence No  1
  VG Access             read/write
  VG Status             resizable
  MAX LV                0
  Cur LV                0
  Open LV               0
  Max PV                0
  Cur PV                2
  Act PV                2
  VG Size               1.00 GiB
  PE Size               4.00 MiB
  Total PE              257
  Alloc PE / Size       0 / 0
  Free  PE / Size       257 / 1.00 GiB
  VG UUID               v39J1x-lLgW-MtcL-WAjp-7207-vfAg-UieIsn
```

c) Afficher la liste des PV. Pour chaque PV, est indiqué à quel VG il appartient ou s'il est libre.

```
# pvs
  PV         VG    Fmt  Attr PSize    PFree
  /dev/sda2  vg00  lvm2 a-      9.76g       0
  /dev/sda5  vg01  lvm2 a-    512.00m 512.00m
  /dev/sda6  vg01  lvm2 a-    516.00m 516.00m
  /dev/sda7        lvm2 a-    517.69m 517.69m
```

8. Créer des LV dans vg01.

a) Créer un LV en spécifiant sa taille en méga-octets.

```
# lvcreate -L 100M vg01
  Logical volume "lvol0" created
```

Remarques :

1) Le nom par défaut d'un LV est lvl suivi du numéro du LV. Par exemple : /dev/vg01/lvol0, /dev/vg01/lvol1, etc. Le nom du LV est bien sûr créé dans l'arborescence associée au VG (ici /dev/vg01).

2) Lorsque l'on précise la taille d'un LV en méga-octets, le système arrondit obligatoirement au multiple de PE supérieur. En effet un LV est constitué d'un nombre entier de PE.

b) Créer un LV en spécifiant sa taille en LE et en le nommant oralog.

```
# lvcreate -l 30 -n oralog vg01
  Logical volume "oralog" created
```

9. Afficher des informations sur les LV.

a) Lister les LV.

```
# lvs
  LV      VG    Attr    LSize    Origin Snap%  Move Log Copy%  Convert
  lv_root vg00  -wi-ao    9.26g
  lv_swap vg00  -wi-ao  512.00m
  lvol0   vg01  -wi-a-  100.00m
  oralog  vg01  -wi-a-  120.00m
```

b) Lister les LV uniquement appartenant à un VG particulier.

```
# lvs vg01
  LV      VG    Attr    LSize    Origin Snap%  Move Log Copy%  Convert
  lvol0   vg01  -wi-a-  100.00m
  oralog  vg01  -wi-a-  120.00m
```

c) Afficher des informaations sur un LV.

```
# lvdisplay /dev/vg01/oralog
  --- Logical volume ---
  LV Name                /dev/vg01/oralog
  VG Name                vg01
  LV UUID                3AbFj8-UMeH-qZnG-2TEm-cZD9-mae1-ZWCAQK
  LV Write Access        read/write
  LV Status              available
  # open                 0
  LV Size                120.00 MiB
  Current LE             30
  Segments               1
  Allocation             inherit
  Read ahead sectors     auto
  - currently set to     256
  Block device           253:3
```

10. Afficher l'ensemble des informations.

La commande vgdisplay -v affiche tout : l'ensemble des VG. Pour chaque VG, la commande affiche notamment la place libre, chacun des LV et des PV le constituant.

```
# vgdisplay -v
    Finding all volume groups
    Finding volume group "vg01"
  --- Volume group ---
  VG Name                vg01
  System ID
...
  Alloc PE / Size        55 / 220.00 MiB
  Free  PE / Size        202 / 808.00 MiB
  VG UUID                v39J1x-1LgW-MtcL-WAjp-7207-vfAg-UieIsn
```

Remarque : le champ Free PE/Size affiche la place restant libre du VG.

```
  --- Logical volume ---
  LV Name                /dev/vg01/lvol0
  VG Name                vg01
...
```

```
LV Size                 100.00 MiB
Current LE              25
Segments                1
...
--- Logical volume ---
LV Name                 /dev/vg01/oralog
...
--- Physical volumes ---
PV Name                 /dev/sda5
PV UUID                 LXCGvv-qWlw-31gn-HEcu-iHdk-ubr0-oT92wm
PV Status               allocatable
Total PE / Free PE      128 / 98
...
   Finding volume group "vg00"
--- Volume group ---
VG Name                 vg00
...
```

11. Détruire des entités LVM.

a) Détruire des LV (avec ou sans demande de confirmation).

```
# lvremove /dev/vg01/oralog
Do you really want to remove active logical volume oralog? [y/n]: y
  Logical volume "oralog" successfully removed
# lvremove -f /dev/vg01/lvol0
  Logical volume "lvol0" successfully removed
# lvs vg01
#
```

b) Détruire un VG.

```
# vgremove vg01
  Volume group "vg01" successfully removed
# vgs
  VG    #PV #LV #SN Attr   VSize VFree
  vg00   1   2   0 wz--n- 9.76g    0
```

c) Détruire des PV (on supprime le PVRA qui est compris dans un des 4 premiers secteurs).

```
# pvremove /dev/sda5
  Labels on physical volume "/dev/sda5" successfully wiped
# pvremove /dev/sda6
  Labels on physical volume "/dev/sda6" successfully wiped
# dd if=/dev/zero of=/dev/sda7 bs=1k count=2
...
# pvs |grep 'sda[5678]'
#
```

Tâche 2 :
Utiliser des LV comme FS

1. Créer un PV, un VG (avec des PE de méga-octets) et des LV.

```
# pvcreate /dev/sda5
  Physical volume "/dev/sda5" successfully created
# vgcreate -s 4M vg01 /dev/sda5
  Volume group "vg01" successfully created
# lvcreate -L 100M vg01
  Logical volume "lvol0" created
```

```
# lvcreate -L 100M vg01
  Logical volume "lvol1" created
# lvcreate -L 100M vg01
  Logical volume "lvol2" created
```

2. Créer des FS dans les LV. Monter les FS.

a) Créer un FS de type ext4.

```
# mkfs -t ext4 -q /dev/vg01/lvol0
```

b) Créer un FS de type XFS (exercice optionnel).

```
# mkfs -t xfs -q -f /dev/vg01/lvol1
```

c) Créer un FS de type ReiserFS (exercice optionnel).

```
# mkreiserfs /dev/vg01/lvol2
...
ReiserFS is successfully created on /dev/vg01/lvol2.
```

d) Monter les FS (exercice optionnel pour lvol1 et lvol2).

```
# mkdir /mnt/disk1
# mount -t ext4 /dev/vg01/lvol0 /mnt/disk1
# mkdir /mnt/disk2
# mount -t xfs /dev/vg01/lvol1 /mnt/disk2
# mkdir /mnt/disk3
# mount -t reiserfs /dev/vg01/lvol2 /mnt/disk3
# df -PTh
Filesystem      Type    Size  Used Avail Use% Mounted on
...
/dev/mapper/vg01-lvol0 ext4    97M  5.6M   87M   7% /mnt/disk1
/dev/mapper/vg01-lvol1 xfs     96M  4.2M   92M   5% /mnt/disk2
/dev/mapper/vg01-lvol2 reiserfs 100M  33M   68M  33% /mnt/disk3
```

3. Étendre (à chaud) des FS.

On étend d'abord le LV et ensuite on étend le FS.

Remarque : il est possible d'étendre à froid (le FS est démonté) un FS Ext4 ou ReiserFS. Par contre, un FS XFS ne peut être étendu qu'à chaud.

a) Étendre un FS Ext4.

```
# lvextend -L +60M /dev/vg01/lvol0
  Extending logical volume lvol0 to 160.00 MiB
  Logical volume lvol0 successfully resized
# resize2fs /dev/vg01/lvol0
resize2fs 1.41.10 (10-Feb-2009)
Filesystem at /dev/vg01/lvol0 is mounted on /mnt/disk1; on-line resizing
required
old desc_blocks = 1, new_desc_blocks = 1
Performing an on-line resize of /dev/vg01/lvol0 to 163840 (1k) blocks.
The filesystem on /dev/vg01/lvol0 is now 163840 blocks long.

# df -PTh |grep lvol0
/dev/mapper/vg01-lvol0 ext4   156M  5.6M  142M   4% /mnt/disk1
```

b) Étendre un FS XFS (exercice optionnel).

```
# lvextend -L +60M /dev/vg01/lvol1
  Extending logical volume lvol1 to 160.00 MiB
  Logical volume lvol1 successfully resized
# xfs_growfs /dev/vg01/lvol1
```

```
meta-data=/dev/mapper/vg01-lvol1 isize=256    agcount=4, agsize=6400 blks
         =                       sectsz=512   attr=2
data     =                       bsize=4096   blocks=25600, imaxpct=25
         =                       sunit=0      swidth=0 blks
naming   =version 2             bsize=4096   ascii-ci=0
log      =internal             bsize=4096   blocks=1200, version=2
         =                       sectsz=512   sunit=0 blks, lazy-count=1
realtime =none                  extsz=4096   blocks=0, rtextents=0
data blocks changed from 25600 to 40960
# df -PTh |grep lvol1
/dev/mapper/vg01-lvol1 xfs  156M  4.3M  152M   3% /mnt/disk2
```

c) Étendre un FS ReiserFS (exercice optionnel).

```
# lvextend -L +60M /dev/vg01/lvol2
  Extending logical volume lvol2 to 160.00 MiB
  Logical volume lvol2 successfully resized
# resize_reiserfs /dev/vg01/lvol2
resize_reiserfs 3.6.21 (2009 www.namesys.com)
...
resize_reiserfs: On-line resizing finished successfully.

# df -PTh |grep lvol2
/dev/mapper/vg01-lvol2 reiserfs  160M   33M  128M  21% /mnt/disk3
```

4. Diminuer la taille des FS (et des LV sous-jacents).

On diminue la taille du FS et ensuite on réduit la taille du LV.

a) Afficher la place restant libre dans le VG.

```
# vgdisplay vg01 | grep 'Free  PE'
  Free  PE / Size       8 / 32.00 MiB
```

b) Diminuer la taille d'un FS Ext4. Cette opération ne peut être accomplie qu'à froid (FS démonté).

```
# resize2fs /dev/vg01/lvol0 100M
resize2fs 1.41.10 (10-Feb-2009)
Filesystem at /dev/vg01/lvol0 is mounted on /mnt/disk1; on-line resizing
required
On-line shrinking from 163840 to 102400 not supported.
# umount /mnt/disk1
# resize2fs /dev/vg01/lvol0 100M
resize2fs 1.41.10 (10-Feb-2009)
Please run 'e2fsck -f /dev/vg01/lvol0' first.

# e2fsck -f /dev/vg01/lvol0
...
# resize2fs /dev/vg01/lvol0 100M
resize2fs 1.41.10 (10-Feb-2009)
Resizing the filesystem on /dev/vg01/lvol0 to 102400 (1k) blocks.
The filesystem on /dev/vg01/lvol0 is now 102400 blocks long.
# lvreduce -L -60M /dev/vg01/lvol0
  WARNING: Reducing active and open logical volume to 100.00 MiB
  THIS MAY DESTROY YOUR DATA (filesystem etc.)
Do you really want to reduce lvol0? [y/n]: y
  Reducing logical volume lvol0 to 100.00 MiB
  Logical volume lvol0 successfully resized
# mount -t ext4 /dev/vg01/lvol0 /mnt/disk1
```

```
# df -Ph /mnt/disk1
Filesystem              Size  Used Avail Use% Mounted on
/dev/mapper/vg01-lvol0  97M  5.6M  87M   6% /mnt/disk1
```

c) Réduire un FS XFS : cette opération n'est pas possible.

d) Réduire un FS ReiserFS : cette opération doit être accomplie à froid : FS démonté (exercice optionnel).

```
# resize_reiserfs -s -60M /dev/vg01/lvol2
resize_reiserfs 3.6.21 (2009 www.namesys.com)

Can't shrink filesystem on-line.

# umount /mnt/disk3
# resize_reiserfs -s -60M /dev/vg01/lvol2
...
Do you want to continue? [y/N]:y
Processing the tree: 0%....20%....40%....60%....80%....100%
left 0, 0 /sec
...
resize_reiserfs: Resizing finished successfully.
# lvreduce -L -60M -f /dev/vg01/lvol2
  WARNING: Reducing active logical volume to 100.00 MiB
  THIS MAY DESTROY YOUR DATA (filesystem etc.)
  Reducing logical volume lvol2 to 100.00 MiB
  Logical volume lvol2 successfully resized
# mount -t reiserfs /dev/vg01/lvol2 /mnt/disk3
# df -Ph /mnt/disk3
Filesystem              Size  Used Avail Use% Mounted on
/dev/mapper/vg01-lvol2  100M   33M   68M  33% /mnt/disk3
# vgdisplay vg01 | grep 'Free  PE'
  Free  PE / Size      38 / 152.00 MiB
```

5. Démonter les FS, détruire les LV et le VG.

L'option –f de vgremove supprime la demande de confirmation de la destruction d'un VG qui contient encore des LV.

```
# umount /mnt/disk1
# umount /mnt/disk2
# umount /mnt/disk3
# vgremove -f vg01
  Logical volume "lvol0" successfully removed
  Logical volume "lvol1" successfully removed
  Logical volume "lvol2" successfully removed
  Volume group "vg01" successfully removed
# vgdisplay vg01
  Volume group "vg01" not found
```

Tâche 3 :
Snapshot

1. Créer un VG, un FS dans un LV. Monter le FS et créer des fichiers à l'intérieur.

```
# vgcreate vg01 /dev/sda5
  Volume group "vg01" successfully created
# lvcreate -L 100M vg01
  Logical volume "lvol0" created
# mkfs -t ext4 -q /dev/vg01/lvol0
```

```
# mount -t ext4 /dev/vg01/lvol0 /mnt
# cal > /mnt/f1 ; date > /mnt/f2 ; mkdir /mnt/rep ; uptime > /mnt/rep/fic
```

2. Créer un snapshot par rapport au LV lvol0.

On crée le snapshot /dev/vg01/back de taille 50 Mo (arrondi à 52 Mo) par rapport au LV lvol0 (FS /mnt). Sa taille doit pouvoir contenir les modifications du FS durant la sauvegarde.

```
# lvcreate -L 50M -s -n back /dev/vg01/lvol0
  Rounding up size to full physical extent 52.00 MiB
  Logical volume "back" created
```

3. Monter le snapshot et le sauvegarder (il correspond à la vision figée du LV).

Pendant ce temps, on crée un fichier dans le FS (il ne sera pas sauvegardé).

```
# mkdir /usr/BACK
# mount -t ext4 /dev/vg01/back /usr/BACK
# ls -l > /mnt/f3
# cd /usr/BACK
# tar -cvf /tmp/sauve.tar .
./
./lost+found/
./f1
./rep/
./rep/fic
./f2
# cd
# lvs vg01
  LV     VG    Attr    LSize    Origin Snap%  Move Log Copy%  Convert
  back   vg01 swi-ao  52.00m   lvol0   0.11
  lvol0  vg01 owi-ao 100.00m
```

4. Supprimer le snapshot

Quand la sauvegarde est terminée, il n'y a plus de raison de conserver le snapshot, on le supprime.

Remarque : cette opération est plus longue que la création du snapshot. En effet, les modifications du LV qui ont été conservées dans le snapshot sont reportées dans le LV.

```
# umount /usr/BACK/
# lvs vg01
  LV     VG    Attr    LSize    Origin Snap%  Move Log Copy%  Convert
  back   vg01 swi-a-  52.00m   lvol0   0.11
  lvol0  vg01 owi-ao 100.00m
# lvremove /dev/vg01/back
Do you really want to remove active logical volume back? [y/n]: y
  Logical volume "back" successfully removed
# ls /mnt
f1  f2  f3  lost+found  rep
```

5. Démonter le FS et le supprimer. Supprimer également le LV et le VG sous-jacents.

```
# umount /mnt
# vgremove -f vg01
  Logical volume "lvol0" successfully removed
  Volume group "vg01" successfully removed
```

Tâche 4 :
Maintenance LVM (complément)

1. Créer un VG et un LV à l'intérieur.

```
# vgcreate vg01 /dev/sda5
  Volume group "vg01" successfully created
# lvcreate -L 100M vg01
  Logical volume "lvol0" created
```

2. Agrandir un VG.

Créer un PV. Afficher la place libre. Agrandir le VG en ajoutant le PV. Afficher de nouveau la place libre : elle a augmenté de la taille du PV.

```
# pvcreate /dev/sda6
  Physical volume "/dev/sda6" successfully created
# vgdisplay vg01 | grep -i 'Free *PE'
  Free  PE / Size       103 / 412.00 MiB
# vgextend vg01 /dev/sda6
  Volume group "vg01" successfully extended
# vgdisplay vg01 | grep -i 'Free *PE'
  Free  PE / Size       232 / 928.00 MiB
```

3. Créer des LV en spécifiant leur emplacement. Afficher la cartographie des PV et des LV.

a) Créer un LV sur le PV sda6.

```
# lvcreate -L 100M vg01 /dev/sda6
  Logical volume "lvol1" created
```

b) Afficher l'emplacement d'allocation d'un LV.

```
# lvdisplay -m /dev/vg01/lvol1
...
  --- Segments ---
  Logical extent 0 to 24:
    Type              linear
    Physical volume   /dev/sda6
    Physical extents  0 to 24
```

c) Afficher les zones d'allocation d'un PV.

```
# pvdisplay -m /dev/sda6
...
  --- Physical Segments ---
  Physical extent 0 to 24:
    Logical volume    /dev/vg01/lvol1
    Logical extents   0 to 24
  Physical extent 25 to 128:
    FREE
```

d) Créer un LV en partie sur sda5 et sur sda6.

Remarque : il faut spécifier les PE utilisés à l'intérieur des segments libres.

```
# lvcreate -l 20 vg01 /dev/sda5:25-34 /dev/sda6:25-34
  Logical volume "lvol2" created
# pvdisplay -m /dev/sda5
...
  --- Physical Segments ---
  Physical extent 0 to 24:
    Logical volume    /dev/vg01/lvol0
    Logical extents   0 to 24
```

```
Physical extent 25 to 34:
  Logical volume      /dev/vg01/lvol2
  Logical extents     0 to 9
Physical extent 35 to 127:
  FREE
```
lvdisplay -m /dev/vg01/lvol2
```
...
  --- Segments ---
  Logical extent 0 to 9:
    Type                linear
    Physical volume     /dev/sda5
    Physical extents    25 to 34

  Logical extent 10 to 19:
    Type                linear
    Physical volume     /dev/sda6
    Physical extents    25 to 34
```

4. Déplacer des PE, des LV.

a) Déplacer un PV entier.

On crée un PV cible que l'on ajoute à notre VG et ensuite on déplace dessus tous les PE alloués d'un PV source.

pvcreate /dev/sda7
```
  Physical volume "/dev/sda7" successfully created
```
vgextend vg01 /dev/sda7
pvmove /dev/sda6 /dev/sda7
```
  /dev/sda6: Moved: 11.4%
  /dev/sda6: Moved: 71.4%
  /dev/sda6: Moved: 100.0%
```
pvmove /dev/sda6 /dev/sda7
```
  No data to move for vg01
```
pvdisplay -m /dev/sda6
```
...
  --- Physical Segments ---
  Physical extent 0 to 128:
    FREE
```
pvdisplay -m /dev/sda7
```
...
  --- Physical Segments ---
  Physical extent 0 to 24:
    Logical volume      /dev/vg01/lvol1
    Logical extents     0 to 24
  Physical extent 25 to 34:
    Logical volume      /dev/vg01/lvol2
    Logical extents     10 to 19
  Physical extent 35 to 128:
    FREE
```

b) Idem, mais on travaille en tâche de fond.

pvmove -b /dev/sda7 /dev/sda6

c) On déplace un PV sans spécifier de cible. On surveille la progression toutes les 5 secondes.

pvmove -i5 /dev/sda5
```
  /dev/sda5: Moved: 5.7%
```

```
/dev/sda5: Moved: 71.4%
/dev/sda5: Moved: 100.0%
```

d) On ne déplace qu'un LV : on déplace lvol0 (qui est sur sda7) vers sda5. Après, il ne reste plus que lvol2 sur sda7.

```
# lvdisplay -m /dev/vg01/lvol0 |grep sda
    Physical volume    /dev/sda6
# pvmove -n lvol0 /dev/sda6 /dev/sda5
  /dev/sda7: Moved: 16.0%
  /dev/sda7: Moved: 100.0%
# lvdisplay -m /dev/vg01/lvol0 |grep sda
    Physical volume    /dev/sda5
# pvdisplay -m /dev/sda6 |grep lvol
    Logical volume    /dev/vg01/lvol1
    Logical volume    /dev/vg01/lvol2
```

e) Déplacer des PE (en fait des segments) d'un PV à un autre.

Du fait que lvol0 ne fait qu'un seul segment, l'opération se ramène à déplacer lvol0 de sda5 à sda6.

```
# pvdisplay -m /dev/sda5
...
  --- Physical Segments ---
  Physical extent 0 to 24:
    Logical volume    /dev/vg01/lvol0
    Logical extents    0 to 24
...
# pvdisplay -m /dev/sda6
...
  Physical extent 35 to 128:
    FREE
# pvmove /dev/sda5:0-24 /dev/sda6:35-59
  /dev/sda5: Moved: 16.0%
  /dev/sda5: Moved: 100.0%
# pvdisplay -m /dev/sda6
...
  Physical extent 35 to 59:
    Logical volume    /dev/vg01/lvol0
    Logical extents    0 to 24
  Physical extent 60 to 128:
    FREE
```

5. Exporter/Importer un VG.

a) On recrée le VG. On crée un FS dans un LV et on crée des fichiers à l'intérieur.

```
# vgremove -f vg01
...
# vgcreate vg01 /dev/sda5
  Volume group "vg01" successfully created
# lvcreate -L 100M vg01
  Logical volume "lvol0" created
# mkfs -t ext4 -q /dev/vg01/lvol0
# mount -t ext4 /dev/vg01/lvol0 /mnt
# cal > /mnt/cal.txt
```

b) Désactiver le VG.

On démonte les FS et ensuite on peut désactiver le VG. Ensuite, les LV ne peuvent plus être utilisés (on ne peut plus monter les FS…).

```
# lvs /dev/vg01/lvol0
  LV     VG    Attr   LSize    Origin Snap%  Move Log Copy%  Convert
  lvol0 vg01 -wi-ao 100.00m
# umount /mnt
# lvs /dev/vg01/lvol0
  LV     VG    Attr   LSize    Origin Snap%  Move Log Copy%  Convert
  lvol0 vg01 -wi-a- 100.00m
# vgchange -a n vg01
  0 logical volume(s) in volume group "vg01" now active
# lvs /dev/vg01/lvol0
  LV     VG    Attr   LSize    Origin Snap%  Move Log Copy%  Convert
  lvol0 vg01 -wi--- 100.00m
# mount -t ext4 /dev/vg01/lvol0 /mnt
mount: special device /dev/vg01/lvol0 does not exist
```

c) Exporter le VG.

```
# vgs vg01
  VG   #PV #LV #SN Attr   VSize   VFree
  vg01   1   1   0 wz--n- 512.00m 412.00m
# vgexport vg01
  Volume group "vg01" successfully exported
# vgs vg01
  VG   #PV #LV #SN Attr   VSize   VFree
  vg01   1   1   0 wzx-n- 512.00m 412.00m
# pvs /dev/sda5
  PV         VG   Fmt  Attr PSize   PFree
  /dev/sda5  vg01 lvm2 ax   512.00m 412.00m
```

d) On déplace les disques sur le système cible.

Dans l'exercice, on ne fait rien, car les systèmes source et cible ne sont qu'un seul et même système.

e) Sur le système cible on recherche les nouveaux PV.

```
# pvscan
  PV /dev/sda5     is in exported VG vg01 [512.00 MiB / 412.00 MiB free]
  PV /dev/sda2   VG vg00              lvm2 [9.76 GiB / 0    free]
  PV /dev/sda6                        lvm2 [517.69 MiB]
...
```

f) Sur le système cible, on importe le VG.

```
# vgimport vg01
  Volume group "vg01" successfully imported
# vgs vg01
  VG   #PV #LV #SN Attr   VSize   VFree
  vg01   1   1   0 wz--n- 512.00m 412.00m
```

g) On active le VG.

```
# lvs vg01
  LV     VG    Attr   LSize    Origin Snap%  Move Log Copy%  Convert
  lvol0 vg01 -wi--- 100.00m
# vgchange -a y vg01
  1 logical volume(s) in volume group "vg01" now active
# lvs vg01
  LV     VG    Attr   LSize    Origin Snap%  Move Log Copy%  Convert
  lvol0 vg01 -wi-a- 100.00m
```

h) On peut maintenant accéder aux FS.

```
# mount -t ext4 /dev/vg01/lvol0 /mnt
# df -PTh /mnt
Filesystem      Type    Size  Used Avail Use% Mounted on
/dev/mapper/vg01-lvol0 ext4   97M  5.6M   87M   7% /mnt
```

i) On supprime le VG.

```
# umount /mnt
# vgremove -f vg01
...
```

6. Découper et rassembler des VG. Renommer des LV et des VG.

a) Créer un VG composé de deux PV avec un LV par PV.

```
# vgcreate gros_vg /dev/sda5 /dev/sda6
  Volume group "gros_vg" successfully created
# lvcreate -L 100M gros_vg /dev/sda5
  Logical volume "lvol0" created
# lvcreate -L 100M gros_vg /dev/sda6
  Logical volume "lvol1" created
# pvs |grep gros_vg
  /dev/sda5  gros_vg lvm2 a-   512.00m 412.00m
  /dev/sda6  gros_vg lvm2 a-   516.00m 416.00m
```

b) Découper notre VG.

On crée un nouveau VG (nouveau) qui contient les LV du PV sda6. Le VG d'origine (gros_vg) doit être inactif. Ensuite on active les deux VG.

```
# vgchange -a n gros_vg
  0 logical volume(s) in volume group "gros_vg" now active
# vgsplit gros_vg nouveau /dev/sda6
  New volume group "nouveau" successfully split from "gros_vg"
# pvs |grep 'sda[56]'
  /dev/sda5  gros_vg lvm2 a-   512.00m 412.00m
  /dev/sda6  nouveau lvm2 a-   516.00m 416.00m
# vgchange -a y gros_vg
  1 logical volume(s) in volume group "gros_vg" now active
# vgchange -a y nouveau
  1 logical volume(s) in volume group "nouveau" now active
# lvs |grep lvol
  lvol0  gros_vg -wi-a- 100.00m
  lvol1  nouveau -wi-a- 100.00m
```

c) Renommer un LV.

```
# lvrename nouveau lvol1 docs
  Renamed "lvol1" to "docs" in volume group "nouveau"
# lvs nouveau
  LV   VG      Attr  LSize   Origin Snap% Move Log Copy%  Convert
  docs nouveau -wi-a- 100.00m
```

d) Renommer un VG (il faut d'abord le désactiver).

```
# vgchange -a n gros_vg
  0 logical volume(s) in volume group "gros_vg" now active
# vgrename gros_vg ancien
  Volume group "gros_vg" successfully renamed to "ancien"
# vgchange -a y ancien
  1 logical volume(s) in volume group "ancien" now active
```

e) Fusionner deux VG. Le VG absorbé doit être inactif.

```
# vgchange -a n nouveau
  0 logical volume(s) in volume group "nouveau" now active
# vgmerge ancien nouveau
  Volume group "nouveau" successfully merged into "ancien"
# vgs
  VG      #PV #LV #SN Attr   VSize VFree
  ancien   2   2   0 wz--n- 1.00g 828.00m
  vg00     1   2   0 wz--n- 9.76g       0
```

f) Détruire le VG.

```
# vgremove -f ancien
...
```

7. Les LV « stripped ».

a) Créer un VG composé de deux PV.

```
# vgcreate vg01 /dev/sda5 /dev/sda6
  Volume group "vg01" successfully created
```

b) Créer un LV stripped de nom « reparti », d'une taille de 600 Mo, s'étendant sur deux PV et avec des chunks de 64 Ko.

```
# lvcreate -i 2 -I 64 -L 600M -n reparti vg01
  Logical volume "reparti" created
```

c) Afficher la cartographie d'allocation du LV.

```
# lvdisplay -m vg01/reparti
...
  --- Segments ---
  Logical extent 0 to 149:
    Type                striped
    Stripes             2
    Stripe size         64.00 KiB
    Stripe 0:
      Physical volume   /dev/sda6
      Physical extents  0 to 74
    Stripe 1:
      Physical volume   /dev/sda5
      Physical extents  0 to 74
```

d) Détruire le VG.

```
# vgremove -f vg01
...
```

Tâche 5 :
Accéder à des FS présents dans des LV en mode maintenance

1. Redémarrer à partir du cdrom d'installation.

On met le CD/DVD d'installation dans le lecteur de CD-Rom et on redémarre le système.

```
# reboot
```

Au démarrage (à partir du CD/DVD) on choisit le mode maintenance (Rescue Installed System). On choisit ensuite la langue anglaise, le clavier français. On choisit le CD/DVD comme méthode de dépannage (Rescue Method). On n'active pas l'interface réseau et on ne monte pas automatiquement les FS (skip). Enfin on active un shell d'administration (Shell Start Shell).

2. Explorer les disques et les partitions pour trouver les PV et les VG.

```
# lvm vgscan
  Reading all physical volumes. This any take a while...
  Found volume group "vg00" using metadata type lmv2.
```

3. Activer le VG vg00.

```
# lvm  vgchange -a y vg00
  1 logical volume(s) in volume group "vg00" now active.
```

4. Monter un FS présent sur un LV et accéder à un fichier du LV.

```
#  mkdir /mnt/disk
#  lvm  lvs  vg00
  LV      VG    Attr   LSize   Origin Snap% Move Copy%  Convert
  lv_root vg00  -wi-a-  9.26g
  lv_swap vg00  -wi-a- 512.00m
# mount -t ext4 /dev/vg00/lv_root  /mnt/disk
# tail -1 /mnt/disk/etc/passwd
user3:x:504:504::/home/user3:/bin/bash
```

5. Démonter le FS et redémarrer le système.

```
# umount  /mnt/disk
CTRL-ALT-DEL
```

Tâche 6 :
Utiliser des LV autrement (complément)

1. Créer un VG.

```
# vgcreate vg01 /dev/sda5
  Volume group "vg01" successfully created
```

2. Utiliser un LV comme swap.

a) Créer un LV.

```
# lvcreate -L 100M -n swap1 vg01
  Logical volume "swap1" created
```

b) Formater le LV en tant que swap.

```
# mkswap /dev/vg01/swap1
mkswap: /dev/vg01/swap1: warning: don't erase bootbits sectors
        on whole disk. Use -f to force.
Setting up swapspace version 1, size = 102396 KiB
no label, UUID=d3a035ff-0184-41f7-83a5-030f3753a440
```

c) Activer la nouvelle zone de swap.

```
# swapon /dev/vg01/swap1
#
```

Remarque : si l'on veut que la nouvelle zone de swap soit activée automatiquement lors du démarrage, il faut ajouter la ligne suivante au fichier /etc/fstab :

```
/dev/vg01/swap1    swap   swap defaults   0   0
```

d) Lister les espaces de swap et leur utilisation.

```
# swapon -s
Filename                          Type        Size     Used     Priority
/dev/dm-1                         partition   524280   0        -1
/dev/dm-2                         partition   102392   0        -2
# free
          total      used      free     shared    buffers     cached
```

```
Mem:            512032      89860      422172         0      8492      49600
-/+ buffers/cache:          31768      480264
Swap:           626672          0      626672
```

e) Diminuer l'espace de swap.

On désactive d'abord l'espace de swap. On réduit le LV. On reformate le LV en swap et enfin on réactive l'espace de swap.

```
# swapoff -v /dev/vg01/swap1
swapoff on /dev/vg01/swap1
# swapon -s
Filename                                Type        Size     Used  Priority
/dev/dm-1                               partition   524280   0     -1
# lvreduce -L -32M /dev/vg01/swap1
  WARNING: Reducing active logical volume to 68.00 MiB
  THIS MAY DESTROY YOUR DATA (filesystem etc.)
Do you really want to reduce swap1? [y/n]: y
  Reducing logical volume swap1 to 68.00 MiB
  Logical volume swap1 successfully resized
# mkswap /dev/vg01/swap1
...
# swapon /dev/vg01/swap1
# swapon -s
Filename                                Type        Size     Used  Priority
/dev/dm-1                               partition   524280   0     -1
/dev/dm-2                               partition   69624    0     -2
```

f) Supprimer l'espace de swap.

```
# swapoff -v /dev/vg01/swap1
swapoff on /dev/vg01/swap1
# lvremove -f /dev/vg01/swap1
  Logical volume "swap1" successfully removed
```

Remarque : il faut modifier /etc/fstab si l'espace de swap y est inscrit.

3. Créer un LV et utiliser ce LV de manière dédiée à une application.

a) Sauvegarder des fichiers dans un LV.

```
# lvcreate -L 100M vg01
  Logical volume "lvol0" created
# tar -cf /dev/vg01/lvol0 /etc
tar: Removing leading `/' from member names
```

b) Vérifier la présence d'un des fichiers dans l'archive.

```
# tar -tvf /dev/vg01/lvol0 etc/passwd
-rw-r--r-- root/root      1475 2010-07-21 18:27 etc/passwd
```

Remarque : évidemment, si l'on utilise un LV par l'intermédiaire d'une application. Le contenu du LV est détruit. Cette utilisation est incompatible avec une utilisation du LV comme FS ou comme SWAP.

c) Détruire le VG.

```
# vgremove -f vg01
...
```

Tâche 7 :
Sauvegarder un VG

1. Créer un VG, des LV, un FS et des fichiers dessus.

```
# vgcreate vg01 /dev/sda5 /dev/sda6
```

```
# lvcreate -L 100M vg01 /dev/sda5
# lvcreate -L 100M vg01 /dev/sda6
# lvcreate -L 100M vg01 /dev/sda5
# lvextend -L +100M /dev/vg01/lvol0
# mkfs -t ext4 -q /dev/vg01/lvol0
# mount -t ext4 /dev/vg01/lvol0 /mnt
# cal > /mnt/cal.txt
# df -PTh /mnt
Filesystem       Type    Size  Used Avail Use% Mounted on
/dev/mapper/vg01-lvol0 ext4  194M  5.6M  179M   4% /mnt
```

2. Afficher la structure des données.

```
# lvs --segments vg01
  LV    VG    Attr    #Str Type   SSize
  lvol0 vg01  -wi-ao    1 linear 100.00m
  lvol0 vg01  -wi-ao    1 linear 100.00m
  lvol1 vg01  -wi-a-    1 linear 100.00m
  lvol2 vg01  -wi-a-    1 linear 100.00m
# pvdisplay -m /dev/sda5
...
  --- Physical Segments ---
  Physical extent 0 to 24:
    Logical volume      /dev/vg01/lvol0
    Logical extents     0 to 24
  Physical extent 25 to 49:
    Logical volume      /dev/vg01/lvol2
    Logical extents     0 to 24
  Physical extent 50 to 74:
    Logical volume      /dev/vg01/lvol0
    Logical extents     25 to 49
  Physical extent 75 to 127:
    FREE
```

3. Sauvegarder les données (FS...).

```
# tar -cf /tmp/sauve.tar /mnt
tar: Removing leading `/' from member names
```

4. Sauvegarder la structure du VG (le VGDA).

Remarque : si l'on connaît les différents LV à recréer et leur taille, on peut tout simplement recréer les LV avec la commande lvcreate lors de la reconstruction du VG. La procédure décrite ci-dessous doit être utilisée si l'on désire recréer les metadonnées d'une manière identique, par exemple de manière scriptable.

```
# vgcfgbackup -f /tmp/vg01.bck vg01
  Volume group "vg01" successfully backed up.
# more /tmp/vg01.bck
...
vg01 {
...
        physical_volumes {

                pv0 {
                        id = "EFSHhe-39mQ-Gh04-QGqz-6dCt-2tUp-ibCz6A"
                        device = "/dev/sda5"    # Hint only
...                }
```

```
                        pv1 {
...                     }
            }

      logical_volumes {

            lvol0 {
...                     segment1 {
...
                        }
                        segment2 {
...                     }
            }
      }
}
```

5. Détruire le VG (FS, LV, PV, VG).

```
# umount /mnt
# vgremove -f vg01
  Logical volume "lvol0" successfully removed
  Logical volume "lvol1" successfully removed
  Logical volume "lvol2" successfully removed
  Volume group "vg01" successfully removed
# pvremove /dev/sda5 /dev/sda6
  Labels on physical volume "/dev/sda5" successfully wiped
  Labels on physical volume "/dev/sda6" successfully wiped
```

6. Restaurer le VG.

a) On restaure les PV. Ils doivent avoir les mêmes UUID.

```
# awk '/pv[012].*{/ { print; getline; print }' /tmp/vg01.bck
            pv0 {
                  id = "EFSHhe-39mQ-Gh04-QGqz-6dCt-2tUp-ibCz6A"
            pv1 {
                  id = "oLuMS3-Xi9z-KxuK-iBiN-QXdW-L4B4-bMwEME"
# pvcreate --restorefile /tmp/vg01.bck \
 --uuid EFSHhe-39mQ-Gh04-QGqz-6dCt-2tUp-ibCz6A /dev/sda5
  Couldn't find device with uuid 'EFSHhe-39mQ-Gh04-QGqz-6dCt-2tUp-ibCz6A'.
  Couldn't find device with uuid 'oLuMS3-Xi9z-KxuK-iBiN-QXdW-L4B4-bMwEME'.
  Physical volume "/dev/sda5" successfully created
# pvdisplay /dev/sda5 |grep UUID
  PV UUID               EFSHhe-39mQ-Gh04-QGqz-6dCt-2tUp-ibCz6A
# pvcreate --restorefile /tmp/vg01.bck \
 --uuid oLuMS3-Xi9z-KxuK-iBiN-QXdW-L4B4-bMwEME /dev/sda6
  Couldn't find device with uuid 'oLuMS3-Xi9z-KxuK-iBiN-QXdW-L4B4-bMwEME'.
  Physical volume "/dev/sda6" successfully created
# pvdisplay /dev/sda6 |grep UUID
PV UUID               oLuMS3-Xi9z-KxuK-iBiN-QXdW-L4B4-bMwEME
```

b) On restaure la structure du VG.

```
# vgcfgrestore -f /tmp/vg01.bck vg01
  Restored volume group vg01
# vgdisplay -v  |more
...
```

c) On active le VG.

```
# vgchange -a y vg01
  3 logical volume(s) in volume group "vg01" now active
```

d) On restaure les données (FS…).

```
# mkfs -t ext4 -q /dev/vg01/lvol0
# mount -t ext4 /dev/vg01/lvol0 /mnt
# cd /
# tar xf /tmp/sauve.tar
# ls /mnt
cal.txt   lost+found
# cd
```

e) On détruit le VG.

```
# umount /mnt
# vgremove -f vg01
...
```

Tâche 8:
RAID LVM

1. Brancher une clé. La transformer en PV (celui qui tombera en panne).

```
# dmesg
...
sd 3:0:0:0: [sdb] Attached SCSI removable disk
# pvcreate /dev/sdb1
  Physical volume "/dev/sdb1" successfully created
```

2. Créer un VG composé de deux PV.

```
# vgcreate vg01 /dev/sda5 /dev/sdb1
  Volume group "vg01" successfully created
```

3. Créer un LV avec miroir (le journal sera en mémoire). Créer un FS dedans et y installer des fichiers.

```
# lvcreate -L 100M -m1 --mirrorlog core vg01
  Logical volume "lvol0" created
# mkfs -t ext4 -q /dev/vg01/lvol0
# mount -t ext4 /dev/vg01/lvol0 /mnt
# cal > /mnt/cal.txt
# df -PTh /mnt
Filesystem     Type   Size  Used Avail Use% Mounted on
/dev/mapper/vg01-lvol0 ext4   97M  5.6M   87M   7% /mnt
```

4. Afficher des informations sur le LV.

```
# lvs
  LV      VG    Attr   LSize   Origin Snap%  Move Log Copy%  Convert
  lv_root vg00  -wi-ao  9.26g
  lv_swap vg00  -wi-ao 512.00m
  lvol0   vg01  mwi-ao 100.00m                          100.00
# lvs -a -o +devices vg01
  LV               VG   Attr   LSize   Origin Snap%  Move Log Copy%  Convert
Devices
  lvol0            vg01 mwi-ao 100.00m                          100.00
lvol0_mimage_0(0),lvol0_mimage_1(0)
  [lvol0_mimage_0] vg01 iwi-ao 100.00m
/dev/sda5(0)
  [lvol0_mimage_1] vg01 iwi-ao 100.00m
/dev/sdb1(0)
```

```
# lvdisplay -m /dev/vg01/lvol0
  --- Logical volume ---
  ...
  Mirrored volumes        2
  ...
  --- Segments ---
  Logical extent 0 to 24:
    Type              mirror
    Mirrors           2
    Mirror size       25
    Mirror region size  512.00 KiB
    Mirror original:
      Logical volume    lvol0_mimage_0
      Logical extents   0 to 24
    Mirror destinations:
      Logical volume    lvol0_mimage_1
      Logical extents   0 to 24
```

5. Débrancher la clé (et donc briser le miroir) et ensuite créer un fichier dans le FS.

```
# tail -f /var/log/messages
Jul 26 22:49:42 linux01 lvm[3031]: vg01-lvol0 is now in-sync
```

On débranche la clé.

```
Jul 26 22:57:52 linux01 kernel: usb 1-1: USB disconnect, address 2
Ctrl-C
# uptime > /mnt/uptime.txt
# tail /var/log/messages
...
Jul 26 22:59:53 linux01 lvm[3031]: Secondary mirror device 253:3 has failed (D).
Jul 26 22:59:53 linux01 lvm[3031]: Device failure in vg01-lvol0
Jul 26 23:00:00 linux01 lvm[3031]: Repair of mirrored LV vg01/lvol0 finished
successfully.
Jul 26 23:00:01 linux01 lvm[3031]: No longer monitoring mirror device vg01-lvol0
for events
# lvs -a -o +devices vg01
  LV    VG    Attr   LSize   Origin Snap% Move Log Copy%  Convert Devices
  lvol0 vg01 -wi-ao 100.00m                                       /dev/sda5(0)
```

6. Réparer le miroir.

a) Rebrancher la clé.

b) Réinitialiser la clé en recréant un PV dessus.

```
# pvcreate /dev/sdb1
  WARNING: Volume group vg01 is not consistent
  WARNING: Volume Group vg01 is not consistent
  WARNING: Volume group vg01 is not consistent
  Physical volume "/dev/sdb1" successfully created
```

c) Incorporer le PV dans le VG.

```
# vgextend vg01 /dev/sdb1
  Volume group "vg01" successfully extended
```

d) Recréer le miroir.

```
# lvconvert -m1 --mirrorlog core /dev/vg01/lvol0
  vg01/lvol0: Converted: 0.0%
  vg01/lvol0: Converted: 12.0%
```

```
...
  vg01/lvol0: Converted: 100.0%
  Logical volume lvol0 converted.
```

e) Les fichiers sont toujours accessibles.

```
# more /mnt/uptime.txt
 22:59:48 up  6:35,  1 user,  load average: 0.00, 0.07, 0.10
```

7. Démonter le FS, détruire le VG, supprimer les PV et retirer la clé.

```
# umount /mnt
# vgremove -f vg01
  Logical volume "lvol0" successfully removed
  Volume group "vg01" successfully removed
# pvremove /dev/sdb1
  Labels on physical volume "/dev/sdb1" successfully wiped
# pvremove /dev/sda5 /dev/sda6 /dev/sda7
...
# pvs |grep 'sda[5678]'
#
```

- *Incrémentale,
  différentielle, complète*

- *dump 0uf /dev/tape /*

- *dd if=/dev/hda | rsh ...*

- *mt –f /dev/nst0 bsf 2*

- *Bare-Metal*

9

La sauvegarde

Objectifs

Ce chapitre traite de la sauvegarde. On désire montrer l'éventail des possibilités de sauvegarde. Mais on veut essentiellement apprendre au lecteur à réaliser des sauvegardes incrémentales. On apprend également à réaliser des sauvegardes complètes du système.

Contenu

Vision générale de la sauvegarde

La sauvegarde incrémentale

Les commandes dump et restore

La commande dd

La sauvegarde réseau

La sauvegarde bare-metal

Le logiciel Mondo

Les cartouches

Bacula

Ateliers

Vision générale de la sauvegarde

La théorie

Plan de sauvegarde

IL FAUT DÉVELOPPER UN PLAN DE REPRISE D'ACTIVITÉ. Ce plan sera activé en cas de sinistre. La clé de voûte de ce plan est le plan de sauvegarde et de restauration des données informatiques.

Voici quelques questions qui peuvent vous aider à établir ce plan de sauvegarde.

- Que faut-il sauvegarder, avec quelle fréquence ? (Ou inversement qu'acceptez-vous de perdre en cas de sinistre ?)
- Corollaire : à combien estimez-vous les conséquences financières d'un sinistre ?
- Corollaire du corollaire : quel sera votre budget de sauvegarde ?
- Combien de temps conservera-t-on les sauvegardes, à quels endroits, en combien d'exemplaires ?
- Quel est le support de sauvegarde approprié ? Quels sont les besoins, en capacité des supports de sauvegarde ? Combien de temps durera la sauvegarde ?

Conseils

- Centraliser vos sauvegardes : utiliser les commandes de sauvegarde réseau ou les logiciels client/serveur.
- Étiqueter vos sauvegardes. On doit indiquer l'hôte, le FS, si c'est une sauvegarde complète ou non, la date, le format de la sauvegarde et même la commande complète qui a permis de sauvegarder. On peut remarquer que les logiciels client/serveur imposent un étiquetage avec code à barres.
- Réaliser au minimum une sauvegarde incrémentale chaque jour et une sauvegarde complète le week-end. Ne pas oublier de sauvegarder les fichiers de configuration à chaque modification.
- Structurer vos données notamment en termes de sauvegarde. Créer des FS destinés à être sauvegardés de manière incrémentale. Typiquement, on sépare le système des applications, les données des programmes.
- Limiter la taille de vos FS à la taille des supports de sauvegarde.
- Vous devez avoir une copie de vos sauvegardes sensibles. Cette copie doit être dans un lieu différent de votre site d'exploitation.
- Faire en sorte d'arrêter (ou au moins limiter) l'exploitation durant la sauvegarde. C'est pourquoi on fait les sauvegardes la nuit.
- Protéger vos sauvegardes : il faut les enfermer à clé, elles contiennent des informations sensibles.
- Ne pas oublier que les cartouches de sauvegarde ont un cycle de vie limité. Mémoriser leur utilisation. Les logiciels de sauvegarde client/serveur le font automatiquement.
- Enfin, un conseil majeur : tester votre plan de reprise d'activité. Ainsi vous devez réaliser de véritables restaurations.

Le savoir concret

Les outils de sauvegarde

Sauvegarde de fichiers : `tar`, `star`, `cpio`, `pax`

Sauvegarde physique : `dd`

Sauvegarde d'images : `partimage`, clonezilla, ghost (produit commerciale)

Sauvegarde système incrémentale de FS :
`dump/restore` (Ext2/Ext3/Ext4), `xfsdump/xfsrestore` (xfs)

Sauvegarde complète (bare metal) : Mondo, Clonezilla

Sauvegarde client/serveur : Bacula (libre), Amanda (libre), BackupPC(libre), Arkeia, Veritas NetBackup, Networker, Tina, TSM…

Synchronisation de répertoires : `rsync`

Pour en savoir plus

Les pages de manuel

tar(1), star(1), cpio(1L), pax(1), dd(1), partimage(1), dump(8), restore(8), xfsdump(8), rsync(1), mt(8), rmt(8), st(4), mondoarchive(8), mondorestore(8)

Internet

Backup
http://en.wikipedia.org/wiki/Backup

Préparation à un sinistre (sauvegarde…)
http://www.redhat.com/docs/manuals/enterprise/RHEL-4-Manual/fr/admin-guide/ch-disaster.html

Le logiciel BackupPC
http://backuppc.sourceforge.net/

Le logiciel Bacula
http://www.bacula.org/

Le logiciel Amanda
http://www.amanda.org

Le logiciel Mondo
http://www.mondorescue.org

Le logiciel Clonezilla
http://www.clonezilla.org/

Backup Central (site dédié à la sauvegarde)
http://www.backupcentral.com/

Site dédié à la sauvegarde sous Linux
http://www.linux-backup.net/

Panorama des commandes et des logiciels de sauvegarde pour Linux
http://www.linux.org/apps/all/Administration/Backup.html

Livre

Backup & Recovery, par W. Curtis Preston chez O'Reilly (2007).

La sauvegarde incrémentale

La théorie

Sauvegarde complète, incrémentale ou différentielle

Une sauvegarde incrémentale consiste à ne sauvegarder que les modifications effectuées depuis une sauvegarde de référence.

La sauvegarde de référence est une sauvegarde complète des données à sauvegarder (*full backup*).

On peut sauvegarder de manière incrémentale des arborescences quelconques, mais il est préférable de l'associer à la notion de FS. Dans ce cas, des commandes adaptées existent.

La sauvegarde incrémentale peut être réalisée selon trois stratégies :

Sauvegarde complètement incrémentale

Dans une sauvegarde complètement incrémentale, chaque sauvegarde incrémentale devient la référence de la sauvegarde incrémentale suivante. Dans ce cas, les sauvegardes sont petites et courtes, mais une restauration complète nécessite de restaurer toutes les archives.

Sauvegarde différentielle

Dans la sauvegarde différentielle, on ne sauvegarde que les modifications en se basant systématiquement sur la sauvegarde complète. Dans ce cas, les sauvegardes sont de plus en plus grosses et lentes, mais une restauration complète ne nécessite que la sauvegarde complète et la dernière différentielle.

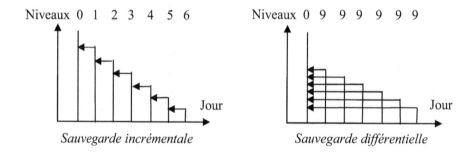

Fig. Sauvegardes incrémentale et différentielle.

Sauvegarde tour de Hanoï

L'ordonnancement de la tour de Hanoï est plus complexe. Il est basé sur l'algorithme « tour de Hanoï ». Ses objectifs sont de minimiser les temps de sauvegarde et de restauration et surtout de faire en sorte que chaque fichier soit sauvegardé au moins deux fois.

Remarque : le niveau de sauvegarde indique clairement la stratégie : dans une sauvegarde à un niveau donné on ne sauvegarde que les modifications effectuées depuis la sauvegarde de niveau inférieur. Le niveau 0 est réservé aux sauvegardes complètes.

Les cycles de sauvegarde et rétention

À la fin d'un cycle de sauvegarde, on démarre sur une nouvelle sauvegarde complète.

Le cycle de rétention est le nombre de cycles de sauvegarde que l'on conserve.

Le savoir concret

Les commandes

`dump/restore`	Sauvegarde incrémentale des FS Ext2/Ext3/Ext4.
`xfsdump/xfsrestore`	Sauvegarde incrémentale des FS XFS.

Remarques :

1) ReiserFS ne dispose pas de commande de sauvegarde incrémentale.

2) La commande `tar` permet de réaliser des sauvegardes incrémentales, mais elle n'a pas été conçue pour cela. Par exemple, elle ne supprime pas les fichiers détruits.

3) Les logiciels client/serveur réalisent essentiellement des sauvegardes incrémentales.

Focus : Sauvegarde complète, incrémentale ou différentielle avec dump

La sauvegarde complète du FS /home (référence des autres sauvegardes) :

```
Dimanche # dump 0uf /dev/st0  /home
```

La sauvegarde incrémentale :

```
Lundi    # dump 1uf /dev/st0  /home
Mardi    # dump 2uf /dev/st0  /home
Mercredi # dump 3uf /dev/st0  /home
...
Samedi   # dump 6uf /dev/st0  /home
```

La sauvegarde différentielle :

```
Lundi    # dump 1uf /dev/st0  /home
Mardi    # dump 9uf /dev/st0  /home
Mercredi # dump 9uf /dev/st0  /home
...
Samedi   # dump 9uf /dev/st0  /home
```

La sauvegarde de la tour de Hanoï (cycle d'une semaine) :

```
Lundi    # dump 3uf /dev/st0  /home
Mardi    # dump 2uf /dev/st0  /home
Mercredi # dump 5uf /dev/st0  /home
Jeudi    # dump 4uf /dev/st0  /home
Vendredi # dump 7uf /dev/st0  /home
Samedi   # dump 6uf /dev/st0  /home
```

Remarque : les sauvegardes incrémentales doivent être automatiques. Les commandes présentées sont donc typiquement présentes au sein d'un crontab.

Pour en savoir plus

Les pages de manuel

dump(8), restore(8), xfsdump(8), xfsrestore(8)

Internet

La sauvegarde incrémentale
http://en.wikipedia.org/wiki/Incremental_backup

Les commandes dump et restore

Le savoir concret

Les commandes

dump   Sauvegarde incrémentale d'un FS Ext2/Ext3.

restore   Restauration d'un FS Ext2/Ext3 à partir d'archives dump.

Les fichiers

/etc/dumpdates Ce fichier contient l'historique des sauvegardes incrémentales.

Focus : Les principales options de la commande dump

-niveau	Valeur numérique indiquant le niveau de la sauvegarde incrémentale. La valeur 0 est réservée à une sauvegarde complète. La valeur par défaut est 9. Les valeurs au-delà de 9 sont autorisées.
-a	Écrit jusqu'à la fin du média, c'est la valeur par défaut.
-A fichier	Dump stocke la VTOC (Volume Table Of Contents) dans un fichier.
-b bs	Spécifie la taille des blocs, par défaut 10 Ko.
-F script	Spécifie le script à exécuter à chaque changement de volume.
-f archive	Spécifie le support d'archive, par défaut /dev/st0. Le support peut être distant : hôte:archive.
-u	Mise à jour du fichier /etc/dumpdates. Les sauvegardes incrémentales se basent sur ce fichier pour savoir ce qu'elles doivent sauvegarder.

Focus : Les principales options de la commande restore

-t	On liste la VTOC d'une sauvegarde.
-r	On restaure l'intégralité d'une sauvegarde.
-x	On restaure un ou plusieurs fichiers.
-i	Restauration interactive.
-a	La commande ne demande pas le volume suivant. Elle lit en séquence les différents volumes.

Remarque : cf. la commande dump pour les options –f, -b et –F.

Exemples

a) La sauvegarde complète du FS /home (référence des autres sauvegardes).
```
Dimanche # dump 0uf /dev/st0  /home
```

b) La sauvegarde incrémentale effectuée chaque jour. On ne sauvegarde que les modifications effectuées depuis la sauvegarde réalisée au niveau inférieur.
```
Lundi    # dump 1uf /dev/st0  /home
Mardi    # dump 2uf /dev/st0  /home
```

c) Lister le contenu d'une sauvegarde.
```
# restore  -tf  /dev/st0
```

d) Restaurer un fichier.
```
# cd  /home
```

```
# restore -xf /dev/st0  ./pierre/.bash_profile
```

e) Restaurer tout un FS dans le cas d'une sauvegarde différentielle.

```
# mkfs -t  ext3  /dev/hda6
# mount  /home
# cd /home
# restore -rf  /dev/st0   # on met l'archive de niveau 0
# restore -rf /dev/st0    # on met la dernière archive de niveau 9.
```

Les variables d'environnement

TAPE   Le support d'archive.

RMT   Spécifie la commande rmt distante.

RSH   Spécifie la commande à utiliser pour effectuer une sauvegarde réseau.

Les particularités des différentes distributions

Debian/Ubuntu

Le fichier dumpdates est dans /var/lib (/var/lib/dumpdates).

Pour en savoir plus

Les pages de manuel

dump(8), restore(8)

La commande dd

La théorie

La commande dd copie un fichier. Son originalité consiste dans le fait que la copie est effectuée bloc par bloc. Elle est donc adaptée à sauvegarder l'image d'un disque ou d'une partition.

Le savoir concret

Les principaux arguments

if=fichier	Le fichier source, par défaut l'entrée standard.
of=fichier	Le fichier destination, par défaut la sortie standard.
bs=taille	La taille des blocs.
ibs=taille	La taille des blocs en entrée.
obs=taille	La taille des blocs en sortie.
count=n	Le nombre de blocs copiés.
skip=n	Le nombre de blocs que l'on saute en entrée (on ne les copie pas).
seek=n	Le nombre de blocs que l'on saute en sortie (on ne les écrase pas).

Remarque : il existe aussi de nombreux arguments réalisant des conversions.

Exemples

a) Sauvegarde d'un disque complet.

```
# dd if=/dev/sda  of=/dev/st0
```

b) Restauration d'un disque complet.

```
# dd if=/dev/st0  of=/dev/sda
```

c) Sauvegarde du MBR.

```
# dd if=/dev/hda of=/root/MBR bs=512 count=1
```

d) Connaître le format d'une cartouche.

```
# dd if=/dev/st0  of=/tmp/bloc count=1
# file /tmp/bloc
```

Pour en savoir plus

Les pages de manuel

dd(1)

La sauvegarde réseau

La théorie

Les commandes rsh ou ssh autorisent l'exécution de commandes à distance. Ce sont elles qui permettent d'effectuer une sauvegarde en réseau de manière explicite ou implicite.

Un serveur de sauvegarde doit donc supporter les services correspondants (rshd ou sshd). Il doit également posséder une commande de type rmt qui contrôle le positionnement sur la cartouche et qui est gérée à distance.

Le savoir concret

Les commandes tar, dd et rsh ou ssh

a) Sauvegarde de l'arborescence /home sur le serveur distant venus.

```
# tar cvzf - /home | rsh venus dd of=/dev/st0
```

b) Restauration des fichiers.

```
# rsh  venus dd if=/dev/st0 | tar xvzf -
```

La commande tar

a) Sauvegarde de l'arborescence /home sur le serveur distant venus.

```
# tar cvzf  venus:/dev/st0  /home
```

b) Restauration des fichiers

```
# tar xvzf  venus:/dev/st0
```

La sauvegarde incrémentale

a) Sauvegarde du FS /home sur le serveur distant venus.

```
# dump 0uf  venus:/dev/st0  /home
```

b) Restauration des fichiers.

```
# restore -rf venus:/dev/st0
```

La commande rsync

a) Copier l'arborescence home sur le site distant (ou uniquement les différences si l'arborescence existe sur le site distant). On utilise rsh.

```
# rsync -avz  home/   venus:home/
```

b) Idem, mais on utilise ssh.

```
# rsync -avz -e ssh home/ venus:home/
```

Remarque : la commande rsync utilise le protocole SSH ou RSH, elle peut utiliser également le protocole RSYNC.

Les variables d'environnement

RSH	Le shell utilisé pour les transferts (rsh ou ssh). Prise en charge par tar et dump et restore.
RSYNC_RSH	Idem, acceptée par rsync.
TAPE	Le support d'archive. Acceptée par tar et dump.

Remarques :

1) Les commandes utilisent habituellement `rsh` par défaut.

2) Les commandes peuvent choisir leur mode de transfert par des options de la ligne de commande au lieu d'utiliser l'environnement.

Les protocoles

22/tcp	Protocole SSH (les échanges sont cryptés et éventuellement authentifiés).
514/tcp	Shell (RSH) (les échanges sont a priori en clair).
873/tcp	Protocole RSYNC.

88, 464, 4444 en udp/tcp et 749/tcp et 754/tcp   Kerberos.

Remarque : la plupart des commandes Unix classiques, comme `telnet` ou `rsh` peuvent utiliser le protocole sécurisé Kerberos au lieu d'utiliser directement TCP ou UDP.

Pour en savoir plus

Les pages de manuel

tar(1), dd(1), rsh(1), ssh(1), dump(8), restore(8), xfsdump(8), xfsrestore(8), rmt(8), rsync(1)

La sauvegarde bare-metal

La théorie

Le principe

Une sauvegarde bare-metal consiste à sauvegarder un serveur de telle manière que l'on puisse le restaurer y compris en réinstallant le système sur un nouvel ordinateur.

Remarque : cette sauvegarde est concurrencée par les installations scriptées de type KickStart.

La sauvegarde Bare-Metal manuelle

1) On sauvegarde l'architecture du système : taille et usage des partitions (points de montage, options de montage, options de formatage des partitions...).
   # fdisk –l
   # cat /etc/fstab

2) On sauvegarde les FS systèmes (/, /usr, /var, /boot) avec les commandes incrémentales.

Remarque : la sauvegarde des autres FS (/home...) doit être régulièrement effectuée et ne fait pas stricto sensu partie de la sauvegarde bare-metal.

La restauration manuelle

1) On démarre à partir d'un système bootable (CD-Rom...).

2) On restaure l'architecture du système (on repartitionne, on reformate).

3) On restaure les FS essentiels.

4) On rend le disque de démarrage bootable.

5) On redémarre le système.

Le savoir concret

Les commandes et les logiciels de sauvegarde bare-metal

dd	Il est simple de sauvegarder le disque système par cette commande.
Clonezilla	Produit réseau qui permet de cloner un système.
Mondo	Logiciel de sauvegarde bare-metal.
Bacula	Logiciel de sauvegarde client/serveur, simplifie la sauvegarde bare-metal.

Remarque : sur un système en RAID miroir, on peut prendre un des disques système, il peut servir de sauvegarde (il faut diminuer, voire arrêter l'exploitation).

Pour en savoir plus

Howto

Linux Complete Backup and Recovery HOWTO

Le logiciel Mondo

La théorie

Le logiciel Mondo Rescue est un logiciel de sauvegarde bare-metal en version GPL. Il est compatible avec les principales distributions (RedHat, SUSE, Mandriva, Debian et Gentoo).

Il prend en charge les cartouches, les disques, le réseau et les CD-Rom/DVD-Rom comme support d'archives. Il permet de sauvegarder des systèmes composés de plusieurs FS, utilisant le LVM et le RAID matériel ou logiciel.

Le savoir concret

Sauvegarde - Exemple

```
# mondoarchive -Oi -d /mnt/nfs -E /mnt/nfs
```

Sauvegarde complète du système sous forme d'images ISO dans le répertorie /mnt/nfs.

Remarque : l'option –d précise le lieu de la sauvegarde :

1) C'est un répertoire, par exemple un répertoire de montage NFS ou associé à un disque externe.

2) C'est un périphérique d'archivage comme /dev/st0.

3) C'est un graveur spécifié selon la convention de cdrecord (0,1,0).

Restauration

On démarre à partir du 1er CD-Rom ou DVD-Rom généré par la sauvegarde. Il est bootable.

Les principaux choix sont les suivants :

- Nuke : restauration automatique.

- Interactive : restauration manuelle, on restaure un fichier, plusieurs fichiers…

- Expert : vous obtenez un shell. Vous faites ce que vous voulez.

Pour en savoir plus

Les pages de manuel

mondoarchive(8), mondorestore(8)

Internet

Mondo – Le site officiel
http://www.mondorescue.org/

Les cartouches

La théorie

Une cartouche magnétique peut contenir plusieurs fichiers. Chaque fichier est séparé physiquement du suivant par une marque de fin de fichier (EOF). Quand on parle de fichier, c'est une archive générée par une commande tar, dump ou dd.

En argument des commandes de sauvegarde, on peut préciser un fichier spécial qui implique un rembobinage ou non en fin de sauvegarde. Si l'on désire créer plusieurs archives les unes après les autres, il faut utiliser le périphérique sans rembobinage.

Le savoir concret

Les fichiers spéciaux

/dev/st0	Le premier lecteur de cartouche.
/dev/st1	Le deuxième lecteur de cartouche.
/dev/nst0	Le premier lecteur de cartouche, pas de rembobinage.
/dev/tape	Nom générique du lecteur de cartouche par défaut.

Les commandes

mt	Permet de se déplacer sur une cartouche.
mtx	Gère un robot (demande d'une cartouche particulière...).

Focus : Les arguments de la commande mt

rewind	Rembobinage.
offline	Rembobinage et éjection.
fsf [<n>]	Saute un ou plusieurs fichiers. Par défaut, un fichier.
bsf [<n>]	Revient en arrière d'un ou plusieurs fichiers.

Exemple

```
# mt -f /dev/nst0 fsf 1   # saute un fichier
```

Pour en savoir plus

Les pages de manuel

mt(1), st(4), mtx(1), tapeinfo(1), scsitape(1), loaderinfo(1)

Howto

Ftape-HOWTO

Internet

Backup Hardware (Product Directories: Backup Hardware)
http://www.backupcentral.com/

Archival survival guide: ZDNet Australia: Reviews: Hardware: Storage
http://www.zdnet.com.au/archival-survival-guide-139206969.htm

Bacula

La théorie

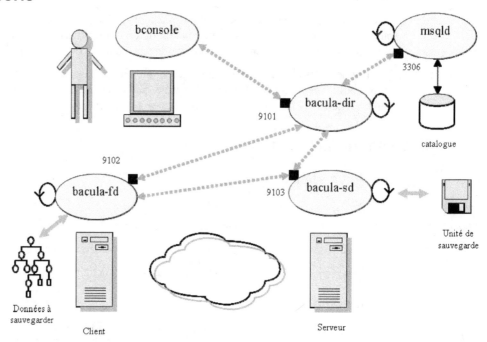

Fig. Les composants de Bacula.

Présentation

Bacula est un logiciel de sauvegarde en client/serveur crée par Kern Sibbald. C'est un logiciel libre sous licence GPL2. Il existe des clients de sauvegarde Bacula pour Unix et Windows. Bacula peut être utilisé pour sauvegarder plusieurs centaines d'ordinateurs. La sauvegarde est accomplie sur disque ou sur différents types de cartouches.

Les composants (programmes et services)

Bacula Director

C'est le service qui supervise les sauvegardes et les restaurations.

Bacula Console

C'est le programme qui permet à l'administrateur de communiquer avec le service Director.

Bacula File

C'est le service qui réalise les sauvegardes et les restaurations. Il est installé sur chaque poste client. Il est spécifique du système d'exploitation du client.

Bacula Storage

C'est le service qui réalise le stockage ou la récupération des données sauvegardées. C'est lui qui gère l'unité de sauvegarde (lecteur de cartouche ou disque de sauvegarde).

Catalog

Les services catalogues sont des SGBD qui mémorisent les métadonnées associées aux sauvegardes (nom des fichiers, emplacement…). Bacula accepte trois types de SGBD : MySQL, SQLLite et Postgresql.

Les concepts

FileSet

Un FileSet décrit un élément devant être sauvegardé. Il peut préciser les fichiers à exclure et si les fichiers doivent être compressés ou chiffrés.

Volume

Un volume est une unité de stockage : une cartouche ou un fichier. Un volume doit avoir un label qui le référence au sein du catalogue. Pour pouvoir être utilisé dans une sauvegarde, un volume doit être monté.

Pool

Un pool est un ensemble de volumes. L'intérêt est de ne pas limiter une sauvegarde à la taille d'un volume. Une sauvegarde volumineuse peut être ainsi répartie sur plusieurs volumes.

Schedule

Le schedule décrit les époques auxquelles doivent être accomplies les sauvegardes, ainsi que pour chaque époque, les niveaux de sauvegardes utilisées (Full, Differential ou Incremental).

Client

Un client est un poste ayant des données à sauvegarder. La configuration associée contient l'adresse IP et le Port TCP du service File ainsi qu'un mot de passe.

Job

Un job décrit ce qui doit être sauvegardé (FileSet), qui (client), où (spool), quand et comment (schedule).

Retention Period

Bacula connaît plusieurs périodes de conservation d'informations (Retention Period). Voici les plus importantes :

- File Retention Period : c'est la durée de conservation des informations sur les fichiers dans le Catalog.

- Job Retention Period : c'est la durée de conservation des données associées aux jobs terminés.

- Volume Retention Period : c'est le temps minimum de conservation d'un volume. Ensuite, il peut être réutilisé pour d'autres sauvegardes.

Le savoir pratique

Les fichiers de configuration

bconsole.conf   Configure le programme Console.

bacula-dir.conf   Configure le service Director (job, pool, schedule, fileSet, …).

bacula-fd.conf   Configure le service File. Il est installé sur chaque poste client.

bacula-sd.conf   Configure le service Storage.

Les commandes

`bacula-dir`   Le démon du service Director.

`bacula-sd`   Le démon du service Storage.

`bconsole`   Le programme Console.

`<cmd> -t`	Vérifie la syntaxe de la configuration. Cette option est valable pour les démons `bacula-dir` et `bacula-sd` ainsi que pour le programme `bconsole`.
`bls`	Liste le contenu d'un volume. On rappelle que le format Bacula de sauvegarde est propriétaire.
`bscan`	Recrée les entrées du catalogue à partir de l'analyse d'un volume.
`dbcheck`	Vérifie ou corrige la cohérence du catalogue. Remarque : ce n'est pas un outil de réparation de base de données. Pour ce faire utiliser l'outil correspondant du SGBD.

Le logiciel Console (bconsole)

Voici les commandes les plus usuelles : help, quit, label (étiquette un volume), status, list pools, list jobs (ceux qui sont terminés), list clients, list volumes, messages (affiche les derniers messages, comme la fin d'un Job), run (déclenche un job), restore (déclenche la restauration de fichiers), show filesets, show pools, show jobs, prune (purge le catalogue en respectant les périodes de rétentions), purge (purge le catalogue sans respecter les périodes de rétentions), list files jobid=# (liste les fichiers sauvegardés durant un job), status client=<client>.

Focus : Un exemple type de Schedule

Réaliser une sauvegarde complète par mois, le 1er dimanche du mois à 2h05. Réaliser une sauvegarde différentielle par semaine les autres dimanches à 2h05. Enfin, réaliser une sauvegarde incrémentale chaque jour du lundi au samedi à 2h05.

```
Schedule {
  Name = "MonthlyCycle"
  Run = Level=Full 1st sun at 2:05
  Run = Level=Differential 2nd-5th sun at 2:05
  Run = Level=Incremental mon-sat at 2:05
}
```

Les protocoles

3306/tcp	Database server (MySQL)
9101/tcp	Backup Server
9102/tcp	File Server
9103/tcp	Storage Server

Pour en savoir plus

Les pages de manuels

Bacula [bacula](8), bacula-dir(8), bacula-sd(8), bconsole(8), bcopy(8), bextract(8), bls(8), bscan(8), bsmtp(1), btape(8), dbcheck(8)

Internet

Bacula – le site officiel (téléchargement, documentation…)
http://www.bacula.org

Comment sauvegarder avec Bacula
http://www.opendoc.net/comment-sauvegarder-avec-bacula

ATELIERS

Tâche 1 :
Sauvegarde incrémentale avec dump et restore

1. Préliminaire : créer une partition de type Linux.

Si l'on a fait les autres ateliers dans l'ordre, il suffit de changer le tag de la première partition libre.

```
# sfdisk --change-id /dev/sda 5 83
...
Done
# partprobe
# fdisk -l /dev/sda |grep sda5
/dev/sda5          1339      1404      524574+   83  Linux
```

2. Créer un FS et le peupler.

```
# mkfs -t ext4 -q /dev/sda5
# mount -t ext4 /dev/sda5 /mnt
# cd /mnt
# cal > f1 ; date > f2 ; mkdir rep; uptime > rep/fic
# cd
```

3. Effectuer une sauvegarde complète du FS.

```
# yum -q -y install dump
# dump 0uf /tmp/sauve_0.dump /dev/sda5
  DUMP: Date of this level 0 dump: Tue Jul 27 12:34:41 2010
  DUMP: Dumping /dev/sda5 (/mnt) to /tmp/sauve_0.dump
  DUMP: Label: none
  DUMP: Writing 10 Kilobyte records
  DUMP: mapping (Pass I) [regular files]
  DUMP: mapping (Pass II) [directories]
  DUMP: estimated 53 blocks.
  DUMP: Volume 1 started with block 1 at: Tue Jul 27 12:34:41 2010
  DUMP: dumping (Pass III) [directories]
  DUMP: dumping (Pass IV) [regular files]
  DUMP: Closing /tmp/sauve_0.dump
  DUMP: Volume 1 completed at: Tue Jul 27 12:34:41 2010
  DUMP: Volume 1 40 blocks (0.04MB)
  DUMP: 40 blocks (0.04MB) on 1 volume(s)
  DUMP: finished in less than a second
  DUMP: Date of this level 0 dump: Tue Jul 27 12:34:41 2010
  DUMP: Date this dump completed:  Tue Jul 27 12:34:41 2010
  DUMP: Average transfer rate: 0 kB/s
  DUMP: DUMP IS DONE
#
```

Remarque : on aurait pu indiquer /mnt si le FS avait été inscrit dans /etc/fstab.

4. Lister le contenu de la sauvegarde.

```
# restore -tvf /tmp/sauve_0.dump
Verify tape and initialize maps
Input is from a local file/pipe
Input block size is 32
Dump    date: Tue Jul 27 12:34:41 2010
Dumped from: the epoch
Level 0 dump of /mnt on linux01.pinguins:/dev/sda5
Label: none
Extract directories from tape
Initialize symbol table.
dir         2 .
dir        11 ./lost+found
leaf       12 ./f1
leaf       13 ./f2
dir      8209 ./rep
leaf       14 ./rep/fic
```

Remarque : on le constate, la sauvegarde est de type relative.

5. Effectuer une sauvegarde incrémentale.

a) Modifier le FS.

```
# cp /etc/profile /mnt/rep
# echo "+++++" >> /mnt/rep/fic
# rm -f /mnt/f2
```

b) Effectuer la sauvegarde incrémentale.

```
# dump 1uf /tmp/sauve_1.dump /dev/sda5
  DUMP: Date of this level 1 dump: Tue Jul 27 12:39:22 2010
  DUMP: Date of last level 0 dump: Tue Jul 27 12:34:41 2010
  DUMP: Dumping /dev/sda5 (/mnt) to /tmp/sauve_1.dump
  DUMP: Label: none
...
```

c) Visualiser l'historique des sauvegardes incrémentales.

```
# cat /etc/dumpdates
/dev/sda5 0 Tue Jul 27 12:34:41 2010 +0200
/dev/sda5 1 Tue Jul 27 12:39:22 2010 +0200
```

6. Restaurer l'intégralité du FS.

a) On formate le disque (sda5) et on le monte.

```
# umount /mnt
# mkfs -t ext4 -q /dev/sda5
# mount -t ext4 /dev/sda5 /mnt
```

b) On restaure l'archive complète (de niveau 0).

```
# cd /mnt
# restore -rf /tmp/sauve_0.dump
restore: ./lost+found: File exists
# ls /mnt
f1  f2  lost+found  rep  restoresymtable
```

Remarques :

1) La commande `restore` crée un fichier nommé **restoresymtable** pour mémoriser des informations entre les restaurations incrémentales. Quand la restauration est terminée, on peut supprimer ce fichier.

2) L'option –v de la commande `restore` donne beaucoup d'informations.

c) Ensuite on restaure à tour de rôle chacune des sauvegardes incrémentales (niveau 1, niveau 2…). Si l'on a opté pour une sauvegarde différentielle, on restaure la dernière. Dans notre cas, on restaure uniquement la sauvegarde de niveau 1.

```
# restore -rf /tmp/sauve_1.dump
```

d) Après avoir restauré la dernière archive, on peut supprimer le fichier **restoresymtable**.

```
# rm -f restoresymtable
# find .
.
./f1
./lost+found
./rep
./rep/fic
./rep/profile
# cd
```

7. Restaurer un fichier.

a) On détruit un fichier par erreur.

```
# rm -f /mnt/f2
```

b) On le restaure.

```
# cd /mnt
# restore -xaof /tmp/sauve_0.dump ./f2
# cat f2
Tue Jul 27 12:29:35 CEST 2010
# ls -l f2
-rw-r--r-- 1 root root 30 Jul 27 12:29 f2
# cd
```

8. Restaurer un fichier de manière interactive.

Détruire un fichier par erreur et ensuite on le restaure.

```
# rm -f /mnt/f1
```

a) Activer la commande en mode interactif.

```
# cd /mnt
# restore -if /tmp/sauve_0.dump
```

b) Afficher l'aide.

```
restore > help
Available commands are:
        ls [arg] - list directory
        cd arg - change directory
        pwd - print current directory
        add [arg] - add `arg' to list of files to be extracted
        delete [arg] - delete `arg' from list of files to be extracted
        extract - extract requested files
        setmodes - set modes of requested directories
        quit - immediately exit program
        what - list dump header information
```

```
            verbose - toggle verbose flag (useful with ``ls'')
            prompt - toggle the prompt display
            help or `?' - print this list
If no `arg' is supplied, the current directory is used
```

c) Afficher l'en-tête de la sauvegarde (date, niveau, FS…).

```
restore > what
Dump    date: Tue Jul 27 12:34:41 2010
Dumped from: the epoch
Level 0 dump of /mnt on linux01.pinguins:/dev/sda5
Label: none
```

d) Lister le contenu de l'archive.

```
restore > ls
.:
f1              f2              lost+found/ rep/
restore > cd rep
restore > pwd
/rep
restore > ls
./rep:
fic
restore > cd ..
restore > pwd
/
```

e) Ajouter (ou supprimer) un drapeau sur les fichiers que l'on désire restaurer (ou ne pas restaurer). Les fichiers marqués apparaissent précédés d'une étoile.

```
restore > add f1
restore > add f2
restore > del f2
restore > ls
.:
*f1             f2              lost+found/  rep/
```

f) Déclencher la restauration des fichiers.

Les archives sont demandées dans l'ordre inverse de leur création. Par exemple, si une archive est répartie sur trois cartouches, il faut d'abord utiliser la troisième, puis la deuxième et enfin la première. Comme notre archive n'occupe qu'un seul volume, le dernier volume est également le premier (1). Ensuite la commande demande si l'on désire mettre à jour les droits, le propriétaire et le groupe du répertoire racine à partir duquel on réalise la restauration.

```
restore > extract
You have not read any volumes yet.
Unless you know which volume your file(s) are on you should start
with the last volume and work towards the first.
Specify next volume # (none if no more volumes): 1
set owner/mode for '.'? [yn] n
```

g) Quitter le logiciel. Vérifier la présence du fichier restauré.

```
restore > quit
# ls -l f1
-rw-r--r-- 1 root root 148 Jul 27 12:29 f1
# cd
```

h) Démonter le FS.

```
# umount /mnt
```

Tâche 2 :
La commande dd

1. Sauvegarder une partition contenant un FS dans un fichier.

```
# dd if=/dev/sda5 of=/usr/sda5.img
1049149+0 records in
1049149+0 records out
537164288 bytes (537 MB) copied, 27.0954 s, 19.8 MB/s
```

2. Détruire le formatage de cette partition.

```
# dd if=/dev/zero of=/dev/sda5 bs=1k count=100
...
# tune2fs -l /dev/sda5
tune2fs 1.41.10 (10-Feb-2009)
tune2fs: Bad magic number in super-block while trying to open /dev/sda5
Couldn't find valid filesystem superblock.
```

3. Restaurer la partition (et donc le FS).

```
# dd if=/usr/sda5.img of=/dev/sda5
# tune2fs -l /dev/sda5 | head -4
tune2fs 1.41.10 (10-Feb-2009)
Filesystem volume name:   <none>
Last mounted on:          /mnt
Filesystem UUID:          7da13bb1-1539-407e-a03a-de094ae96398
# mount -t ext4 /dev/sda5 /mnt
# ls /mnt
f1   f2  lost+found   rep
# umount /mnt
```

4. Sauvegarder le MBR.

```
# dd if=/dev/sda  of=/root/MBR bs=512 count=1
...
# file /root/MBR
/root/MBR: x86 boot sector; GRand Unified Bootloader, stage1 version 0x3, boot
drive 0x80, 1st sector stage2 0x84a1a, GRUB version 0.94; partition 1: ID=0x83,
active, starthead 32, startsector 2048, 1024000 sectors; partition 2: ID=0x8e,
starthead 221, startsector 1026048, 20480000 sectors; partition 3: ID=0x5,
starthead 254, startsector 21506048, 12037672 sectors, code offset 0x48
```

Tâche 3 :
Sauvegarde en réseau

1. Configurer un serveur RSH.

Remarque : on pourrait de même configurer un serveur SSH.

a) On active le service RSH sur le serveur. La commande `rmt` doit être présente.

```
srv# yum -y -q install rsh-server
srv# yum -y -q install rmt
srv# echo linux01.pinguins >> /etc/hosts.equiv
srv# echo linux01.pinguins >> /root/.rhosts
srv# vi /etc/pam.d/rsh
...
auth          required      pam_nologin.so
#auth         required      pam_securetty.so
auth          required      pam_env.so
auth          required      pam_rhosts.so
...
```

> Remarque : on met un commentaire sur la ligne `pam_securetty.so`.

```
srv# chkconfig rsh on
srv# service xinetd restart
srv# netstat -an |grep 514
tcp        0      0 :::514                    :::*              LISTEN
```

b) On teste le service à partir du client.

```
cli# yum -q -y install rsh
cli# rsh instru.pinguins date
Tue Jul 27 15:09:05 CEST 2010
```

c) On crée sur le serveur le fichier d'archive qui simule un périphérique d'archivage.

```
srv# mkdir /usr/BCK
srv# touch /usr/BCK/backup.dev
```

> Remarque : le fichier qui simule le périphérique de sauvegarde doit exister préalablement à la sauvegarde.

2. Réaliser une sauvegarde avec tar.

a) Sauvegarder un FS.

```
cli# mount -t ext4 /dev/sda5 /mnt
cli# tar -c --rsh-command=/usr/bin/rsh -zf instru:/usr/BCK/backup.dev /mnt
tar: Removing leading `/' from member names
```

> Remarque : par défaut, la commande `tar` utilise SSH.

b) Visualiser le contenu de l'archive.

```
cli# tar -t --rsh-command=/usr/bin/rsh -f instru:/usr/BCK/backup.dev
mnt/
mnt/f1
...
```

c) Détruire un fichier et le restaurer.

```
cli# rm -f /mnt/f1
cli# cd /
cli# tar -x --rsh-command=/usr/bin/rsh -f instru:/usr/BCK/backup.dev mnt/f1
cli# ls -l /mnt/f1
-rw-r--r-- 1 root root 148 Jul 27 12:29 /mnt/f1
cli# cd
```

3. Sauvegarder en utilisant tar, dd et rsh.

```
cli# tar -cf - /mnt |rsh instru dd of=/usr/BCK/backup.dev
...
cli# rsh instru dd if=/usr/BCK/backup.dev | tar -tvf -
drwxr-xr-x root/root         0 2010-07-27 15:25 mnt/
-rw-r--r-- root/root       148 2010-07-27 12:29 mnt/f1
...
cli# rm -f /mnt/f1
cli# cd /
cli# rsh instru dd if=/usr/BCK/backup.dev | tar -xvf - mnt/f1
...
cli# ls -l /mnt/f1
-rw-r--r-- 1 root root 148 Jul 27 12:29 /mnt/f1
cli# cd
```

4. Sauvegarder avec la commande rsync.

```
srv# mkdir /usr/BCK/mnt
```

```
cli# rsync -avz --delete -e rsh /mnt/ instru:/usr/BCK/mnt/
sending incremental file list
./
f1
f2
lost+found/
rep/
rep/fic
rep/profile

sent 1171 bytes  received 99 bytes  2540.00 bytes/sec
total size is 1665  speedup is 1.31
cli# cal > /mnt/f3
cli# rsync -avz --delete -e rsh /mnt/ instru:/usr/BCK/mnt/
sending incremental file list
./
f3
...
srv# ls /usr/BCK/mnt/
f1  f2  f3  lost+found  rep
```

Remarques :

1) Selon la version, le transfert se fait par défaut en RSH ou SSH. Dans cette version, le transfert par défaut est réalisé en SSH. On peut aussi utiliser le protocole RSYNC.

2) Si l'on active périodiquement cette commande (par un crontab par exemple), la commande ne transfère que les modifications apportées à l'arborescence.

3) La sauvegarde a eu lieu à partir du répertoire de connexion de l'utilisateur distant. Dans le cas présent /root. Ainsi on a créé l'arborescence /root/disk.

Tâche 4 :
Sauvegarde dump en réseau

1. Créer un serveur RSH (cf. tâche 3).

2. Créer un fichier crontab pour automatiser la sauvegarde.

a) Sur le serveur on crée les fichiers qui mémoriseront les sauvegardes.

```
srv# touch /usr/BCK/backup_0.dev
srv# touch /usr/BCK/backup_9.dev
```

b) On programme une sauvegarde complète tout les dimanches et une sauvegarde différentielle par jour à 23h.

```
cli# crontab -e
0 23 * *   0 /sbin/dump 0uf instru:/usr/BCK/backup_0.dev /dev/sda5 >>
/var/log/dump.log 2>&1
0 23 * * 1-5 /sbin/dump 9uf instru:/usr/BCK/backup_9.dev /dev/sda5 >>
/var/log/dump.log 2>&1
```

3. Modifier temporairement le crontab pour tester son fonctionnement.

On déclenche la sauvegarde complète dans deux minutes environ (il faut modifier l'heure, les minutes et le jour de la semaine dans le crontab).

```
cli# crontab -l > crontab.bck
cli# crontab -e
```

On attend le déclenchement automatique...

```
cli# tail /var/log/dump.log
```

```
   DUMP: dumping (Pass IV) [regular files]
   DUMP: Closing /usr/BCK/backup_0.dev
   DUMP: Volume 1 completed at: Tue Jul 27 16:07:02 2010
   DUMP: Volume 1 50 blocks (0.05MB)
...
srv# restore tvf /usr/BCK/backup_0.dev
...
leaf        14  ./f1
leaf        17  ./f3
```

4. Essayer de restaurer un fichier.

```
# rm -f /mnt/f1
# cd /mnt
# restore -axof instru:/usr/BCK/backup_0.dev ./f1
Connection to instru established.
# ls -l /mnt/f1
-rw-r--r-- 1 root root 148 Jul 27 12:29 /mnt/f1
# cd
```

5. Démonter le FS et détuire le crontab.

```
# umount /mnt
# crontab -r
```

Tâche 5 :
Sauvegarde bare-metal manuelle

1. Créer un serveur RSH (cf. tâche 3).

2. Effectuer la sauvegarde.

a) On crée les répertoires et les fichiers nécessaires sur le serveur.

```
srv# mkdir /usr/BCK
mkdir: cannot create directory `/usr/BCK': File exists
srv# touch /usr/BCK/root.dump
srv# touch /usr/BCK/boot.dump
```

b) On mémorise l'architecture du client : la table des partitions, les montages de FS, la structure LVM.

```
cli# df -Th
Filesystem     Type    Size  Used Avail Use% Mounted on
/dev/mapper/vg00-lv_root
               ext4    9.2G  2.7G  6.0G  31% /
tmpfs          tmpfs   251M    0  251M   0% /dev/shm
/dev/sda1      ext4    485M  46M  414M  10% /boot
cli# cat /etc/fstab
...
/dev/mapper/vg00-lv_root /                    ext4    defaults      1 1
UUID=471886ea-be47-4443-a898-136dac8fceb9 /boot ext4  defaults      1 2
/dev/mapper/vg00-lv_swap swap                 swap    defaults      0 0
tmpfs                /dev/shm                 tmpfs   defaults      0 0
devpts               /dev/pts                 devpts  gid=5,mode=620 0 0
sysfs                /sys                     sysfs   defaults      0 0
proc                 /proc                    proc    defaults      0 0
cli# fdisk -l /dev/sda
...
cli# cat /boot/grub/grub.conf
...
```

c) On sauvegarde la table des partitions et la structure LVM.

```
cli# export LANG=C
cli# sfdisk -d /dev/hda > /tmp/hda.tbl
cli# scp /tmp/sda.tbl instru:/usr/BCK/
root@instru's password: secret
sda.tbl                                    100%  463     0.5KB/s    00:00
cli# vgcfgbackup -f /tmp/vg00.bck vg00
  Volume group "vg00" successfully backed up.
cli# scp /tmp/vg00.bck instru:/usr/BCK/
root@instru's password: secret
vg00.bck                                   100% 1453     1.4KB/s    00:00
```

c-bis) On sauvegarde la table des partitions.

Une alternative (plus tolérante aux pannes) est de créer un script pour la commande `fdisk`.

```
srv# vi /usr/BCK/fdisk.script
o
n
p
1
<CR>
+100M
n
p
2
<CR>
<CR>
t
2
8e
w
```

d) On sauvegarder les FS.

```
cli# dump 0f instru:/usr/BCK/boot.dump /boot
cli# dump 0f instru:/usr/BCK/root.dump /
```

Remarque : avec l'option v, les opérations sont plus longues, mais on peut suivre la progression de la sauvegarde.

3. Effectuer la restauration.

Suite à un crash disque, votre système est hors-service, il faut le reconstituer sur une autre machine.

```
cli# dd if=/dev/zero of=/dev/sda bs=512 count=1      # simule un crash disque
```

a) On démarre sur un système autonome (par exemple le CD d'installation).

Au démarrage on choisit le mode maintenance (Rescue Installed System). On choisit ensuite la langue anglaise, le clavier français. On choisit le CD/DVD comme méthode de dépannage (Rescue Method). On n'active pas l'interface réseau et on ne monte pas automatiquement les FS (skip). Enfin on active un shell d'administration (Shell Start Shell).

b) On active le réseau manuellement.

```
# ifconfig eth0 192.168.0.1
```

c) On recrée la table des partitions.

```
# scp 192.168.0.200:/usr/BCK/fdisk.script /tmp
# fdisk /dev/sda < /tmp/fdisk.script
# fdisk -l /dev/sda
```

d) On crée les PV, VG, LV, FS, on formate les FS et le swap.

```
# mke2fs -t ext4 -q /dev/sda1
# lvm pvcreate /dev/sda2
# lvm vgreate vg00 /dev/sda2
# lvm lvcreate -L 512M -n lv_swap vg00
# lvm vgdisplay | grep -i FREE
  Free PE / size        1891/7139 Gib
# lvm lvcreate -l 1891 -n lv_root vg00
# mke2fs -t ext4 -q /dev/vg00/lv_root
# mkswap  /dev/vg00/lv_swap
```

e) On restaure les FS.

```
# mkdir /mnt/images
# mount -t ext4 /dev/vg00/lv_root /mnt/images
# cd /mnt/images
# restore -rvf 192.168.0.200:/usr/BCK/root.dump
# mount /dev/sda1 /mnt/images/boot
# cd boot
# restore -rvf 192.168.0.200:/usr/BCK/boot.dump
```

f) On met à jour fstab : on indique l'UUID correct pour /boot.

```
# blkid /dev/sda1
/dev/sda1: UUID="dabb094d-f534-4ff8-b933-369a0eb6221b" TYPE="ext4"
# vi /etc/fstab
...
UUID=dabb094d-f534-4ff8-b933-369a0eb6221b /boot ext4 defaults        1 2
...
```

Remarque : on aurait pu également changer l'UUID de sda1.

g) On réinstalle le chargeur (au préalable on installe les fichiers périphériques).

```
# cd /mnt/images
# chroot .
# mount /proc
# mount /sys
# start_udev   # recrée les entrées de périphériques
# grub-install /dev/sda
```

f) On redémarre le système.

```
# exit
# reboot
```

Tâche 6 :
La sauvegarde client/serveur avec Bacula

1. Installer les logiciels serveur et le logiciel console sur le serveur.

```
# yum search bacula
============================ Matched: bacula ================================
bacula-client.i686 : Bacula backup client
bacula-common.i686 : Common Bacula utilities
...
# yum -q -y install bacula-director-mysql
warning: user bacula does not exist - using root
# yum -q -y install bacula-console
warning: user bacula does not exist - using root
# yum -q -y install bacula-storage-mysql
```

```
# yum -q -y install mysql-server mysql-client
```

2. Configurer Bacula.

a) Configurer le service Director.

```
# vi /etc/bacula/bacula-dir.conf
```

Mettre en commentaire le job BackupClient1.

```
#Job {
#   Name = "BackupClient1"
#   JobDefs = "DefaultJob"
#   Write Bootstrap = "/var/spool/bacula/Client1.bsr"
#}
```

Créer un job (et les paragraphes FileSet, schedule, client associées) qui permettra de sauvegarder le FS /mnt du serveur Linux01. Les sauvegardes auront lieu à 2h05. On ferra une sauvegarde complète le dimanche et une sauvegarde incrémentale chaque jour du lundi au vendredi.

```
Job {
  Name = "BackupLinux01"
  Type = Backup
  Client = linux01-fd
  FileSet="FS_mnt"
  Schedule = "Normal"
  Storage = File
  Pool = "Default"
  Messages = Standard
}
FileSet {
  Name = "FS_mnt"
  Include {
    Options {
      Signature = MD5
    }
    File = /mnt
  }
}
Schedule {
  Name = "Normal"
  Run = Level=Full sun at 2:05
  Run = Level=Incremental mon-fri at 2:05
}
Client {
  Name = linux01-fd
  Address = linux01.pinguins
  FDPort = 9102
  Catalog = MyCatalog
  Password = "@@FD_PASSWORD@@"          # password for FileDaemon
  File Retention = 30 days              # 30 days
  Job Retention = 6 months             # six months
  AutoPrune = yes                       # Prune expired Jobs/Files
}
```

On change (comme conseillé) l'adresse du serveur de sauvegarde.

```
Storage {
  Name = File
# Do not use "localhost" here
```

```
    Address = instru.pinguins
```

On conserve telle quelle la configuration du pool par défaut.

```
Pool {
  Name = Default
  Pool Type = Backup
  Recycle = yes                         # Bacula can automatically recycle Volumes
  AutoPrune = yes                       # Prune expired volumes
  Volume Retention = 365 days           # one year
}
```

b) Vérifier la syntaxe du fichier de configuration du service Director.

```
# bacula-dir -t
Ctrl-C
```

Remarque : si on omet la rubrique « Messages » à la strophe job, le programme s'arrête tout seul et une erreur est affichée :
28-Jul 13:49 bacula-dir ERROR TERMINATION
"messages" directive in Job "BackupLinux01" resource is required, but not found.

c) Changer l'emplacement des volumes de type fichier (File). Par défaut ils sont créés dans /tmp.

```
# vi /etc/bacula/bacula-sd.conf
...
Device {
  Name = FileStorage
  Media Type = File
  Archive Device = /usr/BCK/bacula
  LabelMedia = yes;                     # lets Bacula label unlabeled media
  Random Access = Yes;
  AutomaticMount = yes;                 # when device opened, read it
  RemovableMedia = no;
  AlwaysOpen = no;
}
# mkdir -p /usr/BCK/bacula
```

d) Vérifier la syntaxe des autres fichiers de configuration.

```
# bacula-sd -t
Ctrl-C
# bconsole -t
```

e) Configurer le SGBD : créer la base Bacula et les tables MySQL. Fixer les privilèges MySQL.

```
# service mysqld start
Starting MySQL:                                            [  OK  ]
# rpm -ql bacula-director-mysql |grep -E '(create|make|grant)'
/usr/libexec/bacula/create_bacula_database.mysql
/usr/libexec/bacula/create_mysql_database
...
# cd /usr/libexec/bacula/
# ./create_bacula_database
Creating MySQL database
Creation of bacula database succeeded.
# ./make_bacula_tables
Making MySQL tables
Creation of Bacula MySQL tables succeeded.
# ./grant_bacula_privileges
Granting MySQL privileges
Host    User    Password        Select_priv     Insert_priv     Update_priv     D
```

```
...
# cd
```

f) Configurer les mots de passe.

```
# service bacula-dir start
Starting bacula-dir: Error: Not been configured          [FAILED]
```

Remarque : il est obligatoire de changer les mots de passe. Le script suivant met le même mot de passe (secret) pour l'ensemble des services.

```
# vi modif_pass.sh
#!/bin/sh
tar cf /root/baculaconf.tar /etc/bacula
cd /etc/bacula
for fic in *.conf
do
        sed 's/@@.*@@/secret/' $fic > /tmp/temp$$
        mv /tmp/temp$$ $fic
done
# sh modif_pass.sh
```

3. Démarrer les services.

```
# service bacula-dir start
Starting bacula-dir:                                [  OK  ]
# service bacula-sd start
Starting bacula-sd:                                 [  OK  ]
# netstat -an |more
Active Internet connections (servers and established)
Proto Recv-Q Send-Q Local Address            Foreign Address        Stat
e
tcp        0      0 0.0.0.0:3306             0.0.0.0:*              LISTEN
tcp        0      0 0.0.0.0:9101             0.0.0.0:*              LISTEN
tcp        0      0 0.0.0.0:9103             0.0.0.0:*              LISTEN
# ps -e |grep bacula
26806 ?        00:00:00 bacula-dir
26823 ?        00:00:00 bacula-sd
```

4. Utiliser la console d'administration.

```
# bconsole
Connecting to Director localhost:9101
1000 OK: bacula-dir Version: 3.0.2 (18 July 2009)
Enter a period to cancel a command.
*
```

a) Afficher la liste des commandes.

```
*help
  Command    Description
  =======    ===========
  add        add [pool=<pool-name> storage=<storage> jobid=<JobId>] --
...
```

b) Étiqueter un volume (mettre un label).

Remarque : on utilise un volume de type fichier (file). Dans ce cas, la commande crée le fichier.

```
*label
Automatically selected Catalog: MyCatalog
Using Catalog "MyCatalog"
Automatically selected Storage: File
```

```
Enter new Volume name: Tape1
Defined Pools:
      1: Default
      2: Scratch
Select the Pool (1-2): 1
Connecting to Storage daemon File at instru.pinguins:9103 ...
Sending label command for Volume "Tape1" Slot 0 ...
3000 OK label. VolBytes=188 DVD=0 Volume="Tape1" Device="FileStorage"
(/usr/BCK/bacula)
Catalog record for Volume "Tape1", Slot 0  successfully created.
Requesting to mount FileStorage ...
3906 File device "FileStorage" (/usr/BCK/bacula) is always mounted.
```

c) Lister les volumes (`list volumes` ou `list media`).

```
*list volumes
...
|    2 | Tape1      | Append    |      1 |      188 |       0 |  31,536,00
```

d) Lister les pools.

```
*list pools
+--------+----------+----------+----------+----------+-------------+
| PoolId | Name     | NumVols  | MaxVols  | PoolType | LabelFormat |
+--------+----------+----------+----------+----------+-------------+
|      1 | Default  |       1 |        0 | Backup   | *           |
|      2 | Scratch  |       0 |        0 | Backup   | *           |
+--------+----------+----------+----------+----------+-------------+
```

d) Lister les clients.

```
*list clients
+----------+------------+----------------+---------------+
| ClientId | Name       | FileRetention  | JobRetention  |
+----------+------------+----------------+---------------+
|        1 | bacula-fd  |             0 |             0 |
|        2 | linux01-fd |             0 |             0 |
+----------+------------+----------------+---------------+
```

e) Quitter la console.

```
*quit
#
```

5. Mettre en place un client.

a) Créer un FS destiné à être sauvegardé.

```
cli# mkfs -t ext4 -q /dev/sda5
cli# mount -t ext4 /dev/sda5 /mnt
cli# cal > /mnt/f1; date > /mnt/f2; mkdir /mnt/rep; uptime > /mnt/rep/fic
```

b) Installer le client Bacula.

```
cli# yum -q -y install bacula-client
warning: user bacula does not exist - using root
```

c) Configurer le service Director : ajouter une strophe client qui spécifie le nom Bacula du client (Linux01-fd), son adresse IP et le port du service File ainsi qu'un secret partagé (un mot de passe).

Remarque : cette configuration a déjà été réalisée.

d) Configurer le client : changer les mots de passe ; ils doivent être conformes à ceux positionnés au niveau du serveur.

```
cli# vi /etc/bacula/bacula-fd.conf
```

```
...
  Password = "secret"
...
  Password = "secret"
```

e) Démarrer le service File.

```
cli# service bacula-fd start
Starting bacula-fd:                                    [  OK  ]
cli# netstat -an |grep 9102
tcp        0      0 0.0.0.0:9102              0.0.0.0:*              LISTEN
cli# ps -e |grep bacula
19275 ?        00:00:00 bacula-fd
```

f) Tester la liaison serveur à partir de la console d'administration.

```
srv# bconsole
...
*status client=linux01-fd
Connecting to Client linux01-fd at linux01.pinguins:9102
...
*quit
```

6. Réaliser une sauvegarde manuelle.

a) Activer la commande `run` à partir de la console. On choisit le job « BackupLinux01 ».

```
srv# bconsole
...
*run
Automatically selected Catalog: MyCatalog
Using Catalog "MyCatalog"
A job name must be specified.
The defined Job resources are:
     1: BackupLinux01
     2: BackupCatalog
     3: RestoreFiles
Select Job resource (1-3): 1
Run Backup job
JobName:  BackupLinux01
Level:    Incremental
Client:   linux01-fd
FileSet:  FS_mnt
Pool:     Default (From Job resource)
Storage:  File (From Job resource)
When:     2010-07-28 15:39:08
Priority: 10
OK to run? (yes/mod/no): yes
Job queued. JobId=1

You have messages.
...
  SD termination status:  OK
  Termination:            Backup OK
```

Remarque : la dernière ligne (Backup OK) nous signale que tout c'est bien passé.

b) Lister les jobs terminés.

```
*list jobs
```

```
+-------+---------------+---------------------+------+-------+----------+-------
---+----------+
| JobId | Name          | StartTime           | Type | Level | JobFiles |
JobBytes | JobStatus |
+-------+---------------+---------------------+------+-------+----------+-------
---+----------+
|     1 | BackupLinux01 | 2010-07-28 15:39:38 | B    | F     |        5 |
240 | T         |
+-------+---------------+---------------------+------+-------+----------+-------
---+----------+
```

c) Lister les fichiers sauvegardés par un job dont on donne l'identifiant.

```
*list files jobid=1
+-------------+
| Filename    |
+-------------+
| /mnt/f2     |
| /mnt/       |
| /mnt/f1     |
| /mnt/rep/fic |
| /mnt/rep/   |
+-------------+
...
*quit
```

7. Inspecter un volume.

```
srv# ls -lh /usr/BCK/bacula/Tape1
-rw-r-----. 1 root root 1.4K Jul 28 15:39 /usr/BCK/bacula/Tape1
srv# bls /usr/BCK/bacula/Tape1
bls: butil.c:282 Using device: "/usr/BCK/bacula" for reading.
28-Jul 15:49 bls JobId 0: Ready to read from volume "Tape1" on device
"FileStorage" (/usr/BCK/bacula).
bls JobId 1: -rw-r--r--   1 root      root            30 2010-07-28 12:00:43
/mnt/f2
bls JobId 1: -rw-r--r--   1 root      root            62 2010-07-28 12:00:43
/mnt/rep/fic
bls JobId 1: drwxr-xr-x   2 root      root          4096 2010-07-28 12:00:43
/mnt/rep/
bls JobId 1: -rw-r--r--   1 root      root           148 2010-07-28 12:00:43
/mnt/f1
bls JobId 1: drwxr-xr-x   3 root      root          4096 2010-07-28 12:00:43
/mnt/
28-Jul 15:49 bls JobId 0: End of Volume at file 0 on device "FileStorage"
(/usr/BCK/bacula), Volume "Tape1"
28-Jul 15:49 bls JobId 0: End of all volumes.
5 files found.
```

8. Restaurer un fichier.

a) Détruire un fichier par erreur sur le client.

```
cli# rm -f /mnt/f1
```

b) Déclencher sa restauration via la console.

```
srv# bconsole
...
*restore
```

c) On sélectionne l'identifiant du job qui a permis de sauvegarder les fichiers.

```
To select the JobIds, you have the following choices:
     1: List last 20 Jobs run
     2: List Jobs where a given File is saved
     3: Enter list of comma separated JobIds to select
     4: Enter SQL list command
     5: Select the most recent backup for a client
     6: Select backup for a client before a specified time
     7: Enter a list of files to restore
     8: Enter a list of files to restore before a specified time
     9: Find the JobIds of the most recent backup for a client
    10: Find the JobIds for a backup for a client before a specified time
    11: Enter a list of directories to restore for found JobIds
    12: Select full restore to a specified JobId
    13: Cancel
Select item:  (1-13): 5
Defined Clients:
     1: bacula-fd
     2: linux01-fd
Select the Client (1-2): 2
Automatically selected FileSet: FS_mnt
+--------+-------+----------+----------+---------------------+------------+
| JobId  | Level | JobFiles | JobBytes | StartTime           | VolumeName |
+--------+-------+----------+----------+---------------------+------------+
|     1  | F     |       5  |      240 | 2010-07-28 15:39:38 | Tape1      |
+--------+-------+----------+----------+---------------------+------------+
You have selected the following JobId: 1
```

d) On sélectionne maintenant les fichiers à restaurer.

```
cwd is: /
$ ls
mnt/
$ cd mnt
cwd is: /mnt/
$ ls
f1
f2
rep/
$ add f1
1 file marked.
$ done
Bootstrap records written to /var/spool/bacula/bacula-dir.restore.1.bsr
The job will require the following
   Volume(s)                 Storage(s)                SD Device(s)
===========================================================================
    Tape1                    File                      FileStorage
Volumes marked with "*" are online.
1 file selected to be restored.
```

e) On spécifie si l'on modifie ou non les paramètres de restauration.

Ainsi, par défaut, la restauration a lieu non pas à l'emplacement d'origine, mais dans le répertoire **/tmp/bacula-restores** du client. On choisit de restaurer à l'emplacement d'origine.

```
Run Restore job
JobName:        RestoreFiles
```

```
Bootstrap:          /var/spool/bacula/bacula-dir.restore.1.bsr
Where:              /tmp/bacula-restores
Replace:            always
FileSet:            Full Set
Backup Client:      linux01-fd
Restore Client:     linux01-fd
Storage:            File
When:               2010-07-28 15:58:10
Catalog:            MyCatalog
Priority:           10
Plugin Options:     *None*
OK to run? (yes/mod/no): mod
Parameters to modify:
     1: Level
     2: Storage
     3: Job
     4: FileSet
     5: Restore Client
     6: When
     7: Priority
     8: Bootstrap
     9: Where
    10: File Relocation
    11: Replace
    12: JobId
    13: Plugin Options
Select parameter to modify (1-13): 9
Please enter path prefix for restore (/ for none): /
Run Restore job
...
OK to run? (yes/mod/no): yes
Job queued. JobId=2
*messages
...
  Termination:              Restore OK
...
*quit
```

f) Vérifier la présence du fichier sur le client.

```
cli# ls -l /mnt/f1
-rw-r--r-- 1 root root 148 Jul 28 12:00 /mnt/f1
```

9. Vérifier les journaux

a) Afficher le journal des jobs accomplis (idem à la sortie de la commande messages).

```
srv# more /var/spool/bacula/log
28-Jul 15:39 bacula-dir JobId 1: No prior Full backup Job record found.
28-Jul 15:39 bacula-dir JobId 1: No prior or suitable Full backup found in catal
og. Doing FULL backup.
...
```

b) Afficher les journaux.

```
srv# ls /var/log/bacula/
```

c) Explorer sa boîte aux lettres (elle contient notamment le résultat des jobs).

```
srv# mail
```

```
Heirloom Mail version 12.4 7/29/08.  Type ? for help.
"/var/spool/mail/root": 33 messages 32 unread
    1 Bacula              Wed Jul 14 17:35  61/2714  "Bacula: Backup OK of "
...
& quit
```

10. Arrêter les services Bacula (optionnel : on peut attendre une journée pour voir au moins une sauvegarde réalisée automatiquement).

```
srv# service mysqld stop
srv# service bacula-sd stop
srv# service bacula-dir stop
cli# service bacula-fd stop
```

- *Chargeur primaire*

- *boot : linux rescue*

- *append=*

- *Grub : stage1, stage2*

- *initdefault*

10

Le démarrage

Objectifs

Ce chapitre traite du démarrage. Il a pour objectif de comprendre dans le détail le démarrage d'un système Linux non seulement pour le paramétrer mais aussi pour savoir agir dans le cas où le système ne démarrerait pas. Ce chapitre aborde également la création d'un CD-Rom ou d'une clé USB bootable.

Contenu

Les grandes étapes du démarrage
Dépannage du démarrage
Init – SystemV
Init – Upstart
Le script rc.sysinit
Démarrer avec Lilo
Démarrer avec Grub 1
Démarrer avec Grub 2
Démarrer avec Syslinux
Pxelinux
Initrd
Créer un live-CD, une live-key
Ateliers

Les grandes étapes du démarrage

La théorie

Les grandes étapes du démarrage

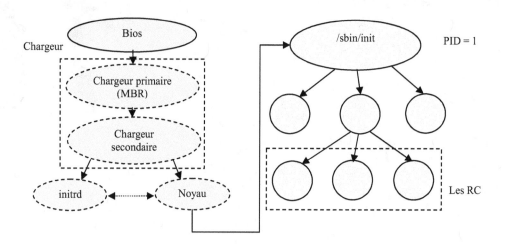

Fig. Les grandes étapes du démarrage.

BIOS

Quand on allume l'ordinateur, le BIOS (Basic Input Output System) qui est en mémoire morte accomplit la 1re phase de démarrage.

Chargeur

Le chargeur (loader) est activé par le BIOS, il a pour rôle d'activer le système d'exploitation, en l'occurrence le noyau Linux.

Noyau

Le noyau Linux (Kernel) à son tour active le 1er programme : /sbin/init, dont le PID est égal à 1.

Initrd

L'initrd est un système de fichiers racine installé directement en mémoire par le chargeur. L'utilisation d'un initrd est optionnelle. Son intérêt principal est de charger des modules du noyau, nécessaires durant les premiers stades du démarrage, par exemple le module ext3. Si le noyau possède ces modules, l'initrd est inutile.

Init

Init est l'ancêtre de tous les processus.

RC

Les RC (Run Command) sont les scripts de démarrage des services.

Le chargeur

Le chargeur (loader) a pour rôle d'activer le système d'exploitation, en l'occurrence le noyau Linux. Le chargeur est composé de deux parties :

- Le chargeur primaire
- Le chargeur secondaire

Le chargeur primaire est activé par le BIOS. Son code est minuscule car il est contenu dans le 1er secteur d'un disque, le MBR (Master Boot Record). Il ne sert qu'à activer le chargeur secondaire. Celui-ci est le véritable chargeur. Son rôle est d'activer un système d'exploitation (Windows, Linux, …). Dans le cas de Linux, il active un noyau Linux et lui passe des paramètres. Il peut être utile de configurer un chargeur pour activer plusieurs noyaux Linux. Par exemple, on peut offrir le choix de différentes versions du noyau ou d'une même version avec des paramètres différents.

Il existe plusieurs chargeurs libres :

- Lilo
- Grub
- Syslinux

Lilo est le chargeur le plus ancien. Il est très simple, on lui préfère actuellement Grub pour démarrer le système à partir du disque dur. Syslinux est utilisé pour démarrer en réseau (pxelinux) ou à partir d'un CD-Rom/DVD-Rom (isolinux) ou d'une clé USB (syslinux).

Remarque : il est également possible de démarrer Linux à partir du chargeur Windows.

Les paramètres du noyau

Le chargeur non seulement active le noyau mais il lui transmet également des paramètres. Ceux-ci sont destinés pour la plupart à des modules du noyau. Si le noyau ne sait pas les interpréter il les transmet à init. Par exemple le paramètre single, qui permet un démarrage en mode maintenance, est en fait un paramètre interprété par init.

Le savoir concret

Les commandes

dmesg — Affiche les messages provenant du noyau.

Les fichiers

/proc/cmdline — Les paramètres du noyau actuel.

Les principaux paramètres du noyau

root= — Le FS root, par exemple /dev/hda2.

ro — Le FS root est monté en lecture seul (il sera monté en lecture/écriture après la vérification effectuée par fsck).

rw — Le FS root est monté en lecture/écriture. Ce choix n'est pas usuel.

mem= — Définit la taille maximale vue par le noyau, par exemple mem=256m pour limiter la mémoire à 256 Mo. Permet de tester le comportement du système avec une quantité particulière de mémoire (inférieure à la mémoire installée).

maxcpus= — Spécifie le nombre de processeurs gérés par le noyau. La valeur particulière 0 désactive la gestion multiprocesseur.

nosmp — Désactive la gestion multiprocesseur (idem à maxcpus=0).

quiet — Affiche peu de messages à l'écran.

debug — Active le mode debug du noyau.

loglevel= — Niveau des messages d'erreur affiché (de 0 à 7). Le niveau 7 est le plus verbeux.

`log_buf_len=`	Fixe la taille (en octet) du tampon des messages du noyau.
`init=`	Spécifie le programme init, par défaut /sbin/init.
`console=`	Définit un port USB ou un port série comme port de la console maîtresse.
`ramdisk_size=`	Taille maximale d'un disque en mémoire vive.
`acpi=`	Permet de désactiver l'ACPI (`acpi=off`).
`noapic`	N'active pas les IOAPIC.
`nolapic`	N'active pas l'APIC local.
`selinux=`	La valeur 0 désactive SELINUX.
`enforcing=`	La valeur 0 met SELINUX en mode Permissive.
`memtest=`	Désactive (avec la valeur 1) les zones mémoire défaillantes au démarrage.
`initrd=`	Spécifie l'emplacement du ramdisk initial.

Paramètres d'un module

a) Module externe (compilé séparément).

On donne le paramètre en argument de `modprobe`, soit directement sur la ligne de commande, soit dans la configuration (/etc/modprobe.d/*.conf).

```
# modprobe usbcore  blinkenlights=1
```

b) Module interne (inclus dans le noyau).

Au niveau du chargeur, en argument du noyau, on spécifie le paramètre précédé du nom du module :

```
kernel /vmlinuz ...  usbcore.blinklights=1
```

Pour en savoir plus

Les pages de manuel

bootparam(7), boot(7), dmesg(1), lilo(8), grub(8), initrd(4)

Fichiers

kernel-parameters.txt	Les paramètres du noyau (fait partie de la documentation du noyau).

Howto

From-PowerUp-to-bash-prompt-HOWTO

BootPrompt-HOWTO (les paramètres du noyau)

Loadlin+Win95-98-ME

Linux i386 Boot Code HOWTO

Internet

Charger Linux à partir du gestionnaire de démarrage de Windows 7
http://www.mat2057.info/2009/10/09/bcdedit-windows-7-linux-grub-lilo/

Dépannage du démarrage

La théorie

Si le système ne démarre pas, l'administrateur doit pouvoir démarrer autrement. Le support de démarrage le plus usuel est le CD-Rom. Typiquement on utilisera le 1er CD-Rom de la distribution ou un live-CD (Ubuntu, SystemRescueCd, ...). Il est bootable et permet le démarrage en mode maintenance.

Précautions

Il est important, en prévision d'un problème de démarrage de conserver une sauvegarde de la configuration (/etc) et particulièrement les fichiers /etc/inittab, /etc/fstab, le partitionnement (`fdisk -l`) et le fichier de configuration du noyau (grub.conf). Une sauvegarde complète du système résout évidemment tous les problèmes.

Le savoir concret

Les commandes utiles

mount	Monte un FS appartenant au disque dur.
fdisk	Gère les partitions.
parted	Gère les partitions sans perte de données.
swapon	Active un espace de swap.
lvm	Commande générique LVM (ex : lvm vgchange).
vgchange	Permet d'activer le VG présent sur le disque dur.
lvextend	Agrandit un LV, par exemple celui abritant le FS root.
chroot	Change de répertoire racine. Permet de basculer sur le disque dur.
start_udev	Démarre le système Udev, crée les entrées de périphériques.
grub-install, lilo	Réinstallent le chargeur.
ifconfig, dhclient	Fixent l'adresse réseau (statique ou dynamique).

Les particularités des distributions

Redhat

RedHat 5

Sur un système RedHat 5, lorsque l'on démarre à partir du CD-Rom, on peut démarrer en mode maintenance en entrant la commande suivante (le FS root est en mémoire) :

```
boot:  linux rescue
```

On peut aussi démarrer en mode maintenance, mais à partir du disque dur :

```
boot:  linux single
```

On peut même démarrer sur un disque différent :

```
boot:  linux single  root=/dev/hdb1 initrd=
```

RedHat 6

Sur un système RedHat 6, lorsque l'on démarre à partir du CD-Rom, on choisit le mode maintenance via l'option de menu « Rescue Installed System ». On choisit ensuite la langue et le clavier. On choisit le CD/DVD comme méthode de dépannage (Rescue Method). On active ou non l'interface réseau et on monte ou non automatiquement les FS. Enfin on peut activer un shell d'administration (Shell Start Shell).

Au lieu de démarrer en mode maintenance, il est possible à partir du menu de démarrage du CD/DVD d'installation de démarrer le système à partir du disque dur. Si Grub est endommagé, c'est une solution.

Ubuntu

Le live-cd d'installation de la version Desktop d'Ubuntu est très complet. Il peut servir à dépanner n'importe quelle distribution.

Pour en savoir plus

Internet

Main Page – SystemRescueCd
http://www.sysresccd.org/

Init – SystemV

La théorie

Le concept de niveau d'init

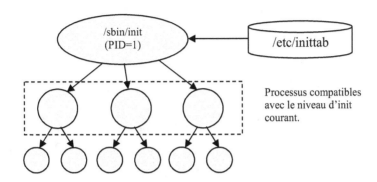

Fig. Le concept de niveau d'init.

Comme les systèmes Unix d'origine System V, le système Linux offre plusieurs modes d'exploitation appelés « niveau d'init ». À chaque niveau d'init correspond un ensemble d'applications formant un tout cohérent. À l'instant « T », le système se trouve dans un niveau déterminé. L'administrateur système paramètre le niveau du démarrage. Ultérieurement il peut changer de niveau. L'arrêt du système est également associé à un niveau d'init de même que le mode maintenance.

Les différents niveaux

0	Le système va s'arrêter.
S,1	Modes maintenance (ou mono-utilisateur).
2,3,4,5	Modes normaux d'exploitation (ou multi-utilisateur).
6	Redémarrage.

Le savoir concret

Les fichiers

/etc/inittab   Ce fichier décrit les applications activées par `init` en fonction du niveau choisi. Le niveau de démarrage est spécifié également.

Les commandes

`runlevel, who -r`   Indiquent le niveau courant ainsi que le niveau précédent.

telinit, init   Permet à l'administrateur de changer le niveau d'init.

La structure du fichier /etc/inittab

Chaque ligne du fichier /etc/inittab décrit une application activée par init.

Syntaxe d'une ligne

```
étiquette:[niveau...]:action:commande
```

L'étiquette identifie la ligne.

Le champ niveau indique dans quels niveaux la commande est active.

Le champ action est décrit plus loin.

La commande activée par `init` via un shell.

Action

respawn	La commande est relancée si elle se termine.
wait	Les commandes suivantes sont activées après la fin de la commande.
once	La commande est activée à chaque fois que l'on entre dans le niveau.
boot	La commande est activée au démarrage. Le niveau est ignoré.
bootwait	Idem, mais les commandes suivantes sont activées après la fin de la commande.
off	Ne fait rien (présent pour la compatibilité ascendante).
ondemand	La commande est activée si l'on va dans un des pseudo-niveaux a, b ou c (le vrai niveau n'est pas modifié).
initdefault	Spécifie le niveau au démarrage.
sysinit	Activé au démarrage avant les lignes boot ou bootwait. Le niveau est ignoré.
powerfail	Activé quand le système va s'éteindre (l'alimentation secourue a prévenu init d'un problème de courant électrique).
powerwait	Idem, mais les commandes qui suivent sont bloquées.
ctraltdel	init a reçu le signal SIGINT. Quelqu'un a tapé Ctrl-Alt-De à la console.

Exemples

a) Un fichier standard.

```
# more  /etc/inittab
id:3:initdefault:
si::sysinit:/etc/rc.d/rc.sysinit
l0:0:wait:/etc/rc.d/rc 0
l1:1:wait:/etc/rc.d/rc 1
l2:2:wait:/etc/rc.d/rc 2
l3:3:wait:/etc/rc.d/rc 3
l4:4:wait:/etc/rc.d/rc 4
l5:5:wait:/etc/rc.d/rc 5
l6:6:wait:/etc/rc.d/rc 6
ca::ctrlaltdel:/sbin/shutdown -t3 -r now
pf::powerfail:/sbin/shutdown -f -h +2 "Power Failure; System
Shutting Down"
pr:12345:powerokwait:/sbin/shutdown -c "Power Restored; Shutdown
Cancelled"
1:2345:respawn:/sbin/mingetty tty1
2:2345:respawn:/sbin/mingetty tty2
3:2345:respawn:/sbin/mingetty tty3
4:2345:respawn:/sbin/mingetty tty4
5:2345:respawn:/sbin/mingetty tty5
6:2345:respawn:/sbin/mingetty tty6
x:5:respawn:/etc/X11/prefdm -nodaemon
```

b) Une ligne décrivant un terminal relié par une liaison série.

```
S0:3:respawn:/sbin/getty -L 9600 ttyS0 vt320
```

Particularités des distributions

RedHat

Les niveaux d'init

2 Mode multi-utilisateur restreint.

3 Mode multi-utilisateur, les applications serveurs NFS sont actives.

4 Mode non-défini, il doit être paramétré par l'administrateur.

5 Mode graphique.

Le fichier /etc/rc.sysinit

Ce script de démarrage, activé par init, initialise les éléments clés du système.

SUSE

Utilise les mêmes niveaux d'init que RedHat.

Debian/Ubuntu

Par défaut, on travaille dans le niveau 2 d'init.

Pour aller plus loin

Les pages de Manuel

init(8), telinit(8), inittab(5), runlevel(8), initscript(5)

Init – Upstart

La théorie

Upstart est la nouvelle approche du programme Init. Il remplace l'Init System V provenant des systèmes Unix. Il a été créé par Canonical (Ubuntu).

Upstart supervise le démarrage et l'arrêt des services (appelés jobs [travaux]) en utilisant une approche événementielle.

Remarque : pour des raisons de compatibilité ascendante, Upstart ne révolutionne pas (pour le moment) le démarrage de la majorité des services. La plupart réagissent aux traditionnels mots clés start et stop. Ils sont encore gérés par des scripts RC commençant par S ou K. La notion de niveau d'init est toujours opérationnelle même si elle est gérée via des événements.

Les principales caractéristiques

- Un service est démarré ou arrêté suite à la réception d'un événement.
- Le démarrage ou l'arrêt d'un service déclenche des événements.
- Un événement peut provenir de n'importe quel processus.
- Les services peuvent être relancés s'ils meurent.
- Le transfert des événements utilise le système D-BUS.

Le savoir concret

Les commandes

`initctl`	Émet, réagit à des événements.
start, stop, restart, status	Liens sur la commande initctl.
`runlevel`	Change le niveau d'Init. En fait émet un événement.

La commande initctl

`help`	Affiche l'aide.
`list`	Affiche la liste des travaux.
`status`	Demande l'état d'un travail.
`start`	Démarre un travail éventuellement suite à la réception d'un événement.
`stop`	Arrête un travail éventuellement suite à la réception d'un événement.
`restart`	Arrêt/redémarrage d'un travail.
`emit`	Émet d'un événement.
reload-configuration	Demande à Init de relire sa configuration.

Les fichiers

/etc/inittab	Ce fichier n'est plus obligatoire. S'il existe encore ce n'est plus que pour spécifier le niveau d'init initial.
/etc/init/	Le répertoire contenant les travaux.

/etc/event.d/   L'ancien répertoire contenant les travaux.

Les commandes d'un travail

Un travail est lu par la commande Init. Il contient des actions déclenchées ou arrêtées suite à la réception d'événements spécifiés par les commandes `start` et `stop`. Les actions sont décrites soit par un paragraphe `start script` soit par un ordre `exec`.

`start on evt`   Déclenche le travail suite à la réception de l'événement evt.

`stop on evt`   Arrête le travail suite à la réception de l'événement evt.

`start script`

`...`

`end script`   Encadre un paragraphe qui correspond à un script shell.

`exec binaire`   Déclenche l'exécution d'un binaire.

`pre-start script`

`...`

`end script`   Encadre un script qui sera déclenché avant l'action principale.

`post-stop script`

`...`

`end script`   Encadre un script qui sera déclenché à la terminaison de l'action principale.

`console`   Spécifie la sortie du travail : `output`, `owner`, `none`. La sortie `output` correspond à la console maîtresse (/dev/console) et `none` à l'élimination des messages (/dev/null).

Quelques événements

`startup`   L'événement initial créé par le démarrage.

`runlevel X`   Événement simulant un niveau d'Init System V (X=0-6 , S).

Pour en savoir plus

Les pages de manuel

initctl(8)

Internet

Upstart – La page officiel
http://upstart.ubuntu.com/

Le script rc.sysinit

La théorie

Description

Le fichier rc.sysinit est un script de démarrage propre aux distributions RedHat. Il regroupe plusieurs étapes essentielles du démarrage du système. Il est activé par `init` via **inittab** sous RedHat 5 ou via le travail rcS.conf sous RedHat 6. Dans tous les cas, ce script est exécuté quel que soit le niveau de démarrage.

Les grandes étapes du script

- Le nom du système est fixé.
- Des opérations associées à SELinux sont accomplies si ce dernier est actif.
- Les FS **/proc** et **/sys** sont montés.
- Crée les TTY définies dans **/etc/inittab** (en écrivant dessus).
- Effectue des opérations en liaison avec les FS cryptés.
- Fixe le niveau des messages du noyau envoyés sur la console maîtresse.
- Crée les entrées de périphériques par le système Udev.
- Initialisation du matériel (chargement des pilotes par modprobe…).
- Active le RAID logiciel.
- Configure les paramètres du noyau.
- Configure l'horloge.
- Configure le clavier (charge le bon « Keymaps » : fr…).
- Initialise l'ACPI.
- Provoque ou non la vérification des FS (présence de **/fastboot**…).
- Vérifie le FS root (/) en lecture seule et si tout est correct, le remonte en lecture/écriture.
- Active les quotas.
- Initialise le LVM.
- Monte les autres FS.
- Active le swap.

Pour en savoir plus

Les pages de manuel

initlog(8), mount(8), sysctl(8), hwclock(8), loadkeys(1)

Fichiers

/etc/rc.d/rc.sysinit   Le script rc.sysinit.

Démarrer avec Lilo

La théorie

Le chargeur Lilo (Linux loader) permet le démarrage du noyau Linux.

Lilo est installé par la commande `lilo` selon les directives d'un fichier de configuration. Si l'on veut modifier le démarrage on est obligé de réinstaller LILO.

Le savoir concret

Les commandes

lilo   Installe le chargeur Lilo.

Les fichiers

/etc/lilo.conf	Les instructions d'installation de Lilo
/boot/boot.b	Le chargeur Lilo installé par la commande Lilo.
/boot/map	Ce fichier mémorise l'emplacement des blocs qui composent le chargeur.
/boot/boot.0300	Sauvegarde de l'ancien MBR pour un disque IDE.
/boot/boot.0800	Idem, pour un disque SCSI.
/etc/lilo.conf.anaconda	Fichier produit par l'installateur RedHat dans le cas où l'on utilise Grub.

Focus : Un fichier lilo.conf

```
#  more  /etc/lilo.conf
boot=/dev/hda
delay=100
image=/boot/vmlinuz
   root=/dev/hda1
   initrd=/boot/initrd.img
   append="single"
   label=linux
```

Le paramètre `boot` indique à Lilo où installer le chargeur. Ici il est installé dans le MBR. Il sert donc de chargeur primaire. Si l'on spécifie une partition, par exemple /dev/hda2, Lilo sera installé en tant que chargeur secondaire. Le paramètre `delay` spécifie un délai de 100 dixièmes de secondes avant le démarrage automatique.

Il y a un paragraphe image par noyau ou OS que l'on désire activer. Par défaut, Lilo active la première image. À l'écran le choix se fait selon les chaînes présentes dans le paramètre `label`. Le paramètre `root` désigne le FS root. Le paramètre `initrd` désigne un fichier initrd. Le paramètre `append` spécifie les autres paramètres du noyau.

Focus : Installer Lilo

```
#  lilo  -C  /etc/lilo.conf
```

Cette commande installe Lilo comme chargeur en se basant sur le fichier de configuration donné en paramètre.

```
#  lilo
```

Idem, car le fichier /etc/lilo.conf est le fichier par défaut.

Astuce : Enlever Lilo du MBR

On veut remettre l'ancien chargeur :

- Sous Linux : `# lilo -U`

- Sous Windows 7, à partir du CD d'installation, dans le répertoire boot, entrer la commande : bootsect /nt60 c: /mbr

Pour en savoir plus

Les pages de manuel

lilo(8), lilo.conf(5)

Howto

Lilo

Multiboot-with-Lilo

Internet

Booter avec Lilo

http://www.linux-france.org/article/sys/chargeurs/ix86/lilo/boot-lilo.html

Démarrer avec Grub 1

La théorie

Le chargeur Grub

Grub (Grand Unified Bootloader) est un chargeur qui permet d'activer un système d'exploitation (Linux, Unix BSD, Windows, Solaris, …). La version présentée ici est la version 1 de Grub. Elle est en passe d'être supplantée par Grub 2.

Les composants du chargeur Grub

Stage2

Stage2 contient le shell Grub sous forme de chargeur secondaire, il constitue donc l'essentiel du code du chargeur. Il est installé sous forme d'un fichier dans un FS.

Il interprète les instructions présentes dans le fichier de configuration de Grub ou saisies au clavier lors du démarrage.

Stage1

Stage1 est le chargeur primaire installé dans le MBR. Son seul rôle est d'activer Stage2.

Stage1_5

Un module Stage1_5 est un pilote de FS. Il permet à l'interpréteur Grub de rechercher un fichier dans la partition active : le fichier de configuration, le noyau Linux, le fichier initrd… Il existe autant de modules Stage1_5 que de FS.

Comparaison entre Lilo et Grub

À chaque modification de Lilo il faut réinstaller Lilo, car il est constitué de blocs chaînés. Inversement, comme Grub est capable de lire des fichiers, on n'a pas besoin de réinstaller Grub, il suffit de modifier son fichier de configuration.

Il est possible également de démarrer le système en activant un shell GRUB interactif, ce qui impossible avec LILO.

Le savoir concret

Utiliser l'interface de démarrage Grub

Quand on démarre un système configuré avec Grub on voit, après les messages du BIOS, un écran où le mot Grub apparaît ainsi qu'un décompte en secondes avant le démarrage automatique. On peut l'interrompre en appuyant sur une touche.

On a alors les possibilités suivantes :

- Choisir (avec les flèches) l'OS que l'on veut activer.
- Valider le choix par défaut.
- Activer le shell Grub interactif (touche C).
- Modifier les arguments du noyau courant (touche A).
- Modifier les commandes actuellement chargées (touche E).

Les principales commandes de l'interpréteur Grub

root	Active la partition de démarrage. Par exemple root (hd0,1) active la deuxième partition (on compte à partir de zéro) du premier disque dur (hd).
kernel	Charge en mémoire un noyau (Linux, BSD, …) à partir d'un fichier. La commande est suivie des arguments du noyau.
initrd	Le fichier qui contient l'initrd.
title	Débute une section décrivant un OS. Cette commande n'existe que dans un fichier de configuration.
boot	Active l'OS actuellement en mémoire. Cette commande est implicite dans un fichier de configuration.
timeout	Indique le délai en secondes avant le démarrage automatique. En l'absence de cette commande, on a un démarrage manuel.

IMPORTANT ! Les chemins de fichiers (pour le noyau, l'initrd) sont des chemins absolus par rapport à la partition activée par la commande root. Par exemple, si le noyau est à la racine de la partition /boot, cela donne : kernel /vmlinuz. Inversement, si le noyau est dans le répertoire /boot qui fait partie de la partition racine, cela donne : kernel /boot/vmlinuz.

Les autres commandes

help	Liste les commandes.
rootnoverify	Active la partition de démarrage dans le cas de Windows.
makeactive	Positionne le drapeau « amorce » sur la partition que l'on vient d'activer par rootnoverify.
chainloader	Charge en mémoire un fichier ou une suite de blocs qui font office de chargeur secondaire. Par exemple pour activer Windows NT, XP et 2000 : chainloader +1 et pour activer Windows 9X : chainloader /bootsect.dos
default	Spécifie l'OS à activer par défaut, on compte à partir de zéro. Par défaut c'est le premier OS (default=0).
configfile	Charge un fichier de configuration.
pause	Affiche un message et provoque une pause.
hiddenmenu	Cache le menu dans la phase automatique.
splashimage	Charge une image en fond d'écran.
password	Dans une section décrivant un OS, cette commande provoque la demande d'un mot de passe pour continuer.
reboot	Redémarre le système.

Les commandes d'installation de Grub

grub	Active un pseudo-shell Grub. La sous-commande root active une partition. La sous-commande setup installe Grub. Par exemple setup (hd0) installe Grub dans le MBR et setup (hd0,0) installe Grub comme chargeur secondaire en tête de la première partition du 1er disque.

```
grub-install          Installe Grub de manière simplifiée. C'est un script shell qui
                      sert d'interface à la commande grub.
```

Focus : Un exemple de fichier de configuration

```
# more /boot/grub/grub.conf
timeout = 10
title Fedora Core (2.6.15-1.2054_FC5)
        root (hd0,0)
        kernel /vmlinuz-2.6.15-1.2054_FC5 ro root=LABEL=/12 quiet
        initrd /initrd-2.6.15-1.2054_FC5.img
```

Le paramètre `timeout` est global. Ensuite, il y a un paragraphe `title` par OS que l'on
désire démarrer.

Les particularités des distributions

RedHat

/boot/grub/grub.conf   Le fichier de configuration de Grub.

SUSE, Debian

/boot/grub/menu.lst   Le fichier de configuration de Grub.

Ubuntu

Ubuntu utilise Grub v2.

Pour en savoir plus

Les pages de manuel

grub(8)

Howto

Multiboot-with-GRUB

Linux+Win9x+Grub-HOWTO

Internet

Grub v1 (obsolète) - Documentation
http://www.gnu.org/software/grub/manual/legacy/grub.html

Démarrer avec Grub 2

La théorie

Grub 2 est la deuxième version de Grub (Grand Unified Bootloader). Elle apporte les améliorations suivantes :

- La possibilité d'écrire des scripts pour générer la configuration.
- Une interface graphique.
- L'utilisation de plug-ins.
- La prise en charge de caractères non-ASCII.

Le savoir concret

Les fichiers de configuration

/boot/grub/grub.cfg	La configuration utilisée par le chargeur Grub. On ne doit pas la modifier. Elle est créée à partir des fichiers suivants.
/etc/default/gub	Contient la définition des principales variables.
/etc/grub.d/	Contient les fichiers qui seront inclus dans la configuration finale.
/etc/grub.d/10_linux	Définit l'image standard
/etc/grub.d/40_custom	Définit les images spécifiques.

Les commandes

upgrade-grub	Génère la configuration présente dans /boot à partir des fichiers de /etc.

Quelques variables

GRUB_DEFAULT	Le numéro de l'image par défaut (menuentry...).
GRUB_TIMEOUT	Délai avant le démarrage automatique (-1 le désactive).
GRUB_HIDDEN_TIMEOUT	Si cette variable (ayant la valeur 0) est mise en commentaire, le menu est affiché.

Focus : Ajout d'une image spécifique

```
# vi /etc/grub.d/40_custom
#!/bin/sh
exec tail -n +3 $0

menuentry "Essai" {
   set root=(hd0,1)
   linux /vmlinuz rw root=/dev/sda1
   initrd /initrd.img
}
```

Les particularités des distributions

Ubuntu

Ubuntu est la première distribution Linux à utiliser Grub2.

Pour en savoir plus

Les pages de manuel

update-grub(8), grub-mkconfig(8)

La documentation du paquetage

Le répertoire examples contient un exemple de configuration.

Internet

Grub2 – le site officiel
http://www.gnu.org/software/grub/grub.html

Démarrer avec Syslinux

La théorie

Syslinux est un paquetage contenant un ensemble de chargeurs pour Linux développés par H.Peter Anvin. Il comprend essentiellement les chargeurs suivants :

- isolinux : chargeur permettant le démarrage à partir d'un CD-Rom ISO.

- Pxelinux : chargeur permettant le démarrage à partir d'un serveur PXE.

- syslinux : chargeur permettant le démarrage à partir d'une clé USB.

isolinux - Le savoir concret

Démarche globale

1) On crée une arborescence de fichiers destinée à être gravée.

2) On crée un sous-répertoire nommé isolinux. On copie à l'intérieur le noyau Linux, l'initrd et le chargeur isolinux.bin. En un mot tout ce qui est nécessaire au boot.

3) On crée le fichier de configuration du chargeur : isolinux/isolinux.cfg.

4) On crée l'image bootable du CD-Rom et on la grave.

Focus : Créer le fichier de configuration

```
default Distro
prompt 1
timeout 100
label Distro
  kernel vmlinuz
  append initrd=initrd.gz ramdisk_size=5000 rw root=/dev/ram0
label hd
localboot 0x80
```

La syntaxe ressemble beaucoup à Lilo. L'utilisateur a le choix entre deux images : Distro et hd. L'image hd est associée au premier disque dur. La commande `prompt 1` affiche l'invite « boot : ». La commande `timeout 100` provoque le démarrage automatique (de l'image Distro) au bout de 10 secondes.

Focus : Créer l'image bootable du CD-Rom

```
# mkisofs -o output.iso -b isolinux/isolinux.bin -c \
isolinux/boot.cat -no-emul-boot -boot-load-size 4 -boot-info-table \
root-of-iso-tree
```

Cette commande crée une image ISO bootable. Elle installe le chargeur `isolinux.bin`. L'arborescence dont on crée l'image est donnée en dernier argument (root-of-iso-tree).

Pour en savoir plus

Fichiers

Documentation du paquetage : isolinux.doc, pxelinux.doc, syslinux.doc...

Internet

SYSLINUX - The Easy-to-Use Linux Bootloader
http://syslinux.zytor.com/

Pxelinux

La théorie

PXE

PXE (Pre-Boot eXecution Environment) permet à un ordinateur, lors de son démarrage, de récupérer son système d'exploitation à partir d'un serveur accessible par le réseau.

Le protocole PXE a été créé par Intel comme une extension du protocole DHCP. Le code PXE est inclus dans le firmware (BIOS) des PC actuels. Il est activé ou non selon la configuration du BIOS.

Le démarrage PXE s'effectue en plusieurs étapes :

- Obtention d'une adresse IP à partir d'un serveur DHCP/BOOTP.
- Téléchargement du chargeur compatible PXE à partir d'un serveur TFTP.
- Exécution de ce chargeur qui logiquement télécharge l'OS.

Pxelinux

Pxelinux est un chargeur compatible PXE qui permet le chargement de Linux. C'est une des variantes du logiciel libre Syslinux.

Le savoir concret

Les fichiers (présents sur un serveur TFTP)

pxelinux.0   Le chargeur Pxelinux.

pxelinux.conf/ Répertoire contenant les différents fichiers de configuration possibles. Le chargeur choisit le fichier en fonction de son adresse MAC ou de son adresse IP.

<un_fichier>   Fichier de configuration de Pxelinux présent dans le répertoire pxelinux.conf. Le nom du fichier correspond à l'adresse MAC du client ou à un morceau de l'adresse IP exprimé en hexadécimal. La syntaxe est celle des fichiers de configuration Syslinux.

Focus : Exemple de démarrage avec Pxelinux.

Un poste client configuré en PXE, possédant l'adresse MAC 00:01:00:00:00:01 acquièrent une adresse IP (par exemple 192.168.0.1) et ensuite télécharge le chargeur Pxelinux. Ce dernier recherche une configuration dans le répertoire pxelinux.cfg du serveur TFTP. Il effectue les recherches dans l'ordre suivant :

```
/pxelinux.cfg/00-01-00-00-00-01
/pxelinux.cfg/C0A80001
/pxelinux.cfg/C0A8000
/pxelinux.cfg/C0A800
/pxelinux.cfg/C0A80
/pxelinux.cfg/C0A8
/pxelinux.cfg/C0A
/pxelinux.cfg/C0
/pxelinux.cfg/C
/pxelinux.cfg/default
```

Il recherche d'abord une configuration associée à un UUID et ensuite associée à son adresse MAC. Il recherche ensuite une configuration associée à son adresse IP exprimée en hexadécimal (192.168.0.1 = C0A80001). Si ces recherches échouent, il recherche un fichier correspondant à une partie de l'adresse IP (on peut ainsi avoir une configuration particulière par sous-réseau). Enfin il essaye de télécharger le fichier « default ».

Pour en savoir plus

Les pages de manuel

syslinux(1)

Internet

Pxelinux – Le site officiel
http://syslinux.zytor.com/wiki/index.php/PXELINUX

Initrd

La théorie

Le concept d'initrd

Si un pilote est nécessaire pour accéder au disque dur, il ne peut être chargé par la commande `insmod` qui nécessite que le noyau accède déjà au disque. Dans ce cas, l'utilisation d'un initrd est astucieuse.

Un fichier initrd contient les pilotes nécessaires au démarrage (EXT3, SCSI, RAID…), mais il est chargé par le chargeur ! Il devient temporairement le FS racine (/). Dans ce FS, un script activé automatiquement charge les pilotes et bascule ensuite sur le disque dur à partir duquel le démarrage classique a lieu.

Le démarrage avec initrd

1. Le chargeur (Lilo, Grub) charge le noyau et l'initrd.

2. Le noyau convertit l'initrd en un disque en mémoire et libère l'espace initial.

3. L'initrd est monté comme FS racine (/).

4. Le script /linuxrc est exécuté.

5. /linuxrc monte le FS racine définitif (celui du disque dur).

6. Dans /linuxrc, la commande `pivot_root` bascule sur le FS racine du disque dur.

7. Le programme /sbin/init du disque dur est exécuté (celui du nouveau FS racine).

8. Le FS initrd est supprimé.

Remarques :

1) Un noyau 2.6 exécute le programme /sbin/init et non /linuxrc.

2) Si l'on veut créer un live-cd, on ne bascule pas sur le disque dur (étape 6).

Initramfs

Initramfs est une amélioration d'initrd. Un initrd est stocké dans un RAMDISK qui utilise un FS stocké en RAM. Pour le créer, on doit créer un FS dans un fichier. Un initramfs utilise le pilote `tmpfs` qui manipule la mémoire cache du noyau. Ce type de FS croît au fur et à mesure que l'on crée des fichiers et rend la mémoire acquise si des fichiers sont détruits. On peut donner une limite à sa taille. Les fichiers sont directement stockés dans le Buffer Cache du noyau et ainsi, il n'y a pas besoin d'utiliser de FS particulier (EXT3…). L'initramfs peut ainsi être stocké dans un simple fichier CPIO compressé.

Les particularités des distributions

RedHat

La distribution RedHat 5 utilise le logiciel `mkinitrd` pour créer un initrd.

La distribution RedHat 6 utilise le logiciel `dracut` pour créer un initrd (de type initramfs). La principale différence avec l'ancienne approche est d'utiliser UDEV pour accéder aux périphériques. Voici quelques paramètres de l'initrd passé en paramètre du noyau :

rd_LVM_LV=vg/lv   Active le FS root à partir du LV lv appartenant au VG vg.

rd_NO_LUKS   Désactive la détection du cryptage LUKS.

rd_NO_MD	Désactive la détection du RAID MD.
rd_NO_DM	Désactive la détection du RAID DM
LANG	Spécifie la langue. Elle est écrite dans le fichier /etc/sysconfig/i18n du initramfs.
SYSFONT	Spécifie la police utilisée pour la console maîtresse. Elle est écrite dans le fichier /etc/sysconfig/i18n du initramfs.
KEYTABLE	C'est le fichier de table de clavier. Il est écrit dans le fichier /etc/sysconfig/keyboard du initramfs.

Debian/Ubuntu

Les distributions Debian utilisent la commande `mkinitramfs` pour créer un initrd.

Pour en savoir plus

Les pages de manuel

mkinitrd(8), initrd(4), dracut(8), dracut.conf(5), initramfs-tools(8), initramfs.conf(5), mkinitramfs(8), update-initramfs(8), update-initramfs.conf(5)

Fichier

Le fichier initrd.txt de la documentation du noyau.

Créer un live-CD, une live-key

La théorie

Qu'est-ce qu'un live-CD, une live-key ?

Un live-CD est un CD bootable qui se suffit à lui-même. Il installe un FS racine (/) en mémoire et ensuite active une application, au minimum un shell. Si l'on veut accéder aux partitions du disque dur par exemple, il faut les monter.

Une live-key, c'est pareil, c'est un OS autonome (Linux par exemple) stocké dans une clé USB.

La démarche pour créer un live-CD

1. On crée une arborescence de fichiers qui sera destinée à être gravée sur le CD-Rom.

2. On ajoute dans cette arborescence le chargeur (isolinux) et on le configure.

3. On copie le noyau. On peut en copier plusieurs si on propose un multi-boot.

4. On crée le fichier initrd et on le copie dans l'arborescence. C'est l'étape clé.

5. On copie les fichiers souhaités dans l'arborescence (logiciels, fichiers de données, archive de sauvegarde...). Ces fichiers seront accessibles via un montage du CD-Rom à partir du live-CD.

6. On crée l'image ISO renfermant l'arborescence. On précise où se trouve le chargeur pour qu'il soit installé en tête de l'image (et donc du CD-Rom).

7. On grave l'image.

Créer l'initrd d'un live-cd

1. On crée l'arborescence constituant l'initrd. C'est-à-dire une arborescence racine (/bin, /sbin, /dev, /etc/...).

Remarque : si l'on utilise l'ancien format de `initrd`, il faut créer cette arborescence dans un système de fichiers stocké dans un fichier.

2. On peuple l'arborescence avec les commandes, les bibliothèques nécessaires à notre objectif.

3. On installe les fichiers périphériques ou bien on met en place le système Udev.

4. On configure les fichiers et les scripts de démarrage (/etc/fstab, /etc/inittab ou /linuxrc, /etc/sysinit...).

5. On fabrique le fichier initrd.

Remarque : si l'on utilise l'ancien format de `initrd`, il faut démonter le FS avant de le compresser.

Le savoir concret

Astuces de réalisation

- Utiliser des exécutables statiques, c'est-à-dire qui ne font pas référence à des bibliothèques dynamiques, par exemple le shell ash.static.

- Utiliser l'exécutable BusyBox qui remplace la plupart des principales commandes (ls, cp, rm...).

- Modifier un système live-CD au lieu de partir de zéro.

Astuces de mise au point

- On peut utiliser la commande `ldd` pour connaître les bibliothèques utilisées par un exécutable.

- L'utilisation de la commande `chroot` permet de vérifier l'indépendance d'une arborescence car celle-ci devient la nouvelle racine. On peut ainsi détecter l'absence de commandes ou de bibliothèques.

- Tester un initrd en l'activant à partir du disque dur.

- Utiliser un environnement de machines virtuelles au lieu de graver définitivement chaque essai.

Créer une clé USB bootable

Globalement, la création d'une clé USB bootable est similaire à la création d'un live-CD.

Les principales différences sont les suivantes :

- On formate la clé en FAT (12, 16 ou 32).

- On utilise le chargeur syslinux au lieu d'isolinux (la configuration est identique).

- Il faut installer un chargeur primaire qui active syslinux (le chargeur secondaire).

- Il est conseillé d'installer les fichiers de démarrage directement sous la racine.

UNetbootin

Le logiciel graphique UNetbootin fonctionne sous Windows ou Linux. Il permet de créer une clé bootable à partir d'une image ISO d'une distribution Linux quelconque.

Les particularités des distributions

Ubuntu/Fedora/OpenSUSE

Dans ces distributions, le logiciel UNetbootin est disponible sous forme de paquetage.

Pour en savoir plus

Howto

Linux Bootdisk HOWTO

From-PowerUp-To-Bash-Prompt-HOWTO

Internet

UNetbootin – le site officiel
http://unetbootin.sourceforge.net/

Linux Live CD/USB scripts
http://www.linux-live.org/

Knoppix Remastering Howto
http://www.knoppix.net/wiki/Knoppix_Remastering_Howto

How to create a live boot CD containing your favorite Linux Distro!
http://www.babytux.org/articles/howto/how2livecd.php

BusyBox
http://www.busybox.net

Linux From Scratch
http://lfs.traduc.org/
http://www.linuxfromscratch.org/

Create a Custom Live Linux CD - Leveraging BusyBox and OpenSSH
http://souptonuts.sourceforge.net/cdrom.htm

Installez Linux sur votre clé USB
http://www.linux-usb.net/

Internet – Quelques live-CD

Liste des live-CD de FrozenTech
http://www.frozentech.com/content/livecd.php

Knoppix
http://www.knopper.net/knoppix/

Internet – Quelques live-key

Get Ubuntu – Download, Burn your CD or create your USB drive, Install…
http://www.ubuntu.com/desktop/get-ubuntu/download

Your Pocket OS: MCNLive On A USB Flashdrive
http://www.mcnlive.org/usblive.htm

Damn Small Linux (DSL)
http://www.damnsmalllinux.org/

Slax
http://www.slax.org/

Livre

Knoppix à 200 %, par Kyle Rankin, cher O'Reilly (2005). Le chapitre 9 explique comment créer une version Knoppix personnalisée.

ATELIERS

Tâche 1 :
Dépanner avec un CD (ou clé) bootable

1. Anticiper les problèmes.

a) On sauvegarde la configuration.

```
# tar czf /root/etc.tar.gz /etc
tar: Removing leading `/' from member names
```

b) On sauvegarde le MBR (on peut également le sauvegarder sur un support annexe).

```
# dd if=/dev/sda of=/root/MBR count=1 bs=512
1+0 records in
1+0 records out
```

c) On copie l'architecture du système sur un système annexe.

```
# fdisk -l /dev/sda > /tmp/arch_linux01.txt
# cat /etc/fstab >> /tmp/arch_linux01.txt
# cat /boot/grub/menu.lst >> /tmp/arch_linux01.txt
# scp /tmp/arch_linux01.txt instru:/root/
root@instru's password: wwii1945
```

d) On fait une sauvegarde bare-metal (avec Mondo par exemple).

2. Dépanner un système.

Exemple de problème : perte du mot de passe de root.

a) On démarre sur un CD bootable (le cd d'installation par exemple).

Au démarrage on choisit le mode maintenance (Rescue Installed System). On choisit ensuite la langue anglaise, le clavier français. On choisit le CD/DVD comme méthode de dépannage (Rescue Method). On n'active pas l'interface réseau et on ne monte pas automatiquement les FS (skip). Enfin on active un shell d'administration (Shell Start Shell).

b) Éventuellement, on configure la carte réseau si l'on ne dispose pas du DHCP.

```
# ifconfig eth0 192.168.0.1
# ping  -c3 192.168.0.200
# route add default gw 192.168.0.254
# echo  "nameserver   192.168.0.200"   > /etc/resolv.conf
```

c) On active le LVM et on monte le FS root du disque.

```
# fdisk -l /dev/sda
# lvm  vgscan
# lvm  vgchange -a y vg00
 1 logical volume(s) in volume group "vg00" now active.
# mkdir /mnt/disk
# lvm  lvs  vg00
  LV      VG    Attr   LSize   Origin Snap% Move Copy% Convert
  lv_root vg00  -wi-a-  9.26g
  lv_swap vg00  -wi-a- 512.00m
# mount -t ext4 /dev/vg00/lv_root  /mnt/disk  #  le FS root (« / »)
```

d) On fait la réparation.

```
# cd /mnt/disk
# ls
...
# cd etc
# cp  shadow  shadow.bak
# vi shadow   #  on supprime le mot de passe de root
root::13468:0:99999:7:::...
```

Remarque : selon les distributions il faut plutôt supprimer le champ mot de passe du fichier /etc/passwd.

```
# cd
# umount /mnt/disk
CTRL-ALT-DEL           ATTENTION! Retirer le cd-rom bootable !
```

e) Après le redémarrage on remet un mot de passe pour root.

```
login: root
# echo secret | passwd --stdin root
```

Tâche 2 :
Modifier la configuration de Grub

1. Modifier le fichier de configuration de Grub.

On ajoute une entrée pour démarrer en mode maintenance.

On supprime la temporisation (timeout) : on restera bloqué sur l'écran de démarrage.

On démarre par défaut sur la deuxième entrée (default), c'est-à-dire le mode maintenance.

On ne cache pas le menu (hiddenmenu).

On supprime l'argument qui diminue le verbiage (quiet) du noyau.

```
# cd /boot/grub
# cp grub.conf grub.conf.$(date '+%m%d%H%M')
# vi grub.conf
default=1
#timeout=5
splashimage=(hd0,0)/grub/splash.xpm.gz
#hiddenmenu
title Red Hat Enterprise Linux 6 (2.6.32-19.el6.i686)
        root (hd0,0)
        kernel /vmlinuz-2.6.32-19.el6.i686 ro root=/dev/mapper/vg00-lv_root
rd_LVM_LV=vg00/lv_root rd_NO_LUKS rd_NO_MD rd_NO_DM LANG=en_US.UTF-8
SYSFONT=latarcyrheb-sun16 KEYBOARDTYPE=pc KEYTABLE=fr-latin1 rhgb
        initrd /initramfs-2.6.32-19.el6.i686.img
```

```
title Mode Maintenance
        root (hd0,0)
        kernel /vmlinuz-2.6.32-19.el6.i686 ro root=/dev/mapper/vg00-lv_root
rd_LVM_LV=vg00/lv_root rd_NO_LUKS rd_NO_MD rd_NO_DM LANG=en_US.UTF-8
SYSFONT=latarcyrheb-sun16 KEYBOARDTYPE=pc KEYTABLE=fr-latin1 rhgb single
        initrd /initramfs-2.6.32-19.el6.i686.img
# cd
```

2. Tester et remettre la configuration précédente.

a) On redémarre.

```
# reboot
```

b) On choisit l'option par défaut : le mode maintenance.

Remarque : on obtient le prompt de root sans avoir besoin de saisir de mot de passe.

c) Remettre la configuration précédente.

```
# cd /boot/grub/
# ls grub.conf.*
grub.conf.000   grub.conf.08230839
# cp grub.conf.08230839 grub.conf
cp: overwrite `grub.conf'?y
# cd
```

3. Redémarrer.

```
# reboot
```

Tâche 3 :
Démarrer manuellement avec Grub

1. Redémarrer et interrompre le démarrage automatique de Grub.

a) Redémarrer

```
# reboot
```

b) Au moment du redémarrage, interrompre la séquence automatique en appuyant sur la touche `escape`.

2. Activer le mode commande de Grub.

On appuie sur la touche « C ».

3. Via le shell Grub, on démarre le système de manière interactive.

a) Utiliser l'aide : lister les commandes et afficher l'aide sur une commande.

```
grub> help
background RRGGBB            blacklist FILE
boot                        cat FILE
...
grub> help boot
boot:     boot
    Boot the OS/Chain-loader which has been loaded.
```

b) Définir la partition de démarrage : /dev/sda1: la première partition (0) du premier disque (hd0).

```
grub> root(hd0,0)
```

c) Afficher le contenu d'un fichier, par exemple le script Grub de démarrage automatique.

Remarque : le chemin du fichier doit être donné par rapport à la partition de démarrage, en l'occurrence /boot.

```
grub> cat /grub/menu.lst
```

```
...
        kernel /vmlinuz-2.6.32-19.el6.i686 ro root=/dev/mapper/vg00-lv_root
rd_LVM_LV=vg00/lv_root rd_NO_LUKS rd_NO_MD rd_NO_DM LANG=en_US.UTF-8
SYSFONT=latarcyrheb-sun16 KEYBOARDTYPE=pc KEYTABLE=fr-latin1 rhgb
        initrd /initramfs-2.6.32-19.el6.i686.img
```

d) Charger le noyau.

Dans l'exemple on fournit au minimum, en argument du noyau, l'emplacement du FS root.

```
grub> kernel /vmlinuz-2.6.32-19.el6.i686 ro root=/dev/mapper/vg00-lv_root
```

e) Charger le fichier initrd.

```
grub> initrd /initramfs-2.6.32-19.el6.i686.img
```

Remarque : on peut utiliser la complétion de fichier (via la touche tabulation).

f) Démarrer (on donne la main au noyau qui a été chargé).

```
grub> boot
```

4. Aprés le démarrage, on redémarre avec les paramètres par défaut.

```
# reboot
```

Tâche 4 :
Modifier le démarrage de Grub : changer les paramètres du noyau

1. Redémarrer et interrompre le démarrage automatique de Grub.

a) Redémarrer

```
# reboot
```

b) Au moment du redémarrage, interrompre le démarrage automatique en appuyant sur la touche `escape`.

2. Éditer la configuration.

On se positionne avec les flèches sur l'image par défaut en appuyant sur la touche « E ». Ensuite on se positionne sur la commande `kernel` et on édite cette commande en appuyant également sur la touche « E ».

On supprime les mots-clés `rhgb` et `quiet` pour ne pas supprimer les messages de démarrage à la console. On ajoute l'expression `printk.time=1` pour que les messages du noyau soient précédés d'une époque. On ajoute l'expression `loglevel=7` pour avoir un niveau de verbiage élevé. Enfin, on ajoute l'expression `maxcpus=0` pour supprimer la prise en compte de plusieurs processeurs. On valide la ligne par la touche « Enter ».

Enfin, on démarre le système via la touche « B ».

Remarque : la modification de la configuration est temporaire : elle a lieu uniquement en mémoire.

3. Après le démarrage, on visualise les différences avec un démarrage normal.

a) Visualiser les paramètres du noyau qui ont été utilisés.

```
# cat /proc/cmdline
ro root=/dev/mapper/vg00-lv_root rd_LVM_LV=vg00/lv_root rd_NO_LUKS rd_NO_MD
rd_NO_DM LANG=en_US.UTF-8 SYSFONT=latarcyrheb-sun16 KEYBOARDTYPE=pc KEYTABLE=fr-
latin1 printk.time=1 debug loglevel=7 maxcpus=0
```

b) Visualiser les messages du noyau : ils sont précédés d'un horodatage (timestamp).

```
# dmesg | tail
...
[   14.543110] lo: Disabled Privacy Extensions
[   15.063262] e1000: eth0 NIC Link is Up 1000 Mbps Full Duplex, Flow Control:
RX
```

```
[   25.493080] eth0: no IPv6 routers present
```

4. On redémarre avec les paramètres par défaut.

```
# reboot
```

Tâche 5 :
Réinstaller Grub

1. Démarrer en mode maintenance (cf. tâche 1, item 2, points a, b et c).

2. Réinstaller Grub.

a) Se déplacer sur le disque dur et faire en sorte que le FS root du disque soit associé à la racine (/).

```
# cd /mnt/disk
# chroot .
```

b) Monter les FS associés au noyau pour pouvoir utiliser la commande mount et UDEV.

```
# mount /proc
# mount /sys
```

c) Démarrer UDEV pour accéder à /dev/sda et /dev/sda1.

```
# start_udev
```

d) Monter /boot (la partition qui contiendra Grub).

```
# mount -t ext4 /dev/sda1 /boot
```

e) Réinstaller Grub.

```
# grub-install /dev/sda
```

3. Tester en redémarrant le système.

```
# exit
# cd
# reboot
```

Tâche 6 :
Initrd

1. Est-ce que l'initrd est utile ?

a) Redémarrer le système.

```
# reboot
```

b) Interrompre le démarrage automatique en appuyant sur la touche escape.

c) Modifier en mémoire la configuration.

On sélectionne l'image par défaut avec les flèches et on édite cette image grâce à la touche E. On se déplace sur la ligne initrd et on la détruit avec la touche D. On démarre en appuyant sur la touche B. Le démarrage échoue (Kernel Panic) :

```
Kernel panic - not syncing : VFS: Unable to mount root fs on unknown-block(0,0)
```

Remarque : il manque les pilotes qui gèrent le LVM. Si le FS root avait été stocké dans une partition, nous aurions pu démarrer sans INITRD.

2. Le contenu d'un initrd.

Un initrd est une archive CPIO compressée.

```
# grep initrd /boot/grub/menu.lst  |grep -v '#'
        initrd /initramfs-2.6.32-19.el6.i686.img
# file /boot/initramfs-2.6.32-19.el6.i686.img
/boot/initramfs-2.6.32-19.el6.i686.img: gzip compressed data, from Unix, last
modified: Wed Jul 28 11:27:57 2010, max compression
```

```
# gunzip < /boot/initramfs-2.6.32-19.el6.i686.img > initrd.unzip
# file initrd.unzip
initrd.unzip: ASCII cpio archive (SVR4 with no CRC)
# cpio -itcv < initrd.unzip |more
...
-rwxr-xr-x   1 root      root        161868 Feb  9  2010 sbin/udevadm
-rwxr-xr-x   1 root      root           272 Jan 15  2010 sbin/loginit
-rwxr-xr-x   1 root      root         35624 Dec 16  2009 sbin/kpartx
-r-xr-xr-x   1 root      root         24396 Jan 23  2010 sbin/dmeventd
-rwxr-xr-x   1 root      root         23836 Jan 17  2010 sbin/cryptsetup
-r-xr-xr-x   1 root      root        789684 Jan 23  2010 sbin/lvm
-rwxr-xr-x   1 root      root           324 Jan 15  2010 sbin/multipath-scan
lrwxrwxrwx   1 root      root            14 Jul 28 11:27 sbin/pidof ->
/sbin/killall5
...
```

3. Créer un initrd.

a) Installer le logiciel Dracut.

```
# yum search initramfs
============================ Matched: initramfs ==============================
dracut.noarch : Initramfs generator using udev
# yum -q -y install dracut
# rpm -q dracut
dracut-004-14.el6.noarch
```

b) Créer un initrd pour le système local et pour le noyau courant.

```
# dracut -H -v initrd.img $(uname -r) 2> /tmp/trace
# more /tmp/trace
I: Installing /lib/i686/nosegneg/libc-2.11.1.so
I: Installing /lib/ld-2.11.1.so
I: Installing /bin/dash
I: Installing /etc/sysconfig/keyboard
I: Installing /bin/loadkeys
...
```

c) Tester l'initrd ainsi créé. On ajoute une entrée à grub.conf utilisant notre initrd et on redémarre le système.

```
# cp initrd.img /boot
# vi /boot/grub/menu.lst
...
title Essai
        root (hd0,0)
        kernel /vmlinuz-2.6.32-19.el6.i686 ro root=/dev/mapper/vg00-lv_root
        initrd /initrd.img
# reboot
```

d) Interrompre la séquence automatique de démarrage (touche Escape) et choisir l'image Essai.

e) Après le redémarrage, redémarrer le système en utilisant l'image par défaut.

```
# reboot
```

Tâche 7 :
Upstart

1. Quel type d'Init utilise-t-on ?

a) Afficher la documentation.

```
# man init
NAME
        init - Upstart process management daemon
...
```

b) À quel package appartient init ?

```
# rpm -qf /sbin/init
upstart-0.6.3-5.el6.i686
```

2. Afficher le contenu d'inittab.

```
# more  /etc/inittab
# inittab is only used by upstart for the default runlevel.
#
# ADDING OTHER CONFIGURATION HERE WILL HAVE NO EFFECT ON YOUR SYSTEM.
#
# System initialization is started by /etc/init/rcS.conf
#
# Individual runlevels are started by /etc/init/rc.conf
#
# Ctrl-Alt-Delete is handled by /etc/init/control-alt-delete.conf
#
# Terminal gettys are handled by /etc/init/tty.conf and /etc/init/serial.conf,
# with configuration in /etc/sysconfig/init.
#
# For information on how to write upstart event handlers, or how
# upstart works, see init(5), init(8), and initctl(8).
#
# Default runlevel. The runlevels used are:
#   0 - halt (Do NOT set initdefault to this)
#   1 - Single user mode
#   2 - Multiuser, without NFS (The same as 3, if you do not have networking)
#   3 - Full multiuser mode
#   4 - unused
#   5 - X11
#   6 - reboot (Do NOT set initdefault to this)
#
id:3:initdefault:
```

Remarques : quand Upstart est utilisé, le fichier inittab ne sert qu'à fixer le niveau d'Init au démarrage.

3. Lister les travaux gérés par Init.

a) Lister le contenu du dépôt des travaux.

```
# ls /etc/init/*.conf
control-alt-delete.conf    rcS.conf                    serial.conf
plymouth-shutdown.conf     rcS-sulogin.conf            start-ttys.conf
prefdm.conf                readahead-collector.conf    tty.conf
quit-plymouth.conf         readahead.conf
rc.conf                    readahead-disable-services.conf
```

b) Afficher la liste des travaux actifs.

```
# initctl list
rc stop/waiting
tty (/dev/tty3) start/running, process 1195
tty (/dev/tty2) start/running, process 1193
tty (/dev/tty1) start/running, process 1474
```

```
tty (/dev/tty6) start/running, process 1201
tty (/dev/tty5) start/running, process 1199
tty (/dev/tty4) start/running, process 1197
plymouth-shutdown stop/waiting
control-alt-delete stop/waiting
readahead-collector stop/waiting
quit-plymouth stop/waiting
rcS stop/waiting
prefdm stop/waiting
readahead stop/waiting
start-ttys stop/waiting
readahead-disable-services stop/waiting
rcS-sulogin stop/waiting
serial stop/waiting
```

4. Afficher le principal travail réalisant la compatibilité avec Init System V.

```
# more /etc/init/rc.conf
# rc - System V runlevel compatibility
# This task runs the old sysv-rc runlevel scripts.  It
# is usually started by the telinit compatibility wrapper.
start on runlevel [0123456]
stop on runlevel [!$RUNLEVEL]
task
export RUNLEVEL
console output
exec /etc/rc.d/rc $RUNLEVEL
```

5. Gérer un nouveau travail.

a) Créer un nouveau travail.

Ce travail écrit périodiquement (toutes les 30 secondes) à la fin du fichier /var/log/uptime.log la charge système. Ce travail est déclenché à la réception de l'événement un_evt. Il est arrêté à la suite de la réception de l'événement autre_evt.

```
# initctl list |wc -l
18
# vi /etc/init/un_travail.conf
# un_travail
start on un_evt
stop  on autre_evt
script
      while : ; do
               uptime >> /var/log/uptime.log 2>&1
               sleep 30
      done
end script
# initctl list |wc -l
19
```

Remarque : le répertoire /etc/init/ est surveillé par Init. Si des scripts sont modifiés ou si de nouveaux scripts sont créés dedans, ils sont pris en compte.

b) Afficher l'état du travail.

```
# initctl list |grep un_travail
un_travail stop/waiting
# initctl status un_travail
un_travail stop/waiting
```

c) Émettre l'événement qui va déclencher l'exécution du travail.

```
# initctl emit un_evt
# initctl status un_travail
un_travail start/running, process 1317
# tail /var/log/uptime.log
10:23:34 up 13 min,  1 user,  load average: 0.00, 0.01, 0.00
```

d) Émettre l'événement qui va déclencher l'arrêt du travail.

```
# date ; initctl emit autre_evt
Tue Aug 24 10:24:43 CEST 2010
# initctl status un_travail
un_travail stop/waiting
# date ; tail -1 /var/log/uptime.log
Tue Aug 24 10:25:14 CEST 2010
 10:24:34 up 14 min,  1 user,  load average: 0.00, 0.00, 0.00
```

Tâche 8 :
Créer une clé USB bootable à partir d'un fichier ZIP

1. Télécharger l'image ZIP d'une distribution Linux (ici DSL).

```
# wget 'ftp://ibiblio.org/pub/Linux/distributions/damnsmall/archive/dsl-4.4.9-
embedded.zip'
# ls -lh dsl-4.4.9-embedded.zip
-rw-r--r-- 1 root root 51M Aug 23 17:35 dsl-4.4.9-embedded.zip
```

Remarque : l'image ne fait que 50 Mo. Nous n'avons besoin que d'une clé de 128 Mo. DSL est
graphique et contient un navigateur internet.

2. Partitionner la clé (elle doit avoir une partition).

Dans la suite, on suppose que la clé se nomme /dev/sdb. On crée une partition : /dev/sdb1.

```
# dmesg
sd 3:0:0:0: [sdb] Attached SCSI removable disk
# fdisk  /dev/sdb
Command (m for help): o
Command (m for help): n
p
Partition number (1-4): 1
First cylinder (1-1020, default 1):
Last cylinder or +size or +sizeM or +sizeK (1-1020, default 1020):
Using default value 1020
Command (m for help): t
Hex code (type L to list codes): 6
Command (m for help): w
```

3. Formater la partition que l'on vient de créer en FAT-16.

```
# mkdosfs -F 16 /dev/sdb1
mkdosfs 3.0.1 (23 Nov 2008)
```

4. Copier les fichiers provenant de l'image ZIP.

```
# mount -t vfat /dev/sdb1 /mnt
# cd /mnt
# unzip /root/dsl-4.4.9-embedded.zip
extracting: german.kbd
  inflating: linux24
...
# ls -F
```

```
1st-boot.bat*   dsl-base.bat*   f3*            logo.16*       qemu/
KNOPPIX/        dsl-vhd.bat*    german.kbd*    minirt24.gz*   readme.txt*
boot.msg*       f2*             linux24*       pendrive.bat*  syslinux.cfg*
# cd
```

Remarque : on voit la présence du fichier de configuration de Syslinux (syslinux.cfg). Il contient la référence au noyau Linux (linux24) et celle de l'initrd (minirt24.gz).

5. Rendre bootable la clé.

Remarque : dans beaucoup de cas, cette opération est très simple et peut être accomplie sous Linux ou Windows via un script qui installe le chargeur. Par exemple dans la distribution Clonezilla, les scripts makeboot.bat ou makeboot.sh installent le chargeur Syslinux. Les scripts ainsi que les fichiers composant le chargeur sont inclus dans le fichier ZIP.

a) Installer le paquetage Syslinux.

```
# yum -q -y install syslinux
```

b) Installer le boot secondaire.

```
# syslinux -sf /dev/sdb1
```

c) Installer le boot primaire.

```
# rpm -ql syslinux | grep mbr.bin
...
/usr/share/syslinux/mbr.bin
# cat /usr/share/syslinux/mbr.bin > /dev/sdb
```

6. Démonter la clé.

```
# cd
# umount /mnt
```

7. Tester sur une machine dont le BIOS a été configuré pour démarrer à partir d'une clé.

Tâche 9 :
Créer une clé USB bootable à partir d'un fichier ISO

1. Télécharger l'image ISO d'une distribution Linux (ici DSL).

```
# wget -q
'http://distro.ibiblio.org/pub/linux/distributions/damnsmall/current/dsl-
4.4.10.iso'
# ls -lh dsl-4.4.10.iso
-rw-r--r-- 1 root root 50M Aug 23 22:11 dsl-4.4.10.iso
```

Remarque : l'image ne fait que 50 Mo. Nous n'avons besoin que d'une clé de 128 Mo. DSL est graphique et contient un navigateur internet.

2. Partitionner la clé (elle doit avoir une partition) (cf. tâche précédente).

3. Formater la partition que l'on vient de créer en FAT-16 (cf. tâche précédente).

4. Copier sur la clé les fichiers provenant de l'image ISO.

```
# mkdir /mnt/iso /mnt/cle_usb
# mount -t vfat /dev/sdb1 /mnt/cle_usb
# mount -t iso9660 -o loop dsl-4.4.10.iso /mnt/iso/
# cd /mnt/iso
# cp -a * /mnt/cle_usb/
```

5. Déplacer les fichiers de démarrage à la racine et créer le fichier syslinux.cfg.

Remarque : le fichier syslinux.cfg n'est simplement que le fichier isolinux.cfg renommé.

```
# cd /mnt/cle_usb/
# ls boot/isolinux/
```

```
boot.cat   f2   german.kbd    isolinux.cfg   logo.16
boot.msg   f3   isolinux.bin  linux24        minirt24.gz
# mv  boot/isolinux/* .
# mv isolinux.cfg syslinux.cfg
# more syslinux.cfg
DEFAULT linux24
...
TIMEOUT 300
PROMPT 1
DISPLAY boot.msg
F1 boot.msg
F2 f2
F3 f3
LABEL dsl
KERNEL linux24
APPEND ramdisk_size=100000 init=/etc/init lang=us apm=power-off vga=791 initrd=m
inirt24.gz nomce noapic quiet BOOT_IMAGE=knoppix
...
```

6. Rendre bootable la clé.

a) Installer le paquetage Syslinux.

```
# yum -q -y install syslinux
```

b) Installer le boot secondaire.

```
# syslinux -sf /dev/sdb1
```

c) Installer le boot primaire.

```
# rpm -ql syslinux | grep mbr.bin
...
/usr/share/syslinux/mbr.bin
# cat /usr/share/syslinux/mbr.bin  > /dev/sdb
```

7. Démonter la clé et l'image ISO.

```
# cd
# umount /mnt/cle_usb
# umount /mnt/iso
```

8. Tester sur une machine dont le BIOS a été configuré pour démarrer à partir d'une clé.

Tâche 10 :
Tester la commande busybox

1. Installer la commande busybox.

```
# yum -q -y install busybox
# rpm -q busybox
busybox-1.15.1-4.el6.i686
```

2. Afficher quelques informations.

a) L'emplacement de la commande.

```
# whereis busybox
busybox: /sbin/busybox /usr/share/man/man1/busybox.1.gz
```

b) Vérifier que l'édition de liens statiques a été utilisée pour créer la commande.

```
# ldd /sbin/busybox
        not a dynamic executable
```

c) Afficher l'aide et les applets inclus lors de la compilation.

```
# busybox --help |more
BusyBox v1.15.1 (2009-11-30 09:22:48 EST) multi-call binary
Copyright (C) 1998-2008 Erik Andersen, Rob Landley, Denys Vlasenko
and others. Licensed under GPLv2.
See source distribution for full notice.

Usage: busybox [function] [arguments]...
   or: function [arguments]...

        BusyBox is a multi-call binary that combines many common Unix
        utilities into a single executable.  Most people will create a
        link to busybox for each function they wish to use and BusyBox
        will act like whatever it was invoked as!

Currently defined functions:
        [, [[, acpid, addgroup, adduser, adjtimex, ar, arp, arping, ash, awk,
        basename, beep, blkid, brctl, bunzip2, bzcat, bzip2, cal, cat, catv,
        chat, chattr, chgrp, chmod, chown, chpasswd, chpst, chroot, chrt, chvt,
...
```

3. Utiliser busybox.

a) Créer une arborescence de fichiers.

```
# mkdir -p /tmp/chroot/bin
```

b) Copier busybox dans cette arborescence.

```
# cp /sbin/busybox /tmp/chroot/bin
```

c) Créer des liens sur busybox pour les commandes que l'on désire utiliser directement (sh, ls, mkdir).

```
# cd /tmp/chroot/bin
# ln busybox sh
# ln busybox ls
# ln busybox mkdir
# cd
```

d) Tester busybox dans un environnement chrooté (bin/sh est un lien sur bin/busybox !).

```
# chroot /tmp/chroot/ bin/sh
# ls
bin
# ls -l
drwxr-xr-x    2 0        0             4096 Aug 23 14:46 bin
# date
bin/sh: date: not found
# busybox date
Mon Aug 23 14:48:17 UTC 2010
```

Remarque : on peut utiliser la commande date mais pas directement. Il faut la donner en argument de busybox, car il n'y a pas de lien correspondant.

e) Terminer notre test.

```
# exit
```

11

- *RAM, SWAP, CPU, IO*

- *vmstat, sar*

- */proc/**

- */var/log/sa/sa12*

- *ulimit –a, chattr +A*

La gestion des performances

Objectifs

Ce chapitre traite de la gestion des performances. Globalement, l'administrateur va surveiller l'usage des ressources et agir en conséquence. Le chapitre présente les principales commandes de surveillance, comme vmstat ou sar. On essaye également de présenter différentes stratégies pour améliorer les performances.

Contenu

Améliorer les performances, introduction
Surveiller le système
La commande vmstat
La commande sar
La comptabilité
Augmenter les ressources
Diminuer l'usage des ressources
Tests de performance – Benchmarks
La mémoire
Les cgroups
Munin
Ateliers

Améliorer les performances, introduction

La théorie

Avoir un système performant

L'administrateur doit veiller à ce que son système soit le plus performant possible ou tout au moins qu'il s'exécute avec les performances a priori escomptées.

Méthodologie

Pour obtenir un système performant, l'administrateur peut suivre plusieurs stratégies :

Mettre en place la configuration recommandée

Il faut suivre les recommandations de l'éditeur du système d'exploitation et des éditeurs des logiciels utilisées. Par exemple, le serveur WebSphere v5 d'IBM nécessite un minimum de 256 Mo de mémoire. Mais il est recommandé 512 Mo de mémoire pour obtenir de bonnes performances. Le système RedHat Enterprise 4 nécessite au minimum 256 Mo de mémoire pour s'installer (même si ensuite il peut fonctionner avec uniquement 128 Mo).

Réagir à une baisse de performances

Dés la mise en exploitation, on met en place la surveillance automatique de l'usage des ressources, par exemple, l'usage du CPU. Dès que l'on constate une baisse des performances, on essaye de la mettre en relation avec les mesures. Les paramètres dont les valeurs ont changé sont à prendre en compte en priorité. On établit un diagnostic qui établit quelles sont la ou les ressources devenues insuffisantes. Ensuite, on établit un plan d'action consistant à augmenter les ressources insuffisantes ou à diminuer l'usage des ces ressources. Enfin, on vérifie si les mesures prises ont eu l'incidence escomptée.

En résumé :

- Surveiller l'usage des ressources.

- Diagnostiquer l'origine des goulots d'étranglement (*bottle-neck*).

- Agir : augmenter les ressources ou diminuer leur usage.

Paramétrer finement le système a priori

Avant la mise en exploitation, on essaye de construire des benchmarks représentant le plus fidèlement possible le comportement de l'activité de l'application. Ensuite, on paramètre le système et l'application pour améliorer les performances. Évidemment, on ne modifie qu'un seul paramètre à la fois.

Remarques :

1) Les stratégies présentées ne sont pas du tout exclusives, ont peut les suivre toutes les trois.

2) La recherche des raisons d'une baisse de performance est assimilable à du dépannage (*troubleshooting*).

Les principales ressources du système

Les principales ressources d'un serveur se résument à :

- La puissance de calcul : puissance (vitesse, taille des registres) et nombre de processeurs.

- La mémoire vive (RAM) et disque (SWAP).

- Les entrées/sorties (I/O) disques et réseau.

Ce sont essentiellement ces éléments qu'il faut surveiller et adapter en cas de problème.

Pour en savoir plus

Internet

Oracle9iR2 on Linux: Performance, Reliability and Manageability
http://www.redhat.com/whitepapers/rhel/OracleonLinux.pdf

Tuning SuSE LINUX Enterprise Server on IBM Eserver xSeries Servers
(paramétrer l'OS, Apache, Oracle, DB2, LDAP, Samba, Lotus Domino)
http://www.redbooks.ibm.com/redpapers/pdfs/redp3862.pdf

Tuning and Optimizing Red Hat Enterprise Linux for Oracle 9i and 10g Databases
http://www.puschitz.com/TuningLinuxForOracle.shtml

Livres

Optimizing Linux Performance, par Esolt, Philip G aux éditions Prentice Hall (2005)

Permformance Tuning for Linux Servers, par Johnson S. & all, aux éditions IBM Press
(2008).

Surveiller le système

Le savoir concret

Les commandes de surveillance généralistes

`vmstat`	Affiche des statistiques sur l'utilisation des ressources système (CPU, mémoire et entrées/sorties).
`procinfo`	Affiche des statistiques sur l'utilisation des ressources système et les IRQ.
`dstat`	Remplace vmstat, iostat et ifstat. La commande peut générer une sortie CSV. La commande peut être étendue via des plug-ins.
`sar`	Commande générale de surveillance des ressources système. Possède de nombreuses options. La récolte des données est facilement programmable via un crontab.

Les autres commandes de surveillance

`uptime`	Affiche la charge globale du système.
`ps`	Liste les processus actifs. L'argument `aux` visualise l'utilisation des ressources mémoire et CPU par processus.
`free`	Affiche l'utilisation de la mémoire.
`top`	Affiche les processus les plus consommateurs de ressources.
`atop`	Affiche l'utilisation du CPU, de la mémoire, des disques et du réseau ainsi que les processus les plus consommateurs de ressources.
`w`	Affiche les processus associés aux utilisateurs connectés.
`iostat`	Affiche l'utilisation du CPU et des disques et partitions.
`mpstat`	Affiche des statistiques en liaison avec les processeurs.
`netstat`	Affiche des statistiques sur l'utilisation des cartes réseau.
`time`	Active une application et ensuite affiche des statistiques sur l'utilisation du CPU. Cette commande existe en deux versions : interne et externe (GNU).
`ifstat`	Affiche des statistiques d'utilisation des cartes réseau.
`iptraf`	Affiche en temps réel l'utilisation du réseau.
`opcontrol`	Configure le système OProfile de contrôle des performances qui utilise le matériel de contrôle du processeur.

Commande locale en mode graphique

Gnome-system-monitor	Outil de surveillance du système en mode graphique.

Commandes graphiques basées sur les RRDTools

cacti	Logiciel qui génère des graphiques, accessible par le Web.
munin	Idem, mais très simple d'utilisation (plug and play).
`ntop`	Affiche les postes et les services qui utilisent le plus le réseau. Les graphiques générés sont accessibles via le Web.

Les fichiers

/proc/*   Origine des informations présentées par les commandes précédentes.

Focus : La commande uptime

```
# uptime
 14:34:33 up 12 days, 16:01,  2 users,  load average: 0.52, 0.15, 0.05
```

La commande uptime affiche l'heure, le nombre de jours depuis le dernier redémarrage, le nombre d'utilisateurs connectés et la charge système dans la dernière minute, les cinq dernières minutes et le dernier quart d'heure. Ainsi, on voit du premier coup d'œil si la charge CPU est en train d'augmenter ou de diminuer.

Les particularités des différentes distributions

RedHat

La commande sar est recommandée par RedHat pour surveiller le système.

Pour en savoir plus

Les pages de manuel

vmstat(8), procinfo(8), sar(1), uptime(1), ps(1), free(1), top(1), w(1), iostat(1), mpstat(1), netstat(8), time(1), opcontrol(1)

Internet

20 Linux System Monitoring Tools Every SysAdmin Should Know
http://www.cyberciti.biz/tips/top-linux-monitoring-tools.html

RedHat- Gathering system information
http://docs.redhat.com/docs/en-US/Red_Hat_Enterprise_Linux/5/html/Deployment_Guide/ch-sysinfo.html

Guide RedHat : Contrôle des ressources, Puissance de traitement et largeur de bande
http://www.redhat.com/docs/manuals/enterprise/RHEL-4-Manual/fr/admin-guide/ch-resource.html

http://www.redhat.com/docs/manuals/enterprise/RHEL-4-Manual/fr/admin-guide/ch-bandwidth.html

OProfile
http://docs.redhat.com/docs/en-US/Red_Hat_Enterprise_Linux/5/html/Deployment_Guide/ch-oprofile.html

La commande vmstat

La théorie

`vmstat` est la commande native pour visualiser l'usage des ressources (CPU, mémoire et entrées/sorties) d'un système Linux.

Le savoir concret

Syntaxe

`vmstat [option...] [délai][n]`

La commande peut afficher n mesures à `délai` secondes d'intervalle.

Options

-a	Affiche la mémoire active/inactive.
-f	Affiche le nombre de créations de processus (`fork`() depuis le démarrage.
-m	Affiche les données slabinfo.
-s	Affiche différentes valeurs liées à la mémoire, le CPU...

Remarque : les objets du noyau utilisés fréquemment (tampons, inodes...) ont leur propre cache. Les statistiques s'y référant sont regroupées sous le vocable slabinfo.

Fichiers

/proc/meminfo, /proc/stat, /proc/*/stat, /proc/slabinfo
Les données de base d'où la commande `vmstat` tire ses informations.

Focus : Un exemple commenté

```
# vmstat 5 3
procs -----------memory---------- ---swap-- -----io---- --system-- ----cpu----
 r  b   swpd   free   buff  cache   si   so    bi    bo   in    cs us sy id wa
 2  0      0  74244  58668 240596    0    0     1     1   34    25  0  0 100  0
 1  0      0  74244  58668 240596    0    0     0    12 1042   114 100  0  0  0
 2  0      0  74244  58668 240596    0    0     0     8 1062   160 100  0  0  0
```

On mesure l'activité trois fois à cinq secondes d'intervalle.

Processus

r	Le nombre de processus en attente d'un processeur libre.
b	Le nombre de processus bloqués de manière non-interruptible.

Mémoire

swpd	La quantité de mémoire virtuelle utilisée.
free	La quantité de mémoire vive libre.
buff	La quantité de mémoire utilisée par les buffers associés aux métadonnées des FS.
cache	La quantité de mémoire utilisée par la mémoire tampon (cache) associée aux données des FS, concrètement des morceaux de fichiers.

Swap

si   La quantité de mémoire lue à partir du disque (page-in).

so   La quantité de mémoire écrite en mémoire de swap (page-out).

Entrées/sorties (IO)

bi   Le nombre de blocs lus par seconde.

bo   Le nombre de blocs écrits par seconde.

Système

in   Le nombre d'interruptions par seconde.

cs   Le nombre de commutations de processus par seconde.

CPU

us   Le pourcentage de temps CPU consommé en mode utilisateur (incluant le `nice time`).

sy   Le pourcentage de temps CPU consommé en mode noyau.

id   Le pourcentage de temps CPU non utilisé (*idle*). Il n'y a pas de processus en attente de fin d'entrées/sorties.

wa   Le pourcentage de temps CPU non utilisé, mais des processus sont en attente de fin d'entrées/sorties.

st   Le pourcentage de temps CPU volé par l'hyperviseur de la machine virutelle (si le système est une machine virtuelle).

Pour en savoir plus

Les pages de manuel

vmstat(8)

La commande sar

La théorie

La commande `sar` offre une vision fine de l'usage des ressources. Elle est prévue nativement pour récolter de manière automatique des données grâce à `crontab`.

Le savoir concret

Les commandes

`sar`	La commande qui visualise les ressources système. Soit on l'utilise en direct, soit on analyse des données déjà récoltées.
`sadc`	Cette commande enregistre l'activité du système dans un fichier binaire ayant le quantième du jour comme suffixe.
`sa1`	Cette commande est une interface à la commande `sadc`. Elle est typiquement activée par un crontab.
`sa2`	Cette commande, non obligatoire, provoque un rapport journalier. Elle est typiquement activée par un crontab.

Les principales options de sar

-u	Utilisation du CPU (option par défaut).
-q	Nombre de processus en attente d'un processeur libre.
-r	Mémoire vive et swap.
-R	Mémoire (compléments).
-W	Swapping.
-B	Activité du paging.
-b	Statistiques sur les entrées/sorties.
-d	Activité de chaque périphérique bloc.
-r	Les tables du noyau (inodes...)
-n DEV	Statistiques associées aux cartes réseau.
-n EDEV	Statistiques associées aux erreurs réseau.
-n SOCK	Statistiques associées aux sockets réseau.
-w	Nombre de permutations de contextes par seconde.
-y	Activité des terminaux.

Remarques :

1) Avec l'option `-P numero_cpu`, on obtient des statistiques pour un CPU. Avec l'option `-P ALL`, on obtient les statistiques pour chaque CPU et globalement.

2) Par défaut, on liste les valeurs de la veille.

3) Avec l'option `-f fichier`, on explore les données d'un fichier particulier. Par exemple, **-f /var/log/sa/sa12** accède aux données du 12e jour du mois.

Focus : La charge CPU (sar –u)

```
# sar -u 10 3
Linux 2.6.32-19.el6.i686 (linux01.pinguins)     08/20/10      _i686_   (1 CPU)

19:29:13     CPU    %user   %nice   %system   %iowait   %steal    %idle
19:29:23     all     9.98    0.00     30.44      0.50     0.00     59.07
19:29:33     all    15.91    0.00     82.47      1.61     0.00      0.00
19:29:43     all     0.20    0.00     37.44      0.61     0.00     61.76
Average:     all     8.55    0.00     49.43      0.89     0.00     41.13
```

CPU	Le numéro du CPU.
%user	Le pourcentage de temps passé en mode utilisateur.
%nice	Le pourcentage de temps passé pour exécuter des processus à faible priorité (nice).
%system	Le pourcentage de temps passé en mode noyau.
%iowait	Le pourcentage de temps pendant lequel le processeur est inoccupé. En parallèle, des processus sont bloqués en attente de fin d'entrées/sorties.
%steal	Le pourcentage de temps pendant lequel le pseudo-processeur de la machine virtuelle ne fait rien, dû à l'activité de l'hyperviseur servant les autres machines virtuelles.
%idle	Le pourcentage de temps pendant lequel le processeur ne fait rien.

Remarques :

1) Une valeur %user élevée indique que le système fait globalement beaucoup de calculs. Inversement, une valeur %system importante indique que le système fait beaucoup d'entrées/sorties.

2) Une valeur %iowait élevée montre que le système des entrées/sorties est sous-dimensionné par rapport à la puissance de calcul.

3) Une charge système importante n'est pas forcément dramatique dans la mesure où les processus n'attendent pas. Le paramètre runq-sz donné par la commande sar -q indique justement le nombre de processus en attente d'un processeur libre.

Pour en savoir plus

Les pages de manuel

sar(8), sa1(8), sa2(8), sadc(8)

La comptabilité

La théorie

Description

Le paquetage de comptabilité (accounting) est composé de commandes qui établissent des statistiques concernant l'usage des ressources CPU par utilisateur.

Ce paquetage est très ancien, il a été créé sur les premiers systèmes Unix Berkeley (BSD). L'objectif à l'époque, était d'établir des factures adressées aux utilisateurs en fonction de leur temps de connexion et de leur utilisation du CPU.

Les enregistrements comptables sont générés par le noyau lors de l'exécution de chaque commande. En conséquence, la comptabilité consomme beaucoup de ressources système. On peut l'activer à des fins de sécurité ou pour mesurer l'utilisation des ressources par utilisateur. Dans ce dernier cas, il est conseillé de l'utiliser par sondage. C'est-à-dire, épisodiquement et non pas en permanence.

Le savoir concret

Les commandes

`psacct`	Le script de démarrage (RC) qui gère le service. Il active la commande `accton`.
`accton`	Cette commande active ou arrête la comptabilité. Sans argument, la commande arrête la comptabilité. Avec un nom de fichier en argument elle l'active. Ce fichier contiendra les événements comptables. Ce fichier doit exister.
`login`	Enregistre les connexions.
`ac`	Affiche les temps de connexions.
`sa`	Affiche les totaux d'utilisation du CPU (par commande, par utilisateur).
`lastcomm`	Affiche en clair le contenu du fichier comptable (ce dernier est en binaire).

Les particularités des différentes distributions

RedHat

Les commandes comptables appartiennent au paquetage psacct.

SuSE, Debian

Les commandes comptables appartiennent au paquetage acct.

Pour en savoir plus

Les pages de manuel

acct(5), ac(8), login(1), init(8), wtmp(5), sa(8), lastcomm(1), last(1)

Howto

Process-Accounting HOWTO

Augmenter les ressources

La théorie

Augmenter les ressources matérielles

CPU

Il est possible de changer de CPU et d'en prendre un plus rapide (3 Ghz au lieu 1.7), ou d'utiliser des processeurs gérant des registres plus grands (64 bits au lieu de 32 bits) ou plus nombreux (un système bicore au lieu d'un monoprocesseur).

Mémoire vive

L'augmentation de la mémoire vive est sans doute l'élément qui a le plus d'impact sur l'amélioration des performances.

Remarques :

1) On va être limité par les possibilités de la carte mère pour l'augmentation de la mémoire. Généralement seuls les PC serveurs haut de gamme prennent en charge des quantités importantes de mémoire.

2) Par défaut, les noyaux Linux ne gèrent qu'un Go de mémoire. Pour gérer des tailles mémoire supérieures il faut des noyaux ad hoc (kernel-hugemem).

Les entrées/sorties

Voici les principaux éléments qui influencent positivement les entrées/sorties :

- Utiliser des canaux d'entrées/sorties puissants (64 bits, 66 Mhz…).

- Utiliser des disques RAID.

- Avoir des cartes réseau puissantes en plusieurs exemplaires et en équilibrage de charge (*load balancing*).

Augmenter les ressources logicielles

Le paramétrage de l'OS

Les paramètres du noyau

Le noyau est optimisé pour un usage standard. Si l'on veut paramétrer finement son système, il est possible de jouer sur certains paramètres.

Mémoire de swap

Même si un système Linux peut fonctionner sans mémoire de swap, on peut utiliser entre une et trois fois la quantité de mémoire vive comme mémoire de swap. Si cette mémoire de swap est installée et/ou répartie sur plusieurs disques rapides on améliore d'autant les performances. Il faut éviter d'utiliser des fichiers de swap.

Les paramètres de configuration des structures disques

Le choix de la taille des PE (physical extend) lors de la création d'un LV ou le choix de la taille des blocs lors de la création d'un FS sont des éléments qui influent beaucoup sur les performances. Mais il ne faut pas oublier qu'utiliser des unités d'allocation importantes a pour conséquence une perte d'espace disque.

Les paramètres de l'application

Un logiciel comme Apache possède beaucoup de paramètres qui ont une incidence sur les performances. Par exemple MaxClients, MinSpareServers…

Conclusion

Les éléments clés de la performance

L'expérience nous apprend qu'en surdimensionnement la mémoire vive et en utilisant des technologies RAID on résout globalement les problèmes de performances.

Il faut des machines de type serveur

Le choix d'un PC de type serveur a pour conséquence l'usage d'un ordinateur possédant d'emblée des ressources importantes. De plus il offre une redondance de ses ressources. En pratique, on choisira des xSeries d'IBM, des PowerEdge de DELL ou des Proliant de HP. On peut également faire confiance à des assembleurs.

En final, ne pas oublier le CPU

Sauf dans le cas où le système est utilisé pour des applications de calcul, le nombre ou la puissance des CPU n'est pas d'emblée le facteur critique. Par contre, à toute chose égale, quand tous les autres paramètres sont optimaux, la puissance de calcul fait la différence.

Le savoir concret

Les commandes

hdparm   Paramètre les performances des disques IDE (et SATA si on utilise des pilotes IDE).

sdparm   Affiche des données ou modifie les paramètres des disques SCSI.

Quelques paramètres du noyau

file-max   Le nombre maximal de fichiers ouverts.

thread-max   Le nombre maximal de processus.

Pour en savoir plus

Les pages de manuel

hdparm(8), sdparm(8)

Paquetage

filesystems/proc.txt   Ce fichier de la documentation du noyau décrit l'arborescence /proc et les paramètres modifiables à chaud du noyau.

Diminuer l'usage des ressources

La théorie

Les applications

- Supprimer ou désactiver les services inutiles. Si vous utilisez votre système en tant que serveur Web, est-il nécessaire de garder ou d'activer Cups ?

- Faire fonctionner les procédures de maintenance (sauvegarde, purge de /tmp…) à des heures creuses.

- Limiter les ressources maximales utilisées par une application ou un utilisateur. Par exemple le nombre de processus ou la taille mémoire maximale utilisée.

- Ne pas hésiter à activer à faible priorité les tâches de calcul.

Les aspects disques

- Mettre en place une politique des quotas disques ou enfermer un utilisateur ou une application dans un système de fichier.

- Mettre dans des FS différents les arborescences qui sont modifiées très fréquemment et celles qui sont stables.

- Dans le cas d'application lisant principalement des fichiers (Web), désactiver la mise à jour de la date de dernier accès.

Divers

Désactiver l'interface graphique. Cette dernière, indispensable sur une station, peut utiliser de manière abusive les ressources d'un serveur.

Le savoir concret

Les commandes

chattr +A	Désactive la mise à jour des dates de dernier accès. On peut également configurer ce comportement au montage du FS.
ulimit	Cette commande interne du shell limite les ressources des applications futures.
nice, renice	Diminuent la priorité (valeur NICE) d'un processus et de ses descendants.
PAM	Cette technologie, principalement ayant pour objectif la sécurité, peut être utilisée pour limiter les ressources des utilisateurs (comme ulimit).

Particularités des différentes distributions

RedHat

Le mode serveur non graphique est associé au niveau d'init 3 configuré dans la ligne initdefault du fichier /etc/inittab. Par défaut, on travaille dans le mode graphique (niveau 5).

Test de performance – Benchmarks

La théorie

Un benchmark (banc d'essai) est un programme qui essaye de prouver le bon fonctionnement d'une application ou bien étudie son comportement dans certaines situations.

Dans une optique de recherche de performance, l'utilisation de benchmarks est essentiel : ils permettent avant la mise en production de vérifier si les moyens mis en œuvre (type de serveur, taille mémoire, processeurs…) sont adaptés à la charge prévue. Ils permettent également de vérifier si un changement de la configuration a un impact positif sur les performances ou tout simplement si la configuration par défaut est correcte.

Différents types de tests

Test de charge (load testing)

Un test de charge consiste à simuler un nombre particulier d'utilisateurs ou de transactions durant un temps donné. On regarde comment se comporte l'application étudiée pour déterminer si elle se comporte comme prévu. La présence éventuelle de goulot d'étranglement (bottleneck) peut être, par exemple mise en évidence.

Test de stress

Un test de stress consiste à simuler une charge extrême. On regarde comment se comporte l'application, en particulier sa robustesse : l'application se termine-t-elle correctement, est-ce qu'elle s'aperçoit de la dégradation du système et du manque de ressources, jusqu'à quelle charge maximale continue-t-elle de fonctionner correctement ?

Test d'endurance

Un test d'endurance consiste à simuler une charge importante pendant un laps de temps important pour déterminer si il y a ou non des problèmes, par exemple suite à des fuites de mémoire.

Test de charge en épis (spike testing)

Un test de charge en épis consiste à simuler des montés en charge brusques et à déterminer le comportement de l'application dans ce cas.

Test de configuration

Un test de configuration consiste à simuler une charge pour déterminer si un changement de la configuration modifie le comportement de l'application (temps de réponse…).

Tests d'isolation

Des tests d'isolation consistent à tester les composants d'un système pour déterminer le responsable d'un problème (le goulot d'étranglement par exemple). Cette démarche s'apparente nettement à la recherche de panne (*troubleshooting*).

Remarque : il existe beaucoup d'autres types de tests (cf. les références).

Le savoir concret

Les benchmarks pour le Web

JMeter	Outil graphique écrit en Java par l'Apache Group permettant de tester les performances de serveurs Web abritant des pages statiques ou dynamiques.
ab	Outil de test de performance très simple fourni en standard avec le serveur Web Apache HTTPD.

http_load	Outil de test de performance de site Web très simple.
httperf	Outil de test de performance de site Web très simple.
php-benchmark	Framework pour tester des scripts PHP.

Les benchmarks pour les bases de données et les I/O disques

mysql-bench	Outil officiel de benchmark de MySQL.
postgresl-test	Outil officiel de benchmark de PostgreSQL.
fdtree	Outil très simple de test de performance d'un FS.
iozone	Outil de test de performance d'un FS.
tiobench	Outil de test de performance des I/O.
bonnie	Outil de test de performance des disques.
postmark	Outil de test de performance de FS manipulant de petits fichiers, ce qui est le cas des serveurs de messagerie.

Les benchmarks pour les autres applications (e-mail, ftp...)

dkftpbech	Outil de test de performance de serveur FTP.
postal	Outil de test de performance de serveur de messagerie.
dbench	Outil qui émule l'outil NetBench de simulation de charge de serveur CIFS (Windows ou Samba).
samba4-test-suite	Benchmark de serveur CIFS.

Autres outils

stress	Outil de simulation de charge CPU, mémoire, I/O.
netperf	Outil de test de performance du réseau (sockets UDP, TCP, Unix, IPv6).
qperf	Outil simple de test de performance réseau.
nttcp	Outil de test de performance réseau, notamment estime la bande passante.
lmbench	Outil de test de performance de système Unix.
phoronix	Framework permettant de créer/utiliser des benchmarks.

Les particularités des distributions

Debian/Ubuntu

La presque totalité des outils cités sont présents dans ces distributions sous forme de paquetage : dbench, httperf, iozone3, netperf, stress, postal, tiobench, php-benchmark, postmark, bonnie, bonnie++, phoronix test suite, samba4-test-suite...

Pour en savoir plus

Les pages de manuel

ab(8), dbench(1), lenbench(8), netperf(1)...

Internet

Wikipedia – Tests de performance
http://fr.wikipedia.org/wiki/Test_de_performance
http://en.wikipedia.org/wiki/Software_performance_testing

Apache Group – JMeter
http://jakarta.apache.org/jmeter/

Open Source Performance Testing tools
http://www.opensourcetesting.org/performance.php

IOzone Filesystem Benchmark
http://www.iozone.org/

Netperf
http://www.netperf.org/netperf/

Livres

The Art of Application Performance Testing, de Ian Molyneaux chez O'Reilly (2009)

Apache JMeter : A Practical Beginner's Guide to Automated Testing and Performance Measurement for Your Websites, par Emily Halili, chez Packt (2008).

La mémoire

La théorie

Adressage mémoire

L'adressage mémoire dépend à la fois du type de processeur et de la version du noyau. En fonction d'eux, on peut adresser plus ou moins de mémoire :

- Noyau 2.4 normal : il adresse uniquement 1 Go de mémoire.

- Noyau 2.4 HugeMem : il adresse jusqu'à 4 Go de mémoire.

- Noyau 2.6 normal sur un ordinateur 32 bits : il adresse jusqu'à 4 Go.

- Noyau 2.6 PAE sur un ordinateur 32 bits : il adresse toujours 4 Go mais n'importe où dans un espace de 64 Go. Via des transferts de mémoire, les 64 Go sont visibles mais pas simultanément.

- Noyau 2.6 64 bits sur un ordinateur 64 bits : l'adressage est sur 64 bits (une approximation de l'infini).

Vocabulaire et concept liés à la mémoire virtuelle

Mémoire Virtuelle

Une application en mémoire utilise un adressage virtuel qui n'a de sens que pour elle. Le processeur traduit une adresse virtuelle en adresse physique pour y accéder.

Pagination et espace de swap

La mémoire physique ainsi que l'espace virtuel sont divisés en blocs appelés pages. Les différentes pages appartenant à l'espace virtuel d'un processus peuvent être éparpillés n'importe où dans la mémoire physique ou dans la mémoire de swap. Ce swap se trouve sur disque. La pagination consiste au transfert des pages entre la mémoire physique et la mémoire de swap : *page-in* et *page-out* selon le sens du transfert. Le *page-in* correspond ainsi au chargement d'une page en mémoire. Le *swapping* consistait au transfert en mémoire de swap de processus entier. On utilise maintenant le terme *swapping* pour désigner un paging agressif pour libérer beaucoup de pages.

Défaut de page

Un défaut de page (*page fault*) est une interruption du processeur consécutive au référencement d'une page qui n'est pas actuellement en mémoire physique.

Page sale

Une page sale (*dirty page*) est une page en mémoire qui a été modifiée. Elle doit être écrite sur disque avant d'être libérée de la mémoire (via un *page-out*).

Les systèmes d'allocation du noyau

Buddy System

Le noyau possède des tampons de taille 2 puissance X où X =0,1, 2...9. Si une zone mémoire est nécessaire et qu'il n'y a qu'une grosse zone disponible, cette dernière est divisée en deux. Quand une zone est libérée, le noyau vérifie si sa sœur est libre, dans ce cas, elles sont fusionnées.

Slab Cache

Le Slab Cache est constitué de zones mémoire allouées/désallouées fréquemment et qui ont des usages spéciaux (inodes, dentries, en-têtes de tampons, …). L'allocation et la libération de ces zones sont beaucoup plus rapides qu'avec le Buddy System.

L'overcommit

Par défaut, le noyau vérifie lors du lancement d'un processus ou lors des allocations mémoire (malloc) qu'il reste suffisamment de mémoire (vive + swap). Dans la majorité des cas, on pourrait allouer plus de mémoire que celle réellement disponible, même si ce n'est pas prudent.

Les différentes zones mémoire d'un processus

L'espace virtuel d'un processus est divisé en plusieurs zones :

- La zone text : elle contient le code exécutable du processus.

- La zone data : elle contient les données statiques. Elle provient de l'exécutable comme la zone text.

- La zone heap : elle contient les données allouées dynamiquement.

- La zone stack : elle contient la pile d'appel aux fonctions. Cette zone contient également des données dynamiques allouées et libérées automatiquement lors de l'appel ou du retour des fonctions.

Remarque : la division est en réalité plus complexe, car chaque bibliothèque dynamique correspond à une ou plusieurs zones mémoires.

Les segments de mémoire partagées

Le système d'IPC System V gère des tableaux en mémoire permettant une communication entre processus. Il y a trois types d'IPC : les segments de mémoire partagée, les tableaux de sémaphores et les files d'attente de messages. Les tableaux de sémaphores sont habituellement utilisés de paire avec les segments de mémoire partagée pour permettre un verrouillage de ces segments, pour réaliser des accès exclusifs.

Le savoir concret

Les commandes

`free`	Affiche la mémoire disponible.
`vmstat`	Affiche des données sur l'utilisation du CPU, de la mémoire et des I/O.
`sar`	Commande générale de surveillance du système. Plusieurs options (-r, -R, -W…) traitent de la mémoire.
`ps`	Affiche des informations sur les processus. La commande `ps aux` affiche l'utilisation du CPU et de la mémoire par les processus.
`slabtop`	Affiche l'utilisation des tampons Slab en continu avec rafraîchissement.
`ipcs`	Affiche les IPC utilisés.

Les fichiers dans /proc

meminfo	Affiche des statistiques détaillées de l'utilisation de la mémoire.
buddyinfo	Affiche des informations sur le Buddy System.
slabinfo	Affiche des informations sur le Slab Cache.

Quelques paramètres du noyau

dirty_background_ratio	Spécifie à quel pourcentage de la mémoire, le démon pdflush commence à écrire les pages modifiées (dirty_data) en mémoire de swap.

dirty_writeback_centisecs	Périodicité du réveil du démon pdflush en 1/100 de secondes.
dirty_expire_centisecs	Age (en 1/100 de secondes) à partir duquel une page est vieille.
overcommit_memory	Indique si l'overcommit est autorisé. Par défaut, il ne l'est pas (0).
page-cluster	Nombre de pages écrites en mémoire de swap en une écriture.
shmmax	Taille maximale d'un segment de mémoire partagée.
shmmni	Nombre maximum de segment de mémoire partagée.
shmall	Nombre maximum de pages utilisées pour l'ensemble des segments de mémoire partagée.

Focus : La commande free

```
# free
             total       used       free     shared    buffers     cached
Mem:        250152      75844     174308          0      16400      24364
-/+ buffers/cache:       35080     215072
Swap:       524280      13776     510504
```

La commande `free` affiche le total de la mémoire physique, la mémoire utilisée et la mémoire libre ainsi que (sur la dernière ligne) la quantité de mémoire de swap totale, utilisée et disponible. La quantité `cached` indique la mémoire utilisée par les données en mémoire associées aux FS et `buffers` aux métadonnées des FS. La deuxième ligne (-/+ buffers…) ne tient pas compte des valeurs `buffers` et `cached`. Ainsi, le champ `used` indique la mémoire utilisée par les applications et le champ `free` donne la mémoire réellement disponible pour les applications. Elle correspond à la mémoire libre tout court plus les valeurs `buffers` et `cached`. En effet, si les applications n'ont pas de demande urgente de mémoire vive, celle-ci est utilisée pour stocker les fichiers (et les métadonnées associées).

Pour en savoir plus

Les pages de manuel

free(1), vmstat(8), ps(1), slabtop(1), sar(1), ipcs(1)

La documentation du noyau

Notamment les pages suivantes : memory.txt, filesystems/proc.txt, vm/overcommit-accounting.

Internet

Wikipedia – Virtual Memory
http://en.wikipedia.org/wiki/Virtual_memory

LinuxMM (La gestion de la mémoire sous Linux)
http://linux-mm.org/

RedHat – /proc/meminfo
http://www.redhat.com/advice/tips/meminfo.html

Understanding the Linux Virtual Memory Manager de Mel Gorman
http://www.kernel.org/doc/gorman/pdf

Les cgroups

La théorie

Les noyaux Linux 2.6 récents offrent la notion de groupe de contrôle de processus (Control Group ou cgroup) pour pouvoir gérer finement l'accès des processus aux ressources système. Par exemple, l'administrateur peut créer le groupe cgweb et y associer les processus serveur Web. Ce groupe peut être configuré pour n'avoir accès qu'à tel ou tel processeur et à une partie seulement de la mémoire.

Les cgroups forment une hiérarchie. Chaque hiérarchie est gérée à travers un FS système où chaque répertoire correspond à un seul cgroup. À chaque cgroup sont associés différents sous-systèmes (subsystems) qui contrôlent l'accès aux ressources.

Un cgroup a un accès exclusif ou non à une ressource (par exemple un CPU). Un processus hérite du cgroup auquel appartient son père.

Les différents sous-systèmes

cpuset	Gère l'accès aux CPU. C'est le sous-système principal.
cpu	Gère le temps CPU accordé au cgroup.
cpuacct	Génère des rapports sur l'utilisation des CPU.
memory	Génère des rapports et permet de limiter l'accès à la mémoire.
devices	Autorise ou interdit l'accès aux périphériques.
freezer	Permet de suspendre ou reprendre les processus d'un cgroup.
net_cls	Contrôle la bande passante réseau.

Le savoir concret

Les FS système

cgroup

Le FS système cgroup permet de gérer les cgroups. Son pilote doit être intégré au noyau si l'on désire utiliser la notion de cgroup.

cpuset

Le FS système cpuset permet de gérer le sous-système cpuset.

Les bibliothèques

La bibliothèque libcgroup permet de gérer les cgroups.

Les fichiers

<pt_montage>/*	Les différents cgroups. Chacun est représenté par un sous répertoire d'un FS de type cgroup.
/proc/<pid>/cpuset	Le cgroup auquel appartient le processus de PID <pid>.
/proc/<pid>/status	Ce fichier contient de nouveaux champs : cpus_allowed, cpus_allowed_list, Mem_allowed, Mem_allowed_list.
/etc/cgconfig.conf	Fichier de paramétrage du service cgconfig.
/etc/cgrules.conf	Fichier de paramétrage du démon cgred. Définit les cgroups, leurs paramètres…

Les commandes

`cgexec`	Active une commande dans un cgroup donné.
`cgclassify`	Change le cgroup d'un processus.
`cgcreate`	Crée un nouveau cgroup.
`cgset`	Fixe les paramètres d'un cgroup.
`cgclear`	Détruit tous les cgroups.
`cgrulesengd`	Démon qui attribue un cgroup à un processus. Le démon surveille le changement d'identité d'un processus et change le cgroup en fonction du paramétrage stocké dans le fichier cgrules.conf.
`cgred`	Le service qui active le démon cgrulesengd.
`cgconfig`	Le service qui est destiné à initialiser la gestion des cgroups au démarrage.

Les paramètres obligatoires du sous-système cpuset

cpuset.cpus	Spécifie un ou plusieurs CPU associés à un cgroup.
cpuset.mems	Spécifie un ou plusieurs nœuds de mémoire associés à un cgcroup.

Les particularités des distributions

Ubuntu

La gestion des cgroups est fournie par le package `cgroup-bin`.

Pour en savoir plus

Les pages de manuel

cpuset(7), cgexec(1), cgcreate(1), cgset(1), taskset(1), numactl(8), migratepages(8), cgrules.conf(5), cgrulesengd (8), cgclassify (1), cgclassify(1), cgred.conf(5),

Internet

Control Group Configuration
http://sourceforge.net/projects/libcg/

La documentation du noyau : cgroup/* ou cgroups.txt
http://www.mjmwired.net/kernel/Documentation/cgroups.txt

RedHat – Resource Management Guide
http://www.redhat.com/docs/en-US/Red_Hat_Enterprise_Linux/6-Beta/html/Resource_Management_Guide/

Munin

La théorie

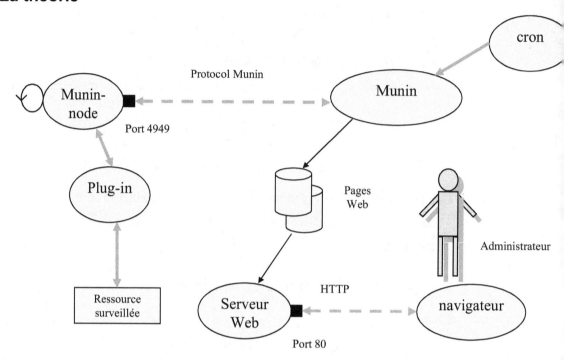

Fig. L'architecture de Munin

Description

Munin est un logiciel libre client/serveur de surveillance qui génère des graphiques accessibles par le Web. Ce logiciel est écrit en Perl et utilise les outils RRDTool pour générer les graphiques.

C'est un logiciel facile à installer et à utiliser. L'installation par défaut génère les graphiques les plus pertinents (charge système, utilisation de la mémoire…).

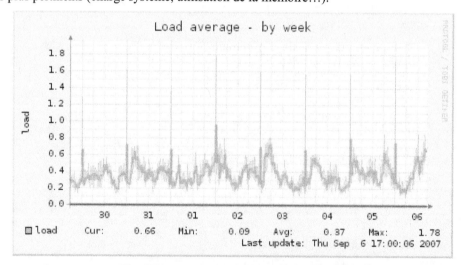

Fig. Exemple de graphique généré par Munin.

Architecture

Sur chaque poste surveillé, on installe le démon munin-node. C'est lui qui active des plugin pour collecter les données de surveillance (charge système, utilisation de la mémoire, ...). Sur un poste particulier (par exemple celui de l'administrateur), on installe le logiciel munin. C'est un client réseau qui périodiquement, via un crontab, interroge les différents démons (munin-node) des postes surveillés, c'est lui qui crée les graphiques et les pages Web pour les présenter.

Le savoir concret

Les fichiers

munin.conf	La configuration de munin (le graffeur).
munin-node.conf	La configuration de munin-node.
plugin-conf.d/	Contient la configuration des plug-in.
plugin/	Répertoire contenant les plugins activés
/usr/share/munin/plugin/	Répertoire contenant les plugins activables.

Remarque :

1) Les fichiers de configuration sont normalement dans le répertoire /etc/munin/.

2) Pour activer un plug-in, on crée un lien symbolique entre le plugin vers le répertoire des des plugins activés.

Les commandes

munin-cron	Le script activé par cron.
munin-node	Le service qui collecte les données.

Les protocoles

4949/tcp	Le protocole munin.

Pour en savoir plus

Les pages de manuels

munin-node(8), munin-node.conf(5), munin(8), munin-update(8), munin-graph(8), munin-limits(8), munin-html(8), munin-cron(8)

Internet

Munin – le site officiel
http://munin-monitoring.org/

ATELIERS

Tâche 1 :
Créer, utiliser des benchmarks

1. Créer des benchmarks maison (de type stress).

a) Créer une commande qui consomme du CPU.

```
# vi charge_cpu.sh
{ perl -e '$var=2.5;while(1){$var*=3;$var/=3;}' & sleep 10; kill $!; } &
```

b) Créer une commande qui consomme de la mémoire.

```
# vi charge_mem.sh
{ perl -e 'for ($i=0;$i<100000000;$i++){$tb[$i]=$i;}' & sleep 10; kill $!; } &
```

c) Créer une commande qui consomme des entrées/sorties de type lecture.

```
# vi charge_io_lect.sh
{ find / -type f -exec grep -i Linux {} \; > /dev/null 2>&1 & sleep 10;kill $!;
} &
```

d) Créer une commande qui consomme des entrées/sorties de type écriture.

```
# vi charge_io_ecri.sh
GROSFIC=/usr/grosfic
for i in 1 2 3 4 5 6 7
do
        fic=${GROSFIC}${i}.dat
        dd if=/dev/zero of=$fic bs=1k count=100000 > /dev/null 2>&1
        rm $fic
done
```

e) Créer une commande qui consomme du CPU, de la mémoire et des IO.

```
# vi stress.sh
sleep 3
sh charge_mem.sh &
sh charge_cpu.sh &
sh charge_io_lect.sh &
sh charge_io_ecri.sh &
```

f) Créer une commande qui réalise un calcul et donc qui consomme du CPU.

La commande e.py calcule le nombre e avec une précision donnée en argument. La commande
évidemment consomme un temps de calcul de plus en plus important en fonction de la précision.

```
# vi e.py
# calcul de e
```

```
import sys
un_ch ="1"
for i in range(int(sys.argv[1])):
        un_ch = un_ch + "0"
un = int(un_ch)
e = un + un
n = 1
factorielle = 1
while 1:
        n = n + 1
        factorielle = factorielle * n
        e_old = e
        e = e + un/ factorielle
        if e == e_old : break
print "essai n : ", n, " e = ", e
# python e.py 10
essai n :  14  e =  27182818277
```

g) Réaliser un calcul avec les commandes standards.

On utilise la commande bc pour calculer PI grâce à la formule PI = 4 x ArcTangente(1). Le paramètre scale indique la précision. Une valeur importante (10 000 par exemple) induit un temps de calcul important. On mesure ce temps de calcul avec la commande time. Si on en a la possibilité, on réalise le test sur des ordinateurs de types différents.

```
# echo "scale=10;4*a(1)" |bc -l
3.1415926532
# time { echo "scale=10000;4*a(1)" |bc -l; }
...
7931065792295524988727584610126483699989225695968815920560010165 5256\
375676

real    3m33.441s
user    1m31.502s
sys     0m0.225s
```

Remarques :

1) Les programmes de calcul présentés peuvent être utilisés dans des tests de stress mais également comme tests de charge (CPU) pour comparer des ordinateurs, plus spécifiquement des CPU.

2) L'avantage d'utiliser un programme écrit dans le langage Python est sa portabilité.

2. Utiliser la commande ab.

La commande ab réalise des benchmarks de type test de charge de serveur Web. Cette commande est fournie avec l'application HTTPD (le serveur Web Apache).

a) Vérifier la présence d'Apache. Installez-le et démarrez-le si besoin.

```
# rpm -q httpd
httpd-2.2.14-5.el6.i686
# service httpd status
httpd (pid  5357) is running...
# yum install httpd
...
# chkconfig httpd on
# service httpd start
...
```

b) Parcourez la documentation.

```
# man ab
```

c) Effectuer 10 000 requêtes sous forme de 20 requêtres simultanées. Les requêtes demandent la page d'accueil.

```
# ab -c 20 -n 10000 'http://localhost/'
This is ApacheBench, Version 2.3 <$Revision: 655654 $>
Copyright 1996 Adam Twiss, Zeus Technology Ltd, http://www.zeustech.net/
Licensed to The Apache Software Foundation, http://www.apache.org/

Benchmarking localhost (be patient)
Completed 1000 requests
Completed 2000 requests
Completed 3000 requests
Completed 4000 requests
Completed 5000 requests
Completed 6000 requests
Completed 7000 requests
Completed 8000 requests
Completed 9000 requests
Completed 10000 requests
Finished 10000 requests


Server Software:        Apache/2.2.14
Server Hostname:        localhost
Server Port:            80

Document Path:          /
Document Length:        3985 bytes

Concurrency Level:      20
Time taken for tests:   16.994 seconds
Complete requests:      10000
Failed requests:        0
Write errors:           0
Non-2xx responses:      10013
Total transferred:      41904405 bytes
HTML transferred:       39901805 bytes
Requests per second:    588.44 [#/sec] (mean)
Time per request:       33.988 [ms] (mean)
Time per request:       1.699 [ms] (mean, across all concurrent requests)
Transfer rate:          2408.04 [Kbytes/sec] received

Connection Times (ms)
              min  mean[+/-sd] median   max
Connect:        0    15   4.3     16      52
Processing:    12    18   3.3     18      58
Waiting:        3    15   3.5     15      55
Total:         23    33   3.6     34      90

Percentage of the requests served within a certain time (ms)
  50%       34
  66%       34
```

```
 75%      34
 80%      34
 90%      35
 95%      36
 98%      37
 99%      40
100%      90 (longest request)
```

Remarque : on peut activer la commande ab à partir d'un autre poste, ou même de plusieurs autres postes simultanément.

d) Réexécuter le test précédent dans une condition de stress.

```
# sh stress.sh & ab -c 20 -n 10000 'http://localhost/'
...
Complete requests:      10000
Failed requests:        0
Write errors:           0
...
 98%     201
 99%     211
100%     281 (longest request)
```

Remarque : on constate évidemment que les temps de réponses se sont allongés mais que l'application Apache s'est bien comportée : il n'y a pas eu de requêtes qui ont échoué.

e) Réexécuter le test en limitant la mémoire du système.

```
# dmesg |grep '^Memory'
Memory: 500260k/524224k available (4145k kernel code, 23372k reserved, 2218k
data, 476k init, 0k highmem)
# reboot
```

Lors du redémarrage, on édite la configuration de Grub pour limiter la mémoire utilisée par le système :

> *kernel /vmlinuz-...*   **mem=256M**

Remarque : si le système fonctionne à l'intérieur d'une machine virtuelle, il est très facile de limiter la mémoire du système.

```
# dmesg |grep '^Memory'
Memory: 238376k/262144k available (4145k kernel code, 23172k reserved, 2218k
data, 476k init, 0k highmem)
# service httpd start
# ab -c 20 -n 10000 'http://localhost/'
...
 95%      37
 98%      39
 99%      42
100%      70 (longest request)
```

Remarque : la diminution de la mémoire n'a pas eu trop d'impact sur les performances. Dans la pluspart des cas, la quantité de mémoire est cruciale au bon fonctionnement d'une application. Bien sûr, dans le cas présent on utilisait des pages Web statiques.

3. Utiliser la commande netperf

a) Télécharger, compiler et installer netperf.

```
# wget -q 'ftp://ftp.netperf.org/netperf/netperf-2.4.5.tar.gz'
# tar xf netperf-2.4.5.tar.gz
# cd netperf-2.4.5
```

```
# ./configure
# make
# make install
# cd
```

b) Parcourir la documentation.

```
# man netperf
# ls ~/netperf-*/doc/
```

c) Démarrer le serveur.

```
# netserver
Starting netserver at port 12865
Starting netserver at hostname 0.0.0.0 port 12865 and family AF_UNSPEC
# netstat -an |grep 12865
tcp        0      0 0.0.0.0:12865              0.0.0.0:*            LISTEN
```

d) Mesurer la bande passante.

```
# netperf -H 192.168.0.1
TCP STREAM TEST from 0.0.0.0 (0.0.0.0) port 0 AF_INET to 192.168.0.1
(192.168.0.1) port 0 AF_INET
Recv   Send    Send
Socket Socket  Message  Elapsed
Size   Size    Size     Time      Throughput
bytes  bytes   bytes    secs.     10^6bits/sec

 87380 16384   16384    10.00       871.16
```

Remarque : l'idéal est de réaliser les tests à partir d'un poste distant.

e) Idem, mais on utilise le protocole UDP.

```
# netperf -H 192.168.0.1 -t UDP_STREAM
UDP UNIDIRECTIONAL SEND TEST from 0.0.0.0 (0.0.0.0) port 0 AF_INET to
192.168.0.1 (192.168.0.1) port 0 AF_INET

Socket  Message  Elapsed      Messages
Size    Size     Time         Okay Errors   Throughput
bytes   bytes    secs           #      #    10^6bits/sec

112640  65507    10.00        20991     0   1099.99
112640           10.00        20991         1099.99
```

f) On réalise un test TCP durant 15 secondes en n'affichant que les résultats (pas d'en-tête).

```
# netperf -H 192.168.0.1 -l 15 -P 0
87380  16384   16384    15.00    1559.89
```

g) On réalise un test de type question/réponse (transaction).

```
# netperf -H 192.168.0.1 -t TCP_RR
TCP REQUEST/RESPONSE TEST from 0.0.0.0 (0.0.0.0) port 0 AF_INET to 192.168.0.1
(192.168.0.1) port 0 AF_INET
Local /Remote
Socket Size   Request  Resp.   Elapsed  Trans.
Send   Recv   Size     Size    Time     Rate
bytes  Bytes  bytes    bytes   secs.    per sec

16384  87380  1        1       10.00    2560.39
16384  87380
```

4. Utiliser l'outil IOzone.

Remarque : il est possible de recommencer les tests en changeant le type de FS ou ses paramètres.

a) Télécharger et installer le logiciel.

```
# wget -q 'http://www.iozone.org/src/current/iozone-3-347.i386.rpm'
# yum -q -y localinstall iozone-3-347.i386.rpm
# rpm -q iozone
iozone-3-347.i386
```

b) Parcourir la documentation.

```
# MANPATH=/opt/iozone/man man iozone
# ls /opt/iozone/docs
Gnuplot.txt             IOzone_msword_98.pdf  Run_rules.doc
IOzone_msword_98.doc  Iozone_ps.gz
# yum -q -y install ghostscript
# zcat /opt/iozone/docs/Iozone_ps.gz | ps2ascii 2>/dev/null |more
```

c) Créez un FS et montez-le.

```
# mkfs -t ext4 -q /dev/sda5
# mount -t ext4 /dev/sda5 /mnt
# df -Th /mnt
Filesystem     Type    Size  Used Avail Use% Mounted on
/dev/sda5      ext4    504M   17M  462M   4% /mnt
```

d) Test 1 : créer des fichiers de 400 Mo en utilisant des enregistrements de 100 Ko. Utiliser un seul processus (ou threads) et le fichier /mnt/f1.

Remarque : il faut autant de fichiers que de threads.

```
# whereis iozone
iozone: /opt/iozone/bin/iozone
# time /opt/iozone/bin/iozone -s 400M -r 100k -t 1 -F /mnt/f1 > sortie1.txt

real    3m16.285s
user    0m0.104s
sys     0m23.937s
# more sortie1.txt
...
        Children see throughput for 1 pread readers   =    67612.87 KB/sec
        Parent sees throughput for 1 pread readers    =    67545.44 KB/sec
        Min throughput per process                    =    67612.87 KB/sec
        Max throughput per process                    =    67612.87 KB/sec
        Avg throughput per process                    =    67612.87 KB/sec
        Min xfer                                      =   409600.00 KB

iozone test complete.
```

e) Test 2 : créer quatre fichiers de taille 1 Mo chacun de manière simultanée en utilisant des blocs de 1 Ko.

```
# time /opt/iozone/bin/iozone -s 1M -r 1k -t 4 -F /mnt/f1 /mnt/f2 /mnt/f3
/mnt/f4 > sortie2.txt

real    0m41.797s
user    0m0.101s
sys     0m0.853s
# more sortie2.txt
...
```

5. Utiliser l'outil fdree.

a) Télécharger et installer le logiciel.

```
# wget -q 'https://computing.llnl.gov/code/sio/tarballs/fdtree-1.0.2.tar.gz'
# tar xf fdtree-1.0.2.tar.gz
# cd fdtree-1.0.2
# more fdtree.bash
```

b) À partir de /mnt/test (-o …), créer 10 sous-répertoires à chaque niveau (-d 10), et créer en tout 3 niveaux (-l 3). Dans chaque répertoire, créer 20 fichiers (-f 20) chacun faisant 1 bloc de 1 Ko (-s 1). L'ensemble fait une taille d'environ 90 Mo.

```
# mkdir /mnt/test
# bash fdtree.bash -o /mnt/test -d 10 -f 20 -s 1 -l 3
fdtree-1.0.2: starting at /mnt/test/LEVEL0.linux01.5277/
        creating/deleting 3 directory levels with 10 directories at each level
        for a total of 1111 directories
        with 20 files of size 4KiB per directory
        for a total of 22220 files and 88880KiB
Tue Aug 17 16:35:23 CEST 2010
Tue Aug 17 16:35:30 CEST 2010
DIRECTORY CREATE TIME IN, OUT, TOTAL = 0, 7, 7
        Directory creates per second =  158
Tue Aug 17 16:35:30 CEST 2010
Tue Aug 17 16:38:12 CEST 2010
FILE CREATE TIME IN, OUT, TOTAL       = 7, 169, 162
        File creates per second       =  137
        KiB per second                =  548
Tue Aug 17 16:38:12 CEST 2010
Tue Aug 17 16:38:22 CEST 2010
FILE REMOVE TIME IN, OUT, TOTAL       = 169, 179, 10
        File removals per second      =  2222
Tue Aug 17 16:38:22 CEST 2010
Tue Aug 17 16:38:23 CEST 2010
DIRECTORY REMOVE TIME IN, OUT, TOTAL = 179, 180, 1
        Directory removals per second =  1111
```

c) Autre test, mais avec une profondeur d'arborescence plus importante.

```
# bash fdtree.bash -o /mnt/test -d 1 -f 2 -s 1000 -l 10
```

d) Autre test, mais avec beaucoup de fichiers par répertoire.

```
# bash fdtree.bash -o /mnt/test -d 1 -f 10000 -s 1 -l 1
...
# cd
```

Tâche 2 :
Surveiller le système

1. Utiliser la commande uptime.

La commande affiche la charge CPU dans la dernière minute, les cinq dernières minutes et le dernier quart d'heure. Ainsi on sait si la charge CPU est en train d'augmenter ou de diminuer.

```
# sh charge_cpu.sh &
# uptime
 16:56:38 up  3:31,  3 users,  load average: 0.21, 0.44, 0.94
```

2. Utiliser la commande vmstat.

a) Afficher la documentation.

```
# man vmstat
...
FIELD DESCRIPTION FOR VM MODE
   Procs
      r: The number of processes waiting for run time.
      b: The number of processes in uninterruptible sleep.

   Memory
      swpd: the amount of virtual memory used.
      free: the amount of idle memory.
      buff: the amount of memory used as buffers.
      cache: the amount of memory used as cache.
      inact: the amount of inactive memory. (-a option)
      active: the amount of active memory. (-a option)

   Swap
      si: Amount of memory swapped in from disk (/s).
      so: Amount of memory swapped to disk (/s).

   IO
      bi: Blocks received from a block device (blocks/s).
      bo: Blocks sent to a block device (blocks/s).

   System
      in: The number of interrupts per second, including the clock.
      cs: The number of context switches per second.

   CPU
      These are percentages of total CPU time.
      us: Time spent running non-kernel code. (user time, including nice time)
      sy: Time spent running kernel code. (system time)
      id: Time spent idle. Prior to Linux 2.5.41, this includes IO-wait time.
      wa: Time spent waiting for IO. Prior to Linux 2.5.41, included in idle.
      st: Time stolen from a virtual machine. Prior to Linux 2.6.11, unknown.
```

b) Afficher un instantanné.

```
# sh stress.sh &
# vmstat
procs -----------memory---------- ---swap-- -----io---- --system-- -----cpu-----
 r  b   swpd   free   buff  cache   si   so    bi    bo   in   cs us sy id wa st
 0  0    992 177932  13964  16420 1359    0     0   589  141  172  1  6 83 10  0
```

c) Afficher 3 mesures à 10 secondes d'intervalle.

```
# sh stress.sh &
# vmstat 10 3
procs -----------memory---------- ---swap-- -----io---- --system-- -----cpu-----
 r  b   swpd   free   buff  cache   si   so    bi    bo   in   cs us sy id wa st
 0  0    992 177728  13980  16428 1350    0     0   585  140  171  1  6 83  9  0
 5  1    992   9244  11908  63628 86805   0     0  1431  943  551 26 73  1  0  0
 0  0    992 186424  11824   9800 159101  0     0    37  847  209  1 76 22  1  0
```

d) Analyser le comportement d'Apache avec VMSTAT.

```
# ab -c 20 -n 10000 'http://localhost/' > /dev/null 2>&1 & vmstat 5 4
[1] 17945
procs -----------memory---------- ---swap-- -----io---- --system-- -----cpu-----
```

```
r  b   swpd    free   buff  cache   si  so    bi    bo    in    cs us sy id wa st
0  1    992  184720  12240  11292 1480   0     0   569   138   167  1  6 84  9  0
1  0    992  178944  12516  14944   22   0     0   686   968  2196  1 93  0  5  0
1  0    992  177512  12524  15508   13   0     0     0  1003  2378  1 99  0  0  0
1  0    992  175396  12532  16068   13   0     0     0  1000  2354  1 99  0  0  0
```

On ne constate pas de problème de performance : même si le nombre de changement de contexte est important et que le CPU est saturé (à 99 %), la file d'attende des processus reste basse (un seul processus en attente en moyenne) ce qui indique que l'exécution des processus se fait sans blocage. Une augmentation du nombre de processeurs n'est pas à envisager.

3. Utiliser la commande dstat.

a) Installer la commande.

```
# yum -q -y install dstat
```

b) Utiliser la commande sans option.

```
# sh stress.sh &
# dstat
----total-cpu-usage---- -dsk/total- -net/total- ---paging-- ---system--
usr sys idl wai hiq siq| read  writ| recv  send|  in   out | int   csw
  1   5  85   9   0   1| 531k  347k|    0     0 |1389k 453B| 131   158
  0   1  98   0   1   0|    0     0 |  66B  850B|    0    0 |  30    21
...
 22  61   0   1   4  11|2968k  20M |  66B  354B|  81M    0 |1026   581
 25  61   0   0   4  10|1264k  22M |  66B  370B|  90M    0 | 939   511
Ctrl-C
```

c) Faire 3 mesures à 5 secondes d'intervalle et récupérer la sortie au format CVS.

```
# dstat --output sortie.cvs 5 3
...
# more sortie.cvs
"Dstat 0.7.0 CSV output"
...
0.0,0.601,99.198,0.0,0.200,0.0,0.0,2457.600,66.0,354.0,9830.400,0.0,26.0,20.0
```

4. Utiliser la commande top.

La commande top affiche la charge système, l'utilisation de la mémoire et les processus les plus consommateurs de ressources (%CPU, %MEM). La commande est rafraîchie périodiquement. On arrête la commande par Ctrl-C.

a) Utiliser la commande sans option.

```
# top
top - 18:07:12 up  4:42,  3 users,  load average: 0.00, 0.00, 0.02
Tasks: 104 total,   1 running, 103 sleeping,   0 stopped,   0 zombie
Cpu(s):  1.2%us,  4.4%sy,  0.0%ni, 85.5%id,  8.0%wa,  0.2%hi,  0.7%si,  0.0%st
Mem:    250152k total,   102936k used,   147216k free,    6692k buffers
Swap:   524280k total,    15544k used,   508736k free,   67320k cached

  PID USER      PR  NI  VIRT  RES  SHR S %CPU %MEM    TIME+  COMMAND
18470 root      20   0  2620  976  756 R  3.9  0.4   0:00.04 top
    1 root      40   0  2724  176  100 S  0.0  0.1   0:01.59 init
    2 root      40   0     0    0    0 S  0.0  0.0   0:00.01 kthreadd
    3 root      RT   0     0    0    0 S  0.0  0.0   0:00.00 migration/0
    4 root      20   0     0    0    0 S  0.0  0.0   0:01.66 ksoftirqd/0
    5 root      RT   0     0    0    0 S  0.0  0.0   0:00.00 watchdog/0
Ctrl-C
```

b) Exécuter la commande top en tâche de fond. Réaliser 4 mesures à 10 secondes d'intervalle. Récupérer les résultats dans le fichier fic.

```
# top -b -d 10 -n 4 >> fic
# more fic
```

5. Utiliser les commandes du paquetage systat (sauf sar).

a) Installer le paquetage.

```
# yum -q -y install sysstat
# rpm -ql sysstat | grep bin
/usr/bin/iostat
/usr/bin/mpstat
/usr/bin/pidstat
/usr/bin/sadf
/usr/bin/sar
```

b) Utiliser la commande mpstat. La commande affiche la charge CPU.

```
# mpstat
Linux 2.6.32-19.el6.i686 (linux01.pinguins)    08/17/10      _i686_  (1 CPU)

18:23:19    CPU    %usr   %nice    %sys %iowait    %irq   %soft  %steal  %guest
%idle
18:23:19    all    1.10    0.00    4.21    7.61    0.18    0.66    0.00    0.00
86.24
```

c) Utiliser la commande iostat. La commande montre les I/O par disque.

```
# iostat
Linux 2.6.32-19.el6.i686 (linux01.pinguins)    08/17/10      _i686_  (1 CPU)

avg-cpu:  %user   %nice %system %iowait  %steal   %idle
           1.10    0.00    5.04    7.59    0.00   86.28

Device:            tps   Blk_read/s   Blk_wrtn/s   Blk_read   Blk_wrtn
sda              33.92       945.85       684.12   16903347   12225958
...
```

6. Divers.

a) La commande free renseigne sur l'utilisation de la mémoire.

```
# free
             total       used       free     shared    buffers     cached
Mem:        250152     222728      27424          0       7276     183816
-/+ buffers/cache:      31636     218516
Swap:       524280      13904     510376
```

b) La commande ps. Les options aux permettent d'afficher le pourcentage de CPU et de mémoire consommée par chaque processus.

```
# ps aux | head
USER       PID %CPU %MEM    VSZ   RSS TTY     STAT START   TIME COMMAND
root         1  0.0  0.0   2724   176 ?       Ss   13:25   0:01 /sbin/init
root         2  0.0  0.0      0     0 ?       S    13:25   0:00 [kthreadd]
root         3  0.0  0.0      0     0 ?       S    13:25   0:00 [migration/0]
root         4  0.0  0.0      0     0 ?       S    13:25   0:01 [ksoftirqd/0]
root         5  0.0  0.0      0     0 ?       S    13:25   0:00 [watchdog/0]
...
```

c) Lister les utilisateurs connectés et visualiser ce qu'il font.

```
# w
 22:23:34 up  8:58,  2 users,  load average: 0.01, 0.16, 0.13
USER     TTY      FROM            LOGIN@   IDLE   JCPU   PCPU WHAT
root     tty1     -               13:26    8:56m  0.06s  0.06s -bash
root     pts/1    linux02.pinguins 13:51   1.00s  3.96s  0.01s w
```

d) Afficher les statistiques réseau.

```
# netstat -i
Kernel Interface table
Iface      MTU Met    RX-OK RX-ERR RX-DRP RX-OVR    TX-OK TX-ERR TX-DRP TX-OVR
Flg
eth0      1500   0   131925      0      0      0    24880      0      0      0
BMRU
lo       16436   0   672664      0      0      0   672664      0      0      0
LRU
```

e) Créer un crontab de surveillance de la charge système.

```
# echo "0-59/15 9-17 * * 1-5 uptime >> /var/log/uptime.log" > /tmp/fic
# crontab /tmp/fic
# tail /var/log/uptime.log    # apres une demi-heure
```

7. Surveiller une commande avec la commande time.

a) Utiliser la commande time du shell.

```
# time { echo "scale=1000;4*a(1)" |bc -l; }
3.141592653589793238462643383279502884197169399375105820974944592307\
...
18577805321712268066130019278766111959092164201988

real    0m0.631s
user    0m0.534s
sys     0m0.014s
```

b) La commande externe time.

```
# /usr/bin/time python e.py 10000 > /dev/null
11.66user 0.05system 0:12.82elapsed 91%CPU (0avgtext+0avgdata 14080maxresident)k
0inputs+0outputs (0major+973minor)pagefaults 0swaps
# /usr/bin/time -v python e.py 10000 > /dev/null
        Command being timed: "python e.py 10000"
        User time (seconds): 10.44
        System time (seconds): 0.07
        Percent of CPU this job got: 82%
        Elapsed (wall clock) time (h:mm:ss or m:ss): 0:12.75
        Average shared text size (kbytes): 0
        Average unshared data size (kbytes): 0
        Average stack size (kbytes): 0
        Average total size (kbytes): 0
        Maximum resident set size (kbytes): 14080
        Average resident set size (kbytes): 0
        Major (requiring I/O) page faults: 0
        Minor (reclaiming a frame) page faults: 975
        Voluntary context switches: 1
        Involuntary context switches: 39
        Swaps: 0
        File system inputs: 0
        File system outputs: 0
```

```
Socket messages sent: 0
Socket messages received: 0
Signals delivered: 0
Page size (bytes): 4096
Exit status: 0
```

8. Créer un script de surveillance (il émule la commande top).

```
# vi top.sh
#!/bin/sh
watch '{
        uptime
        free
        echo "-----------------------------------------------"
        ps aux | sort -rk +3 | pr -t -W 75 | head -10
}'
# sh top.sh
Every 2.0s: {                                     ... Tue Aug 17 22:35:56 2010

 22:35:56 up  9:10,  2 users,  load average: 0.06, 0.11, 0.09
             total       used       free     shared    buffers     cached
Mem:        250152      95388     154764          0       4788      58808
-/+ buffers/cache:       31792     218360
Swap:       524280      13692     510588
-----------------------------------------------
USER       PID %CPU %MEM    VSZ   RSS TTY      STAT START   TIME COMMAND
root     28029  0.3  0.4   2368  1028 pts/1    S+   22:35   0:00 watch { ??
root      1040  0.1  0.0   3764   188 ?        S    13:25   0:50 hald-addon
postfix  27551  0.0  0.8  10076  2004 ?        S    21:45   0:00 pickup -l
root      1367  0.0  0.4   5144  1192 pts/1    Ss   13:51   0:04 -bash
...
Ctrl-C
```

Tâche 3 :
Surveiller le système avec la commande sar

1. Utiliser en direct la commande sar.

Dans les exemples suivants, on fait trois mesures à cinq secondes d'intervalle.

a) Utilisation du CPU (option par défaut).

```
# sh charge_cpu.sh &
# sar -u 5 3
Linux 2.6.32-19.el6.i686 (linux01.pinguins)    08/18/10       _i686_   (1 CPU)

09:13:13        CPU     %user     %nice   %system   %iowait    %steal     %idle
09:13:18        all     99.31      0.00      0.69      0.00      0.00      0.00
09:13:23        all     15.16      0.00      0.61      0.00      0.00     84.22
09:13:28        all      0.00      0.00      0.60      0.00      0.00     99.40
Average:        all     35.47      0.00      0.63      0.00      0.00     63.90
```

Remarques :

1) La somme %user+%nice+%system donne le pourcentage d'utilisation des processeurs.

2) La somme %iowait+%idle donne le pourcentage d'inactivité des processeurs.

3) Le rapport %user/%system indique si le système fait globalement des calculs ou des IO.

4) Le paramètre `%steal` précise le temps que le processeur virtuel attend que l'hyperviseur s'occupe de la machine virtuelle (si le système fonctionne en tant que telle).

b) Files d'attente des processus.

```
# sh stress.sh &
# sar -q 5 3
Linux 2.6.32-19.el6.i686 (linux01.pinguins)    08/18/10    _i686_  (1 CPU)

09:19:10      runq-sz   plist-sz   ldavg-1   ldavg-5   ldavg-15
09:19:15            0        172      0.00      0.02       0.00
09:19:20            5        182      0.40      0.10       0.03
09:19:25            4        182      0.93      0.21       0.06
Average:            3        179      0.44      0.11       0.03
```

Remarque : `plist-sz` indique le nombre total de processus. `runq-sz` indique le nombre de processus en attente d'un processeur libre.

c) Mémoire vive et swap.

```
# sh stress.sh &
# sar -r 5 3
Linux 2.6.32-19.el6.i686 (linux01.pinguins)    08/18/10    _i686_  (1 CPU)

09:26:01   kbmemfree  kbmemused  %memused  kbbuffers   kbcached   kbcommit
%commit
09:26:06       71304     178848     71.50      11240     107116     165676
21.39
09:26:11        4524     245628     98.19      10056     124900     210212
27.14
09:26:16       86496     163656     65.42       9992     118792     133164
17.20
Average:       54108     196044     78.37      10429     116936     169684
21.91
```

Remarque : `kbmemfree` indique la quantité de mémoire libre, `kbmemused` indique la quantité de mémoire utilisée, `%memused` indique le pourcentage de mémoire utilisée, `kbbuffers` indique la quantité de mémoire utilisée par le noyau comme buffer, `kbcached` indique la quantité de mémoire utilisée par le noyau comme mémoire tampon (cache). Le paramètre `kbcommit` précise la quantité de mémoire nécessaire pour qu'il n'y ait pas de plantage d'application dû à un manque de mémoire.

d) Statistiques sur les entrées/sorties.

```
# sh stress.sh &
# sar -b 5 3
Linux 2.6.32-19.el6.i686 (linux01.pinguins)    08/18/10    _i686_  (1 CPU)

09:27:17         tps       rtps       wtps    bread/s    bwrtn/s
09:27:22        0.00       0.00       0.00       0.00       0.00
09:27:27     4786.86     132.24    4654.62    9938.40   73705.13
09:27:32     5515.98      67.01    5448.96     728.63   86026.56
Average:     3394.49      65.78    3328.71    3531.43   52625.31
```

Remarque : `tps` indique le nombre de transferts entre la mémoire et les disques physiques. `rtps` indique le nombre de lectures et `wtps` le nombre d'écritures. `bread/s` indique le nombre de blocs de 512 octets lus par seconde et `wrtn/s` le nombre de blocs écrits par seconde.

e) Statistiques concernant la pagination.

```
# sh charge_mem.sh &
# sar -B 5 3
```

```
Linux 2.6.32-19.el6.i686 (linux01.pinguins)     08/18/10      _i686_  (1 CPU)


09:43:42     pgpgin/s pgpgout/s   fault/s   majflt/s  pgfree/s pgscank/s
pgscand/s pgsteal/s    %vmeff
09:43:47        0.00    444.27   5215.09    3600.20      0.00   7057.75
1860.56   3571.63     40.05
09:43:52        0.00    631.92    387.47     457.17      0.00    685.25
219.80    517.37     57.17
09:43:57        0.00      0.00      0.00       6.01      0.00      0.00
0.00      0.00      0.00
Average:        0.00    357.88   1867.00    1353.86      0.00   2580.08
693.16   1362.31     41.62
```

Remarque : `pgpgin/s` et `pgpgout/s` indiquent les transferts en Ko entre la mémoire et le disque. `fault/s` indique le nombre de défauts de page par seconde. `majflt/s` indique le nombre de défauts de page qui entraînent une lecture disque. `pgfree/s` indique le nombre de pages mises par seconde dans la liste des pages libres…

f) Statistiques d'utilisation de la mémoire.

```
# sh stress.sh &
# sar -R 5 3
Linux 2.6.32-19.el6.i686 (linux01.pinguins)     08/18/10      _i686_  (1 CPU)


09:50:38     frmpg/s   bufpg/s   campg/s
09:50:43        0.00      0.40      0.40
09:50:48    -6081.86     30.80   2860.97
09:50:53    -4500.63     32.49   1438.36
Average:    -3461.53     20.85   1405.64
```

Remarque : `frmpg/s` indique le nombre de pages libérées par seconde. Une valeur négative indique que le système alloue des pages. `bugfpg/s` indique l'augmentation d'allocation de pages en tant que tampon disque (buffer). Une valeur négative montre une diminution de ces tampons disque.

g) Statistiques sur le swapping.

```
# sh stress.sh &
# sar -W 5 3
Linux 2.6.32-19.el6.i686 (linux01.pinguins)     08/18/10      _i686_  (1 CPU)


09:52:13     pswpin/s pswpout/s
09:52:18        0.80      0.00
09:52:23    15264.60      0.00
09:52:28    20421.19      0.00
Average:    11676.05      0.00
```

Remarque : nombre de page-in par seconde (`pswin/s`) et de page-out par seconde (`pswpout/s`).

h) Statistiques sur le réseau.

```
# sar -n DEV 5 3
Linux 2.6.32-19.el6.i686 (linux01.pinguins)     08/18/10      _i686_  (1 CPU)
...
Average:       IFACE   rxpck/s   txpck/s    rxkB/s    txkB/s   rxcmp/s
txcmp/s  rxmcst/s
Average:          lo      0.00      0.00      0.00      0.00      0.00
0.00      0.00
Average:        eth0      0.00      0.00      0.00      0.00      0.00
0.00      0.00
```

i) Utilisation des tables système.

```
# bash fdtree-1.0.2/fdtree.bash -o /mnt/test -d 10 -f 20 -s 1 -l 3 >/dev/null
2>&1 &
# sar -v 5 3
Linux 2.6.32-19.el6.i686 (linux01.pinguins)       08/18/10        _i686_   (1 CPU)

10:14:38    dentunusd    file-nr    inode-nr    pty-nr
10:14:43       6596         832       11818         5
10:14:48       7271         832       12493         5
10:14:53       7959         832       13181         5
Average:       7275         832       12497         5
```

Remarque : dentunusd indique le nombre d'entrées libres dans le tampon des répertoires, file-nr indique le nombre de fichiers ouverts, inode-nr le nombre d'inodes ouverts et ptr-nr le nombre de pseudo-terminaux utilisés.

j) Nombre de processus créés et changement de contextes.

```
# ab -n 10000 -c 20 http://localhost/ >/dev/null 2>&1 &
# sar -w 5 3
Linux 2.6.32-19.el6.i686 (linux01.pinguins)       08/18/10        _i686_   (1 CPU)

16:51:23      proc/s    cswch/s
16:51:28        0.21    2372.41
16:51:33        0.21    2361.62
16:51:38        0.00    2365.56
Average:        0.14    2366.53
```

Remarque : proc/s correspond au nombre de processus créés par seconde et cswch/s au nombre de changements de contexte par seconde.

2. Statistiques par processeur.

Par défaut, la commande sar donne des statistiques tout processeur confondu.

a) Afficher des statistiques pour un processeur donné (0, le premier).

```
# sar -u -P 0 5 3
Linux 2.6.32-19.el6.i686 (linux01.pinguins)       08/18/10        _i686_   (1 CPU)

10:35:57      CPU     %user     %nice    %system    %iowait    %steal    %idle
10:36:02        0      0.20      0.00       0.40       0.00      0.00     99.40
...
```

b) Afficher les statistiques pour tous les processeurs.

```
# sar -u -P ALL 5 3
```

3. Collecter les données de sar.

L'installation de sysstat provoque un enregistrement automatique des données grâce à un crontab.

```
# more /etc/cron.d/sysstat
# Run system activity accounting tool every 10 minutes
*/10 * * * * root /usr/lib/sa/sa1 -S DISK 1 1
# 0 * * * * root /usr/lib/sa/sa1 -S DISK 600 6 &
# Generate a daily summary of process accounting at 23:53
53 23 * * * root /usr/lib/sa/sa2 -A
```

Remarque : dans l'exemple sa1 est activé toutes les 10 minutes.

4. Visualiser les données récoltées (il faut attendre au moins 5 minutes).

```
# sar
Linux 2.6.32-19.el6.i686 (linux01.pinguins)    08/18/10      _i686_   (1 CPU)

00:00:01      CPU    %user    %nice    %system   %iowait    %steal    %idle
00:10:01      all     0.02     0.00      0.40      0.04       0.00     99.54
00:20:01      all     0.01     0.00      0.38      0.01       0.00     99.61
00:30:01      all     0.01     0.00      0.36      0.00       0.00     99.63
...
```

Remarque : par défaut, `sar` utilise l'option `-u` et visualise les données récoltées dans la journée.

```
# ls /var/log/sa
sa16  sa17  sa18  sar16  sar17
# sar -u -f /var/log/sa/sa17 | head
Linux 2.6.32-19.el6.i686 (linux01.pinguins)    08/17/10      _i686_   (1 CPU)

00:00:01      CPU    %user    %nice    %system   %iowait    %steal    %idle
00:10:01      all     0.01     0.00      0.31      0.00       0.00     99.68
00:20:01      all     0.00     0.00      0.26      0.00       0.00     99.74
00:30:01      all     0.00     0.00      0.26      0.00       0.00     99.73
```

Remarque : avec l'option `-f`, on peut voir les données récoltées un jour quelconque. Dans l'exemple, les données du 16e jour du mois.

Tâche 4 :
La comptabilité

1. Est-ce que le paquetage de comptabilité est installé ?

```
# rpm -q psacct
psacct-6.3.2-38.rhel4
```

2. Quel est le fichier comptable ?

```
# more /etc/init.d/psacct
...
# The location of the accounting file
ACCTFILE=/var/account/pacct

start() {
        [ ! -r $ACCTFILE ] && touch $ACCTFILE && chmod 600 $ACCTFILE
        action $"Starting process accounting: " /sbin/accton $ACCTFILE
        touch /var/lock/subsys/psacct
}

stop() {
        action $"Shutting down process accounting: " /sbin/accton
        rm -f /var/lock/subsys/psacct
}
...
```

3. Démarrer le service.

```
# /etc/init.d/psacct start
Activation de la gestion des processus :                    [  OK  ]
```

4. Dans une autre session, se connecter en tant que guest pour générer des enregistrements comptables.

```
login as: guest
Sent username "guest"
guest@192.168.0.1's password: wwii1945
Last login: Sun Feb  4 08:57:53 2007 from raichu.pokemon
$ date
dim fÃ©v  4 09:06:48 CET 2007
$ who
root       tty1        Jan 22 20:30
root       pts/1       Jan 30 15:20 (raichu.pokemon)
guest      pts/2       Feb  4 09:06 (raichu.pokemon)
$ uptime
 09:06:54 up 13 days, 10:33,  3 users,  load average: 0.00, 0.00, 0.00
$ exit
```

5. Lister les totaux de connexions.

```
# ac
        total        0.01
```

6. Lister les totaux de connexions par jour.

```
# ac -d
Today  total        0.01
```

7. Lister les totaux de connexions par utilisateur.

```
# ac -p
        guest                                    0.01
        total        0.01
```

8. Lister les totaux d'utilisation du CPU par commande. C'est l'option par défaut de la commande sa.

```
# sa
        42       2.43re       0.00cp       1054k
        12       1.53re       0.00cp       1005k    ***other
        12       0.00re       0.00cp       1186k    bash*
         6       0.00re       0.00cp       1001k    id
         4       0.00re       0.00cp        710k    ac
         2       0.90re       0.00cp       1882k    sshd*
         2       0.00re       0.00cp       1296k    initlog
         2       0.00re       0.00cp        796k    grep
         2       0.00re       0.00cp        592k    egrep
```

9. Afficher les totaux d'utilisation du CPU par utilisateur.

```
# sa -m
                            43       2.43re       0.00cp       1041k
guest                       31       1.25re       0.00cp       1039k
root                        11       0.91re       0.00cp        986k
sshd                         1       0.28re       0.00cp       1723k
```

10. Afficher l'utilisation du CPU pour toutes les commandes enregistrées, l'utilisateur est mentionné.

```
# sa -u
root       0.00 cpu       331k mem accton
root       0.00 cpu      1334k mem initlog
root       0.00 cpu      1259k mem initlog
root       0.00 cpu      1263k mem touch
root       0.00 cpu      1195k mem psacct
```

```
root         0.00 cpu      700k mem ac
sshd         0.00 cpu     1723k mem sshd              *
guest        0.00 cpu      532k mem id
...
```

11. Afficher les données brutes.

```
# lastcomm
sa               S    root    pts/1    0.00 secs Sun Feb  4 09:10
crond            SF   root    __       0.00 secs Sun Feb  4 09:10
sadc             S    root    __       0.00 secs Sun Feb  4 09:10
date             S    root    __       0.00 secs Sun Feb  4 09:10
sa               S    root    pts/1    0.00 secs Sun Feb  4 09:09
sa               S    root    pts/1    0.00 secs Sun Feb  4 09:09
```

12. Idem, mais concernant uniquement un utilisateur.

```
# lastcomm guest
sshd             SF   guest   __       0.00 secs Sun Feb  4 09:06
bash                  guest   pts/2    0.01 secs Sun Feb  4 09:06
clear                 guest   pts/2    0.00 secs Sun Feb  4 09:07
uptime                guest   pts/2    0.00 secs Sun Feb  4 09:06
who                   guest   pts/2    0.00 secs Sun Feb  4 09:06
date                  guest   pts/2    0.00 secs Sun Feb  4 09:06
```

13. Arrêter le service.

```
# /etc/init.d/psacct stop
Arrêt de la gestion des processus :              [  OK  ]
```

Tâche 5 :
La mémoire

1. Afficher l'utilisation de la mémoire.

```
# vmstat
procs -----------memory---------- ---swap-- -----io---- --system-- -----cpu-----
 r  b   swpd   free   buff  cache   si   so    bi    bo   in   cs us sy id wa st
 0  0  13776 174308  16400 24364  628    0     0   113   51   46  1  2 96  2  0
# free
            total       used       free     shared    buffers     cached
Mem:       250152      75844     174308          0      16400      24364
-/+ buffers/cache:      35080     215072
Swap:      524280      13776     510504
```

Remarque : cache indique la mémoire utilisée par les données en mémoire associées aux FS et buff aux métadonnées des FS. swpd précise la mémoire de swap (sur disque) utilisée.

2. Afficher le détail de l'utilisation de la mémoire.

```
# cat /proc/meminfo
MemTotal:       250152 kB
MemFree:        172912 kB
Buffers:         16552 kB
Cached:          25544 kB
SwapCached:       2776 kB
...
```

Remarque : le document www.redhat.com/advice/tips/meminfo.html décrit les différents champs.

3. Afficher des informations sur les slab cache.

a) À l'instant T.

```
# cat /proc/slabinfo | head
slabinfo - version: 2.1
# name            <active_objs> <num_objs> <objsize> <objperslab> <pagesperslab>
: tunables <limit> <batchcount> <sharedfactor> : slabdata <active_slabs>
<num_slabs> <sharedavail>
fib6_nodes           22     113     32   113     1 : tunables  120   60     0 :
slabdata       1       1       0
ip6_dst_cache        13      15    256    15     1 : tunables  120   60     0 :
slabdata       1       1       0
ndisc_cache           1      20    192    20     1 : tunables  120   60     0 :
slabdata       1       1       0
```

b) À la manière de top (affichage en temps réel et rafraîchi). On termine la commande par Ctrl-C.

```
# slabtop
Active / Total Objects (% used)    : 96622 / 144288 (67.0%)
 Active / Total Slabs (% used)     : 4475 / 4475 (100.0%)
 Active / Total Caches (% used)    : 94 / 184 (51.1%)
 Active / Total Size (% used)      : 15675.23K / 20952.20K (74.8%)
 Minimum / Average / Maximum Object : 0.01K / 0.14K / 4096.00K

  OBJS ACTIVE  USE OBJ SIZE  SLABS OBJ/SLAB CACHE SIZE NAME
 28944   4353  15%   0.05K    432       67      1728K buffer_head
 21131  21078  99%   0.03K    187      113       748K size-32
 11745  11094  94%   0.02K     81      145       324K anon_vma_chain
...
Ctrl-C
```

4. Informations sur le Buddy System.

```
# cat /proc/buddyinfo
Node 0, zone      DMA     41     43     41     38     35     16      7      0
0      0       0
Node 0, zone   Normal   3053   2894   1787    972    317    189     93      1
0      0       0
```

5. Surveiller les processus consommateurs de mémoire.

a) Utiliser la commande ps. Trier les processus pour visualiser ceux qui consomment le plus de mémoire.

```
# ps aux | head -1 ; ps aux |sort -nr -k4 |head
USER        PID %CPU %MEM   VSZ   RSS TTY      STAT START   TIME COMMAND
root       1154  0.0  1.5 20800  3832 ?        Ss   Aug17   0:04 /usr/sbin/abrtd
postfix   30197  0.0  0.8 10076  2040 ?        S    11:05   0:00 pickup -l -t
fifo -u
root       1367  0.0  0.4  5144  1132 pts/1    Ss   Aug17   0:06 -bash
root      30978  2.0  0.3  2644   876 pts/1    R+   12:04   0:00 ps aux
root       1206  0.0  0.3 21764   788 ?        Sl   Aug17   0:00 /usr/sbin/conso
...
```

b) Utiliser la commande top.

```
# top
```

Ensuite on appuie sur la touche M (par défaut, les processus sont triés selon leur utilisation du CPU).

6. Afficher les différentes zones mémoire d'un processus.

a) Avec la commande `ps`.

```
# ps
  PID TTY          TIME CMD
 1367 pts/1     00:00:06 bash
30981 pts/1     00:00:00 ps
# ps -p 1367 -o pid,pmem,sz,size,rss,vsz,comm
  PID %MEM    SZ    SZ   RSS    VSZ COMMAND
 1367  0.4  1286   372  1132   5144 bash
```

Remarque : VSZ indique l'étendue (la taille en Ko) de l'espace virtuel du processus. RSS indique l'espace mémoire occupé (en mémoire vive). SZ(size) indique la taille sur disque en mémoire de swap qui serait nécessaire pour swapper l'intégralité du processus. SZ (sz) indique la taille occupée par le code, les données et la pile en nombre de pages.

b) De manière fine en explorant /proc.

```
# cat /proc/1367/maps
00252000-00268000 r-xp 00000000 fd:00 263385      /lib/libtinfo.so.5.7
00268000-0026b000 rw-p 00015000 fd:00 263385      /lib/libtinfo.so.5.7
...
```

7. Afficher les segments de mémoire partagée.

a) Créer un programme créant et utilisant un segment de mémoire partagée.

```
# vi shr1.c
/* -------> shr1.c : IPC , sharing memory */
# define _SOURCE_XOPEN  1
#include <stdlib.h>
#include <stdio.h>
#include <sys/types.h>
#include <sys/ipc.h>
#include <sys/shm.h>
#define SHMKEY   75
#define K        1024
int shmid;

main() {
    int i, *pint;
    char *addr;
    extern cleanup();

    for ( i=0 ; i <20 ; i++) signal( i, cleanup);
    shmid = shmget( SHMKEY , 128 * K , 0777 | IPC_CREAT);
    addr = shmat ( shmid , 0 , 0);

    for ( i = 0,pint = (int *) addr; i < 256 ; i++)
        *pint++ = i;
    for ( i = 0,pint = (int *) addr; i < 256 ; i++)
        printf("index %d\tvalue %d\n", i,*pint++);
    pause();
}   /* -- end of main() -- */

cleanup() {
    shmctl( shmid , IPC_RMID , 0);
    exit(0);
```

```
}      /* -- end of cleanup() -- */
# cc -o shr1 shr1.c
```

b) Afficher les limites.

```
# ipcs -m -l

------ Shared Memory Limits --------
max number of segments = 4096
max seg size (kbytes) = 32768
max total shared memory (kbytes) = 8388608
min seg size (bytes) = 1
```

c) Activer le programme et visualiser le segment de mémoire. Arrêter l'application.

```
# ./shr1 >/dev/null &
# ipcs -m

------ Shared Memory Segments --------
key        shmid     owner     perms     bytes     nattch     status
0x0000004b 163840    root      777       131072    1
# kill %1
[1]+  Done                     ./shr1 > /dev/null
```

8. Afficher la taille d'une page mémoire.

```
# getconf PAGESIZE
4096
```

9. Afficher un paramètre système.

```
# sysctl vm.overcommit_memory
vm.overcommit_memory = 0
```

Tâche 6 :
Limiter l'usage des ressources

1. Limiter les ressources avec ulimit.

```
# ssh -l guest localhost
guest@localhost's password: wwii1945
Last login: Sun Feb  4 09:06:46 2007 from raichu.pokemon
$ ulimit -a
core file size          (blocks, -c) 0
data seg size           (kbytes, -d) unlimited
file size               (blocks, -f) unlimited
pending signals                 (-i) 1024
max locked memory       (kbytes, -l) 32
max memory size         (kbytes, -m) unlimited
open files                      (-n) 1024
pipe size            (512 bytes, -p) 8
POSIX message queues     (bytes, -q) 819200
stack size              (kbytes, -s) 10240
cpu time               (seconds, -t) unlimited
max user processes              (-u) 7151
virtual memory          (kbytes, -v) unlimited
file locks                      (-x) unlimited
$ ulimit -S -m 32
```

Remarque : on limite la limite soft de la taille mémoire à 32 Mo.

```
$ ulimit -u -m
max user processes              (-u) 7151
max memory size         (kbytes, -m) 32
$ ulimit -m
32
$ perl -e 'for($i=0;$i<1000000000;$i++){$tb[$i]=$i;}'
Out of memory!
$ free
             total      used      free    shared    buffers     cached
Mem:        449908     25020    424888         0        252       7240
-/+ buffers/cache:     17528    432380
Swap:       522072     24180    497892
$ ulimit -S -u 5
```

Remarque : on limite à 5, le nombre de processus simultanés pour guest.

```
$ ulimit -u -m
max user processes              (-u) 5
max memory size         (kbytes, -m) 32
$ ulimit -u
5
$ sleep 10 & sleep 10 & sleep 10 &
[1] 32055
[2] 32056
[3] 32057
$ sleep 10 &
-bash: fork: Ressource temporairement non disponible
```

Remarque : l'activation d'un cinquième processus (ne pas oublier le shell) échoue.

```
$ ulimit -u unlimited
-bash: ulimit: max user processes: cannot modify limit: OpÃ©ration non permise
$ ulimit -u 751
$ ulimit -m unlimited
$ ulimit -u -m
max user processes              (-u) 751
max memory size         (kbytes, -m) unlimited
$ ulimit -m 32
$ export LANG=C
$ ulimit -m unlimited
-bash: ulimit: max memory size: cannot modify limit: Operation not permitted
$ ulimit -m 64
-bash: ulimit: max memory size: cannot modify limit: Operation not permitted
$ exit
```

Remarque : quand on modifie la limite hard, on ne pas revenir en arrière (pour cette session).

2. Limiter les ressources de guest à chaque connexion.

```
# cp /etc/security/limits.conf /etc/security/limits.conf.000
# vi /etc/security/limits.conf
...
#@student        -       maxlogins       4
guest            -       maxlogins       1
guest            hard    nproc           5
# End of file
```

Remarque : on ajoute les lignes en italique.

```
# ssh -l guest localhost
guest@localhost's password: wwii1945
Last login: Sun Feb  4 17:02:10 2007 from localhost.localdomain
$ sleep 30 & sleep 30 & sleep 30 &
[1] 32104
[2] 32105
[3] 32106
$ sleep 10 &
-bash: fork: Ressource temporairement non disponible
```

À partir, d'un autre terminal, on essaye de se connecter, l'opération échoue.

```
# ssh -l guest localhost
guest@localhost's password: wwii1945
Too many logins for 'guest'
Last login: Sun Feb  4 17:02:10 2007 from localhost.localdomain
Connection to localhost closed.
```

On remet la configuration d'origine.

```
# cp /etc/security/limits.conf.000 /etc/security/limits.conf
cp: overwrite `/etc/security/limits.conf'? y
#
```

3. Supprimer la mise à jour des dates de dernier accès.

```
# dd if=/dev/zero of=/root/GROS_FIC bs=1k count=100000
100000+0 records in
100000+0 records out
# mkfs -q -F /root/GROS_FIC
# umount /mnt
# mount -o loop /root/GROS_FIC /mnt
# cal > /mnt/f1
```

On attend un peu (deux minutes environ).

```
# cat /mnt/f1 > /dev/null
# ls -l /mnt/f1
-rw-r--r--  1 root root 137 Feb  4 17:40 /mnt/f1
# ls -lu /mnt/f1
-rw-r--r--  1 root root 137 Feb  4 17:41 /mnt/f1
```

Remarque : la lecture du fichier à provoqué la mise à jour de la date de dernier accès et donc a provoqué UNE ÉCRITURE SUR LE DISQUE !

On recommence l'exercice mais en désactivant la mise à jour des dates de dernier accès.

```
# umount /mnt
# mount -o loop,noatime /root/GROS_FIC /mnt
# date
Sun Feb  4 17:46:52 CET 2007
# cat /mnt/f1 > /dev/null
# ls -lu /mnt/f1
-rw-r--r--  1 root root 137 Feb  4 17:41 /mnt/f1
# umount /mnt
```

4. Modifier les paramètres du noyau.

Dans l'exemple ci-dessous, on va diminuer le nombre de pages mémoire réservées aux segments de mémoire partagée (on va même réduire à zéro cette taille).

```
# vi shr1bis.c
# define _SOURCE_XOPEN  1
#include <stdlib.h>
```

```
#include <stdio.h>
#include <sys/types.h>
#include <sys/ipc.h>
#include <sys/shm.h>
#define SHMKEY      75
#define K         1024
int shmid;

main() {
    int i, *pint;
    char *addr;

    shmid = shmget( SHMKEY , 128 * K , 0777 | IPC_CREAT);
    addr = shmat ( shmid , 0 , 0);

    for ( i = 0,pint = (int *) addr; i < 256 ; i++)
        *pint++ = i;
}   /* -- end of main() -- */
# cc -o shr1bis shr1bis.c
# echo 0 > /proc/sys/kernel/shmmni
# ./shr1bis
Segmentation fault (core dumped)
# ipcs -m
------ Shared Memory Segments --------
key         shmid       owner       perms       bytes       nattch      status
# echo 1024 > /proc/sys/kernel/shmmni
# ./shr1bis
#
```

Remarque : l'application shr1 échoue car elle ne peut allouer de la mémoire partagée.

Tâche 7 :
Les cgroups

1. Est-ce que notre système accepte les cgroups ?
```
# grep -i cgroup /boot/config-$(uname -r)
CONFIG_CGROUP_SCHED=y
CONFIG_CGROUPS=y
# CONFIG_CGROUP_DEBUG is not set
CONFIG_CGROUP_NS=y
CONFIG_CGROUP_FREEZER=y
CONFIG_CGROUP_DEVICE=y
CONFIG_CGROUP_CPUACCT=y
CONFIG_CGROUP_MEM_RES_CTLR=y
CONFIG_CGROUP_MEM_RES_CTLR_SWAP=y
CONFIG_BLK_CGROUP=y
CONFIG_DEBUG_BLK_CGROUP=y
CONFIG_NET_CLS_CGROUP=y
# cat /proc/filesystems | grep cgroup
nodev   cgroup
```

2. Créer le cgroup racine.
```
# mkdir /cgroup/cpu
# mount -t cgroup -o cpuset,memory,net_cls cpu /cgroup/cpu/
# df -a | grep cpu
```

```
cpu                              0        0        0    -   /cgroup/cpu
# mount |grep cgroup
cpu on /cgroup/cpu type cgroup (rw,cpuset,memory,net_cls)
# ls /cgroup/cpu/
...
memory.failcnt                      notify_on_release
memory.force_empty                  tasks
```

3. Créer d'autres cgroups.

a) Manuellement : il suffit de créer un répertoire.

```
# mkdir /cgroup/cpu/users
# ls /cgroup/cpu/users/
...
memory.failcnt                      notify_on_release
memory.force_empty                  tasks
```

b) Par la commande `cgcreate`

```
# cgcreate -g cpuset,memory:daemon
# ls /cgroup/cpu/daemon/
...
memory.failcnt                      notify_on_release
memory.force_empty                  tasks
```

4. Paramètrer un cgroup.

a) Manuellement.

```
# /bin/echo 0 > /cgroup/cpu/daemon/cpuset.cpus
# /bin/echo 1 > /cgroup/cpu/daemon/cpuset.mems
/bin/echo: write error: Numerical result out of range
```

Remarque : l'utilisation de la commande `/bin/echo` (et non de la commande interne `echo` du shell) garantit d'obtenir les messages d'erreur. En l'occurrence le CPU numéro 1 n'existe pas (on a un système mono-cœur).

```
# /bin/echo 0 > /cgroup/cpu/daemon/cpuset.mems
# /bin/echo 100000000 > /cgroup/cpu/daemon/memory.limit_in_bytes
```

b) Via la commande `cgset`.

```
# cgset -r cpuset.cpus=0 daemon
```

5. Associer des processus à un cgroup.

a) Associer des processus à un cgroup manuellement. Afficher le cgroup d'un processus.

```
# bash
# echo $$ > /cgroup/cpu/daemon/tasks
# sleep 300 &
[1] 1313
# cat /proc/self/cgroup
1:net_cls,memory,cpuset:/daemon
# cat /proc/1313/cgroup
1:net_cls,memory,cpuset:/daemon
```

Remarque: le shell appartient au cgroup daemon. La commande `sleep` est sa fille et donc par héritage appartient également au cgroup daemon.

```
# ps -o pid,cgroup,cmd
  PID CGROUP                          CMD
 1205 net_cls,memory,cpuset:/         -bash
 1305 net_cls,memory,cpuset:/daemon   bash
```

```
 1313 net_cls,memory,cpuset:/daemon          sleep 300
 1316 net_cls,memory,cpuset:/daemon          ps -o pid,cgroup,cmd
# more /proc/self/status
...
Cpus_allowed:    1
Cpus_allowed_list:      0
Mems_allowed:    1
Mems_allowed_list:      0
# exit
exit
# cat /proc/self/cgroup
1:net_cls,memory,cpuset:/
```

Remarque : on a mis fin au shell, on revient donc dans le cgroup par défaut (/).

---

b) Via la commande cgexec : on active la commande et en même temps on précise son cgroup.

```
# cgexec -g '*':daemon sleep 300 &
[1] 1383
# cat /proc/1383/cgroup
1:net_cls,memory,cpuset:/daemon
```

c) Changer le cgroup d'une commande manuellement.

```
# sleep 500 &
[1] 1423
# /bin/echo 1423 >> /cgroup/cpu/daemon/tasks
# cat /proc/1423/cpuset
/daemon
```

d) Changer le cgroup d'une commande grâce à la commande cgclassify.

```
# sleep 510 &
[2] 1426
# cgclassify -g cpuset,memory:daemon 1426
# cat /proc/1426/cgroup
1:net_cls,memory,cpuset:/daemon
```

6. Supprimer les cgroups.

a) Manuellement.

```
# umount /cgroup/cpu
# rmdir /cgroup/cpu
```

b) Via la commande cgclear (on recrée d'abord une hiérarchie de cgroups).

```
# mkdir /cgroup/cpu
# mount -t cgroup -o cpuset,memory,net_cls cpu /cgroup/cpu/
# ls  /cgroup/cpu/
...
daemon                         release_agent
memory.failcnt                 tasks
memory.force_empty
# cgclear
# ls  /cgroup/cpu/
ls: cannot access /cgroup/cpu/: No such file or directory
```

Tâche 8 :
Munin

1. Installer Munin-Node : le programme de collecte des données sur chaque poste à surveiller.

a) Configurer YUM pour y inclure le dépôt DAG.

```
# vi /etc/yum.conf
[base]
name=RHEL 6 - base
baseurl=http://192.168.0.200/RHEL6

[dag]
name=DAG
baseurl=http://apt.sw.be/redhat/el5/en/i386/dag/
# yum clean all
# yum list
```

Remarques :

1) Dans l'absolu, il faudrait une version du dépôt DAG pour RHEL 6. On se contente d'un dépôt RHEL 5 : nous allons avoir quelques problèmes …

2) Quand une version de Munin-Node existera pour RHEL 6, elle se comportera peut-être différemment de celle qui est présentée dans la suite de l'atelier.

b) Installer Munin-Node.

```
# yum -q -y install munin-node
```

2. Configurer Munin-Node.

On spécifie le nom complet du système et la liste des postes qui peuvent interroger Munin-Node.

```
# cp /etc/munin/munin-node.conf /etc/munin/munin-node.conf.000
# vi /etc/munin/munin-node.conf
...
host_name linux01.pinguins
...
allow ^127\.0\.0\.1$
allow ^192\.168\.0\..*$
```

3. Les plug-ins

a) Lister les plug-ins actifs.

```
# ls /etc/munin/plugins
cpu        forks       iostat    netstat       processes
df         if_err_eth0 irqstats  open_files    swap
df_inode   if_eth0     load      open_inodes   vmstat
entropy    interrupts  memory    postfix_mailqueue
```

b) Lister les plug-ins disponibles.

```
# ls /usr/share/munin/plugins/
acpi               if_err_        postfix_mailstats
amavis             interrupts     postfix_mailvolume
apache_accesses    iostat         processes
apache_processes   iostat_ios     ps_
apache_volume      ip_            psu_
apc_envunit_       ipac-ng        samba
apc_nis            ircu           sendmail_mailqueue
...
```

c) Visualiser un plug-in.

```
# more /etc/munin/plugins/load
...
# cat /etc/munin/plugins/load |grep -P -v -e '^\s*#' |grep -v '^$'
if [ "$1" = "autoconf" ]; then
        echo yes
        exit 0
fi
if [ "$1" = "config" ]; then
        echo 'graph_title Load average'
        echo 'graph_args --base 1000 -l 0'
        echo 'graph_vlabel load'
        echo 'graph_scale no'
        echo 'graph_category system'
        echo 'load.label load'
        echo 'load.warning 10'
        echo 'load.critical 120'
        echo 'graph_info The load average of the machine describes how many
processes are in the run-queue (scheduled to run "immediately").'
        echo 'load.info Average load for the five minutes.'
        exit 0
fi
echo -n "load.value "
cut -f2 -d' ' < /proc/loadavg
```

4. Activer le service Munin-Node

```
# vi /usr/sbin/munin-node
#!/usr/bin/perl -wT -I /usr/lib/perl5/vendor_perl/5.8.8
...
```

Remarque : nous sommes obligé de modifier cette ligne car on utilise des bibliothèques Perl provenant du dépôt DAG conçues pour RHEL 5. Dés qu'il existera un dépôt pour RHEL 6, il n'y aura plus de problème et cette modification ne sera plus nécessaire.

```
# service munin-node start
Starting Munin Node:                                       [  OK  ]
# netstat -an | grep 4949
tcp        0      0 0.0.0.0:4949              0.0.0.0:*            LISTEN
# ps -e |grep munin-node
 8617 ?        00:00:00 munin-node
```

5. Le protocole Munin, tester le service Munin-Node.

a) Installer le logiciel telnet.

```
# yum -q -y install telnet
```

b) Se connecter à un démon Munin-Node.

```
# telnet 192.168.0.1 4949
Trying 192.168.0.1...
Connected to 192.168.0.1.
Escape character is '^]'.
# munin node at linux01.pinguins
```

c) Lister les plug-ins actifs.

```
list
open_inodes if_err_eth0 irqstats entropy if_eth0 postfix_mailqueue processes df
interrupts netstat swap load cpu df_inode iostat forks open_files memory vmstat
```

d) Afficher les paramètres généraux d'un plug-in (pour générer le graphique).

```
config vmstat
graph_title VMstat
graph_args --base 1000 -l 0
graph_vlabel process states
graph_category processes
wait.label running
wait.type GAUGE
wait.max 500000
sleep.label I/O sleep
sleep.type GAUGE
sleep.max 500000
.
```

e) Récupérer les données mésurées de quelques plug-ins.

```
fetch vmstat
wait.value 0
sleep.value 0
.
fetch memory
slab.value 22962176
swap_cache.value 8458240
page_tables.value 2473984
vmalloc_used.value 4403200
apps.value 8896512
free.value 33685504
buffers.value 23654400
cached.value 151621632
swap.value 23244800
committed.value 143437824
mapped.value 7188480
active.value 123658240
inactive.value 68018176
.
```

f) Afficher la version.

```
version
munins node on linux01.pinguins version: 1.2.5
```

g) Afficher le nom du noeud.

```
nodes
linux01.pinguins
.
```

h) Terminer la session.

```
quit
Connection closed by foreign host.
#
```

6. Afficher les journaux produits par Munin-Node.

```
# tail /var/log/munin/munin-node.log
...
2010/08/20-14:56:28 CONNECT TCP Peer: "192.168.0.1:54320" Local:
"192.168.0.1:4949"
```

7. Installer Munin (le graffeur).

Remarque : le reste de cet atelier a été testé sur un système RHEL 5. Le paquetage DAG pour RHEL 6 se comportera peut-être différemment (quand il existera). Au lieu d'utiliser un poste RHEL 5 (ou CentOS 5) comme poste d'administration, il est possible d'utiliser un poste Ubuntu ou tout autre système compatible avec Munin 1.2.

a) Installer Munin.

```
# yum -q -y install munin
```

b) Visualiser le crontab qui l'active.

```
# more /etc/cron.d/munin
# cron-jobs for munin
#
MAILTO=root
*/5 * * * *      munin test -x /usr/bin/munin-cron && /usr/bin/munin-cron
```

8. Modifier la configuration de Munin.

a) Visualise la configuration, notamment l'emplacement des répertoires.

```
# head /etc/munin/munin.conf
...
dbdir   /var/lib/munin
htmldir /var/www/munin
logdir  /var/log/munin
rundir  /var/run/munin
```

b) Ajouter un paragraphe pour chacun des postes surveillés.

Remarque : par défaut, on ne peut accéder qu'au poste local.

```
# cp /etc/munin/munin.conf /etc/munin/munin.conf.000
# vi /etc/munin/munin.conf
...
# a simple host tree
[localhost]
    address 127.0.0.1
    use_node_name yes


[linux01.pinguins]
    address 192.168.0.1
    use_node_name yes
```

9. Modifier la configuration du serveur Web pour pouvoir accéder aux pages générées.

```
# cd /etc/httpd/conf.d
# cp munin.conf munin.conf.old
# vi munin.conf
# For SSL-servers
ScriptAlias /munin/cgi/ /var/www/munin/cgi/
<Directory /var/www/munin/cgi/>
   Options ExecCGI
...
</Directory>
Alias /munin/ /var/www/munin/
<Directory /var/www/munin/>
   Options None
...
</Directory>
```

```
# cd
# service httpd restart
Stopping httpd:                                            [  OK  ]
Starting httpd:                                            [  OK  ]
```

10. Visualiser les données collectées.

a) Utiliser un navigateur graphique et accéder à l'URL http://192.168.0.1/munin/ , on sélectionne les serveurs et les graphiques désirés.

Remarque : il faut attendre un peu (au minimum 5 minutes) pour voir les premiers graphiques. Si l'on désire visualiser de vrais graphiques, il faut attendre plusieurs heures.

b) Lister les fichiers générés.

```
# find /var/www/munin/
```

c) Lister les journaux.

```
# tail /var/log/munin/munin-update.log
```

- *Troubleshooting*

- */var/log/messages*

- *Google site:apache.org*

- *lsof, strace, ping*

- *Bugzilla*

12

Le dépannage

Objectifs

Ce chapitre traite du dépannage d'un système informatique fonctionnant sous Linux. On commence par expliquer la méthode générale de résolution d'incident. On présente également de manière plus concrète la mise en place des journaux de bord et leur exploitation.

Contenu

L'approche générale du dépannage

Étape n°1 : Faire une description claire du problème

Étape n°2 : Imaginer les causes possibles

Étape n°3 : Rassembler des informations

Étape n°4 : Analyser les faits rassemblés,

éliminer des causes

Précautions

Régler le problème sans le résoudre

Les processus

Les journaux de bord

Rsyslog

Ateliers

L'approche générale du dépannage

La théorie

Pour trouver la raison d'un mauvais fonctionnement d'un système informatique, l'approche générale du dépannage (*troubleshooting*) consiste à isoler le problème parmi la multitude des causes possibles. Il faut au préalable avoir une connaissance la plus fine possible du fonctionnement du système pour pouvoir émettre des hypothèses.

Le savoir pratique

L'algorithme général de résolution de problème :

Étape n°1 : Faire une description claire, simple et concise du problème par écrit.

Étape n°2 : Imaginer les causes possibles.

Étape n°3 : Rassembler des informations. On utilise des méthodes non destructives.

Étape n°4 : Analyser les faits rassemblés. On élimine des causes.

Étape n°5 : On crée un plan d'action basé sur les causes restantes. On prévoit de ne changer qu'un seul paramètre à la fois.

Étape n°6 : On met en œuvre le plan.

Étape n°7 : On récolte les résultats.

Étape n°8 : On analyse les résultats.

Étape n°9 : Si le problème n'a pas été résolu, on boucle (on revient à l'étape 5).

Étape n°10 : Si le problème a été résolu, on met à jour le système, les sauvegardes, la documentation, etc. pour éviter qu'il se produise à nouveau.

Remarque : l'approche indiquée est générale et s'applique par exemple à la recherche d'une panne sur une voiture.

Pour en savoir plus

Internet

Troubleshooting (Dépannage)
http://en.wikipedia.org/wiki/Troubleshooting

Troubleshooting - the HP Way
http://redmondmag.com/articles/2006/02/01/troubleshooting--the-hp-way.aspx

Livre

Linux Troubleshooting for System Administrators and Power Users, par James Kirkland , David Carmichael , Christopher L. Tinker , Gregory L. Tinker, chez HP invent (2006)

Étape n° 1 : Faire une description claire du problème

La théorie

Quand le problème survient, il est important de le décrire clairement par écrit. L'idéal est de mémoriser dans une base de données informatique des « fiches incidents ».

Si possible, il faut reproduire le problème pour visualiser notamment un message d'erreur éventuel.

Le savoir pratique

Une fiche incident type

- N° de pièce (numéro de ticket).
- Date/heure.
- Brève description du problème (en une phrase). Le problème est-il reproductible ?
- Degré de gravité, degré d'urgence.
- Qui a rempli ce document ? Qui est chargé de résoudre le problème ? état d'avancement de la résolution ? temps consommé à sa résolution ?
- Qui a signalé le problème ?
- Environnement concerné (Matériel, OS, logiciel, personne), notamment version.
- Description complète du problème (enregistrer notamment les messages d'erreur).
- Cause du problème.
- Actions réalisées (quand, qui, matériels remplacés…).
- État (résolu/non résolu).

Particularités des distributions

RedHat/Fedora

L'application ABRT (Automated Bug-Reporting Tool) surveille les applications. En cas de crash, ABRT collecte des informations et réalise des actions (par exemple, l'envoi d'un rapport à Bugzilla).

Pour en savoir plus

Internet

Bugzilla – Logiciel pour enregistrer et rechercher des bugs.
http://www.bugzilla.org/

GLPI – Logiciel de gestion de parc informatique. Il sait gérer des tickets d'intervention.
http://www.glpi-project.org/

Étape n°2 : Imaginer les causes possibles

La théorie

L'expérience nous enseigne rapidement les causes les plus vraisemblables. Une checklist écrite peut aider à les vérifier rapidement.

Malheureusement, dans plusieurs cas, seule la connaissance théorique des systèmes informatiques et de leur interaction nous permet d'envisager toutes les causes possibles.

L'approche générale du dépannage a pour but d'écarter le maximum possible de causes. Il faut pouvoir isoler le ou les sous-systèmes responsables. Ensuite il faut trouver la cause élémentaire du problème.

Le savoir pratique

Les sous-systèmes

- Le matériel et le logiciel (Hardware/Software).
- Au niveau logiciel : le système d'exploitation et les logiciels applicatifs.
- Au niveau logiciel : le logiciel concerné ou le paquetage concerné.
- Au niveau logiciel : le cœur de l'applicatif (core) ou ses modules (bibliothèques)
- Au niveau logiciel : problème local ou problème réseau.
- Au niveau réseau : la couche réseau concernée. Le client ou le serveur.

Causes possibles du problème pour un sous-système donné

- MAUVAISE CONFIGURATION ! Un fichier de configuration peut être tout simplement absent. Sa syntaxe peut être mauvaise. Un ou plusieurs paramètres sont mal configurés. La configuration par défaut est inadéquate ou différente de l'ancienne version. La configuration est incompatible avec la sécurité.
- BUG ! Hélas, la plupart des matériels ou des logiciels utilisés présentent des défauts : erreurs de conception, de fabrication ou de programmation.
- Panne d'un sous-système du sous-système. Par exemple un processus mort.
- Prérequis ou ressources insuffisantes (mémoire, disque…).
- Le piratage.

Indices

- Les sous-systèmes directement concernés par le problème et qui sont à l'origine du message d'erreur ou mentionnés dans le message d'erreur.
- Les faits récents : mise à jour du système, changement de configuration, mise en place d'un nouveau matériel…

Étape n°3 : Rassembler des informations

La théorie

Après avoir imaginé un ensemble de causes, il faut rassembler des informations. Mais pour le moment on utilise des méthodes non destructives. Il est important de ne pas détruire le système ou d'effacer des indices avant d'avoir établi un diagnostic complet.

Différentes sources d'information

- Les messages d'erreur apparaissant sur le poste.
- Les journaux de bord.
- Les commandes de diagnostics.

Normalement, les journaux de bord constituent la meilleure source d'information (à condition qu'ils aient été activés et que leur niveau de verbiage soit suffisant).

Remarque : la gestion des journaux de bord passe le plus souvent par le système Syslog qu'il faut maîtriser.

L'idéal est de travailler de manière systématique en utilisant des check-lists. Pour les diagnostics de chaque sous-système il existe souvent une check-list. Si besoin est, on a tout intérêt à les amender ou à les créer de toutes pièces. Elles permettent de travailler plus vite et d'être exhaustif.

Le savoir concret

Commandes d'informations concernant les applications

ps	Liste des processus.
ldd	Liste les bibliothèques partagées d'un exécutable.
strace	Trace les appels système d'une application.
ltrace	Trace les appels à une bibliothèque.
lslk	Liste les verrous.
who, w	Qui est connecté.
fuser	Liste les applications accédant à un fichier.
lsof	Liste les fichiers ouverts.
ipcs	Affiche des informations sur les IPC.
strings	Liste les chaînes ASCII d'un binaires (les messages d'erreur…).
rpm	Liste des paquetages installés, les fichiers d'un paquetage, vérifie un paquetage.
chkconfig --list	Liste les services actifs.
objdump, readelf	Affiche les en-têtes d'un exécutable.

Commandes d'informations concernant l'état du système

uptime	Affiche la charge système.

`free`	Affiche l'utilisation de la mémoire et de la mémoire de swap.
`top`	Affiche les applications les plus consommatrices de ressources.
`vmstat`	Affiche des statistiques sur l'utilisation des ressources systèmes.
`df`	Affiche la place disque disponible.
`mount`	Liste les FS montés et leurs options de montage.
`vgdisplay -v`	Affiche la configuration LVM (VG, LV, PV).
`runlevel`	Affiche l'état d'init.
`repquota`	Affiche l'utilisation des quotas.

Commandes d'informations concernant la sécurité

`getenforce`	Affiche l'état de SELinux.
`iptables`	Affiche les règles pare-feu présentes dans le noyau.
`ldd`	Liste les bibliothèques d'un exécutable (PAM, WRAP...)
`last`	Affiche les dernières connexions.
`rpm -V`	Vérifie un paquetage (droits, sommes de contrôles...)
`ls -l`	Affiche les droits d'un fichier.
`lsattr`	Liste les attributs Linux d'un fichier.
`getfacl`	Liste les ACL d'un fichier.

Commandes d'informations concernant les versions des logiciels

`rpm -q <pkg>`	Affiche la version d'un paquetage RPM
`<logiciel> --version`	Affiche la version d'un logiciel GNU
`uname -a`	Affiche la version du noyau.
`cat /etc/issue`	Affiche la version de la distribution.

Les commandes d'informations réseau

`ifconfig`	Affiche les cartes réseau. Affiche leur paramétrage : adresse IP, masque, adresse de diffusion.
`traceroute`	Affiche les passerelles traversées pour atteindre une destination.
`netstat`	Affiche des statistiques. Affiche les tables de routage (dont la passerelle par défaut). Affiche les sockets actives.
`ping`	Test de connectivité.
`ethtool`	Informe de la connexion entre une carte réseau et le switch.
`nslookup`	Réalise une recherche DNS ou reverse-DNS.
`tcpdump, wireshark`	Analyse les échanges réseau.
`telnet`	Client universel (en mode texte).
`nc`	Client ou serveur universel (NetCat).
`arp`	Affiche les tables ARP.
`nmap`	Affiche les ports ouverts d'un système distant

`rpcinfo`	Affiche les services RPC actifs d'un système distant.
`uname, hostname`	Affiche le nom réseau du système.
`getent`	Visualise un enregistrement ou un annuaire réseau complet.

Les commandes d'informations sur le matériel

`dmesg`	Affiche les messages provenant du noyau, notamment au démarrage.
`lspci`	Visualise les bus PCI.
`cat /proc/cpuinfo`	Informations sur le ou les CPU (vitesse…).
`cat /proc/mdstat`	Affiche la configuration RAID software.
`cat /proc/mounts`	Les FS montés (vision du noyau).
`free`	Affiche la quantité de mémoire.
`lsusb`	Visualise les bus .
`lsmod`	Visualise les modules du noyau en mémoire.
`sfdisk -s`	Liste les disques.
`fdisk -l`	Liste les partitions d'un disque.

Divers

Memtest	Logiciel *standalone* de test de la mémoire vive. Il est présent notamment sur le live-CD Ubuntu. On peut l'activer au démarrage au lieu de d'activer Linux.

Les principaux fichiers de configuration

/etc/passwd	Les comptes utilisateurs.
/etc/group	Les comptes groupes.
/etc/shadow	Les mots de passe des utilisateurs.
/etc/inittab	Les premières applications activées au démarrage.
/etc/fstab	Les FS et le swap activés au démarrage.
/boot/grub/grub.conf	La configuration du chargeur Grub.
/etc/modprobe.conf	La configuration des pilotes dynamiques.
/etc/nsswitch.conf	La configuration des annuaires.
/etc/resolv.conf	La configuration du DNS.
/etc/rsyslog.conf	La configuration du service Rsyslog.

Focus : La commande strace

La commande `strace` est une des commandes les plus puissantes dans le domaine de la résolution de problèmes. Elle trace les appels au noyau d'une application.

Quelques options

-f	Trace les processus fils.
-p pid	S'attache à un processus dont on indique le PID.
-t	Préfixe chaque ligne de l'heure.

Exemple

```
# strace ps 2> err
  PID TTY          TIME CMD
 5763 pts/0     00:00:00 bash
 7072 pts/0     00:00:00 strace
 7073 pts/0     00:00:00 ps
# head -3 err
execve("/bin/ps", ["ps"], [/* 22 vars */]) = 0
uname({sys="Linux", node="linux1.pinguins", ...}) = 0
brk(0)                                  = 0x9b98000
# head -5 err
execve("/bin/ps", ["ps"], [/* 22 vars */]) = 0
uname({sys="Linux", node="linux1.pinguins", ...}) = 0
brk(0)                                  = 0x9b98000
access("/etc/ld.so.preload", R_OK)      = -1 ENOENT (No such file or
directory)
open("/etc/ld.so.cache", O_RDONLY)      = 3
```

Focus : La commandes lsof

La commande `lsof` est une des commandes les plus puissantes dans le domaine de la résolution de problèmes. Elle liste l'ensemble des fichiers ouverts et indique pour chacun l'application qui l'a ouvert. Les sockets réseau et les périphériques sont considérés également comme des fichiers.

```
[root@linux1 ~]# lsof |more
COMMAND      PID   USER   FD    TYPE     DEVICE      SIZE   NODE NAME
init           1   root   cwd   DIR       3,2        4096      2 /
udevd       1495   root   3r    FIFO      0,7               3396 pipe
udevd       1495   root   4w    FIFO      0,7               3396 pipe
udevd       1495   root   5u    unix 0xdb17bb80              3397 socket
portmap     3021   rpc    2u    CHR       1,3               1811 /dev/null
portmap     3021   rpc    3u    IPv4      6579                   UDP *:sunrpc
portmap     3021   rpc    4u    IPv4      6582                   TCP *:sunrpc
(LISTEN)
syslogd     2988   root   0u    unix 0xdb1864c0            6528 /dev/log
syslogd     2988   root   1w    REG       3,2     199606 294099
/var/log/messages
```

Focus : Un exemple de check-list

La checklist suivante :
/usr/share/doc/samba-3.*/htmldocs/Samba-HOWTO-Collection/diagnosis.html
qui est le chapitre 33 du *The Official Samba-3 HOWTO and Reference Guide* décrit les opérations à effectuer dans le cas où l'on ne peut pas faire communiquer un serveur Samba et un poste Windows. À chaque étape, une liste des causes possibles d'échec est mentionnée. Voici un résumé des principales étapes.

1) Est-ce que la syntaxe du fichier de configuration de Samba est correcte ?
   # testparm

2) Est-ce que la connectivité réseau est assurée (et la résolution DNS) ?
   a) À partir du client :
   C:\> ping LE_SERVEUR
   b) À partir du serveur :
   # ping LE_CLIENT

3) Est-ce que les ressources partagées du serveur sont visibles ?
   # smbclient –L –v //LE_SERVEUR

4) Est-ce que le service Netbios fonctionne correctement côté serveur ?
   # nmblookup –B LE_SERVEUR _SAMBA_

5) Est-ce que le service Netbios fonctionne correctement côté client ?
   # nmblookup –B LE_CLIENT '*'

6) Idem, mais on utilise la diffusion et un niveau de debogage plus élevé :
   # nmblookup –d 2 '*'

7) Est-ce que l'on peut ouvrir une session cliente à partir du serveur ?
   # smbclient //LE_SERVEUR/TMP -Upierre%secret
   (On utilise un partage et un compte déjà initialisés)

8) Est-ce que les partages sont visibles du client ?
   C:\> net view \\LE_SERVEUR

9) Est-ce que l'on peut ouvrir une session cliente à partir du client ?
   C:\> net use X: \\LE_SERVEUR\TMP secret /user:pierre

10) Est-ce que le service explorateur fonctionne correctement ? Est-ce qu'il y a un explorateur maître du groupe de travail ?
    # nmblookup –M workgroup

11) Essayer de se connecter à partir du poste client avec le File Manager.

Astuces

Utiliser la langue anglaise lorsqu'on reproduit un problème !

Si on utilise la langue anglaise pour un logiciel, les messages d'erreur seront en anglais. Une recherche avec Google sera plus fructueuse qu'en utilisant le message français.

Exemple :

```
root@herbizarre:~# date -ererer
date: option invalide -- e
Pour en savoir davantage, faites: « date --help ».
root@herbizarre:~# export LANG=C
root@herbizarre:~# date -ererer
date: invalid option -- e
Try `date --help' for more information.
```

Créer des scripts

Les commandes de diagnostics peuvent être regroupées dans des scripts. On peut ainsi réaliser les diagnostics très rapidement. Ces scripts peuvent également récolter les messages récents provenant des journaux de bord.

Comparer

Si vous avez un système de secours ou un serveur similaire (sur certains points ou totalement) au système défaillant, vous pouvez les comparer (les fichiers de configuration, les processus actifs…).

Pour en savoir plus

Les pages de manuel

lsof(8), strace(1)

Internet

Check-list de diagnostic de Samba
http://samba.org/samba/docs/man/Samba-HOWTO-Collection/diagnosis.html

Red Hat Enterprise Linux Step By Step Guide (III. Troubleshooting Your System)
http://www.redhat.com/docs/manuals/enterprise/RHEL-4-Manual/step-guide/

SUSE Linux 10 Start-Up Guide. (Chap IV : Troubleshooting)
www.novell.com/documentation/suse10/startguide/data/bookinfo_book_startguide.html

Debian Tutorial - Chapter 15 – Troubleshooting
http://www.debian.org/doc/manuals/debian-tutorial/ch-troubleshooting.html

HP ProLiant Servers Troubleshooting Guide
http://h20000.www2.hp.com/bc/docs/support/SupportManual/c00300504/c00300504.pdf

Troubleshooting - IBM System x
http://www-1.ibm.com/support/docview.wss?uid=psg1MIGR-50556

Postfix debugging howto
http://www.postfix.org/DEBUG_README.html

Livre

Network Troubleshooting Tools, par Joseph D. Sloan, chez O'Reilly (2001)

Étape n°4 : Analyser les faits rassemblés, éliminer des causes

Le savoir concret

Stratégies

- Effectuer des recherches avec Google (par exemple faire un copier/coller du message d'erreur).
- Rechercher/interroger les FAQ, les forums, les mailing lists.
- Rechercher les symptômes dans les rapports de bogues officiels.
- Compléter ses connaissances théoriques générales ou ponctuelles.
- Rechercher les modifications récentes des logiciels dans les Changelog des RPM.
- Lire le code source du logiciel (méthode normalement réservée à l'expert). On peut par exemple y rechercher l'origine exacte du message d'erreur.

Remarque : il faut aussi rapidement prendre en ligne de compte ses propres limites : possède-t-on les connaissances, les outils et le temps pour résoudre le problème ? Ne faut-il pas chercher de l'aide (spécialiste des sous-systèmes) ?

Rechercher avec Google

- Ajouter ou retirer des mots-clés pour restreindre ou élargir la recherche.
- Mettre la phrase entre guillemets (") pour rechercher l'expression exacte (sinon la phrase donnée est considérée comme une suite de mots-clés).
- Débuter les mots que l'on veut exclure par moins (-).
- Séparer les mots-clés par OR si l'on recherche des mots alternatifs.
- Rechercher sur un site particulier (site:www.redhat.com).
- Utiliser les autres sites de Google (groups.google.fr pour rechercher dans les forums ou www.google.fr/dirhp pour rechercher dans l'annuaire).

Pour en savoir plus

Internet

Bugzilla (Red Hat bug-tracking system)
https://bugzilla.redhat.com

Novell/SUSE Bugzilla overview
https://bugs.launchpad.net/bugs/bugtrackers/novell-bugs

Système de suivi des bogues Debian
http://www.debian.org/Bugs/

Google – Recherche avancée
http://www.google.fr/advanced_search

Les FAQ
http://www.faqs.org

Ubuntu – Bugs in Ubuntu
https://bugs.launchpad.net/ubuntu/

Un exemple de dépannage

Le problème

Paul, qui travaille sur une station Linux, m'a signalé qu'il ne peut plus imprimer à partir d'Open Office.

Dépannage

Étape n°1 : Faire une description claire du problème

Je remplis la fiche suivante :

```
N° de pièce :  243
Date/Heure :  10/12/06 à 10h30
Brève description du problème (en une phrase) : L'impression locale
à partir du poste cao23 ne fonctionne plus à partir d'Open Office.
Degré de gravité, degré d'urgence : 5/10, 5/10
Qui a rempli ce document : Jean Grandgourou
Qui a signalé le problème : Paul Hochon
Environnement concerné (Matériel, OS, logiciel, personne) : Dell
C521, RedHat 4.4, OpenOffice 1.1.5, Paul Hochon
Description complète du problème (enregistrer notamment les messages
d'erreur) :
<Pas de message d'erreur !>
Cause de l'erreur :
Actions réalisées (quand, qui, matériels remplacés, …):
Etat (résolu/non résolu):
```

Étape n°2 : Imaginer les causes possibles

Les sous-systèmes a priori impliqués

Le matériel : l'imprimante, l'ordinateur (carte mère…).

Logiciels : Open Office, le système d'impression Cups.

Indices

La semaine dernière Paul s'est fait aider par un jeune stagiaire féru de Sécurité sous Linux. Il lui a donné le mot de passe de root. Ce jeune stagiaire a terminé son stage et Paul n'a pas ses coordonnées.

On peut donc ajouter aux sous-systèmes à explorer : les modules systèmes liés à la sécurité (pare-feu, SELinux…).

Étape n°3 : Rassembler des informations

Le système Cups

```
# lp  /etc/issue
^C
# lpstat -t
^C
```

Les commandes se bloquent, je suis obligé de les arrêter par Ctrl+C.

Je recommence, mais j'insiste. J'attends 5 minutes et je vois un message d'erreur !

```
# lpstat -t
lp: error -scheduler not responding
# ps -e | grep cupsd
```

```
2195 ?  00:00:00 cupsd
# netstat -an | grep 631  # le port d'écoute de cupsd
tcp        0        0 127.0.0.1:631      0.0.0.0:*              LISTEN
udp        0        0 0.0.0.0:631        0.0.0.0:*
```

Le matériel

```
# cat un_fichier.ps > /dev/lp0
```

J'écris directement un fichier PS sur l'imprimante PostScript. Il s'imprime.

La sécurité SELinux

```
# getenforce
Enforcing
```

La sécurité pare-feu

```
# iptables -L
Chain FORWARD (policy ACCEPT)
target     prot opt source             destination

Chain INPUT (policy ACCEPT)
target     prot opt source             destination
DROP       tcp  --  192.168.218.17     anywhere      tcp dpt:smtp
DROP       tcp  --  anywhere           anywhere      tcp dpt:ipp

Chain OUTPUT (policy ACCEPT)
target     prot opt source             destination
```

Étape n°4 : Analyser les faits rassemblés

Éliminer des causes

À la lumière des essais précédents, on peut éliminer deux causes d'erreur :

- Le matériel : l'imprimante est fonctionnelle ainsi que l'ordinateur (carte mère…) : on a pu imprimer directement par une redirection.

- Open Office : en essayant d'imprimer directement par la commande lp, on n'a pas pu imprimer. Il semble que le logiciel Open Office ne soit pas en cause.

Rechercher sur Google

On fait un copier/coller du message d'erreur (lp: error -scheduler not responding) dans Google. Je trouve plusieurs personnes qui semblent obtenir le même message.

- L'un des dépanneurs suggère de regarder le journal /var/log/cups/error_log.

- Un autre prétend que le problème vient d'une mauvaise configuration du fichier client /etc/cups/client.conf.

Je regarde le fichier journal de Cups (j'aurai pu y penser à l'étape précédente !) :

```
# tail /var/log/cups/error_log
I [05/Mar/2007:21:44:55 +0100] Added remote printer "laser"...
I [05/Mar/2007:21:44:55 +0100] Added remote printer "laser@cao23"...
I [05/Mar/2007:21:44:55 +0100] Added implicit class "laser"...
```

Je ne vois rien qui a un rapport avec mon problème à l'époque où il s'est produit.

A priori je n'ai pas modifié le fichier client.conf. Je télécharge un exemplaire de ce fichier provenant du poste cao15 et je le compare au fichier présent sur le poste ayant un problème :

```
# diff /etc/cups/client.conf /tmp/client.conf
#
```

Il n'y a pas de différence.

Étape n°5 : On crée un plan d'action

Je crée un plan d'action basé sur les causes restantes. Je prévois de ne changer qu'un seul paramètre à la fois.

Voici les causes que j'ai retenues :

- Le système d'impression Cups.
- La sécurité SELinux.
- La sécurité de type pare-feu

Étapes n°6, n°7, n°8 et n°9

On met en œuvre le plan, on récolte les résultats, on analyse les résultats et on boucle si l'on n'a pas résolu le problème.

a) Le système d'impression Cups

On fait un arrêt/redémarrage du service, on vérifie si le redémarrage s'est bien passé. Ensuite on essaye d'imprimer.

```
# /etc/init.d/cups stop
# /etc/init.d/cups start
# ps -e |grep cupsd
# netstat -an |grep 631
# tail /var/log/cups/error_log
# lp  /etc/issue
^C
```

Conclusion : le système Cups a bien redémarré, mais l'impression ne fonctionne toujours pas.

b) La sécurité SELinux

Je désactive la sécurité SELinux, on redémarre le système. Ensuite on essaie d'imprimer.

```
# vi /etc/selinux/config
SELINUX=disabled
# reboot
...
# lp  /etc/issue
^C
```

Conclusion : la sécurité SELinux ne semble pas être en cause.

Je reconfigure SELinux avant de continuer.

```
# vi /etc/selinux/config
SELINUX=enforcing
# reboot
```

c) Le pare-feu interne

Je supprime les règles pare-feu et j'essaie d'imprimer.

```
# /etc/init.d/iptables stop
# lp  /etc/issue
request id is imp-323 (1 file(s)
```

Conclusion : l'impression fonctionne ! Le jeune stagiaire avait ajouté une règle pare-feu interdisant le dialogue entre `lp` et `cupsd`.

Étape n° 10 : Je règle le problème, j'évite qu'il se reproduise

Régler définitivement le problème

La commande `iptables stop` a temporairement supprimé les règles pare-feu. Je veux maintenant supprimer définitivement la règle concernant IPP :

```
# /etc/init.d/iptables start
# iptables -L --line-numbers   # affiche le numéro des règles
# iptables -D INPUT 2
# /etc/init.d/iptables save
```

Je mets à jour la fiche incident

```
Cause du problème : un stagiaire à modifier les règles pare-feu du
poste. Le dialogue entre un client Cups (lp, lpstat, OpenOffice, …)
et le serveur Cupsd était rendu impossible.
Actions réalisées (quand, qui, matériels remplacés, …) : suppression
d'une règle pare-feu
Etat (résolu/non résolu) : résolu.
```

Éviter qu'il se reproduise

Je change ma politique : je vais retirer l'accès à root aux utilisateurs des stations de CAO. Ces derniers pourront continuer à accomplir certaines opérations (comme les sauvegardes) grâce à `sudo` et Webmin. Je dois lister les commandes d'administration dont ils ont absolument besoin pour configurer ces produits.

Remarques :

1) En fonction de mes connaissances système, mon diagnostic peut être établi plus ou moins rapidement. Par exemple, si j'avais utilisé la commande `strace` et si j'avais eu des compétences réseau, j'aurais constaté que la connexion avec le serveur ne pouvait être réalisée :

strace lp /etc/issue 2> err

more err

…

connect(3, {sa_family=AF_INET, sin_port=htons(631), sin_addr=inet_addr("127.0.0.1")}, 16 <unfinished …>

2) Si je dispose d'un historique des configurations je peux utiliser une ancienne configuration opérationnelle.

Précautions

La théorie

La meilleure solution est d'anticiper les problèmes. Soit pour faire en sorte qu'ils n'apparaissent pas, soit pour limiter leur impact, soit encore pour aider à les diagnostiquer quand ils surviennent.

Cette anticipation se base principalement sur les causes possibles des problèmes et sur leur résolution.

Le savoir concret

Les précautions à prendre

- IL FAUT FAIRE DES SAUVEGARDES !
  - Des sauvegardes totales.
  - Des sauvegardes journalières (incrémentales).
  - Des sauvegardes de la configuration (/etc....)
  ou FAIRE DES INSTANTANNÉS (*snapshots*) si on travaille avec des machines virtuelles.

- IL FAUT ACTIVER LES JOURNAUX DE BORD !

- IL FAUT FAIRE LES MISES À JOUR DU SYSTEME.

- IL FAUT CONNAÎTRE LE FONCTIONNEMENT DU SYSTÈME.

- IL FAUT COMPARTIMENTER VOTRE SYSTÈME. Il faut diviser le système en disques système et disques applicatifs. Il faut diviser le système et les applications en FS : FS stables et FS fréquemment modifiés. D'un strict point de vue du dépannage, il faut installer chaque service sur des ordinateurs différents. L'idée sous-jacente de la compartimentation est de pouvoir plus facilement isoler un problème et remplacer une unité défaillante.

- Il faut tracer, dater, commenter, mémoriser les modifications des configurations. En clair, il faut tenir un journal de bord d'administration. Il faut aussi garder la configuration d'origine. L'utilisation de la commande script est vivement conseillée.

- Vérifier la syntaxe de fichiers de configuration avant de les mettre en production. Par exemple avec Apache, on peut utiliser la commande httpd -t pour vérifier la syntaxe du fichier de configuration (httpd.conf).

- Il faut limiter les prérogatives des administrateurs et tracer leurs actions. Il faut aussi un responsable en chef qui coordonne les actions. Tout le monde ne doit pas pouvoir faire n'importe quoi. L'usage d'outils comme Webmin ou de sudo résout beaucoup de problèmes.

- Il faut posséder un système annexe de démarrage.

- Il faut mémoriser périodiquement l'état du système.

- Il faut avoir une copie des mots de passe.

- Il faut sécuriser son système.

Régler le problème sans le résoudre

La théorie

Quelquefois on a besoin de résoudre le problème même si l'on ne peut pas le comprendre. Nécessité fait loi.

Le savoir concret

Heuristiques

Recommencer l'opération

L'opération a peut-être échoué pour des raisons fortuites (panne temporaire d'un sous-système, charge réseau importante, timeout un peu court…). Il ne faut pas hésiter à recommencer l'opération (si cela ne présente pas de danger ou d'effets de bord) avant de conclure à une panne persistante.

Redémarrez l'application

Par exemple, suite à des fuites de mémoire, le redémarrage de l'application règle le problème.

Si un processus est mort, le redémarrage réactive l'ensemble des processus.

C'est souvent au démarrage de l'application que les sockets sont ouvertes, le redémarrage permet leur réinitialisation.

Redémarrez le système

Par exemple, si des tables IPC sont pleines, le redémarrage du système résout le problème. Les problèmes liés à la mort d'un processus sont également résolus de même.

Mettre à jour le système

Le problème que vous avez a déjà été résolu. Il suffit de passer les correctifs.

Réinstaller l'application, réinstaller le système

S'il manque un composant la réinstallation du logiciel résout le problème. Si le logiciel est bogué l'installation d'une version plus ancienne (plus stable) ou plus récente (contenant le correctif) est la solution.

Réinstaller le système et les applications sur un autre ordinateur

Par exemple, si c'est un problème lié au matériel, l'utilisation d'un autre ordinateur va régler le problème. Cette action est très simple si on utilise des machines virtuelles : il suffit de migrer la VM vers un autre hôte.

Utiliser le système de secours pour continuer l'exploitation

Reprendre l'exploitation à partir des sauvegardes

Les processus

La théorie

La connaissance fine du fonctionnement des processus est fondamentale pour le dépannage des applications.

Les appels système Unix

Du point de vue des applications, l'API Unix offre les appels suivants de gestion de processus :

fork()   Création d'un nouveau processus qui est en tous points identique au premier, excepté la valeur de retour égale au PID du nouveau processus chez le père et zéro chez le fils. Remarque : sous Linux, la fonction fork() est une enveloppe à l'appel système clone().

exec()   Un processus exécute le contenu d'un fichier exécutable donné en paramètre. Le code, les données et la pile du processus sont réinitialisés.

kill()   Envoi d'un signal à un autre processus. La réception d'un signal non géré entraîne la mort du processus. Le signal 9 entraîne obligatoirement la mort du processus : il ne peut être ni ignoré, ni traité. Le processus émetteur doit être de même UID que le processus receveur. Un processus d'UID 0 (root) peut émettre un signal vers n'importe quel processus.

sigaction()   Gère un signal. Cet appel associe une fonction à un signal. Lorsque ce signal est reçu, la fonction est exécutée.

wait()   Attente de la terminaison d'un processus fils. La fonction récupère le code de retour du fils.

exit()   Met fin au processus et génère un code retour.

ulimit()   Fixe des limites à un processus et à ses descendants (temps CPU, taille mémoire, taille maximale des fichiers créés...).

Les états d'un processus

Remarque : on a indiqué entre parenthèses les états d'un processus tels qu'ils sont affichés avec la commande ps -l.

RUNNING (R)

Le processus s'exécute sur un des processeurs (*running*) ou bien il est en attente d'exécution (*runnable*). Dans ce cas il est présent dans la file d'attende (*run queue*) des processus en attente d'un processeur libre.

SLEEPING (S)

Le processus est suspendu jusqu'à ce qu'une condition arrive, par exemple la réception d'un signal. Le plus souvent c'est la fin d'une entrée/sortie qui est attendue.

UNINTERRUPTIBLE (D)

Le processus est suspendu, mais il ne peut être interrompu par un signal (*deep sleep*). C'est une situation rare. Par exemple, cette situation survient quand on accède à un périphérique dont la présence est testée (*probe*).

STOPPEP (T)

Le processus est arrêté suite à la réception du signal SIGSTOP ou que l'application s'exécute sous le contrôle d'un débogueur (*traced*).

ZOMBIE (Z)

Le processus est mort, il ne consomme plus de temps CPU ni de mémoire, mais il est encore dans la table des processus. Cet état est éphémère sauf si le processus est supervisé. Dans ce cas, tant que le processus père n'a pas récupéré son code retour (via la fonction wait()), le processus reste dans l'état zombie. Du fait du nombre limité de processus, la présence de trop de zombies peut bloquer le système.

Le savoir pratique

Les commandes

ps	Affiche les processus et leurs caractéristiques.
strace	Trace les appels système d'un processus.
lsof	Liste les fichiers ouverts par les processus.
kill	Envoi d'un signal à un processus ou à un groupe de processus. Dans ce dernier cas, on indique le PGID précédé du signe « - ».
ulimit	Cette commande interne du shell fait appel à l'appel système ulimit(). La commande affiche ou fixe des limites au shell courant et par conséquent peut fixer des limites aux commandes exécutées par le shell.
pstree	Affiche la généalogie des processus. Remarque : beaucoup de processus semblent être fils d'init. En fait, si un processus n'a plus de père, il est adopté par init.

Focus : La commande ps

-e	Liste tous les processus.
-f	Affiche les principaux attributs (UID, PID, PPID, STIME, TTY, TIME, CMD…).
-l	Affiche beaucoup d'attributs (S(state), PID, PPID, PRI(priority),NI(nice), SZ(size), WCHAN, TTY, TIME, CMD).
-j	Affiche le PGID.
-L	Affiche le LWP.

Les fichiers de /proc/<pid>/

Le noyau publie dans /proc/<pid> des fichiers qui donnent les caractéristiques du processus de PID <pid>. La commande ps tire ses informations de ces fichiers.

cmdline	Les arguments de la commande.
cpu	Le CPU courant du processus et le dernier utilisé.
cwd	Le répertoire courant de l'application.
root	Le répertoire racine (ne pas oublier chroot()!).
environ	L'environnement (les variables d'environnement).
exe	Le fichier exécutable.
maps	La cartographie de l'espace virtuel (bibliothèques dynamiques…).
status	L'état du processus (PID, UID, GID, gestion des signaux…)

Quelques caractéristiques d'un processus.

PID	L'identifiant du processus (Process IDentification).

LWP	L'identifiant d'un thread (Light Weight Process).
PGID	L'identifiant d'un groupe de processus. Normalement, tous les processus d'un même service partagent le même PGID (Process Group ID), c'est le PID du leader, celui qui a créé le groupe. Un signal peut être envoyé à tous les processus d'un groupe.
PPID	Le père du processus (Parent PID).
RUID	L'UID (User ID) réel du processus.
UID, EUID	L'UID effectif du processus. Cet UID fixe les droits du processus. Par exemple l'UID 0 (root) donne tous les droits sur le système. Cet UID effectif est normalement hérité de processus père en processus fils. Il peut également être modifié (à la différence du RUID) lors du chargement d'une nouvelle image via l'appel exec() d'un fichier exécutable possédant l'attribut SUID. Dans ce cas, l'EUID est positionné à l'UID du propriétaire de l'exécutable.
RGID	Le GID (Group ID) réel du processus.
GID, EGID	Le GUID effectif du processus (le RGID et le EGID suivent les mêmes principes que les RUID et EUID).
NICE	Valeur modifiable qui intervient dans le calcul de la priorité, normalement pour la diminuer. Cette valeur est normalisée ISO et existe pour tous les systèmes d'exploitation.
WCHAN	Affiche la fonction du noyau associée à l'attente du processus. Remarque : ce champ est particulièrement important pour déterminer si un processus est suspendu pour des raisons normales ou non.
CMD	Les arguments y compris l'argument 0. Cet argument est le plus souvent le nom du fichier exécutable. Il peut être différent. Par exemple l'argument 0 « -bash » signifie que l'on a un shell de connexion.

Pour en savoir plus

Les pages de manuel

ps(1), proc(5), fork(2), clone(2), exec(3), wait(2), sigaction(2), ulimit(3), ulimit(1), strace(1), lsof(1), kill(2), kill(1), signal(2), signal(7)

Internet

The Linux Tutorial – Processus
http://www.linux-tutorial.info/modules.php?name=MContent&pageid=83

Understanding Linux Kernel – Chapter 10 : Process scheduling
http://oreilly.com/catalog/linuxkernel/chapter/ch10.html

Les journaux de bord

La théorie

L'arme principale pour dépanner les problèmes informatiques est l'utilisation des journaux. Encore faut-il qu'ils soient activés et bien exploités.

CONSEIL : archivez vos journaux !

Le service Syslog

Le service Syslog est la pierre angulaire de la gestion des journaux. Son rôle est d'aiguiller les journaux. En effet, la plupart des applications Unix/linux n'écrivent pas directement dans des journaux. Elles passent par l'intermédiaire de l'appel système Unix syslog(). Cet appel envoie le message à journaliser à un démon qui va rediriger le message vers une destination particulière : un fichier, un terminal, un Syslog distant ou même une application. Selon la configuration du service, l'origine du message et sa gravité, le message est mis au rebut, ou transmis vers une ou plusieurs destinations.

L'origine ou la destination d'un message géré par Syslog peut être le réseau. Ainsi il est possible de centraliser certains journaux provenant de différents serveurs sur un seul poste.

Remarque : des passerelles pour Windows permettent de générer des messages destinés au service Syslog.

Les analyseurs de logs

La journalisation est une première étape. Effectuer des recherches dans les journaux (logs) ou obtenir des résumés est indispensable dans une démarche de dépannage ou de sécurité. Les analyseurs de logs sont conçus à ces fins.

Remarque : habituellement ces outils sont écrits en Perl. Une connaissance de ce langage est souvent indispensable pour les utiliser pleinement.

Le savoir concret

Les services Syslog

syslogd	L'ancien démon standard provenant des systèmes Unix BSD.
syslog-ng	Le démon SUSE (disponible également sous Debian et Ubuntu).
rsyslogd	Le démon standard des principales distributions (RedHat, Debian, Ubuntu).

Les autres commandes

logger	Envoie un message au service Syslog.
klogd	Retransmet les messages du noyau au service Syslog.
logrotate	Réalise une rotation des journaux. Habituellement, cette commande est activée par un crontab.
logwatch	Envoie en e-mail un résumé des journaux (en standard sous RedHat).
logdigest	Envoie en e-mail un résumé des journaux (en standard sous SUSE).
logcheck	Envoie en e-mail un résumé des journaux (Sentry Tools).
swatch	Analyse en temps réel les journaux.
phplogcon	Visualise graphiquement (via le Web) les journaux.

Les fichiers système

/etc/syslog.conf	Configure le démon `syslogd`.
/etc/syslog-ng.conf	Configure le démon `syslog-ng`.
/etc/rsyslog.conf	Configure le démon `rsyslogd`.
/etc/logrotate.conf	Configure la commande `logrotate`.
/etc/logrotate.d/	Les fichiers de ce répertoire sont inclus dans la configuration de `logrotate`.
/usr/share/logwatch/default.conf/logwatch.conf	La configuration par défaut de `logwatch`.
/etc/logwatch/conf/logwatch.conf	Surcharge la configuration par défaut de la commande `logwatch`.

Protocoles

514/udp	Le service Syslog.
601/tcp	Le service Syslog-conn, permet des transferts fiables.

Les principales directives Apache concernant la journalisation

`LogLevel`	Le niveau seuil de gravité des messages d'erreur devant être journalisés.
`ErrorLog`	Destination des messages d'erreur. Le paramètre `syslog` transfère les messages au service Syslog. La facilité peut être précisée, par défaut elle a pour valeur `local7`.
`CustomLog`	La destination des messages journalisant les accès.
`LogFormat`	Précise le format des messages journalisant les accès. Le format `common` est un standard du W3C. Le format `combined` est le plus usuel.

Remarque : le logiciel `webalizer`, disponible en standard sur les systèmes RedHat, SUSE et Debian, permet d'analyser les journaux d'accès.

Focus : Les principales options de la commande logwatch

--detail niveau	Le détail du rapport : high, med, low ou un entier de 0 à 10.
--service nom	Le service à analyser. Le mot clé `all` provoque l'analyse de tous les services.
--print	Le rapport s'affiche sur la sortie standard.
--mailto adresse	Le rapport est transmis par e-mail.
--save fichier	Le rapport est écrit dans un fichier.
--range domaine	Spécifie l'époque à analyser. Par exemple : yesterday, today, all (cf. logwatch --range help).
--archives	Les archives (.gz) sont traitées également.
--hostname hôte	Sélectionne l'hôte au lieu de l'hôte courant.
--logdir rep	Recherche les journaux dans le répertoire rep.
--numeric	Ne traduit pas les adresses IP en nom.
--output form	Format du rapport : mail, html ou unformated.

Remarque : prérequis : package Perl Date::Manip.

Les particularités des distributions

SUSE

Les systèmes SUSE utilisent `syslog-ng` comme service Syslog et `logdigest` comme outil pour résumer les journaux.

RedHat

Les systèmes RedHat utilisent `rsyslogd` comme service Syslog. Le logiciel `logwatch` est natif et actif.

Debian/Ubuntu

Les systèmes Debian utilisent en standard `rsyslogd` comme service Syslog, mais ils acceptent `syslog-ng`.

En plus des paquetages `logwatch` et `swatch`, d'autres analyseurs de journaux sont disponibles : `logcheck`, `logtools`, `epylog`, `log-analysis`, `xwatch`...

Pour en savoir plus

Les pages de manuel

syslog-ng.conf(5), logger(1), syslog(2), syslog(3), services(5), syslog.conf(5), klogd(8), syslogd(8), sysklogd(8), logrotate(8), logwatch(8), swatch(1)

RFC

BSD Syslog Protocol (rfc3164): ce document ne fait pas office de norme, il est juste informatif.

Reliable Delivery for Syslog (rfc3195).

Internet

Quelques exemples réels d'utilisation de Swatch
http://sial.org/howto/logging/swatch/
http://www.loganalysis.org/sections/signatures/log-swatch-skendrick.txt

L'analyseur de log Logwatch
http://www.logwatch.org/

Apache – Les journaux
http://httpd.apache.org/docs/2.0/fr/logs.html

Service Syslog pour Windows
http://www.winsyslog.com/en/

Panorama des outils d'analyse de journaux
http://www.loganalysis.org/sections/parsing/generic-log-parsers/

leSMS : Service (payant) d'envoie de SMS par Internet – script Perl d'envoie de SMS
http://www.lesms.com/faq.htm
http://www.lesms.com/SMSsend.txt

PhpLogCon
http://loganalyzer.adiscon.com/

Rsyslog

La théorie

Rsyslog est devenu le nouveau standard de gestion des journaux sous Linux. Il remplace le service Syslog d'origine Unix. Rsyslog est disponible sur les systèmes Unix BSD et Solaris.

Une des améliorations importantes de Rsyslog est la possibilité de rediriger les journaux dans une base de données comme MySQL. L'autre élément important est la compatibilité ascendante avec Syslog contrairement à Syslog-ng. Enfin l'utilisation de plug-ins offre une grande extensibilité à cet outil.

Le savoir pratique

Les fichiers

/etc/rsyslog.conf   Le fichier de configuration du service.

/etc/rsyslog.d/*.conf   Fichiers de configuration spécifiques inclus dans la configuration générale suite à l'instruction `$IncludeConfig`.

Syntaxe du fichier de configuration

Les nouvelles directives par rapport à Syslog sont précédées du caractère « $ ».

Syntaxe d'un aiguillage de messages :

```
Source[; …]   [-]Destination  [; Modèle]
```

Une source s'exprime sous la forme : `sous-système [...] opérateur priorité`

Le caractère « # » débute un commentaire qui se termine par la fin de la ligne.

Remarque : à part la dernière partie (Modèle), la syntaxe est compatible avec Syslog.

Focus : La compatibilité ascendante

Remarque : un des grands avantages de Rsyslog est sa compatibilité ascendante avec Syslog. Ainsi un fichier **syslog.conf** est tout à fait fonctionnel avec Rsyslog si on le renomme rsyslog.conf.

```
*.emerg                 *
*.*;mail.none           /var/log/messages
mail.err                -/var/log/maillog
cron.*                  /var/log/cron
```

La première ligne provoque l'affichage de l'ensemble des messages de priorité emergency (les plus graves) sur l'ensemble des terminaux texte connectés.

La deuxième ligne indique que tous les messages (*.*) sauf ceux concernant la messagerie (mail.none) sont redirigés vers le fichier /var/log/messages.

La troisième ligne redirige tous les messages d'erreur (err, crit, alert et emerg) associés à la messagerie (mail) dans le fichier /var/log/maillog. Les écritures sont « bufferisées » (-).

La dernière ligne redirige l'ensemble des messages associés au sous-système CRON dans le fichier /var/log/cron. Du fait de l'absence du signe « - » devant le fichier, les écritures sont synchrones.

La directive $template

`$template` est la principale nouvelle directive de Rsyslog. Elle spécifie un modèle de format de sortie d'un message journalisé. Le format ainsi déclaré peut être ensuite utilisé dans une redirection de message. Si on ne fournit pas de modèle, ce sont les modèles internes qui sont utilisés.

Exemple utilisant des codes formats

```
$template      MonModele,"Message %msg%\n",
*.*            /var/log/un_log;MonModele
```

La première ligne définit le modèle « MonModele ». Le format associé affiche la chaîne « Message » suivie du message à journaliser et enfin un saut de ligne (\n) est écrit.

La deuxième ligne est une redirection de messages. L'ensemble des messages à journaliser (*.*) est écrit dans le fichier /var/log/un_log. Le modèle MonModele est utilisé. Ce modèle n'écrit que les messages (pas d'heurodatage…) précédés chacun de la chaîne « Message ».

Exemple de redirection des messages vers un SGBD

```
$ModLoad ommysql
*.*       :ommysql:hote,Syslog,un_user,mot_de_passe
```

Dans cet exemple, l'ensemble des messages est envoyé dans la table SystemEvents de la base de données Syslog gérée par un serveur MySQL hébergé par le serveur hote. L'accès à la base est réalisé via le compte utilisateur un_user protégé par le mot de passe mot_de_passe. Cette redirection nécessite le chargement du plugin ommysql.

Les codes format

Un code format est encadré par des caractères pourcentage (%). Voici la syntaxe d'un code format :

```
%type[:premier_caractère:dernier_caractère[:modificateur]]%
```

L'expression %msg% provoque l'affichage du message. L'expression %msg:1:10% ne prend en compte que les dix premiers caractères du messages. L'expression %msg:::lowercase% affiche le message en minuscule.

Les principaux types possibles sont les suivants : msg, rawmsg, HOSTNAME, PRI, TIMESTAMP, timegenerated, syslogtag, syslogfacility, syslogpriority.

L'expression \% correspond au caractère « % » et l'expression \\ caractère « \ ».

Pour en savoir plus

Les pages de manuel

rsyslogd(8), rsyslog.conf(5)

Internet

Rsyslog – le site officiel
http://www.rsyslog.com/

Rsyslog – exemples de configuration
http://wiki.rsyslog.com/index.php/Configuration_Samples

ATELIERS

Tâche 1 :
Réaliser un script de diagnostic et de sauvegarde de la configuration

1. Écrire le script.

```
# yum -q -y install lslk
# vi diagnostic.sh
#!/bin/sh
# $Id: diagnostic.sh,v 1.3 2007/01/04 11:23:49 root Exp root $
# $Log: diagnostic.sh,v $
# auteur: Jean-Francois BOUCHAUDY
echo "....il faut attendre un peu"
exec > /tmp/bidule$$ 2>&1

# ==== entete
echo "=== Diagnostics ===="
echo "Date: $(date)"
set -x
uname -a

# ==== etat du systeme, processus, services
runlevel
ps -ef
ps aux
free
uptime
lsof
lslk
ipcs
vmstat

# === FS et LVM
mount
df -h
df -i
vgdisplay -v

# ==== hardware & kernel
cat /proc/cpuinfo
lspci
lsusb
```

```
dmesg
lsmod
fdisk -l

# ==== reseau
ifconfig
netstat -nr
netstat -anpe

# ==== securite
getenforce
iptables -t nat     -L
iptables -t filter -L
iptables -t mangle -L
last

# ---- cloture
set -
exec > /dev/tty  2> /dev/tty
cp /tmp/bidule$$ /etc/.diag.txt
tar czf /root/etc_$(date '+%m%d%H%M').tar.gz /etc /var/log/messages
mv /tmp/bidule$$ /root/diag.txt.$(date '+%m%d%H%M')
```

2. Exécuter le script.

Remarque : le script pourrait être activé par un crontab par exemple.

```
# chmod +x  diagnostic.sh
# ./diagnostic.sh
```

3. Visualiser les résultats.

```
# more  /etc/.diag.txt
...
# tar tzvf /root/etc_*.tar.gz
```

Tâche 2 :
Se renseigner sur un logiciel : les commandes strace, strings...

1. Activer une commande sous le contrôle de strace, visualiser les appels système.

```
# strace ls -l 2> /tmp/ls_strace.log
-rw-r--r--   1 root  root         1286 Jan 20 10:36 anaconda-ks.cfg
-rw-r--r--   1 root  root           72 Feb  4 15:52 charge_cpu.sh
...
# more /tmp/ls_strace.log
execve("/bin/ls", ["ls", "-l"], [/* 22 vars */]) = 0
uname({sys="Linux", node="linux1.pinguins", ...}) = 0
brk(0)                                  = 0x8738000
access("/etc/ld.so.preload", R_OK)      = -1 ENOENT (No such file or directory)
open("/etc/ld.so.cache", O_RDONLY)      = 3
...
```

2. Visualiser les fichiers accédés par Apache au démarrage. On ne tient pas compte des bibliothèques.

```
# /etc/init.d/httpd stop
# strace /usr/sbin/httpd 2> /tmp/httpd_strace.log
# grep '^open' /tmp/httpd_strace.log  |grep -v '\.so' |more
open("/etc/httpd/conf/httpd.conf", O_RDONLY) = 3
```

```
open("/etc/httpd/conf.d", O_RDONLY|O_NONBLOCK|O_LARGEFILE|O_DIRECTORY) = 4
open("/etc/httpd/conf.d/manual.conf", O_RDONLY) = 4
open("/etc/httpd/conf.d/perl.conf", O_RDONLY) = 4
open("/etc/httpd/conf.d/php.conf", O_RDONLY) = 4
open("/etc/httpd/conf.d/python.conf", O_RDONLY) = 4
open("/etc/httpd/conf.d/ssl.conf", O_RDONLY) = 4
open("/etc/httpd/conf.d/webalizer.conf", O_RDONLY) = 4
open("/etc/httpd/conf.d/welcome.conf", O_RDONLY) = 4
open("/dev/urandom", O_RDONLY)           = 3
open("/dev/urandom", O_RDONLY)           = 3
open("/etc/nsswitch.conf", O_RDONLY)     = 5
open("/etc/passwd", O_RDONLY)            = 5
open("/etc/group", O_RDONLY)             = 5
open("/etc/resolv.conf", O_RDONLY)       = 5
open("/etc/host.conf", O_RDONLY)         = 5
open("/etc/hosts", O_RDONLY)             = 5
open("/dev/null", O_RDONLY|O_LARGEFILE) = 5
open("/usr/lib/perl5/5.8.5/i386-linux-thread-multi/DynaLoader.pm", O_RDONLY|O_LA
RGEFILE) = 5
open("/usr/lib/perl5/5.8.5/i386-linux-thread-multi/vars.pm", O_RDONLY|O_LARGEFIL
E) = -1 ENOENT (No such file or directory)
# /etc/init.d/httpd stop
```

3. Surveiller un démon et ses enfants.

```
# yum -q -y install cups
# service cups start
Starting cups:                                    [ OK ]
# ps -e |grep cupsd
3245 ?        00:00:00 cupsd
# strace -p 3245 -f > /tmp/cups_strace.log  2>&1 &
[1] 7173
# tail -f /tmp/cups_strace.log
...
epoll_wait(4,
```

Dans une autre fenêtre, on interroge le démon.

```
# lpstat
scheduler is running
...
# more /tmp/cups_strace.log
Process 3245 attached - interrupt to quit
select(1024, [0 2 3], [], NULL, {210, 792000}) = 1 (in [2], left {205, 996000})
recvfrom(2, "3056 3 ipp://192.168.0.2/printer"..., 1540, 0, {sa_family=AF_INET,
sin_port=htons(631), sin_addr=inet_addr("192.168.0.2")}, [16]) = 112
...
# pkill strace
[1]+  Done                    strace -p 3245 -f >/tmp/cups_strace.log 2>&1
```

4. Afficher les chaînes ASCII d'un binaire.

```
# strings /usr/sbin/httpd
/lib/ld-linux.so.2
libpcre.so.0
_DYNAMIC
_GLOBAL_OFFSET_TABLE_
_Jv_RegisterClasses
```

```
__gmon_start__
libpcreposix.so.0
libaprutil-0.so.0
apr_brigade_puts
apr_brigade_split
apr_brigade_partition
apr_hook_sort_all
...
```

5. Afficher les commentaires RCS/CVS d'un binaire.

```
# yum -q -y install rcs
# ident /usr/bin/ab
/usr/bin/ab:
     $Revision: 1.141 $
     $Revision: 1.141 $
```

6. Afficher les bibliothèques dynamiques référencées dans un exécutable.

```
# ldd /usr/sbin/httpd
        libpcre.so.0 => /lib/libpcre.so.0 (0x0088c000)
        libpcreposix.so.0 => /usr/lib/libpcreposix.so.0 (0x0024d000)
        libaprutil-0.so.0 => /usr/lib/libaprutil-0.so.0 (0x00a78000)
        libldap-2.2.so.7 => /usr/lib/libldap-2.2.so.7 (0x009a9000)
        liblber-2.2.so.7 => /usr/lib/liblber-2.2.so.7 (0x006a0000)
...
```

7. Afficher les en-têtes.

```
# objdump -x /usr/sbin/httpd |more

/usr/sbin/httpd:      file format elf32-i386
/usr/sbin/httpd
architecture: i386, flags 0x00000150:
HAS_SYMS, DYNAMIC, D_PAGED
start address 0x0000f060

Program Header:
    PHDR off    0x00000034 vaddr 0x00000034 paddr 0x00000034 align 2**2
        filesz 0x00000100 memsz 0x00000100 flags r-x
# readelf -a /usr/sbin/httpd |more
ELF Header:
  Magic:   7f 45 4c 46 01 01 01 00 00 00 00 00 00 00 00 00
  Class:                             ELF32
  Data:                              2's complement, little endian
  Version:                           1 (current)
  OS/ABI:                            UNIX - System V
  ABI Version:                       0
  Type:                              DYN (Shared object file)
  Machine:                           Intel 80386
...
```

Tâche 3 :
Les processus

1. Saisir le source en langage C d'une application gérant des processus. Compiler l'application.

L'application se clone via l'appel fork(). Le processus fils (le code correspondant à la valeur 0 de l'appel fork()) active, via l'appel execlp(), l'exécutable associé à la commande cal. Un zombie apparaît lors de la terminaison de l'application fille. Il disparaît au bout de 20 secondes. Le processus père via l'appel `wait()` attend la terminaison du processus fils et récupère ainsi le code retour du fils. C'est cet appel qui met fin au zombie.

```
# vi zombie.c
# include <stdio.h>
# include <stdlib.h>
# include <unistd.h>
# include <sys/types.h>
# include <sys/wait.h>

main( int argc, char ** argv) {
        int status;
        if ( fork() == 0 )
                execlp("cal","cal", argv[1],argv[2],0);
        else {
                sleep(20);
                wait(&status);
                printf("code retour:%d\n", WEXITSTATUS(status));
                exit(0);
        }
}
# cc zombie.c
```

2. Activer l'application.

a) Activer l'application en tâche fond. Son PID est affiché par le shell (12236).

```
# strace ./a.out 6 1944 2> trace.txt &
[1] 12236
#       June 1944
Su Mo Tu We Th Fr Sa
             1  2  3
 4  5  6  7  8  9 10
11 12 13 14 15 16 17
18 19 20 21 22 23 24
25 26 27 28 29 30
```

b) Lister les processus. Le processus fils, apparaît avec le qualificatif <defunct>, c'est-à-dire zombie. La commande `ps -l` affiche un Z pour zombie.

```
# ps
  PID TTY          TIME CMD
 1388 pts/2     00:00:00 bash
12236 pts/2     00:00:00 strace
12237 pts/2     00:00:00 a.out
12238 pts/2     00:00:00 cal <defunct>
12239 pts/2     00:00:00 ps
# ps -l -p 12238
F S   UID   PID  PPID  C PRI  NI ADDR SZ WCHAN  TTY          TIME CMD
0 Z     0 12238 12237  0  80   0 -     0 -      pts/2    00:00:00 cal <defunct>
```

c) Essayer de tuer le zombie.

Remarque : il n'est pas possible de tuer un zombie, même en tant qu'administrateur et même si l'on utilise le signal 9. Le processus est déjà mort. Il ne persiste que pour mémoriser son code retour récupérable par l'appel `wait()` du père. Si on tue le père, le zombie n'a plus de raison d'être et disparaît.

```
# kill -9 12238
# ps |grep cal
```

```
12238 pts/2    00:00:00 cal <defunct>
#code retour:0
[1]+  Done                    strace ./a.out 6 1944 2> trace.txt
```

d) Afficher la trace des appels système.

Remarque : sous Linux, l'appel `fork()` est interprété par la libc qui le traduit en appel système `clone()`.

```
# more trace.txt
execve("./a.out", ["./a.out", "6", "1944"], [/* 21 vars */]) = 0
brk(0)                         = 0x8d1d000
...
clone(child_stack=0, flags=CLONE_CHILD_CLEARTID|CLONE_CHILD_SETTID|SIGCHLD, chil
d_tidptr=0xb7850728) = 12238
rt_sigprocmask(SIG_BLOCK, [CHLD], [], 8) = 0
rt_sigaction(SIGCHLD, NULL, {SIG_DFL, [], 0}, 8) = 0
rt_sigprocmask(SIG_SETMASK, [], NULL, 8) = 0
nanosleep({20, 0}, {19, 983125804})    = ? ERESTART_RESTARTBLOCK (To be restart
ed)
--- SIGCHLD (Child exited) @ 0 (0) ---
restart_syscall(<... resuming interrupted call ...>) = 0
wait4(-1, [{WIFEXITED(s) && WEXITSTATUS(s) == 0}], 0, NULL) = 12238
fstat64(1, {st_mode=S_IFCHR|0620, st_rdev=makedev(136, 2), ...}) = 0
mmap2(NULL, 4096, PROT_READ|PROT_WRITE, MAP_PRIVATE|MAP_ANONYMOUS, -1, 0) = 0xb7
857000
write(1, "code retour:0\n", 14)        = 14
```

Tâche 4 :
Logwatch

1. Vérifier la présence du logiciel Logwatch, et l'installer au besoin.

```
# yum -q -y install logwatch
# rpm -q logwatch
logwatch-7.3.6-48.1.el6.noarch
```

2. Visualiser la documentation et l'aide en ligne

```
# man logwatch
# more /usr/share/doc/logwatch-*/HOWTO-Customize-LogWatch
# logwatch --help
# logwatch --range help
...
    --range today
    --range yesterday
    --range '4 hours ago for that hour'
    --range '-3 days'
    --range 'since 2 hours ago for those hours'
    --range 'between -10 days and -2 days'
    --range 'Apr 15, 2005'
    --range 'first Monday in May'
    --range 'between 4/23/2005 and 4/30/2005'
    --range '2005/05/03 10:24:17 for that second'
```

3. Visualiser la configuration par défaut.

```
# more /usr/share/logwatch/default.conf/logwatch.conf
# grep -v -e '^ *#' -e '^$' $_
LogDir = /var/log
```

```
TmpDir = /var/cache/logwatch
MailTo = root
MailFrom = Logwatch
Print =
Range = yesterday
Detail = Low
Service = All
Service = "-zz-network"      # Prevents execution of zz-network service, which
Service = "-zz-sys"          # Prevents execution of zz-sys service, which
Service = "-eximstats"       # Prevents execution of eximstats service, which
mailer = "sendmail -t"
```

4. Logwatch est activé en standard de manière journalière.

```
# ls -l /etc/cron.daily/0logwatch
-rwxr-xr-x 1 root root 265 Dec  3  2009 /etc/cron.daily/0logwatch
```

5. Lister les différents services (paramètres possibles de l'option –service). Afficher la configuration d'un service.

```
# ls /usr/share/logwatch/default.conf/services/
afpd.conf              in.qpopper.conf        resolver.conf
amavis.conf            init.conf              rt314.conf
arpwatch.conf          ipop3d.conf            samba.conf
...
# grep -v -e '^#' -e '^$' /usr/share/logwatch/default.conf/services/cron.conf
Title = "Cron"
LogFile = cron
```

6. Afficher un compte-rendu d'un service (yum, sshd, iptables...).

```
# logwatch --service yum --print
#################### Logwatch 7.3.6 (05/19/07) ####################
        Processing Initiated: Mon Aug 30 19:59:35 2010
        Date Range Processed: yesterday
                            ( 2010-Aug-29 )
                            Period is day.
     Detail Level of Output: 0
             Type of Output: unformatted
          Logfiles for Host: linux01.pinguins
 ################################################################
 -------------------- yum Begin ----------------------
Packages Installed:
   rpcbind-0.2.0-4.1.el6.i686
...
```

7. Afficher un compte-rendu du service Cron. Explorer également les archives. Utiliser un haut niveau de détail.

```
# logwatch --service cron --range all --detail high --print --achives |more
#################### Logwatch 7.3.6 (05/19/07) ####################
        Processing Initiated: Mon Aug 30 22:42:40 2010
        Date Range Processed: all
      Detail Level of Output: 10
             Type of Output: unformatted
          Logfiles for Host: linux01.pinguins
 ################################################################
 -------------------- Cron Begin ----------------------
Commands Run:
   User munin:
```

```
            test -x /usr/bin/munin-cron && /usr/bin/munin-cron: 2981 Time(s)
     User root:
          /usr/lib/sa/sa1 -S DISK 1 1: 2352 Time(s)
          /usr/lib/sa/sa2 -A: 16 Time(s)
```

8 Stocker dans un fichier un rapport concernant l'activité du service Cron pour la période des trois derniers jours.

```
# logwatch --service yum --range 'between -3 days and today' --detail high --
save yum.logw
# more yum.logw
```

9. Envoyer en e-mail un rapport global du système (de l'ensemble des services) peu détaillé, concernant la journée d'hier à l'utilisateur guest.

On récupère le rapport créé dans la boîte aux lettres de l'utilisateur et on le sauvegarde dans le fichier rapport.txt.

```
# logwatch --service all --range yesterday --detail low --mailto guest@localhost
# su - guest
$ mail
Heirloom Mail version 12.4 7/29/08.  Type ? for help.
"/var/spool/mail/guest": 1 message 1 new
>N  1 logwatch@linux01.pin  Mon Aug 30 23:06 234/6251   "Logwatch for linux01."
& s rapport.txt
"rapport.txt" [New file] 236/6271
& q
$ more rapport.txt
$ exit
```

10. Lire les rapports générés automatiquement par Logwatch en standard.

```
# mail
```

Tâche 5 :
Rsyslog

1. Vérifier que Rsyslog est installé et utilisé.

```
# rpm -q rsyslog
rsyslog-4.4.2-3.el6.i686
# ps -e |grep rsyslogd
  918 ?        00:00:00 rsyslogd
```

2. Afficher la configuration.

Le fichier comporte de grandes modifications par rapport à syslog.conf. Toutes les nouvelles directives commencent par « $ ».

Le programme rklogd est remplacé par un plug-in (imklog.so). La possibilité d'avoir des messages régulièrement écrits dans les journaux pour prouver que le service Rsyslog est vivant est maintenant fournie par le module inmark.so qui dans l'exemple est en commentaire. De même sont en commentaire les modules qui permettent à Rsyslog de recueillir des messages d'autres serveurs reliés en réseau.

Dans le paragraphe « GLOBAL DIRECTIVES », la directive $ActionFileEnableSync permet d'avoir les messages écrits sur disque de manière synchrone. Cette directive est en commentaire, donc l'écriture des messages à journaliser est buffeurisée. En cas de crash, on peut perdre des messages.

Le paragraphe indiqué par le commentaire « RULES » reste compatible avec l'ancienne syntaxe de Syslog. Le fichier se termine par un exemple de configuration (mis en commentaire) qui permet de rediriger les messages vers un autre serveur.

```
# more /etc/rsyslog.conf
#rsyslog v3 config file
```

```
# if you experience problems, check
# http://www.rsyslog.com/troubleshoot for assistance
#### MODULES ####
$ModLoad imuxsock.so    # provides support for local system logging (e.g. via lo
gger command)
$ModLoad imklog.so  # provides kernel logging support (previously done by rk
logd)
#$ModLoad immark.so     # provides --MARK-- message capability
# Provides UDP syslog reception
#$ModLoad imudp.so
#$UDPServerRun 514
# Provides TCP syslog reception
#$ModLoad imtcp.so
#$InputTCPServerRun 514
#### GLOBAL DIRECTIVES ####

# Use default timestamp format
$ActionFileDefaultTemplate RSYSLOG_TraditionalFileFormat

# File syncing capability is disabled by default. This feature is usually not re
quired,
# not useful and an extreme performance hit
#$ActionFileEnableSync on

#### RULES ####
# Log all kernel messages to the console.
# Logging much else clutters up the screen.
#kern.*                                          /dev/console
# Log anything (except mail) of level info or higher.
# Don't log private authentication messages!
*.info;mail.none;authpriv.none;cron.none         /var/log/messages
# The authpriv file has restricted access.
authpriv.*                                       /var/log/secure
# Log all the mail messages in one place.
mail.*                                          -/var/log/maillog
# Log cron stuff
cron.*                                           /var/log/cron
# Everybody gets emergency messages
*.emerg
# Save news errors of level crit and higher in a special file.
uucp,news.crit                                   /var/log/spooler
# Save boot messages also to boot.log
local7.*                                         /var/log/boot.log

# ### begin forwarding rule ###
# The statement between the begin ... end define a SINGLE forwarding
# rule. They belong together, do NOT split them. If you create multiple
# forwarding rules, duplicate the whole block!
# Remote Logging (we use TCP for reliable delivery)
#
# An on-disk queue is created for this action. If the remote host is
# down, messages are spooled to disk and sent when it is up again.
#$WorkDirectory /var/spppl/rsyslog # where to place spool files
#$ActionQueueFileName fwdRule1 # unique name prefix for spool files
```

```
#$ActionQueueMaxDiskSpace 1g    # 1gb space limit (use as much as possible)
#$ActionQueueSaveOnShutdown on # save messages to disk on shutdown
#$ActionQueueType LinkedList    # run asynchronously
#$ActionResumeRetryCount -1     # infinite retries if host is down
# remote host is: name/ip:port, e.g. 192.168.0.1:514, port optional
#*.* @@remote-host:514
# ### end of the forwarding rule ###
```

3. Utiliser Rsyslog comme Syslog.

Modifier la configuration pour rediriger les messages destinés au sous-système `user`. Relancer le démon pour prendre en charge la nouvelle configuration. Réaliser un test en envoyant un message à journaliser.

```
# cp /etc/rsyslog.conf /etc/rsyslog.conf.000
# vi /etc/rsyslog.conf
...
user.*              /var/log/user.log
# /etc/init.d/rsyslog restart
# logger -p user.warn "On utilise Rsyslog"
# tail /var/log/user.log
Aug 31 09:03:37 linux01 root: On utilise Rsyslog
```

4. Ajouter un modèle et un sélecteur qui l'utilise.

```
# cp /etc/rsyslog.conf /etc/rsyslog.conf.001
# vi /etc/rsyslog.conf
...
$template Format1,"Msg User\n Time:%TIMESTAMP%\n Msg:%msg%\n",
user.*  /var/log/user.log;Format1
# /etc/init.d/rsyslog restart
# logger -p user.warn "The weather is fine today"
# tail /var/log/user.log
# tail /var/log/user.log
Aug 31 09:03:37 linux01 root: On utilise Rsyslog
Aug 31 09:13:35 linux01 root: The weather is fine today
Msg User
 Time:Aug 31 09:13:35
 Msg: The weather is fine today
```

5. Utiliser une base de données.

a) Installer MySQL et l'activer.

```
# yum -q -y install mysql mysql-server
# service mysqld start
```

b) Installer le module MySQL de Rsyslog.

```
# yum -q -y install rsyslog-mysql
```

c) Créer la base de données et les tables qui abriteront les journaux.

```
# more /usr/share/doc/rsyslog-mysql-*/createDB.sql
CREATE DATABASE Syslog;
USE Syslog;
CREATE TABLE SystemEvents
(
        ID int unsigned not null auto_increment primary key,
        CustomerID bigint,
...
# mysql < /usr/share/doc/rsyslog-mysql-*/createDB.sql
```

d) Créer un utilisateur MySQL ayant les privilèges d'ajouter des événements.

```
# mysql
...
mysql> grant all on Syslog.* to paul@localhost identified by 'secret';
mysql> quit
```

e) Modifier la configuration de Rsyslog : ajouter le module MySQL et un sélecteur qui envoie l'ensemble des messages vers la base MySQL. Le sélecteur contient l'adresse du serveur MySQL (localhost), le nom de la base (Syslog), le nom de l'utilisateur MySQL sous lequel on se connecte (paul) et son mot de passe (secret).

```
# cp /etc/rsyslog.conf /etc/rsyslog.conf.002
# vi /etc/rsyslog.conf
...
$ModLoad        MySQL
...
*.*      >localhost,Syslog,paul,secret
# service rsyslog restart
```

Remarques:

1) SELinux doit être désactivé (Permissive ou Disable).

2) On peut concentrer les journaux de plusieurs serveurs dans une même base MySQL (le nom du serveur est un champ de la table SystemEvents).

3) On peut utiliser une base de données pour un selecteur particulier (mail.*) ou pour l'ensemble des messages (*.*) ou pour une suite de sélecteurs (mail.*;*.emerg).

f) Tester : on génère un message et ensuite on le visualise dans les tables de MySQL.

```
# logger -p user.info "Utilisation de MySQL"
# mysql Syslog -e "select * from SystemEvents"
| EventUser | EventCategory | EventID | EventBinaryData | MaxAvailable |
CurrUsage | MinUsage | MaxUsage | InfoUnitID | SysLogTag | EventLogType |
GenericFileName | SystemID |
...
# mysql Syslog -e "select ReceivedAt,Message from SystemEvents"
+--------------------+--------------------------------------------------------
----------------------------------------------------+
| ReceivedAt         | Message
|
+--------------------+--------------------------------------------------------
----------------------------------------------------+
| 2010-08-31 09:31:11 | imklog 4.4.2, log source = /proc/kmsg started.
|
| 2010-08-31 09:31:11 | [origin software="rsyslogd" swVersion="4.4.2" x-
pid="11341" x-info="http://www.rsyslog.com"] (re)start |
| 2010-08-31 09:31:42 | Utilisation de MySQL
|
+--------------------+--------------------------------------------------------
----------------------------------------------------+
```

Tâche 6 : PhpLogCon

1. Récupérer le logiciel.

Il est possible de récupérer PhpLogCon sur le site suivant :
http://loganalyzer.adiscon.com/downloads/phplogcon-2-8-1-v2-stable

PhplogCon permet de visualiser les journaux en mode graphique à partir d'une interface Web. La source des messages est un simple fichier journal ou une source MySQL.

2. Décompresser le logiciel et copier les scripts PHP dans l'arborescence du serveur Web.

De plus, on crée le fichier config.php vide. Il sera mis à jour via l'interface Web. Enfin, on rend accessible au serveur Web l'arborescence de PhpLogCon.

```
# tar xf phplogcon-2.8.1.tar.gz
# cp -r phplogcon-2.8.1/src/ /var/www/html/
# cd /var/www/html/
# mv src/  phplogcon
# touch phplogcon/config.php
# chmod 666 phplogcon/config.php
# chown apache:apache phplogcon/
# cd
```

3. Installer PHP et le module MySQL de PHP. Vérifier que le serveur Web est actif.

```
# yum -q -y install php
# yum -q -y install php-mysql
# service httpd restart
# service httpd status
httpd (pid 11434) is running...
```

4. Configurer PhpLogCon.

a) Activer une session Web avec l'URL http://192.168.0.1/phplogcon/install.php

b) « Step 1 : Prerequesites ». On appuie sur le bouton « next ».

c) « Step 2 : Verify File Permissions ». On appuie sur le bouton « next ».

d) « Step 3 : Base Configuration ». On appuie sur le bouton « next ».

e) « Step 7 : Create the First source for Syslog messages ».

Dans cette étape on spécifie la source des événements (le journal). On remplit le formulaire suivant :

```
Name of the source:      My Syslog Source
Source type:             MySQL Native
Select view:             Syslog Fields
Table type:              MonitorWare
Database Host:           localhost
Database Name:           Syslog
Database Table:          SystemEvents
Database User:           paul
Database Password:       secret
```

Ensuite, on appuie sur le bouton « next ».

f) « Step 8 : Done ». On appuie sur le bouton « Finish ».

Remarque : il est important de respecter la casse (pour le nom de la base de données, de la table, de l'utilisateur et du mot de passe).

g) Visualiser la configuration ainsi générée.

```
# more /var/www/html/phplogcon/config.php
```

5. On accède au journal.

On accède au journal grâce à l'URL http://192.168.0.1/phplogcon/index.php . On joue ensuite avec l'interface.

Tâche 7 :
Diagnostiquer et réparer un système

1. Récupérer le logiciel breaksys et le compiler.

Le logiciel `breaksys` essaye de provoquer des pannes sur votre système. C'est à vous de le réparer. Vous pouvez le récupérer avec son source à partir du site Tsoft (cf. Avant-Propos). Le source contient les commandes qui ont provoqué le problème ainsi que les commandes qui permettent de le diagnostiquer et de réparer.

ATTENTION ! Ne pas exécuter ce programme sur une machine en exploitation.

```
# unzip breaksys.zip
# cd break
# ls
breaksys  breaksys.c  README.txt  securise  securise.c
# more README.txt
...
```

Remarque : si besoin, on peut recompiler les applications qui constituent breaksys :

```
# cc -o breaksys breaksys.c
# cc -o securise securise.c
```

2. Activer le logiciel et provoquer une panne.

```
# ./breaksys


          Nature des problemes

 1 - crontab
 2 - crontab
 3 - crontab
 4 - utilisateurs & droits
 5 - utilisateurs & droits
 6 - utilisateurs & droits
 7 - utilisateurs & droits
 8 - syslog
 9 - FS
10 - FS
11 - FS
12 - Demarrage [long]
13 - Demarrage
14 - mail
15 - mail
16 - Reseau
17 - Reseau


Votre choix (99:sortie) ? 1
============================================================
l'utilisateur guest ne peut pas creer de crontab
============================================================
[Le systeme sera endomage apres avoir frappe sur validation]
...Vous pouvez encore interrompre le programme par Ctrl-C!
^C
#
```

- *RAM, SWAP, CPU, IO*

- *vmstat, sar*

- */proc/**

- */var/log/sa/sa12*

- *ulimit –a, chattr +A*

13

Compléments

Objectifs

Ce chapitre traite de sujets divers qui complètent les autres chapitres. En particulier tout ce qui concerne les particularités associées à un pays (langues, heure, clavier) et les tâches périodiques (rotation des journaux, anacron…). On présente enfin les terminaux série.

Contenu

L'environnement

La localisation

L'heure

Le clavier

Chkconfig

Logrotate

Les travaux périodiques

Anacron

Les terminaux et la liaison série

Ateliers

L'environnement

La théorie

Quelle que soit l'application (une simple commande comme `ls` ou un service réseau comme Apache), elle possède un espace mémoire dit d'environnement. Cet espace est fait de variables d'environnement qui ont un nom et une valeur sous forme d'une chaîne de caractères, par exemple : `TAPE=/dev/st0`. Par convention, le nom d'une variable d'environnement est en majuscules.

La particularité de cet espace est d'être hérité de processus père en processus fils : une application reçoit en héritage une copie de l'environnement de l'application qui l'a activée (via les appels systèmes `fork()` et `exec()`).

Le shell permet facilement de modifier l'environnement.

Le savoir concret

Les commandes

export	Cette commande interne du shell met une variable dans l'environnement.
env	Liste les variables d'environnement et leur valeur.
unset	Cette commande interne du shell détruit une variable.

Les fichiers

/proc/<PID>/environ	L'environnement du processus PID.
/etc/environment	Paramètre l'environnement notamment des sessions.

Quelques variables d'environnement

USER, LOGNAME	Le nom de l'utilisateur connecté.
HOME	Le répertoire de connexion.
LANG, LC_ALL, LC_*	Les variables de localisation.
PATH	Les chemins de répertoires où sont recherchées les commandes.
TERM	Le type du terminal.
SHELL	Le shell utilisé à la connexion.
TZ	Spécifie le décalage horaire. Permet de calculer l'heure locale.
PRINTER, LPDEST	L'imprimante par défaut.
LD_LIBRARY_PATH	Dans quels répertoires une application doit rechercher ses bibliothèques dynamiques.
DISPLAY	L'adresse du terminal X (doit être connu des clients X).

Initialisation de l'environnement

init	Le programme `init` fixe notamment la variable PATH.
login	Le programme `login` initialise une session. Le plus souvent il active un shell.
pam_env.so	Cette bibliothèque fixe l'environnement de plusieurs applications (comme login ou crond) par l'intermédiaire du fichier /etc/security/pam_env.conf.

bash   Le shell est le moyen le plus simple de changer l'environnement, soit en positionnant une variable dans la ligne de commande soit en modifiant l'environnement du shell grâce à la commande interne export.

Les fichiers de démarrage du shell Bash

En bref, pour un shell de connexion (cf. man du bash pour une vision plus complète), les scripts de l'administrateur /etc/profile et /etc/profile.d/* sont exécutés. Ensuite le script de l'utilisateur ~/.bash_profile est exécuté. Ce dernier active ~/.bashrc qui active lui-même /etc/bashrc. Le script $ENV est également exécuté. Si le fichier ~/.bash_profile n'existe pas, c'est le fichier ~/.profile qui est exécuté à sa place.

Remarque : le répertoire /etc/skel/ contient les modèles des fichiers de démarrage. Ceux-ci sont recopiés dans le répertoire de connexion d'un nouvel utilisateur.

Pour en savoir plus

Les pages de manuel

bash(1), environ(7), login(1), exec(P), exec(3), execve(2), env(1), init(8), useradd(8)

Remarque : ce sont les applications qui exploitent les variables d'environnement. C'est donc dans leurs pages de manuel qu'est spécifiée leur signification. Par exemple, la variable TAPE est décrite dans le paragraphe ENVIRONMENT du manuel de la commande dump.

dump(8), man(1), bash(1), ssh(1)…

Internet

Wikipedia – Environment variable
http://en.wikipedia.org/wiki/Environment_variable

La localisation

La théorie

La localisation correspond à la configuration des applications pour qu'elles tiennent compte de la langue de l'utilisateur. Cette localisation passe principalement par le paramétrage de variables d'environnement.

La valeur d'une variable de localisation

Une variable de localisation a souvent la structure `ab_CD[.norme][@variante]` où ab désigne la langue (spécifié par la norme ISO-639) et CD désigne le pays de l'utilisateur (spécifié par la norme ISO-3166).

Exemples simples : fr_FR, fr_CH, de_DE, de_CH, pt_BR respectivement le français de France, le français de Suisse, l'allemand d'Allemagne, l'allemand de Suisse et le portugais du Brésil.

Il y a encore très peu de temps, la norme la plus utilisée en France était l'ISO-8859-1, appelée également latin-1. Cette norme comprend 256 caractères codés sur un octet et qui en plus des caractères les plus courants (lettres, chiffres, signes mathématiques...) inclut les caractères spéciaux pour la plupart des langues européennes (umlaut allemand, caractères accentués français...). La norme ISO-8859-15 ou latin-9, est une extension de la norme précédente qui notamment inclus le caractère représentant l'euro (€). Par exemple, une variable de localisation pour le français de France utilisant la norme ISO précitée a la forme suivante : fr_FR.ISO-8859-15@euro.

La valeur « C » ou POSIX correspond à un paramétrage POSIX ou ISO (dit aussi Langage C). La langue associée est l'anglais. Son utilisation garantit une totale portabilité de l'application.

L'Unicode

L'Unicode est un standard qui permet de représenter chaque caractère et chaque symbole des différents langages qui existent de par le monde. Les codes actuellement disponibles s'expriment sur 16 bits et les 256 premières entrées sont identiques à la norme ISO-8859-1.

L'Unicode permet dans un même document de mélanger les codes provenant de différentes langues.

Il existe l'Unicode UTF-8 et UTF-16 (UTF=Unicode Transfer Format). L'UTF-16 s'exprime sur 16 bits. L'UTF-8 lui, est composé d'octets (8 bits). Ainsi les 127 premiers codes correspondent à l'ASCII. Pour exprimer les caractères non ASCII, on doit utiliser plusieurs octets. Les premiers bits du premier octet indiquent sur combien d'octets est défini le caractère.

Évidemment, l'Unicode est adapté à l'environnement graphique.

Remarque : bien que l'Unicode se révèle surtout utile en mode graphique, il est de plus en plus utilisé également en mode texte. Ne pas oublier qu'un émulateur de terminal s'exécute le plus souvent dans un environnement graphique. Rien ne l'empêche d'interpréter l'Unicode.

Le savoir concret

Les variables d'environnement

LANG	Définit par défaut toutes les variables de localisation.
LC_ALL	Idem.

Il existe des variables spécifiques POSIX, globalement référencées par LC_* :

LC_COLLATE	Définit l'ordre alphabétique pour les chaînes de caractères.
LC_CTYPE	Définit les types de caractères : les lettres, les numériques… Définit également le jeu de caractères.
LC_MESSAGES	Définit la localisation des messages du logiciel.
LC_MONETARY	Définit le symbole monétaire.
LC_TIME	Définit le format des dates et des heures.
LC_NUMERIC	Définit le symbole décimal et le séparateur des milliers.

Il existe aussi d'autres variables non-Posix :

LANGUAGE	Liste de langues séparées par deux-points (:).
LINGUAS	Liste de langues séparées par des espaces. Utilisée par KDE et OpenOffice.

Remarque : si l'on définit à la fois l'ensemble de ces variables, LC_ALL l'emporte sur les variables LC_*. LC_* et LC_ALL l'emportent sur la variable LANG.

Les commandes

iconv	Transcode un fichier (en UTF-8, en ISO-8859…).
locale	Affiche les locales et leur valeur.
locale -a	Affiche les choix possibles.

Particularité des distributions

RedHat

/etc/sysconfig/i18n	Ce fichier contient la définition de la variable LANG.
system-config-language	Modifie la langue du système.

SUSE

/etc/sysconfig/language	Ce fichier contient la définition de la variable LANG.

Debian

On définit les paramètres régionaux et la variable LANG grâce à la commande `dpkg-reconfigure locales`.

Le fichier /etc/environment contient la définition de la variable LANG.

Pour en savoir plus

Les pages de manuel

bash(1), locale(1), setlocale(1), locale(5), locale(7), localdef(1), ascii(7), utf-8(7), unicode(7), loadunimap(8), unicode_start(1), unicode_stop(1), psfxtable(1), iconv(1)

Howto

German-Howto, Hebrew-Howto, Helenic-Howto, Turkish-Howto, Spanish-Howto, Thai-Howto, Helenic-Howto, Italian-Howto, Serbian-Howto, Portuguese-Howto.

Unicode-Howto

Internet

Francophones-Howto
http://www.linux.com/howtos/Francophones-HOWTO.shtml

Utiliser et configurer Debian GNU/Linux pour le français
http://www.debian.org/doc/manuals/fr/debian-fr-howto/index.html

SUSE : comment résoudre les problèmes d'accents français
http://frenchsuse.free.fr/aide-suse_accents.html

L'heure

La théorie

Horloge interne et heure système

Un ordinateur possède une horloge interne (un périphérique) connectée à une batterie qui lui permet de rester en fonction même quand l'ordinateur est arrêté.

Le système Linux, par l'intermédiaire du noyau, possède une horloge qui sert de base de temps pour toutes les opérations effectuées : les dates de mise à jour des fichiers, les dates des actions consignées dans les journaux de bord… L'horloge du noyau, qui donne l'heure système, est initialisée par rapport à l'heure de l'horloge interne au démarrage. Il faut ensuite que ces horloges restent synchronisées.

Des ordinateurs en réseau

Dès que l'on utilise des applications client/serveur sensibles (liées à la sécurité, gérant des bases de données…), il faut impérativement que les horloges système soient synchronisées. Le protocole standard NTP est fait pour cela.

Il existe sur Internet plusieurs serveurs de temps accessibles librement qui donnent l'heure exacte (l'heure atomique). Ils récupèrent par radio l'heure officielle.

Heure locale et heure GMT

Le noyau Linux utilise en interne l'heure universelle appelée UTC ou GMT (Universal Time Coordinated, Greenwich Mean Time). Ainsi les dates de modifications ou d'accès à un fichier sont mémorisées en temps universel. Mais pour le bien-être des utilisateurs, les heures sont affichées en heure locale, qui tient compte du décalage horaire.

Le savoir concret

Les commandes

hwclock	Récupère ou modifie l'heure de l'horloge interne. Permet également de mettre à jour l'heure système ou inversement de se synchroniser sur l'heure système.
date	Affiche la date et heure système.
ntpdate	Synchronise l'heure système par rapport à un serveur NTP. Cette action est typiquement réalisée au démarrage.
ntpd	Démon NTP, il sert à garder synchronisés des ordinateurs. Il peut être client et/ou serveur.

Les fichiers

/etc/ntpd.conf	Fichier de configuration du démon ntpd.
/etc/ntp.drift	Fichier « driftfile » contenant les données d'ajustement de l'heure (les dérives des horloges). Le nom réel du fichier est indiqué dans /etc/ntpd.conf.
/etc/localtime	Indique le décalage horaire par défaut. Lien sur un fichier de l'arborescence /usr/share/zoneinfo. La variable TZ est prioritaire.
/usr/share/zoneinfo	La base de données contenant les données de décalage horaire.

L'environnement

TZ — Cette variable mémorise soit les règles permettant le calcul de l'heure locale soit une clé donnant accès à une base de données renfermant ces règles.

Protocoles

123/udp — NTP (Network Time Protocol).

Focus : La variable d'environnement TZ

La variable d'environnement TZ permet à une application de calculer l'heure locale. Elle a deux syntaxes :

La syntaxe Posix

On a d'abord un code qui indique la zone géographique ou le pays et ensuite le décalage horaire. Ce dernier est positif vers l'Ouest et négatif vers l'Est. On peut avoir ensuite des expressions qui permettent le calcul de l'heure d'été. Exemples :

AST4 — Décalage horaire au Québec (-4h, AST=Atlantic Standard Time).

JST-9 — Décalage horaire du Japon (+9h, JST=Japan Standard Time).

La syntaxe moderne

On a tout simplement un continent suivi d'une ville. Les bibliothèques de gestion du temps vont permettre d'accéder à une base de données stockées dans l'arborescence /usr/share/zoneinfo/. Exemples :

Europe/Paris — Décalage pour la France, l'heure d'été est prise en compte.

America/Martinique — Décalage horaire à la Martinique.

Les particularités des distributions

Redhat

system-config-time ou system-config-date Configure l'heure.

/etc/sysconfig/ntpd — Options de configuration du service ntpd.

Pour en savoir plus

Les pages de manuel

hwclock(8), date(1), ntpdate(1), ntpd(1), timeconfig(8), tzselect(1), tzfile(5), zdump(8)

Howto

TimePrecision-HOWTO

Clock

Internet

Wikipedia – Time Zone
http://en.wikipedia.org/wiki/Time_zone

Abréviation (codes) des fuseaux horaires
http://docs.postgresqlfr.org/pgsql-7.4.15-fr/datetime-keywords.html

Wikipedia – NTP
http://fr.wikipedia.org/wiki/Network_Time_Protocol

Le clavier

La théorie

Quand on presse ou quand on relâche une touche du clavier, le périphérique envoie un scancode au pilote du noyau qui gère le clavier.

Quand on est en mode graphique, c'est directement le scancode qui est envoyé à l'application cliente X.

En mode texte, sur la console maîtresse, le scancode est traduit en keycode (on a un seul keycode quand on relâche une touche après l'avoir appuyée). Les keymaps traduisent les scancodes en keycodes. Ils dépendent du pays (claviers AZERTY, QWERTY…).

Le savoir concret

Les commandes

`loadkeys`	Charge un fichier keymap.
`dumpkeys`	Affiche la keymap courante.
`stty`	Affiche ou modifie l'interprétation de caractères spéciaux (backspace…).
`xmodmap`	Configure le clavier du terminal X à partir d'un fichier spécifiant la traduction des keycodes en keysyms.

Les fichiers

/etc/X11/xorg.conf	Le fichier de configuration du serveur X (clavier, souris…).
/lib/kbd/keymaps/i386/	Répertoire contenant les keymaps pour PC.

Focus : Configurer le retour arrière (backspace)

```
# stty    erase    ^H        # ou ^?
```

Focus : Modifier son environnement graphique

1) On enregistre la traduction actuelle keycode/keysym.

```
# xmodmap -pke > ~/.Xmodmap
```

2) On la modifie.

```
# vi ~/.Xmodmap
```

3) On modifie son fichier .xinitrc.

```
# vi ~/.xinitrc
...
xmodmap ~/.Xmodmap
```

Les particularités des distributions

RedHat

Le clavier est initialisé par /etc/rc.sysinit au démarrage. Il utilise un des fichiers suivants : /etc/sysconfig/console/default.kmap, /etc/sysconfig/keyboard.

system-config-keyboard   Configure le clavier.

SUSE

/etc/sysconfig/keyboad   Configure le clavier.

Debian

Le clavier est initialisé par /etc/init.d/keymap.sh au démarrage. Il charge le fichier suivant : /etc/console/boottime.kmap.gz.

dpkg-reconfigure console-data   Configure le clavier.

Pour en savoir plus

Les pages de manuel

stty(1), loadkeys(1), dumpkeys(1), keymaps(5), showkey(1), xmodmap(1), X(7x)

Howto

BackspaceDelete

Internet

Utiliser et configurer Debian pour le français - Chapitre 4 - Configurer l'entrée …
http://www.debian.org/doc/manuals/fr/debian-fr-howto/ch4.html

Chkconfig

La théorie

La commande chkconfig est une solution simple pour paramétrer le démarrage des services (appelés scripts RC=Run Command). Normalement les services sont activés ou arrêtés en fonction de l'existence de scripts commençant par S (start) ou K (kill) dans les répertoires /etc/rc#.d/ où # indique le niveau de démarrage (niveau d'init).

Normalement ces scripts sont des liens vers des fichiers présents dans le répertoire /etc/init.d/. Si l'administrateur veut organiser différemment le système : désactiver ou activer un service, il doit créer ou supprimer des liens. La commande chkconfig réalise ces opérations à sa place.

La commande chkconfig est utilisée en standard dans les distributions RedHat et SuSE.

Remarque : la commande chkconfig gère non seulement les RC mais également le démarrage des services contrôlés par Xinetd.

Le savoir concret

Syntaxe de la commande chkconfig

a) Lister l'état des services ou d'un service

```
chkconfig --list [service]
```

b) Prendre en compte un nouveau service (il doit posséder l'en-tête adhoc et être dans /etc/init.d)

```
chkconfig --add service
```

c) Ne plus prendre en compte un service

```
chkconfig --del service
```

d) Activer ou désactiver un service pour le prochain démarrage

```
chkconfig [--level niveaux] service <on|off|reset>
```

e) Lister l'état des services pour un ou plusieurs niveaux

```
chkconfig [--level niveaux] service
```

Un script RC géré par chkconfig

```
# more  /etc/init.d/un_service
#!/bin/sh
# chkconfig: -  60 20
# description: ce service permet …
```

La ligne « chkconfig » (il y a un blanc devant chkconfig) indique les niveaux pour lesquels le service est actif (« - » signifie les niveaux normaux : 2345), suivis de l'ordre pour le démarrage et le niveau pour l'arrêt.

Pour en savoir plus

Les pages de manuel

chkconfig(8)

Logrotate

La théorie

Le logiciel `logrotate` effectue la rotation des journaux de bord. Il offre également la possibilité de compresser les archives de ces journaux et de supprimer les anciennes archives ou de les transférer par courrier électronique.

Chaque journal peut être archivé périodiquement (chaque jour, chaque semaine ou chaque mois) ou quand il atteint une certaine taille.

Le savoir concret

Commande et fichier

`logrotate`	La commande qui réalise la rotation des journaux. Elle est typiquement activée journellement par un crontab. On donne en argument de la commande le chemin de son fichier de configuration.
/etc/logrotate.conf	Le fichier de configuration de la commande `logrotate`. Précise les journaux à gérer et comment les gérer.

Les principales directives du fichier de configuration

`daily`	La rotation des journaux est effectuée journellement.
`weekly`	La rotation des journaux est effectuée de manière hebdomadaire.
`montly`	La rotation des journaux est effectuée mensuellement.
`size=t`	La rotation est effectuée quand le fichier atteint la taille t. Exemples : 100 Ko, 10 Mo.
`compress`	On compresse les archives.
`nocompress`	On ne compresse pas les archives.
`create m u g`	Juste après l'archivage (rotation), le fichier journal est recréé vide. On indique ses droits (m), son propriétaire (u) et son groupe (g).
`rotate n`	On conserve n archives du journal (dernière, avant-dernière…).
`include c`	On charge des fichiers de configuration (un fichier ou les fichiers d'un répertoire). On indique son chemin (c).
`postrotate`	Débute un script qui est exécuté après la rotation.
`prerotate`	Débute un script qui est exécuté avant la rotation.
`endscript`	Termine un script `prerotate` ou `postrotate`.
`sharedscripts`	Les scripts (pre- ou post-) sont exécutés une seule fois. Cette directive est utilisée dans le cas où l'on gère plusieurs journaux.
`mail a`	Au lieu de détruire l'archive elle est envoyée à l'adresse e-mail indiquée (a).
`missingok`	Ne génère pas d'erreur dans la cas où le journal n'existe pas.
`notifempty`	N'archive pas le journal s'il est vide.

Focus : Un exemple de fichier de configuration

```
# more /etc/logrotate.conf
weekly
rotate 4
compress

include /etc/logrotate.d

/var/log/wtmp {
  montly
  nocompress
  create 0664 root utmp
  rotate 1
}

/var/log/messages /var/log/mailog {
  postrotate
        /bin/kill -HUP `cat /var/run/syslogd.conf`
  endscript
}
```

Les directives en début de fichier spécifient les valeurs par défaut. Ensuite, on a une section par groupe de journaux gérés de la même manière. Une section débute par la liste de journaux (on peut utiliser les jockers) qui est suivie d'un bloc de directives délimité par des accolades ({ ... }). Les directives du bloc ne s'appliquent qu'aux fichiers qui précèdent le bloc, elles invalident les directives globales. La directive include charge tous les fichiers de rotation de journaux présents dans le répertoire /etc/logrotate.d.

Remarque : le répertoire /ec/logrotate.d/ est utilisé par les applications en paquetage pour y déposer leur stratégie de rotation de journaux.

Pour en savoir plus

Les pages de manuel

logrotate(8)

Les travaux périodiques

La théorie

Sous Linux, il existe plusieurs commandes qui permettent l'exécution de travaux périodiques ou différés.

Le savoir concret

Les commandes

`crontab`	Demande de travaux périodiques.
`at`	Demande de travaux différés.
`batch`	Demande de travaux exécutés à faible charge.
`cron` ou `crond`	Démon gérant le service CRON.
`atd`	Démon gérant les services AT et BATCH.
`anacron`	Exécute des tâches périodiques sur un système fréquemment arrêté.
`fcron`	Logiciel libre qui prétend vouloir remplacer CRON et anacron.

Les fichiers

/etc/cron.allow, /etc/cron.deny	Autorisent ou interdisent l'accès au service CRON.
/etc/at.allow, /etc/at.deny	Autorisent ou interdisent l'accès au service AT.
/etc/crontab	Crontab géré par l'administrateur mais dont l'uid sous lequel s'exécutent les commandes peut être paramétré.
/etc/cron.d/	Répertoire contenant les crontab provenant des paquetages.
/etc/anacrontab	Spécifie les travaux périodiques gérés par anacron.

Focus : La commande at

Soumettre un travail en différé
```
# at  1015  < un_script.sh
```

Lister les travaux en attente
```
# at -l          # ou atq
```

Détruire un travail
```
# at -r  1      # ou atrm
```

Pour en savoir plus

Les pages de manuel

cron(8), atd(8), crontab(1), at(1), anacron(8)

Internet

fcron – La page officiel
http://fcron.free.fr/

Anacron

La théorie

La commande `anacron` exécute périodiquement des tâches. Mais à la différence des travaux de type CRONTAB, elle ne considère pas que le système fonctionne en permanence. Elle est donc tout à fait adaptée pour automatiser des tâches périodiques d'un poste de travail.

Pour mémoriser le fait qu'il a déjà accompli un travail (job), anacron crée un fichier repère (timestamp).

Les commandes anacron étaient antérieurement activées par un crontab explicite. Maintenant, le service CRON (démon cron ou crond) exploite directement le fichier de configuration d'anacron.

Le savoir concret

Les commandes

`anacron -u job`

Met à jour les fichiers repères. Ne prend en compte que les travaux dont le nom est donné en argument. Typiquement cette commande est activée journellement par un crontab. Les travaux n'ont pas besoin d'être exécutés, crontab s'en charge.

`anacron -s "*"`

Active tous les travaux les uns après les autres (ils sont sérialisés). Typiquement cette commande est lancée par un script RC au démarrage.

Les fichiers

/etc/anacrontab	Spécifie les travaux périodiques.
/var/spool/anacron/	Répertoire qui contient les fichiers repères.
/var/log/cron	Journal d'anacron (il journalise dans la facilité cron de Syslog).

Focus : Le fichier de configuration

Structure

Chaque ligne du fichier correspond à un travail périodique.

```
n_jours       x_minutes       identifiant      commande
```

Pour chaque travail (identifié par le 3e champ), anacron vérifie s'il a été déjà exécuté (grâce aux fichiers repères) dans les n derniers jours (premier champ). Sinon anacron exécute la commande associée (dernier champ) après avoir attendu x minutes (deuxième champ). Après son exécution, anacron enregistre la date dans un fichier repère afin de ne pas l'exécuter de nouveau.

Exemple

```
# more /etc/anacrontab
SHELL=/bin/sh
PATH=/usr/local/sbin:/usr/local/bin:/sbin:/bin:/usr/sbin:/usr/bin
MAILTO=root
1        65       cron.daily        run-parts /etc/cron.daily
7        70       cron.weekly       run-parts /etc/cron.weekly
30       75       cron.monthly      run-parts /etc/cron.monthly
```

Pour en savoir plus

Les pages de manuel

anacron(8), anacrontab(5)

Les terminaux et la liaison série

La théorie

Liaison Rs-232

La liaison série est sans doute le moyen le plus ancien pour faire communiquer deux ordinateurs. Même si de nos jours l'USB est privilégié, la liaison série reste encore utilisée.

La liaison série est normalisée sous l'appellation RS-232. Ce protocole réalise le dialogue entre deux ordinateurs (DTE=Data Terminal Equipment) sur une ligne téléphonique par l'intermédiaire de couple de modems (DCE=Data Communication Equipment). Des protocoles (Avis V32, V90...) règlent les échanges entre modems.

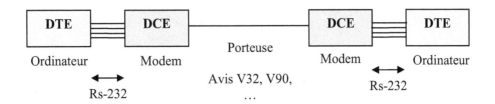

Fig. Rs-232

Les connecteurs sont 25 broches ou 9 broches. Maintenant on utilise le plus souvent des connecteurs téléphoniques (RJ-45). Le câble de liaison DTE/DCE est un câble plat. Si l'on utilise un câble croisé, on peut relier directement les deux ordinateurs sans modem (câble NULL-Modem). Les codes Hayes permettent de donner des ordres au modem (numéroter : ATDT0102030405, ou raccrocher : ATH...).

Utilisations de la liaison série

- Couche physique réseau. Associé au protocole PPP, la liaison Rs-232 supporte TCP/IP.
- Support de la connexion (login).
- Couche physique des protocoles Kermit et UUCP.
- Réception de FAX.

La gestion plein écran des terminaux texte

Une application texte plein écran comme vi envoie des codes de contrôle à l'écran pour déplacer le curseur (Escape-sequence). Ces codes dépendent de la nature du terminal. Une application utilise au choix une des deux bases TERMCAP ou TERMINFO pour obtenir les bonnes séquences. Ces bases sont indexées selon le type du terminal.

Le savoir concret

Les commandes

stty	Paramètre la liaison série (vitesse, parité, bits stop...).
mgetty	Configure une liaison série pour accepter des connexions (login) ou pour recevoir des fax.
minicom	Logiciel de gestion d'un terminal. Grâce à lui on peut se connecter à un système distant Unix/Linux.
tset	Fixe le type de terminal (TERM).

Les fichiers

/dev/ttyS0	Le port COM1:
/dev/ttyS1	Le port COM2:
/etc/inittab	Active les premières applications, par exemple les gestionnaires de connexions sur liaison série (getty, agetty, mgetty).
/etc/gettydefs	Contient des informations de paramétrages des liaisons utilisées par getty ou mgetty.
/etc/termcap	Base de données TERMCAP.
/usr/share/terminfo/*	Base de données TERMINFO.

Focus : Accepter des connexions

```
# grep  mgetty /etc/inittab
a2:345:respawn:/sbin/mgetty  -rs  38400  /dev/ttyS0
```

Les variables d'environnement

TERM	Le type de terminal (vt100, xterm, …)

Pour en savoir plus

Les pages de manuel

stty(1), setserial(8), getty(1), mgetty(8), ttys(4), terminfo(5), tset(1), sendfax(8), gettydefs(5), mgettydefs(5), termios(3), termcap(5), terminfo(5)

Howto

Remote-Serial-Console-HOWTO

Serial-HOWTO

Serial-Laplink-HOWTO

Text-Terminal-HOWTO

Fax-Server

Internet

Wikipedia – Rs-232, modem
http://en.wikipedia.org/wiki/RS232
http://fr.wikipedia.org/wiki/Modem

Linux Serial Console HOWTO
http://www.vanemery.com/Linux/Serial/serial-console.html

Wikipedia – UUCP
http://en.wikipedia.org/wiki/UUCP

Kermit
http://www.columbia.edu/kermit/

Livre

PPP, configuration et mise en œuvre, par A. Sun, chez O'Reilly (1999)

ATELIERS

Tâche 1 :
L'environnement

1. Visualiser l'environnement du shell courant.

```
# env
...
HOSTNAME=linux1.pinguins
TERM=xterm
SHELL=/bin/bash
HISTSIZE=1000
USER=root
MAIL=/var/spool/mail/root
PATH=/usr/kerberos/sbin:/usr/kerberos/bin:/usr/local/sbin:/usr/local/bin:/sbin:/
bin:/usr/sbin:/usr/bin:/usr/X11R6/bin:/root/bin
INPUTRC=/etc/inputrc
PWD=/root
LANG=C
HOME=/root
LOGNAME=root
_=/bin/env
#
```

2. Afficher la valeur d'une variable d'environnement.

```
# env | grep PATH
PATH=/usr/kerberos/sbin:/usr/kerberos/bin:/usr/local/sbin:/usr/local/bin:/sbin:/
bin:/usr/sbin:/usr/bin:/usr/X11R6/bin:/root/bin
#
```

3. Afficher la signification des variables d'environnement gérées par une application.

```
# man dump |col -b | sed  -n '/^ENVIRONMENT/,+3 p'
ENVIRONMENT
       TAPE   If  no -f option was specified, dump will use the device speci-
              fied via TAPE as the dump device. TAPE may be of the form
              tapename, host:tapename, or user@host:tapename.
#
```

4. Activer une application en précisant l'environnement.

a) On modifie l'environnement uniquement pour la commande.

```
# TAPE=/root/etc.tar.gz    tar cz /etc
tar: Removing leading `/' from member names
#
```

b) On modifie l'environnement du shell.

```
# export TAPE=/root/archive
# env | grep TAPE
TAPE=/root/archive
# tar c /etc
tar: Removing leading `/' from member names
```

5. Paramétrer globalement l'environnement

a) Modifier le fichier /etc/environment.

```
# vi /etc/environment
TOTO=titi
```

b) Redémarrer les systèmes.

```
# reboot
```

c) Se connecter en tant qu'utilisateur et visualiser l'environnement.

```
# env |grep TOTO
TOTO=titi
```

Tâche 2 :
La localisation

1. Visualiser la configuration de la langue pour le système.

```
# cat /etc/sysconfig/i18n
LANG="en_US.UTF-8"
SYSFONT="latarcyrheb-sun16"
```

2. Afficher la valeur courante de la variable LANG.

```
# echo $LANG
en_US.UTF-8
```

3. Essayer d'utiliser le français. Le problème des accents.

a) Lister les paquets ayant un rapport avec le français.

```
# yum search french
============================ Matched: french ===============================
kde-i18n-French.noarch : French(fr) language support for KDE3
kde-l10n-French.noarch : French language support for KDE
Red_Hat_Enterprise_Linux-Release_Notes-6-fr-FR.noarch : French translation of
                                                   : Release_Notes
autocorr-fr.noarch : French autocorrection rules
eclipse-nls-fr.i686 : Eclipse/Babel language pack for French
hunspell-fr.noarch : French hunspell dictionaries
hyphen-fr.noarch : French hyphenation rules
man-pages-fr.noarch : French version of the Linux man-pages
mythes-fr.noarch : French thesaurus
openoffice.org-langpack-fr.i686 : French language pack for OpenOffice.org]
```

b) Définir temporairement la langue en français. Afficher une page de manuel.

Remarque : si l'on désire modifier la langue automatiquement, il suffit de modifier les fichiers de démarrage du shell (.bash_profile...).

```
# export LANG=fr_FR.UTF-8
# env | grep LANG
LANG=fr_FR.UTF-8
# man cal |col -b | head -15
...
```

```
DESCRIPTION
     Cal displays a simple calendar.  If arguments are not specified, the cur-
     rent month is displayed.  The options are as follows:
```

Remarque : nous avons défini la langue, mais l'application n'a pas les données correspondantes : par défaut ne sont installées que les pages des manuels en anglais.

c) Installer les pages de manuel en français et afficher une page. On constate éventuellement que les caractères accentués ne s'affichent pas correctement.

```
# yum -q -y install man-pages-fr
# man cal |col -b | head -15
...
DESCRIPTION
     cal affiche un calendrier.  Si les arguments sont omis, le mois courant
     est affichÃ©.  Les options sont les suivantes :

     -j       Afficher les numÃ©ros des jours dans lâannÃ©e (le numÃ©ro 1         c '
```

Remarques :

1) Si l'on se connecte au système à partir de Windows avec le programme `telnet` dans une session cmd, les accents seront mal interprétés de toute façon car le logiciel cmd ne respecte pas les standards. Vous pouvez utiliser en lieu et place PUTTY.EXE qui permet d'utiliser les protocoles SSH, RLOGIN et TELNET.

2) Dans l'exemple ci-dessus, les caractères accentués ne s'affichent pas correctement pour une des deux raisons suivantes : soit on était connecté au système en mode texte, soit le texte affiché n'était pas codé en UTF mais en latin1 ou latin9.

4. Le format des données.

a) Récupérer dans un fichier une page de manuel et analyser son contenu.

```
# man cal |col -b > cal_utf8.txt
# file cal_utf8.txt
cal_utf8.txt: UTF-8 Unicode text
```

b) Créer un fichier et analyser son contenu.

```
# echo "l'été en pente douce" > texte.txt
# file texte.txt
texte.txt: ISO-8859 text
```

Remarque : si le terminal utilisé était un terminal graphique, on aurait eu un fichier de type UTF.

c) Convertir un fichier ISO-8859 en UTF.

```
# iconv --from-code=ISO-8859-1 --to-code=UTF-8 texte.txt > texte_utf.txt
# file texte_utf.txt
texte_utf.txt: UTF-8 Unicode text
```

d) Convertir un fichier UTF en ISO-8859.

```
# iconv -f UTF-8 -t ISO-8859-1//TRANSLIT cal_utf8.txt > cal_iso8859.txt
# head -15 cal_iso8859.txt
...
     -j        Afficher les numéros des jours dans l'année (le numéro 1  corre-
```

5. Lister les locales

a) Afficher les locales acceptées pour le français.

```
# locale -a | grep fr
français
fr_BE
```

```
...
fr_CH
fr_CH.iso88591
fr_CH.utf8
french
fr_FR
fr_FR@euro
...
```

b) Afficher les locales courantes.

```
# locale
LANG=fr_FR.UTF-8
LC_CTYPE="fr_FR.UTF-8"
LC_NUMERIC="fr_FR.UTF-8"
LC_TIME="fr_FR.UTF-8"
LC_COLLATE="fr_FR.UTF-8"
LC_MONETARY="fr_FR.UTF-8"
LC_MESSAGES="fr_FR.UTF-8"
LC_PAPER="fr_FR.UTF-8"
LC_NAME="fr_FR.UTF-8"
LC_ADDRESS="fr_FR.UTF-8"
LC_TELEPHONE="fr_FR.UTF-8"
LC_MEASUREMENT="fr_FR.UTF-8"
LC_IDENTIFICATION="fr_FR.UTF-8"
LC_ALL=
```

6. Jouer avec les locales.

a) On vérifie que la variable LC_ALL est prioritaire et que LC_* est prioritaire sur LANG.

```
# export LANG=fr_FR
# export LC_ALL=en_US
# export LC_TIME=es_ES
# date
Fri Jul 30 12:00:26 CEST 2010
# unset LC_ALL
# date
vie jul 30 12:00:38 CEST 2010
# unset LC_TIME
# date
ven. juil. 30 12:00:46 CEST 2010
```

b) On essaye quelques langues.

```
# LANG=fr_FR date +%A
vendredi
# LANG=en_US date +%A
Friday
# LANG=de_DE date +%A
Freitag
# LANG=it_IT date +%A
venerdì
# LANG=es_ES date +%A
viernes
```

7. Utiliser la langue ISO.

Si l'on désire écrire un script portable, il faut utiliser la langue ISO : l'anglais. Pour ce faire on utilise la valeur C ou la valeur POSIX pour la variable LANG.

```
# LANG=C date +%A
Friday
# LANG=POSIX date +%A
Friday
```

8. Se déconnecter.

```
# exit
```

Tâche 3 :
L'heure

1. L'horloge interne et l'heure système.

a) On affiche l'heure de l'horloge interne et l'heure système.

```
# hwclock --show ; date
Fri 30 Jul 2010 12:44:28 PM CEST   -0.424341 seconds
Fri Jul 30 12:44:28 CEST 2010
```

b) On synchronise l'heure de l'horloge interne par rapport à l'heure système.

```
# hwclock --systohc
# hwclock --show ; date
Fri 30 Jul 2010 12:45:30 PM CEST   -0.753806 seconds
Fri Jul 30 12:45:30 CEST 2010
```

c) On fixe l'heure système : on la fait avancer d'environ 5 mn. Dans l'exemple : 30 juillet à 12h53.

```
# date 07301253
Fri Jul 30 12:53:00 CEST 2010
```

d) On fixe l'heure système par rapport à l'heure de l'horloge interne.

```
# hwclock --hctosys
# hwclock --show ; date
Fri 30 Jul 2010 12:48:44 PM CEST   -0.645486 seconds
Fri Jul 30 12:48:44 CEST 2010
```

2. NTP.

a) On configure le serveur. Visualiser l'ancienne configuration avant de la modifier.

```
srv# rpm -q ntp
ntp-4.2.4p8-1.el6.i686
srv# service ntpd stop
Shutting down ntpd:                                [FAILED]
srv# more /etc/ntp.conf
...
```

Remarque : La configuration par défaut contient les adresses de trois serveurs de temps d'Internet : 0.rhel.pool.ntp.org, 1.rhel.pool.ntp.org et 2.rhel.pool.ntp.org.

```
srv# mv /etc/ntp.conf /etc/ntp.conf.000
srv# vi /etc/ntp.conf
server 127.127.1.1
fudge 127.127.1.1 stratum 6
driftfile /var/lib/drift
logfile /var/log/ntp.log
```

Remarque : la configuration par défaut est tout à fait correcte si le serveur a accès à Internet. La configuration ci-dessus paramètre un serveur de temps isolé.

```
srv# touch /var/log/ntp.log
srv# chown ntp /var/log/ntp.log
srv# chkconfig ntpd on
```

```
srv# service ntpd start
Starting ntpd:                                              [  OK  ]
srv# ps -e |grep ntpd
 1326 ?        00:00:00 ntpd
srv# netstat -an |grep :123
udp          0       0 192.168.0.200:123          0.0.0.0:*
udp          0       0 127.0.0.1:123              0.0.0.0:*
udp          0       0 0.0.0.0:123                0.0.0.0:*
udp          0       0 fe80::a00:27ff:fe7b:123    :::*
udp          0       0 ::1:123                    :::*
udp          0       0 :::123                     :::*
srv# tail /var/log/messages
....
Jul 30 13:03:46 instru ntpd[1326]: kernel time sync status 2040
srv# tail /var/log/ntp.log
30 Jul 13:07:02 ntpd[1326]: synchronized to LOCAL(1), stratum 6
30 Jul 13:07:02 ntpd[1326]: kernel time sync status change 2001
```

b) On configure le client.

On affiche l'heure locale et distante, puis on installe le service NTP avant de changer la configuration.

```
cli# ssh 192.168.0.200 date ; date
root@192.168.0.200's password: secret
Fri Jul 30 13:09:19 CEST 2010
Fri Jul 30 13:09:17 CEST 2010
cli# yum -q -y install ntp
cli# mv /etc/ntp.conf /etc/ntp.conf.000
cli# vi /etc/ntp.conf
server 192.168.0.200
driftfile /var/lib/ntp/drift
logfile /var/log/ntp.log
cli# touch /var/log/ntp.log
cli# chown ntp /var/log/ntp.log
```

c) On essaye de combler l'écart de temps entre le client et le serveur.

```
cli# ntpd -q -g -d
...
transmit: at 15 192.168.0.1->192.168.0.200 mode 3
receive: at 15 192.168.0.1<-192.168.0.200 mode 4 code 1 auth 0
clock_filter: n 8 off 1.915716 del 0.001185 dsp 0.000030 jit 0.000381, age 0
report_event: system event 'event_peer/strat_chg' (0x04) status 'sync_alarm,
sync_ntp, 2 events, event_restart' (0xc621)
addto_syslog: synchronized to 192.168.0.200, stratum 7

clock_update: at 15 assoc 1
local_clock: assocID 6394 offset 1.915716017 freq 0.000 state 0
step_systime: step 1.915716 residual 0.000000
In ntp_set_tod
ntp_set_tod: clock_settime: 0: Success
ntp_set_tod: Final result: clock_settime: 0: Success
addto_syslog: time reset +1.915716 s

ntpd: time set +1.915716s
```

Remarque : si l'écart de temps est top important l'opération échoue.

d) On vérifie que les deux machines sont synchrones.

```
cli# ssh 192.168.0.200 date; date
root@192.168.0.200's password: secret
Fri Jul 30 13:18:52 CEST 2010
Fri Jul 30 13:18:52 CEST 2010
```

e) On active le service NTP chez le client.

```
cli# chkconfig ntpd on
cli# service ntpd start
Starting ntpd:                                              [  OK  ]
```

f) On surveille le fonctionnement du servive.

```
cli# ntpq -c peers
     remote           refid      st t when poll reach   delay   offset  jitter
==============================================================================
 instru.pinguins LOCAL(1)          7 u   42   64    3   1.004  -10.343   1.578
cli# tail /var/log/ntp.log
30 Jul 13:17:07 ntpd[19727]: synchronized to 192.168.0.200, stratum 7
30 Jul 13:17:09 ntpd[19727]: time reset +1.915716 s
```

g) Utiliser la commande `ntpdate` au lieu du service NTP.

```
cli# yum -q -y install ntpdate
cli# service ntpd stop
Shutting down ntpd:                                         [  OK  ]
cli# ntpdate 192.168.0.200
30 Jul 18:07:38 ntpdate[1588]: adjust time server 192.168.0.200 offset 0.004941
sec
```

Remarques:

1) La commande `ntpdate` est incompatible avec le service NTP: il faut arrêter le serveur `ntpd`.

2) Le service NTP est préférable à l'utilisation de `ntpdate` (activée par un crontab par exemple). Il permet un calage beaucoup plus fin qui prend en compte la dérive de l'horloge interne.

3. La TZ (Time Zone).

a) Quelle est la configuration par défaut ?

```
# echo $TZ

# date
Fri Jul 30 13:26:30 CEST 2010
# cat /etc/sysconfig/clock
ZONE="Europe/Paris"
# ls -l /etc/localtime
-rw-r--r--. 1 root root 2945 Jul 29 17:10 /etc/localtime
# file /etc/localtime
/etc/localtime: timezone data, version 2, 12 gmt time flags, 12 std time flags,
no leap seconds, 183 transition times, 12 abbreviation chars
# cmp /etc/localtime /usr/share/zoneinfo/Europe/Paris
```

Remarque : en général, /etc/localtime est un lien symbolique sur le fichier contenant les données de décalage se trouvant dans /usr/share/zoneinfo.

b) Rechercher la valeur d'une variable TZ en fonction de l'emplacement de l'utilisateur.

```
# tzselect
Please identify a location so that time zone rules can be set correctly.
Please select a continent or ocean.
```

```
 1) Africa
 2) Americas
...
#? 2
Please select a country.
 1) Anguilla              27) Honduras
 2) Antigua & Barbuda     28) Jamaica
 3) Argentina             29) Martinique
#? 29
...
Therefore TZ='America/Martinique' will be used.
```

c) Afficher l'heure courante locale et dans une autre zone.

```
# date
Fri Jul 30 13:47:42 CEST 2010
# zdump America/Martinique
America/Martinique  Fri Jul 30 07:47:56 2010 AST
```

d) Modifier la valeur de TZ d'une commande (ici la commande date).

Remarque : si l'utilisateur veut automatiser la modification de la variable TZ, il la paramètre dans son fichier de démarrage (.bash_profile...).

```
# TZ=GMT date
Fri Jul 30 11:51:06 GMT 2010
# TZ=AST4 date
Fri Jul 30 07:51:31 AST 2010
# TZ=JST-9 date
Fri Jul 30 20:51:40 JST 2010
# TZ=America/Martinique date
Fri Jul 30 07:51:54 AST 2010
# TZ=Australia/Sydney date
Fri Jul 30 21:52:13 EST 2010
```

e) Positionner, afficher et détruire la variable TZ.

```
# export TZ=GMT
# echo $TZ
GMT
# unset TZ
```

Tâche 4 :
Le clavier

1. Afficher les caractéristiques du terminal.

```
# stty
speed 38400 baud; line = 0;
-brkint -imaxbel
# stty -a
speed 38400 baud; rows 24; columns 80; line = 0;
intr = ^C; quit = ^\; erase = ^?; kill = ^U; eof = ^D; eol = <undef>;
eol2 = <undef>; start = ^Q; stop = ^S; susp = ^Z; rprnt = ^R; werase = ^W;
lnext = ^V; flush = ^O; min = 1; time = 0;
-parenb -parodd cs8 -hupcl -cstopb cread -clocal -crtscts
-ignbrk -brkint -ignpar -parmrk -inpck -istrip -inlcr -igncr icrnl ixon -ixoff
-iuclc -ixany -imaxbel
opost -olcuc -ocrnl onlcr -onocr -onlret -ofill -ofdel nl0 cr0 tab0 bs0 vt0 ff0
isig icanon iexten echo echoe echok -echonl -noflsh -xcase -tostop -echoprt
echoctl echoke
```

2. Configurer le retour arrière.

```
# stty erase '^H'
```

Ou bien :

```
# stty erase ^?
```

Remarque : petite astuce, il suffit de taper sur la touche retour arrière et l'on voit à l'écran le code de contrôle associé.

3. Visualiser la configuration du clavier prise au démarrage.

```
# cat /etc/sysconfig/keyboard
KEYTABLE="fr-latin1"
MODEL="pc105"
LAYOUT="fr"
KEYBOARDTYPE="pc"
```

4. Visualiser la keymap courante.

```
# dumpkeys |head
keymaps 0-2,4,6,8,12
keycode   1 = Escape          Escape
        alt       keycode   1 = Meta_Escape
keycode   2 = ampersand         one
        alt       keycode   2 = Meta_one
keycode   3 = eacute            two           dead_tilde      nul
        alt       keycode   3 = Meta_two
keycode   4 = quotedbl          three         numbersign      Escape
        alt       keycode   4 = Meta_three
keycode   5 = apostrophe        four          braceleft
Control_backslash
```

5. Essayer de changer de keymap (on travaille sur la console maîtresse).

On change de clavier (US, DE et FR). À chaque essai on active la commande echo suivie des premières touches (AZERTY sur un clavier français).

```
# loadkeys us
Loading /lib/kbd/keymaps/i386/qwerty/us.map.gz
# echo qwerty
qwerty
# loadkeys de
Loading /lib/kbd/keymaps/i386/qwertz/de.map.gz
# echo qwertz
qwertz
# loadkeys fr
Loading /lib/kbd/keymaps/i386/azerty/fr.map.gz
assuming iso-8859-1 cedilla
assuming iso-8859-1 acute
assuming iso-8859-1 diaeresis
assuming iso-8859-1 brokenbar
assuming iso-8859-1 threequarters
assuming iso-8859-1 currency
assuming iso-8859-1 onehalf
assuming iso-8859-1 onequarter
# echo azerty
azerty
#
```

Tâche 5 :
Chkconfig

1. Récupérer et installer Apache à partir des sources.

```
# wget -q 'http://mirror.ibcp.fr/pub/httpd/apache_1.3.42.tar.gz'
# tar xf apache_1.3.*.tar.gz
# cd apache_1.3.*
# ./configure
# cp /usr/include/stdio.h /root/
# sed 's/getline/parseline/' /usr/include/stdio.h > /tmp/stdio.h
# mv /tmp/stdio.h /usr/include
# make
# make install
# cp /root/stdio.h /usr/include/
```

2. Recopier le RC d'Apache dans init.d et l'adapter à chkconfig.

```
# cd /usr/local/apache/bin
# cp apachectl /etc/init.d
# cd /etc/init.d
# vi apachectl
#!/bin/sh
# chkconfig: 2345 99 00
# description: The Web Server Apache 1.3
#...
# cd
```

3. Demander à chkconfig sa prise en compte.

```
# chkconfig --add apachectl
```

4. Désactiver le service au prochain démarrage.

```
# chkconfig --list apachectl
apachectl       0:off   1:off   2:on    3:on    4:on    5:on    6:off
# chkconfig apachectl off
# chkconfig --list apachectl
apachectl       0:off   1:off   2:off   3:off   4:off   5:off   6:off
```

5. Activer le service au prochain démarrage. Désactiver la version RedHat.

```
# chkconfig httpd off
# chkconfig apachectl on
# service apachectl start
...
/etc/init.d/apachectl start: httpd started
# ps -ef |grep httpd
root      6471     1  0 14:49 ?        00:00:00 /usr/local/apache/bin/httpd
...
```

Tâche 6 :
Logrotate

1. Visualiser la configuration courante.

```
# ls /etc/cron.daily
logrotate  makewhatis.cron  mlocate.cron  prelink  readahead.cron  tmpwatch
# grep logrotate /etc/cron.daily/logrotate
/usr/sbin/logrotate /etc/logrotate.conf >/dev/null 2>&1
    /usr/bin/logger -t logrotate "ALERT exited abnormally with [$EXITVALUE]"
# more /etc/logrotate.conf
# see "man logrotate" for details
```

```
# rotate log files weekly
weekly

# keep 4 weeks worth of backlogs
rotate 4

# create new (empty) log files after rotating old ones
create

# use date as a suffix of the rotated file
dateext

# uncomment this if you want your log files compressed
#compress

# RPM packages drop log rotation information into this directory
include /etc/logrotate.d

# no packages own wtmp and btmp -- we'll rotate them here
/var/log/wtmp {
    monthly
    create 0664 root utmp
        minsize 1M
    rotate 1
}

/var/log/btmp {
    missingok
    monthly
    create 0600 root utmp
    rotate 1
}
```

La configuration inclut tous les fichiers présents dans /etc/logrotate.d.

```
# ls /etc/logrotate.d
psacct  syslog  up2date  yum
```

2. Jouer avec logrotate.

a) On crée un fichier journal.

```
# find /usr |head -500 > fichier.log
# ls -lh fichier.log
-rw-r--r-- 1 root root 15K Jul 30 15:05 fichier.log
```

b) On crée un fichier de configuration logrotate pour ce fichier.

```
# vi fichier.conf
/root/fichier.log {
        compress
        size=10k
        create 0600 root root
        rotate 2
}
```

c) On réalise la rotation des journaux.

```
# logrotate /root/fichier.conf
# ls -lh fichier.log*
```

```
-rw------- 1 root root    0 Jul 30 15:06 fichier.log
-rw-r--r-- 1 root root 3.1K Jul 30 15:06 fichier.log.1.gz
```

d) On recommence, mais le journal n'a pas atteint 10 K. La rotation n'a pas lieu.

```
# find /etc | head -50 >> fichier.log
# ls -lh fichier.log*
-rw------- 1 root root 1.8K Jul 30 15:12 fichier.log
-rw-r--r-- 1 root root 3.1K Jul 30 15:06 fichier.log.1.gz
# logrotate /root/fichier.conf
# ls -lh fichier.log*
-rw------- 1 root root 1.8K Jul 30 15:12 fichier.log
-rw-r--r-- 1 root root 3.1K Jul 30 15:06 fichier.log.1.gz
```

e) On ajoute des données au journal et on active la rotation.

```
# find /etc | head -500 >> fichier.log
# logrotate /root/fichier.conf
# ls -lh fichier.log*
-rw------- 1 root root    0 Jul 30 15:15 fichier.log
-rw------- 1 root root 2.5K Jul 30 15:15 fichier.log.1.gz
-rw-r--r-- 1 root root 3.1K Jul 30 15:06 fichier.log.2.gz
```

f) On recommence, mais là, on perd l'archive la plus ancienne.

```
# find /etc | head -500 >> fichier.log
# logrotate /root/fichier.conf
# ls -lh fichier.log*
-rw------- 1 root root    0 Jul 30 15:15 fichier.log
-rw------- 1 root root 2.5K Jul 30 15:15 fichier.log.1.gz
-rw------- 1 root root 2.5K Jul 30 15:15 fichier.log.2.gz
```

Tâche 7 :
At et batch

1. Créer un script.

```
# vi un_script.sh
#!/bin/sh
exec > /tmp/result
echo "==== voici la date ===="
date
echo "------- FIN -----------"

# chmod u+x un_script.sh
```

2. L'exécuter avec at. L'exécution est demandée dans quelques minutes (dans 2 minutes) ou à une heure précise (dans l'exemple à 15h25).

```
# date
Fri Jul 30 15:20:09 CEST 2010
# at now + 2 minutes < un_script.sh
job 1 at 2010-07-30 15:22
# at 1525 < un_script.sh
job 2 at 2010-07-30 15:25
```

3. Lister les travaux en attente. Visualiser l'accomplissement d'un travail.

```
# at -l
1       2010-07-30 15:22 a root
2       2010-07-30 15:25 a root
# date
Fri Jul 30 15:22:21 CEST 2010
```

```
# tail /tmp/result
==== voici la date ====
Fri Jul 30 15:22:00 CEST 2010
------- FIN -----------
```

4. Supprimer un travail en attente.

```
# date
Fri Jul 30 15:22:39 CEST 2010
# at -l
2       2010-07-30 15:25 a root
# atrm 2
# at -l
#
```

5. Activer un travail lorsque le système est à faible charge.

```
# batch < un_script.sh
job 3 at 2010-07-30 15:29
# at -l
# cat /tmp/result
==== voici la date ====
Fri Jul 30 15:29:02 CEST 2010
------- FIN -----------
```

Tâche 8 :
Anacron

1. Visualiser la configuration courante.

```
# more /etc/anacrontab
# /etc/anacrontab: configuration file for anacron

# See anacron(8) and anacrontab(5) for details.

SHELL=/bin/sh
PATH=/sbin:/bin:/usr/sbin:/usr/bin
MAILTO=root
# the maximal random delay added to the base delay of the jobs
RANDOM_DELAY=45
# the jobs will be started during the following hours only
START_HOURS_RANGE=3-22

#period in days   delay in minutes   job-identifier   command
1       5       cron.daily              nice run-parts /etc/cron.daily
7       25      cron.weekly             nice run-parts /etc/cron.weekly
@monthly 45     cron.monthly            nice run-parts /etc/cron.monthly
# ls /etc/cron.daily/
logrotate  makewhatis.cron  mlocate.cron  prelink  readahead.cron  tmpwatch
# ls /etc/cron.weekly/
99-raid-check
# ls /etc/cron.monthly/
readahead-monthly.cron
```

2. Jouer avec anacron.

a) On crée un script (cf. item 1 tâche 7).

b) On crée un fichier de configuration d'anacron.

```
# vi mon_anacron
1   3   mon_job   /root/un_script.sh
```

c) On active anacron.

```
# ls /var/spool/anacron/
cron.daily  cron.monthly  cron.weekly
# date
Fri Jul 30 15:34:18 CEST 2010
# anacron -d -t /root/mon_anacron mon_job
Anacron started on 2010-07-30
Will run job `mon_job' in 3 min.
Job `mon_job' started
Job `mon_job' terminated
Normal exit (1 job run)
# cat /tmp/result
==== voici la date ====
Fri Jul 30 15:37:44 CEST 2010
------- FIN -----------
# ls /var/spool/anacron/
cron.daily  cron.monthly  cron.weekly  mon_job
# tail /var/log/cron
...
Jul 30 15:34:44 linux01 anacron[20193]: Anacron started on 2010-07-30
Jul 30 15:34:44 linux01 anacron[20193]: Will run job `mon_job' in 3 min.
Jul 30 15:37:44 linux01 anacron[20193]: Job `mon_job' started
Jul 30 15:37:44 linux01 anacron[20193]: Job `mon_job' terminated
Jul 30 15:37:44 linux01 anacron[20193]: Normal exit (1 job run)
```

Remarques : les options d'anacron :
L'option –d demande une exécution en avant-plan (pratique pour le dépannage).
L'option –t permet de préciser le fichier anacron. Par défaut c'est le fichier /etc/anacrontab.

d) On active de nouveau anacron : rien ne se passe, il a déjà accompli le travail.

```
# anacron -d -t /root/mon_anacron mon_job
Anacron started on 2010-07-30
Normal exit (0 jobs run)
```

e) On relance anacron (en tâche de fond cette fois-ci) après avoir détruit le fichier repère.

```
# cat /var/spool/anacron/mon_job
20100730
# rm -f /var/spool/anacron/mon_job
# anacron  -t /root/mon_anacron mon_job
# ps -e | grep anacron
20214 ?        00:00:00 anacron
# date
Fri Jul 30 15:44:45 CEST 2010
# date
Fri Jul 30 15:48:49 CEST 2010
# ps -e | grep anacron
# tail /var/log/cron
Jul 30 15:44:57 linux01 anacron[20214]: Anacron started on 2010-07-30
Jul 30 15:44:57 linux01 anacron[20214]: Will run job `mon_job' in 3 min.
Jul 30 15:47:57 linux01 anacron[20214]: Job `mon_job' started
Jul 30 15:47:57 linux01 anacron[20214]: Job `mon_job' terminated
Jul 30 15:47:57 linux01 anacron[20214]: Normal exit (1 job run)
```

Annexes

Annexe A : L'éditeur vi

Les commandes du mode vi

Insertion/Remplacement de texte

i, a	Insertion avant, après le curseur.
o, O	Insertion avant, après la ligne courante.
R	Bascule dans le mode remplacement (jusqu'à la fin de la ligne courante).

Remarque : on termine ces commandes en appuyant sur la touche échappement (ESC).

Déplacement

←↓↑→

ou h,j,k,l	Déplacement dans les quatre directions.
0, $	On se déplace en début ou en fin de ligne.
Ctrl-F, Ctrl-B	On se déplace à l'écran suivant, précédent.
G, 7G	On se déplace en fin de fichier, à la 7e ligne du fichier.

Remplacement et destruction

J	Jointure de la ligne courante et de la ligne suivante.
x, dd, 4dd	Suppression du caractère courant, de la ligne courante, de 4 lignes.

Rechercher des chaînes

/chaîne, ?chaîne	Effectuer une recherche avant, arrière d'une chaîne.
n, N	Continuer la recherche en avant, en arrière.

Autres

u	Annule la dernière action (undelete).
yy, 4yy	Copier la ligne courante, 4 lignes dans le tampon.
p, P	Coller le tampon après, avant la ligne courante

Les commandes du mode ex (on doit les valider)

Les commandes de sortie

:q!	Abandon.
:wq	Sauvegarde et sortie de l'éditeur.

Autres commandes

:1,$s/ch1/ch2/g	Substitue toutes les occurrences de la chaîne ch1 par la chaîne ch2.
:!ls	Exécute une commande, dans l'exemple `ls`.
:w	Sauvegarde le fichier, on reste sous l'éditeur.
:r fic	Insère le fichier fic après la ligne courante.
:0r fic	Insère le fichier fic avant la première ligne.

Annexe B : Quelques numéros de ports udp/tcp

20	FTP-Data	143	IMAP	1646	Radius
21	FTP-Transfer	144	News	1701	L2TP
22	SSH	161	SNMP	1719	H 323 (VoIP)
23	telnet	177	XDMCP	1720	H.323/Q.931
25	SMTP	179	BGP		(VoIP)
42	Nameserver	389	LDAP	1723	PPTP
	(WINS)	443	SSL (https)	1812	Radius
43	Whois	445	SMB over TPC/IP	1813	Radius
53	Domain (DNS)	464	Kerberos	2049	NFS
66	sql*net (Oracle)	512	Exec (BSD)	2869	UPNPHost
67	Bootp (DHCP)	513	Login (rlogin)	3128	Squid
68	Bootp (DHCP)	514	Syslog, RSH	3130	ICP (Cache)
69	TFTP	515	Printer (LPD)	3306	MySQL
70	Gopher	517	Talk	3389	RDP
79	Finger	593	RPC sur https		(Terminal Server)
80	HTTP (Web)	631	IPP	4444	Kerberos
88	Kerberos (v5)	636	LAPD-SSL	5060	SIP (VoIP)
98	Linuxconf	666	Doom	5632	PCAnywhere
110	POP-3	734	Kerberos	5900	VNC
111	Portmap	749	Kerberos	6000	X-Windows
	(RPC-ONC)	873	Rsync	6668	IRC
113	Idents/auth	901	Swat	6699	Napster
119	NNTP (News)	993	S-IMAP	7100	XFS
123	NTP	995	S-POP		(X Font Server)
135	Portmap	1434	SQL server	9100	JetDiret
	(RPC-DCE)	1435	SQL monitor	26000	Quake
137	Netbios	1494	ICA (Citrix)	27960	QuakeIII
138	Netbios	1521	Oracle SQL	10000	Webmin
139	Netbios	1645	Radius		

Pour en savoir plus

Fichier :

/etc/services

Internet

IETF assigned port numbers
http://www.iana.org/assignments/port-numbers

List of TCP and UDP port numbers
http://en.wikipedia.org/wiki/List_of_TCP_and_UDP_port_numbers

Vue d'ensemble des services et exigences de ports réseau pour le système Windows Server
http://support.microsoft.com/kb/832017

Trojan list sorted on trojan port
http://www.simovits.com/nyheter9902.html

Index

H

HAL	4-20
HBA	7-7
hdparm	4-6, 4-10, 11-12
HOME	13-2
horloge	10-12, 13-7
hotplug	4-15
HotPlug	4-13
hwclock	13-7

I

i18n	13-5
icmp_echo_ignore_all	3-11
icmp_echo_ignore_broadcasts	3-11
ident	1-5
ifstat	11-4
init	10-7, 13-2
Init System V	10-7
Init Upstart	10-10
initctl	10-10
initiator	7-11
Initramfs	10-23
initrd	10-2, 10-23
inode	5-3
inode-max	3-11, 11-12
inodes	6-2
insmod	3-7
iostat	11-4
ip_forward	3-11
IPC	3-2, 3-12, 11-18
ipcrm	3-12
ipcs	3-12
iptraf	11-4
IRQ	4-3
ISA	4-3
iSCSI	7-5, 7-11
ISO9660	5-19

J

JBOD	7-7
Joliet	5-19
journal	5-11
journalisation	5-6, 5-11

K

KDE	5-23
Kerberos	9-10
Kernel	10-2
keycode	13-9
keymap	13-9
Kickstart	2-6
KickStart	9-11
klogd	12-21
KML	4-8

L

l'APIC	4-3
LANGUAGE	13-5
lastcomm	11-10
*LC_**	*13-4*
LC_ALL	13-4
LD_LIBRARY_PATH	13-2
LE	*Voir* Logical Extend
lftp	2-9
liaison série	13-17
lilo	10-13
LILO	10-13
LINGUAS	13-5
lintian	2-20
linuxrc	10-23
live-cd	10-25
LKM	3-7
lm_sensors	4-18
loader	10-2
loadkeys	13-9
locale	13-5
localisation	13-4
logcheck	12-21
logdigest	12-21
logger	1-5, 12-21
Logical Extend	8-4
Logical Volume	*Voir* volume logique
login	11-10, 13-2
LOGNAME	13-2
logrotate	12-21, 13-12
logwatch	12-21, 12-22
loop	5-5
LPDEST	13-2
lsattr	6-6
lsmod	3-3, 3-7, 4-9
lsof	12-8
lspci	4-6
lsraid	7-15
lsscsi	4-6
lsusb	4-6
LUN	7-8
LUN masking	7-8
LV	*Voir* volume logique
lvchange	8-12
lvcreate	8-4, 8-12
lvdisplay	8-4
lvextend	8-4
LVM	8-2, 10-12
et RAID	7-17
LVM1 et LVM2	8-10
lvmdiskscan	8-4
lvreduce	8-5
lvremove	8-4
lvs	8-4
lvscan	8-4

www.ingramcontent.com/pod-product-compliance
Lightning Source LLC
La Vergne TN
LVHW060132070326
832902LV00018B/2766